ऑपरेशन योद्धा

ऑपरेशन योद्धा

आस्था और विश्वास की कहानी

सुशांत सैनी

नमस्कार
बुक्स

प्रकाशक : **नमस्कार बुक्स**
भवन संख्या 2/42 (दूसरी मंजिल), अंसारी रोड, दरियागंज, नई दिल्ली–110002
 / संस्करण : 2025 / मूल्य : पाँच सौ रुपए
मुद्रक : आर–टेक ऑफसेट प्रिंटर्स, दिल्ली अनुवाद : नरेश कौशिक

OPERATION YODDHA *by* Sushant Saini ₹ 500.00
(Hindi translation of THE INDIAN SOLDIER)
First published in India in 2019 by Leadstart
(A brand of One Point Six Technologies Pvt. Ltd., Mumbai)

Published by **NAMASKAR BOOKS**
Building No. 2/42 (Second Floor), Ansari Road, Daryaganj, New Delhi-2
ISBN 978-93-92040-73-3

मेरी माँ **सुमन** के लिए

मेरी पत्नी **रश्मि** के लिए

मेरी जुड़वाँ बेटियों, मेरी जिंदगी—**माया** एवं **मीरा** के लिए

मेरे भतीजे **अद्वैत** के लिए

और मेरे प्यारे देश भारत के लिए।

साभार

पूरी तरह काल्पनिक साहित्य कुछ नहीं होता है। हर कल्पना असली लोगों और घटनाओं से जन्म लेती है, आकार लेती है और इस पुस्तक में भी ऐसा ही है। मैं उन सभी का आभारी हूँ, शुक्रगुजार हूँ, जो मेरी प्रेरणा बने।

मम्मा और पापा का भी धन्यवाद, जिन्होंने हर कदम पर मेरा साथ दिया।

दोस्त और अब मेरी धर्मपत्नी रश्मि का भी शुक्रिया, जिसने जिंदगी के तमाम उतार-चढ़ावों में मेरा साथ दिया। मेरा भाई उमेश—जिंदगी और जिंदादिली जिसका नाम है, उसके इस जज्बे को सलाम, जो कभी भी कमजोर नहीं पड़ा। तुमसे मुझे हर दिन और हर क्षण प्रेरणा मिलती रही।

माया और मीरा—मेरी नन्ही परियाँ। अगर मैं यह सोचूँ कि तुम्हारे मेरी जिंदगी में आने से पहले मैं जानता था कि प्यार क्या होता है, तो मैं गलत था।

रश्मि, अंशुल और अरिजीता ने सबसे पहले इस उपन्यास की समीक्षा की और इसका संपादन किया। तुमने जो आइडिया दिए, मदद की और मेरा हौसला बढ़ाया, उनके लिए तुम्हारा बहुत-बहुत आभारी हूँ।

रेयानाइट्स (स्कूल), डिफाल्टर्स (इंजीनियरिंग), कंजर (अमेरिका), कोंडा (अमेरिका) और अमीया शाह (मुंबई), मेरे सारे पगले दोस्त और मेरे परिवारों के बाकी सदस्य—सभी का शुक्रिया।

अनुक्रम

1

आज जाम कहाँ छलकेंगे

अलार्म पहले ही तीन बार बजकर बंद हो चुका था। मैं सो नहीं रहा था, लेकिन आलस के मारे बिस्तर नहीं छोड़ पा रहा था। सुबह के 7 बज चुके थे और इसका मतलब था कि मॉम किसी भी क्षण मेरे कमरे में आ घुसने वाली थीं। एक-एक क्षण बीत रहा था। मॉम का मेरे कमरे में आना पुरानी फिल्मों के युद्ध के सीन से कम नहीं होता था। मेरे दिमाग में पहले ही उनकी तसवीर आ-जा रही थी। वे लड़ाकू सैनिक की पोशाक पहने, उसी रंग का हेलमेट लगाए और डंडे को मेरी ओर तानते हुए बढ़ रही हैं। गुस्से से उनका चेहरा लाल है और मुँह खुला हुआ है। अपने फेफड़ों की पूरी ताकत लगाकर वे चीख रही हैं और अपने रास्ते में आनेवाली हर चीज को उठा-उठाकर फेंक रही हैं। मेरे कानों में उनकी जानी-पहचानी आवाज जोर-जोर से बजने लगी। आँखों में आँखें डालकर बात करने से पहले इस तरह से चिल्लाना उनकी रणनीति का हिस्सा था। वे मुकाबले से पहले ही अपने विरोधी के दिलो-दिमाग में डर पैदा कर देना चाहती थीं। 'हे भगवान्! मेरे साथ ही ऐसा क्यों?'

"अर्जुन, तुम एकदम नकारा लड़के हो। किसी काम की औलाद नहीं हो तुम! काश, मैं दूसरे बच्चे के लिए कोशिश ही नहीं करती!" और भी न जाने क्या-क्या।

इस तरह के ताने-तिशने सुनकर किसी भी समझदार इनसान का दिमागी संतुलन बिगड़ सकता है। लेकिन हमारा नहीं—बच्चों का नहीं। जैसे समय बीतने के साथ बैक्टीरिया एंटीबॉयोटिक का आदी हो जाता है, उसी प्रकार हमें भी यह बेइज्जती सहने की आदत पड़ चुकी थी। यह उनके रोजमर्रा के काम में शामिल था कि वे हर सुबह पूरे दो मिनट तक मेरे बिस्तर के सिरहाने पर खड़ी रहतीं और चेतावनी देती जातीं, "मैं पाँच मिनट में लौटकर आती हूँ। तब तक तुम बिस्तर से

उठ जाना।" वह तीन बार यही बात दोहरातीं और उसके बाद भी सफलता नहीं मिलती तो अपना आखिरी हथियार आजमातीं।

अब वे मेरे बिस्तर के पास खड़ी हैं और तीन बार चेतावनी देने का काम खत्म हो चुका है। अब उनके चेहरे पर गुस्से की जगह एक कुटिल मुसकान ने ले ली है। यह तो वे भी जानती हैं कि यह आखिरी वार खाली नहीं जाएगा। इसे वे तभी निकालती थीं, जब वे मुझसे और मेरे भाई से एकदम पक जाती थीं। इसके बाद बड़ी ही कुटिल मुसकान के साथ वे कुछ शब्द बोलतीं, जो उनके कानों को तो संगीत जैसे सुनाई देते, लेकिन निश्चित तौर पर पूरी दुनिया के बच्चों के लिए वे किसी भयानक और डरावनी धुन की तरह लगते।

"अभी तुम्हारे डैड आ रहे हैं तुम्हें जगाने।" उन्होंने इतना कहा और कमरे से निकल गईं। उनका काम खत्म हो चुका था, इसलिए वे काफी शांत और तनाव-रहित लग रही थीं। उन्होंने अपनी समस्या किसी और के मत्थे मढ़ दी थी, जो कि मेरे लिए दुनिया के सबसे अधिक गुस्सैल प्राणी थे—डैड। इस बीच डैड बड़ी सावधानी से यह सारा एपिसोड सुन रहे थे और साथ ही माहौल को तौलने में लगे थे। वह एक एन.एफ.सी. लड़ाकू की तरह मोरचा सँभालने की तैयारी में थे, इसलिए बड़ी ही सावधानी के साथ अपने प्रतिद्वंद्वी की हर चाल को देख रहे थे। हर गुजरते सेकंड के साथ उनके भीतर का जोश और आक्रामकता बढ़ रही थी। मन-ही-मन में वे प्रार्थना कर रहे थे कि मैं मॉम की आखिरी चेतावनी के बाद भी सोया रहूँ, ताकि उन्हें मुझसे अपने पिछले सारे अधूरे हिसाब-किताब को पूरा करने का मौका मिल सके, ताकि वे मेरी पिछली सभी लेट नाइट पार्टियों, लड़कियों, फोन पर घंटों बिताने और स्कूल की शिकायतों का गुस्सा निकाल सकें। सही कहूँ तो वे हर बात का बदला लेने की ताक में थे।

इस अगले महासंग्राम को टालने का केवल एक ही रास्ता था। मेरी मुर्दे जैसी देह में अचानक से जान आ गई और मैंने फट से अपनी आँखें खोल दीं। इस एकतरफा युद्ध में यही होता था कि मेरे हाथ और जबान बँध जाती थी और मैं ऐसा किसी भी कीमत पर नहीं होने देना चाहता था। अपने अनुभव से मैं इतना तो सीख ही चुका था कि ऐसे हालात में डैड से सीधे पंगा न लेना ही बेहतर होता है; क्योंकि 'डैड' नाम का यह बम कई बार बिना किसी पूर्व चेतावनी या बिना बटन दबाए ही फट जाता है। बिस्तर से निकलना दुनिया का सबसे मुश्किल काम है और बच्चों के कंधों पर तो वैसे ही इतनी जिम्मेदारियों का बोझ होता है। सुबह

स्कूल, फिर दोपहर बाद ट्यूशन, शाम को क्रिकेट और रात में टी.वी.। इतनी सारी व्यस्तताओं के बीच हमें कुछ समय फेसबुक स्टेटस अपडेट करने के लिए चाहिए, कुछ समय पढ़ने के लिए और कुछ समय फोन पर बाजार में एकदम नए आए जोक्स साझा करने के लिए। इतनी सारी जिम्मेदारियों को निभाते-निभाते समय पर सो पाना एकदम असंभव होता है। लेकिन एक बार बिस्तर छोड़ने के बाद मैं आमतौर पर काफी अच्छा काम करता हूँ। मैंने तीन बार अलार्म की गरदन दबा दी थी और उससे भी बड़ी बात यह थी कि मॉम की चेतावनी को भी तीन बार अनदेखा कर दिया था। यह बात आप तो जानते ही हैं कि किसे नागवार गुजरी होगी। वे इस मौके को अपने हाथ से नहीं जाने देना चाहती थीं। एक लंबा सा भाषण, थोड़ी सी डाँट और डैड से भी फटकार बेहतर रहेगी। ऐसा लग रहा था कि वे इस आइडिया को आजमाना चाहती थीं।

"कम-से-कम आज तो अपने आप समय से उठ जाते।" मॉम ने नाटकीय अंदाज में कहा। हालाँकि, उन्हें ऐक्टिंग आती नहीं है। उन्होंने डैड की ओर देखा, आँखों में यह उम्मीद नजर आ रही थी कि इस बार तो अर्जुन शर्मा, बच्चू, तुम गए काम से। वे किसी जादूगर की तरह नजर आ रही थीं—एकदम एक्शन में; शांत, लेकिन तनाव में भी। लग रहा था कि अभी अगले ही क्षण वे कोई नया जादू दिखाने जा रही हैं और सोच रही हैं कि दर्शकों को मूर्ख बना देंगी और वे तालियाँ बजाना शुरू कर देंगे, जो कि वे चाहती थीं…

और यह चाल काम कर गई। डैड ने हाथ में पकड़ा हुआ न्यूजपेपर नीचे रखा और घूरकर मुझे देखा। कुरसी पर वह आगे की ओर झुके और अगले कदम की तैयारी करने लगे। उनका अगला कदम यही होगा कि वे मुझे लंबा-चौड़ा भाषण देंगे, बेइज्जत करेंगे और साथ ही बोर भी।

मॉम घर का जो भी काम कर रही थीं, उन्होंने वह छोड़ा और जल्दी से एक कुरसी खींचकर उस पर बैठ गईं। एक हाथ में पॉपकॉर्न और दूसरे हाथ में चाय का कप, मानो खुद को किसी मजेदार सीन को देखने के लिए तैयार कर रही हों।

इस ड्रामे का सबसे दुःखद हिस्सा वह होता था, जब वे आखिर में एक बयान जारी करते हुए कहतीं, "बेटा, मेरा यकीन करो, ये सब भाषण और जिसे तुम बेइज्जती कहते हो, यह सब तुम्हारी ही भलाई के लिए है।" और "भले ही हर रोज तुम्हें ये सब जली-कटी बातें सुननी पड़ती हैं, अपनी बेइज्जती बरदाश्त करनी पड़ती है; लेकिन हमें पक्का भरोसा है कि एक दिन तुम बहुत बड़े आदमी बनोगे।"

मैंने अपने चेहरे पर थोड़ी मासूमियत लाने की कोशिश की। डैड एक क्षण को रुके और फिर से कुरसी में धँस गए तथा न्यूजपेपर उठाकर जहाँ छोड़ा था, वहीं से दोबारा पढ़ने लगे। इस बात की तो उम्मीद ही नहीं थी। इस धरती पर मुझ जैसे प्राणी को आए 18 साल हो चुके थे और यह पहला ऐसा मौका था, जहाँ डैड ने 'जाने भी दो यारों' जैसे अंदाज में हथियार डाल दिए थे। ऐसा लगा, जैसे उनके दिमाग में कोई विचार आया और उन्होंने तुरंत फैसला किया—आज के दिन यह सब नहीं। मेरे दिमाग में शक का कीड़ा कुलबुलाने लगा कि उन्होंने आज कैसे मुझे छोड़ दिया। इसका जरूर कुछ-न-कुछ कनेक्शन मेरे आज आनेवाले आई.आई.टी. के रिजल्ट से रहा होगा। मॉम आज के दिन भी पिताजी को उकसाने का मौका हाथ से नहीं जाने देना चाहती थीं, लेकिन पिताजी ने उनकी बात पर ध्यान नहीं दिया और शांत हो बैठे रहे। इसके दो कारण हो सकते थे—एक, कहीं-न-कहीं दिल की गहराइयों में डैड को अभी भी यह यकीन था कि मैं आई.आई.टी. परीक्षा में पास हो जाऊँगा (हालाँकि, अपनी हालिया रिपोर्टों से मेरे लिए यह यकीन करना मुश्किल लग रहा था); या दो, और जो कि मुझे ज्यादा सही लग रहा था, डैड ने यह फैसला कर लिया था कि वे मुझे कुछ और क्षण देंगे और उसके बाद वे एक साथ मिलकर वह आरती उतारेंगे कि मुझे नानी याद आ जाएगी। उन्होंने सोचा होगा, 'क्यों दो-दो बार एनर्जी बेकार करना।' उस समय मैंने जो महसूस किया, उसे राहत की साँस लेना कहना उचित नहीं होगा। उस समय ऐसा लगा, मानो बंदूक की गोली बस, मेरे करीब से निकल गई थी। मुझे अपना आत्मविश्वास लौटता-सा महसूस हुआ। मैंने मॉम की ओर देखा। मेरी आँखें उन्हें चुनौती दे रही थीं—आओ, देखते हैं, आप में कितना दम है! और कौन-कौन से तीर हैं आपके तरकश में? मॉम की आँखों में ऐसी चमक थी, जैसी पाँच साल के किसी बच्चे की आँखों में टॉम एंड जेरी शो देखते हुए होती है। लेकिन कुछ ही सेकंड में उनकी आँखों का भाव जेल में बंद 25 साल के किसी कैदी के चेहरे के भावों में बदल गया।

मुझे थोड़ा-बहुत आभास हो रहा था कि आज मॉम व डैड और दिनों की तरह बरताव नहीं कर रहे हैं। अगर बच्चा आई.आई.टी. की परीक्षा पास कर जाए तो माँ-बाप के लिए वह दिन डब्ल्यू.डब्ल्यू.ई. रॉयल रंबल जीतने जैसा होता है। इससे उन्हें वह प्रमाण-पत्र मिल जाता है कि उन्होंने अपने बच्चे की परवरिश बहुत बेहतर तरीके से की। भले ही उन्होंने अपने बच्चों को पूरा-पूरा दिन टी.वी.

देखने की छूट दे रखी हो और जी भरकर लैपटॉप का इस्तेमाल करने दिया हो। भले ही उन्होंने अपने बच्चे से यह वादा लिया हो कि जब हम दोस्तों के साथ बाहर ड्रिंक कर रहे हों तो हमें परेशान न करे और भले ही वे कितनी ही बार इस बात की शिकायत करते पाए गए हों कि उन्होंने अपने बच्चों को पालने-पोसने में कितनी कुरबानियाँ दी हैं।

स्कॉटलैंड की सिंगल माल्ट व्हिस्की का स्वाद, लुइस वॉटन का महँगा हैंड बैग, वेगास का बेचलर ट्रिप, बेंगलुरु की खाली सड़कें, लॉटरी जीतना और पड़ोसी की खूबसूरत बीवी का आपको देखकर मुसकराना—इनमें से कोई भी चीज आई.आई.टी. में आपके बच्चे के दाखिले के गौरव भरे क्षणों का मुकाबला नहीं कर सकती।

एक बच्चे के रूप में जब आप डगमगाते पैरों से आगे बढ़ रहे होते हैं, तभी आपको अपनी क्षमताओं का पता चलने लगता है। मेरा यकीन करिए, बहुत से बच्चों को पहले ही पता था कि वे परीक्षा में पास नहीं हो पाएँगे। चूँकि वे अपने माँ-बाप का दिल नहीं तोड़ना चाहते थे, इसलिए उन्होंने इसे वक्त पर छोड़ दिया था। मैं भी उन्हीं में से एक था। मुझे बहुत सी समस्याएँ समझ नहीं आती थीं तो मैं उन्हें सुलझाना ही छोड़ देता था। मैंने अपनी तरह से अच्छा करने की कोशिश की थी; लेकिन ज्यादातर समय यही होता था कि मेरी कोशिशों का कोई नतीजा नहीं निकलता था। आई.आई.टी. का यह भूत हमेशा मेरे पीछे पड़ा रहता था। हो सकता था कि मॉम-डैड फिर से कोशिश करने की कोई बात शुरू करना चाहते हों। लेकिन मेरी तो कुछ और ही योजना थी।

इस समय बेहतर यही था कि मैं अपनी बाइक उठाकर बाहर निकल जाऊँ। मैंने भी यह सुना था कि आई.आई.टी. में दाखिला पाने की चाहत रखनेवाले उम्मीदवार बड़ी बेचैनी में थे। सोशल मीडिया में भी तमाम तरह की खबरें चल रही थीं, जिनमें से अधिकतर झूठी थीं। मेरे स्कूल में से केवल हम दो जने थे, जो प्रारंभिक परीक्षा में सफल रहे थे और उसमें भी हम दोनों की काफी कम रैंक थी। जब आप अपने दोस्तों के गैंग में अच्छे छात्र के रूप में देखे जाते हैं तो जिंदगी थोड़ी आसान हो जाती है। उनके माँ-बाप की नजरों में आप स्टार होते हैं। आप जो मानक तय कर देते हैं, बाकी बच्चों को उनके माँ-बाप उसी पैमाने पर मापने लग जाते हैं।

पी.टी.ए. मीटिंग को लेकर आपके दोस्तों की जान निकल रही होती है और

एक आप होते हैं, जो उनका इंतजार करते हैं। सच्चाई तो केवल आपको पता होती है कि आप उतने भी अच्छे नहीं थे और आपके दोस्त उतने भी बुरे नहीं थे। आप दूसरे अच्छे स्कूलों के होनहार छात्रों से अपनी तुलना करो तो पता चलता है कि बेटा, तुम कुछ भी नहीं हो। भीतर-ही-भीतर आप भगवान् का धन्यवाद करते हैं कि आपका दाखिला उन स्कूलों में नहीं हुआ। साइबर कैफे के सामने दोस्त से मिलने का प्रोग्राम था। हम दोनों ने साथ जाकर रिजल्ट देखने का फैसला किया था। यह साल 2010 की बात है और उस समय हर कोई अपने फोन पर इंटरनेट इस्तेमाल कर सकता था। लेकिन अर्णव ने बीते जमाने की तरह ही रिजल्ट देखने का फैसला किया था। उसका अंधविश्वास था कि इस साइबर कैफे में रिजल्ट देखने से किस्मत हमारा साथ देगी।

मैं उसके लिए बहुत ही बेचैन था। वह उन छात्रों में से था, जो पाँच साल की उम्र में ही अपनी जिंदगी की योजना बना लेते हैं। हर रोज, वह हमें बताता था कि हम अपनी जिंदगी में क्या-क्या कर सकते हैं। वह हमें ऐसी-ऐसी बातें बताता था, जिसका हमें कोई ओर-छोर तक पता नहीं होता था।

वह विदेश जाने, उच्च शिक्षा हासिल करने, स्टार्टअप कंपनी खड़ी करने जैसी बातें बताता था। वह पिछले चार साल से परीक्षा की तैयारी कर रहा था और हर जाने-माने कोचिंग इंस्टीट्यूट से उसने कोचिंग ली थी। उसने आई.आई.टी. के कुछ सवाल हमसे पूछे थे और हम उल्लुओं की तरह इधर-उधर देख रहे थे।

मैं अपनी बाइक पर बैठा उसका इंतजार कर रहा था। मैंने देखा कि वह मेरी तरफ ही चला आ रहा है। उसकी चाल मुझे किसी फिल्म के हीरो जैसी लग रही थी, जो एक-एक कदम अपनी मंजिल की ओर बढ़ाता है। उससे मुकाबला करें तो मेरे गैंग के मेरे हर दोस्त की चाल ऐसी थी कि जैसे कोई चौराहे पर खड़ा होकर फैसला नहीं कर पा रहा हो कि जाना किधर है या वहीं चलें, जहाँ कदम ले चलें।

"सब ठीक है, शर्माजी?" अर्णव ने मजाक किया।

"हाँ।" मैंने चेहरे पर मुसकान लाते हुए कहा।

"अगर हम दोनों का हो गया तो हम एक ही आई.आई.टी. में जाएँगे। कितना मजा आएगा!"

"एकदम सही बात। मेरे हिसाब से, दिल्ली सही रहेगा। इससे बाकी दोस्तों से जब मन करेगा, तब मिल भी सकेंगे।"

"दोस्त, मैं आई.आई.टी. के बारे में बात कर रहा हूँ और एक तुम हो, जो

फिसड्डी दोस्तों की बात कर रहे हो।" उसने चेहरे पर बड़ी सी मुसकान लाते हुए कहा।

"देखो, सिर्फ उन जैसे फिसड्डी ही हम जैसे फिसड्डियों के साथ घूम सकते हैं।" मैंने भी तुरंत जवाब दिया।

"हाँ, यहाँ तो तुम्हारी बात सही है।" उसने मेरी बात से सहमति जताते हुए मुसकराकर जवाब दिया।

"नर्वस?" कुछ क्षण बाद मैंने उससे पूछा।

"हाँ, बहुत ज्यादा। मैंने इसकी तैयारी में चार साल लगाए हैं।"

"चार साल! यार, तुम आदमी हो या घनचक्कर!" मैंने उसको छेड़ा।

"तुमने?" उसका सवाल था।

"यार, मैं तो सिर्फ यह कोशिश कर रहा हूँ कि मॉम-डैड के सामने मामले से कैसे निपटना है। मुझे तो लगता है कि अच्छा-खासा रोना-धोना मचाने से बात कुछ आसान हो सकती है। वे अपनी सारी निराशा भूलकर मुझे तसल्ली देने में लग जाएँगे। लेकिन मैं रोऊँगा कैसे? तुम एक काम कर सकते हो? घर में मेरे घुसने से पहले मुझे एक जोर का चाँटा मार देना।"

"हाँ-हाँ, क्यों नहीं! तुम्हारे पिछवाड़े पर एक लात मारूँ तो कैसा रहेगा?" उसने शैतानी हँसी हँसते हुए कहा।

कैफे के बाहर लंबी लाइन लगी थी। शायद एक हम ही अंधविश्वासी नहीं थे। ऐसा माना जाता था कि नोएडा के इस कैफे ने सबसे ज्यादा आई.आई.टी. वाले पैदा किए हैं और इसीलिए भीड़ थी।

"चल-चल, जल्दी से लाइन में लग जाते हैं।" उसने बच्चों जैसे उतावलेपन के साथ कहा।

मुझे कोई जल्दी नहीं थी, लेकिन उसकी बेसब्री देखकर मैंने भी लाइन में लगने का फैसला कर लिया।

आज का दिन बहुत खास था। और आज के दिन वहाँ लाइन में तरह-तरह के लोग खड़े थे, जिन्हें देखकर मजा आ रहा था। और अगर आप खुद दौड़ में न हों तो यह मजा दोगुना हो जाता है। कुछ ऐसे भी प्राणी थे, जिनके चेहरे पर हवाइयाँ उड़ रही थीं, मानो अगर पास नहीं हुए तो जिंदगी इसी क्षण खत्म हो जाएगी। ऐसे छात्रों के साथ उनके माँ-बाप के अलावा चार-पाँच रिश्तेदार भी वहाँ खड़े थे। सब थोड़ी-थोड़ी देर में आसमान की ओर देखते, मन-ही-मन कुछ

बुदबुदाते, मानो परमात्मा से कह रहे हों कि भगवान्! प्लीज, हमारे बच्चे की सुन लेना। बच्चों के मुकाबले उनके माँ-बाप कुछ ज्यादा ही हैरान-परेशान दिख रहे थे।

इसके बाद कुछ ऐसे भी थे, जिन्हें सौ फीसदी यकीन था कि उनका तो बढ़िया रैंक आना-ही-आना है। इनमें से जो फेल होंगे, वे निश्चित ही परीक्षक को कोसेंगे या शिक्षा-प्रणाली को ही सवालों के कठघरे में खड़ा कर देंगे और उसे सुधारने के तरीके बताने लगेंगे। उनके हिसाब से शिक्षा-प्रणाली में ऐसे सुधार की जरूरत है, ताकि उनके बच्चों जैसे होनहार बच्चे इसे पास कर सकें। ऐसे बंदे अकेले ही आए थे और सुपर कूल लग रहे थे। उनके चेहरे पर न कोई परेशानी थी और न ही कोई उलझन। था तो केवल एक आत्मविश्वास कि हमारा ही नंबर आना है।

ऐसे भी कम नहीं थे, जो फेल होने की कल्पना से ही आतंकित थे; लेकिन ऐसा दिखने की कोशिश में मरे जा रहे थे, जैसे उन्हें कोई फर्क ही नहीं पड़ता। कुछ बार-बार अपनी घड़ियों में समय देख रहे थे। हर बार घड़ी में समय देखते और चेहरे पर फीकी मुसकान ले आते। मन-ही-मन मना रहे थे कि किसी तरह से यह वक्त जल्दी-से-जल्दी कट जाए।

और हम जैसे भी थे। भीड़ में हमारे जैसे लोग ईमानदारी से इंतजार कर रहे थे कि यह संकट खत्म हो, ताकि हम अपने माँ-बाप की उम्मीदों के बोझ को उतारकर आगे का रास्ता देखें। हमें पहचानना कोई मुश्किल काम नहीं था। हमारे हाव-भाव और दिनों जैसे ही थे—मस्त, शांत, मनमौजी और दोस्तों की सोहबत का लुत्फ उठानेवाले।

हमें इस बात की ज्यादा चिंता थी कि इसके बाद कहाँ जाना है; गम गलत करने के लिए कहीं बैठकर बीयर पिएँगे या उस समय पीने के लिए जो कुछ भी मिलेगा, उसी से काम चला लिया जाएगा, चाय ही सही। इस सबके बीच हम यह भी योजना बना रहे थे कि फेल होने पर माँ-बाप के सामने कैसे नाटक करना है, ताकि ज्यादा-से-ज्यादा उसका फायदा उठा सकें। अगर वे हमारे रोने से पिघल गए तो क्या-क्या गिफ्ट मिल सकते हैं, इसकी कल्पना भी दिमाग में साथ-साथ चल रही थी। अगर बच्चे का रोना उन्हें भी रुला गया तो वे हमें रात के 10 बजे के बाद भी दोस्तों के साथ बाहर जाने की मंजूरी दे सकते हैं। हम लोगों को रात के 10 बजे के बाद घर से बाहर रहने की अनुमति नहीं थी। अचानक से हमारे आसपास कुछ हलचल-सी हुई। लग रहा था कि रिजल्ट आ गया है। लोग जगह नहीं होने के बावजूद लाइन में आगे बढ़ने की कोशिश करने लगे। कैफे का

मालिक हर 15 मिनट में बाहर निकलकर लाइन में खड़े छात्रों पर चिल्ला रहा था, "लाइन में खड़े रहो, इतना शोर मत करो।" वह ऐसे बरताव कर रहा था कि आई.आई.टी. में दाखिला होना या नहीं होना रिजल्ट के बजाय उसके हाथ में है और वह जिसे चाहेगा, वही पास होगा।

हमसे आगे लाइन में लगे छात्र बाहर निकलने शुरू हो गए थे। उनके चेहरे लटके हुए थे। ऐसा लग रहा था कि इस बार साइबर कैफे का जादू काम नहीं कर रहा है। खुशी की चिल्लाहटें सुनाई नहीं दे रही थीं। कोई जश्न नहीं था, कोई डांस नहीं था और न ही कोई ऐसा माँ-बाप दिखा, जिसकी आँखों में खुशी के आँसू हों।

"अभी तक एक का भी नहीं हुआ है। हो क्या रहा है?" अर्णव ने सवाल किया। उसकी आवाज में चिंता झलक रही थी।

"मुझे तो कतई कुछ भी समझ नहीं आ रहा है। तुम्हारे हिसाब से, तुम्हारा रिजल्ट देखकर बाहर निकलने तक हमें कितना वक्त लगेगा?" मैंने लापरवाही से जवाब दिया।

"तुम्हारे रिजल्ट से तुम्हारा क्या मतलब है?" उसका सवाल था।

"मुझे अपना तो पता ही है।" मेरे चेहरे पर शैतानवाली मुसकराहट थी।

"यह हमारी जिंदगी का सबसे बड़ा दिन हो सकता है और तुम्हें भागने की जल्दी पड़ी है।"

"देखो दोस्त, यह तुम्हारी जिंदगी का सबसे बड़ा दिन हो सकता है, मेरे लिए यह स्वतंत्रता दिवस है।"

"लाइन की रफ्तार देखकर तो लगता है, हमें भीतर घुसने में और 45 मिनट लगेंगे।"

अर्णव फिर से अपने खयालों में डूब गया। शायद वह अपने अगले कदम की तैयारी कर रहा था। शायद वह सोच रहा होगा कि आई.आई.टी. में घुसते ही वह पहले ही सेमेस्टर में अपना कोई स्टार्टअप शुरू कर देगा। यह स्टार्टअप सफल हो जाएगा और वह बहुत लोकप्रिय हो जाएगा, या फिर और कुछ ऐसा ही तोड़ू आइडिया उसके दिमाग में चल रहा होगा।

लाइन जैसे-जैसे आगे बढ़ रही थी, वह और ज्यादा नर्वस हो रहा था। मैं उसके आसपास के माहौल में तनाव महसूस कर सकता था। उसके हाथों, उसकी आँखों, उसके शरीर के हाव-भाव—यानी कि हर बात से बेचैनी साफ झलक रही थी।

अपने दोस्तों का मजाक उड़ाना मेरी खासियत रही है। यह गुण मैंने अपनी दादी से विरासत में पाया है। मुझे बहुत अच्छी तरह से आता है कि किसी के दु:ख को मजाक का विषय कैसे बनाया जाए और मैं अपने हाथों से इस मौके को जाने नहीं देना चाहता था।

"तो इसके बाद हम पीने के लिए कहाँ जाएँगे?" मैंने ऐसे ही लापरवाह अंदाज में इधर-उधर देखते हुए कहा।

"मुझे नहीं पता, यार।" उसकी आवाज में झुँझलाहट थी।

"और डिनर का क्या सोचा है?" मैं उसे इतनी जल्दी हाथ से नहीं जाने देना चाहता था। लेकिन तब तक वह मुझसे पक चुका था।

"अर्जुन, क्या इस समय तुम सीरियसली ये बातें कर रहे हो? मुझे रिजल्ट के अलावा और कुछ नहीं सूझ रहा है। आज यहाँ जो भी होगा, उससे मेरी जिंदगी जुड़ी है। मेरा कहने का मतलब है कि आई.आई.टी. में मेरे दाखिले पर मेरा बहुत कुछ दाँव पर लगा है। मेरा पूरा परिवार फोन के पास बैठा होगा यह खबर सुनने के लिए और यहाँ तुम्हें मजाक सूझ रहा है!"

उसकी आवाज में गुस्सा, बेचैनी और परेशानी थी।

मुझे समझ में आ गया था कि अब पीछे हटने का सही समय है। मैं अब उस स्टेज पर जा चुका था, जहाँ कोई भी सही-सही यह नहीं बता सकता कि उसका दोस्त उसके मजाक को अब कैसे लेगा—क्या वह तुमसे बोलना बंद कर देगा या तुम्हारे सिर पर हथौड़ा बजाएगा? इसलिए मैंने चुप रहने का फैसला किया—कम-से-कम रिजल्ट आने तक।

आखिरकार, हम कंप्यूटर के सामने बैठे थे। अर्णव ने अपना रोल नंबर टाइप करने की कोशिश की, लेकिन उसके हाथ काँप रहे थे। एकाध बार कोशिश करने के बाद उसने मुझसे रोल नंबर टाइप करने को कहा। मैं खुशी-खुशी तैयार हो गया। मैंने उसका रोल नंबर टाइप किया और एंटर का बटन दबा दिया। कुछ सेकंड बीतने के बाद स्क्रीन पर उसका रिजल्ट चमक रहा था। मुझे अपनी आँखों पर यकीन नहीं हुआ और न ही अर्णव को! वह फेल हो गया था।

अर्णव कुरसी पर धड़ाम से बैठ गया। और पहली बार मुझे महसूस हुआ कि यह रिजल्ट उसके लिए क्या मायने रखता था। मैंने अपना हाथ उसके कंधे पर रखा और तसल्ली देने की कोशिश की। अपने आप को सँभालने में उसे कुछ क्षण लगे। उसने अपने रिजल्ट का प्रिंट लिया।

"दोस्त, तुम्हें अपने रिजल्ट का भी तो प्रिंट लेना है।" अर्णव ने सुझाव दिया।

मैंने 'हाँ' में अपना सिर हिलाया। अर्णव ने मेरा रोल नंबर टाइप किया। कुछ ही सेकंड बाद रिजल्ट स्क्रीन पर था। हम दोनों को जैसे साँप सूँघ गया।

लग रहा था कि कयामत का दिन आज ही है। अर्णव ने मेरी ओर देखा और शैतानी भरी मुसकराहट के साथ बोला, "आज जाम कहाँ छलकेंगे? मेरे दोस्त, तुमने आई.आई.टी. क्रैक कर लिया है!"

□

2

हँसो या रोओ

तुम्हारा हो गया!

उसका दिल किसी शीशे की तरह साफ और एक बच्चे की तरह निश्छल था, आसपास मौजूद लोगों के लिए बेइंतहा प्यार था। उसे न द्वेष का पता था, न लालच का और न ही चूहा-दौड़ का—ये सब चीजें 'परिपक्व' होते-होते हमारी प्रकृति का हिस्सा बन जाती हैं।

आखिरी के 30 सेकंड में मुझे 1,000 वोल्ट का बिजली का झटका लगा। मैं जैसे पत्थर हो गया। मेरे लिए वक्त वहीं-का-वहीं थम गया। मेरे हाथ-पैर सुन्न और दिमाग शून्य! मैंने कुछ देर बाद अपना ध्यान कंप्यूटर के मॉनिटर पर लगाया और वहाँ सच में ही मेरा रिजल्ट शो हो रहा था।

अबे, तेरी तो! अर्णव एकदम सही था! मुझे सामने अपना रैंक नजर आ रहा था। सबसे बड़ी समस्या यह थी कि मुझे यही नहीं पता था कि आगे करना क्या है। क्या मुझे पागलों की तरह चिल्लाना चाहिए? समझ नहीं आ रहा था कि क्या करूँ—भाँगड़ा करने लगूँ या मम्मी-पापा को फोन करके बताऊँ? शायद दोस्तों को संदेश भेजना सही रहेगा। लेकिन यह सब करने से पहले मुझे यह तसल्ली करनी थी कि जो मैंने देखा, वह सच था।

मैंने अर्णव से कहा कि वह मेरा रोल नंबर एक बार फिर से टाइप करे। उनसे मुझे ऐसे देखा, जैसे कि मैं कोई पागल था। लेकिन मैं अपनी बात पर अड़ा हुआ था। मैं फिर से उसे देखना चाहता था। मैं यह पक्का कर लेना चाहता था कि हमने गलत रोल नंबर तो टाइप नहीं कर दिया था, और जाहिर-सी बात है कि वेबसाइट में कोई वायरस तो घुसा हुआ था नहीं, जो रिजल्ट बदल देगा। अर्णव ने मेरी बात मानकर एक बार फिर से रोल नंबर टाइप किया। स्क्रीन रिफ्रेश हुआ और फिर से वही रिजल्ट सामने था। मैंने आराम से अपना सारा ब्योरा चेक किया तो

पाया कि सबकुछ सही था। धीरे-धीरे यह बात मेरे गले उतरने लगी कि शायद मैंने आई.आई.टी. क्रैक कर दिया है। मैं अर्णव पर जोर से चिल्लाने वाला था कि जब तक यह बात एकदम पक्की न हो जाए, तब तक किसी को बताना नहीं है। लेकिन उससे पहले ही वह हवा में उछल पड़ा और इतनी जोर से चिल्लाया कि हर कोई हमारी ओर ही देखने लगा।

जैसे ही मैं मुड़ा तो पाया कि चार-पाँच लड़के यह अंदाजा लगाने की कोशिश कर रहे थे कि क्या हो गया। लेकिन इससे पहले कि मैं उसे चुप करा पाता और लोगों से कह पाता कि जाओ यार, अपना काम करो, यह तो पागल हो गया है, अर्णव जोर से चिल्लाया, "यह आई.आई.टी. जा रहा है!" उसके दोनों हाथ हवा में थे और वह ऐसे हाथ हिला रहा था, जैसे भीड़ के सामने कोई सिलेब्रिटी हिलाता है।

उसे चुप कराने से पहले ही बाकी लड़के भी उसके साथ आ मिले। सबने हवा में अपने हाथ उठा रखे थे और हाथों को खुशी के मारे जोर-जोर से हिला रहे थे। उन्हें चुप कराने की मेरी इच्छा कुछ ही क्षण बाद खत्म हो गई और अचानक मुझे यह सब ठीक लगने लगा। सही बात कहूँ तो अब मुझे यह सब सोचकर, देखकर अच्छा लग रहा था। मेरे दिमाग ने अचानक से अलग तरीके से सोचना शुरू कर दिया। वह मुझे बता रहा था कि अब तुम एक औसत लड़के नहीं हो। अब तुम कुछ खास हो गए हो। सबकी निगाहें मेरी ओर लगी थीं और मैं अपनी ही दुनिया में खोया हुआ था। सबसे पहले तो शहर की सबसे खूबसूरत लड़की उसे झिड़क देगी; लेकिन ठीक फेरों के वक्त वह वेदी पर अपने अमीर मंगेतर को छोड़कर भागती हुई मेरी बाँहों में आ जाएगी।

फिल्म का हीरो—एक ऐसा इनसान, जो स्मार्ट होने के साथ ही दिल का भी अच्छा है। वह एक कहानी बन जाएगा, जिसके जाने के बाद भी लोग उसकी बातें किया करेंगे।

अचानक से मेरे हाव-भाव बदल गए। मैं और मेरा दिमाग अब एक साथ कदम-ताल कर रहे थे। बॉलीवुड के सारे रैपर मिलाकर भी उनकी चाल में वह बात नहीं मिलेगी, जो मेरी चाल में आ गई थी। एक अलग ही किस्म का आत्मविश्वास। इस वक्त मैं आसमान में उड़ रहा था। दुनिया की किसी शराब में वह नशा नहीं होगा, जो इस वक्त मुझ पर छाया हुआ था। मैं अपने नए अवतार में था, नए रंग में, नए रूप में।

कैफे के बाहर खड़ी भीड़ मायूस थी और चर्चा करने में जुटी थी कि अंदर

क्या हुआ है। इसी बीच अर्णव ने उन्हें टोका और अपनी आवाज थोड़ा ऊँची करते हुए बोला, “हमारे बीच भविष्य का एक आई.आई.टी. मैन खड़ा है।” उसने कुछ इस तरह से कहा, मानो कह रहा हो, ‘बाअदब, बामुलाहिजा, होशियार! बादशाह तशरीफ ला रहे हैं।’

अचानक से हर ओर खामोशी छा गई। लोग हमारी ओर पलटे और उन्होंने तालियाँ बजाना शुरू कर दिया। अपनी जिंदगी में पहली बार शोहरत को जी रहा था। सारे घमंडी हीरो-हीरोइन के प्रति मेरा सारा गुस्सा खत्म हो चुका था। अब मैं महसूस कर रहा था कि उन्हें कैसा लगता होगा। यह इतना खूबसूरत अहसास था कि इसने मेरे भीतर एक गजब की ताकत भर दी; ऐसी ताकत, जो आपके दिमाग को बुरी तरह खराब कर देती है, जो आपको अजेय बना देती है।

साइबर कैफे में मैं सिर्फ अकेला था, जिसने यह कर दिखाया था। कैफे के मालिक ने थोड़ी राहत की साँस ली।

उसके कैफे पर लगी आई.आई.टी. के भाग्यशाली शुभंकर की प्रतिष्ठा जो दाँव पर लगी हुई थी। कइयों ने उसकी ओर देखा। उनकी नजरों में सवाल थे, जैसे कि उनकी रैंक नहीं आने के लिए वही जिम्मेदार हो।

अर्णव उसकी ओर बढ़ा और पैसे देने के लिए हाथ आगे बढ़ाया; लेकिन कैफे मालिक ने इनकार में सिर हिलाते हुए कहा, “पास होनेवालों के लिए यह मुफ्त सेवा है।” उसके चेहरे पर भी गर्व का भाव था।

कैफे से निकलकर हम लोग बाइक की ओर बढ़े। चाल भी गजब की हो गई थी। मुझे लगा, मैंने फैशनेबल काले रंग का धूप का चश्मा लगा रखा है, जैसा सिलेब्रिटी लगाते हैं, एकदम कूल दिखने के लिए। हालाँकि, मैंने कोई चश्मा नहीं लगा रखा था। अचानक से मैंने महसूस किया कि मेरे हाथ हवा में थे, जैसे भीड़ को देखकर सिलेब्रिटी हिलाते हैं। मैंने जबरदस्ती हाथों को नीचे किया।

रास्ते में हमें कई चेहरे मिले, जिन पर उत्सुकता थी, अपनी बेहद व्यस्त जिंदगी में से कुछ क्षण निकालकर वे उस इनसान को देखना चाहते थे, जो उनके शहर की भावी जानी-मानी हस्ती है। उन चेहरों में कुछ चेहरे खूबसूरत लड़कियों के भी थे। वे इतनी खूबसूरत थीं कि जो कभी मुझे घास तक नहीं डालतीं, वे मुझे देखकर मुसकरा रही थीं, जैसे कि मैं वही था, जिसका वे जिंदगी भर इंतजार कर रही थीं; जैसे कि उनकी जिंदगी का मकसद परीक्षा पास करना नहीं, बल्कि मुझे पाना था। उनका बेफिक्री वाला अंदाज देखकर मुझे लग नहीं रहा था कि उन्होंने

कभी आई.आई.टी. के लिए सोचा भी होगा। कहीं वे यहाँ आई.आई.टी. लड़कों की ताक में तो नहीं आई थीं?

हाँ, और वहाँ ऐसी बला की फैशनेबल लड़कियाँ भी थीं, जो हैरान हो रही थीं, "रीयली, ये लड़का! मुझे नहीं लगता कि इसमें आई.आई.टी. रैंक हासिल करनेवाली कोई बात नजर आती है। यह ऐसे ही फट्टे मारने के लिए झूठ तो नहीं बोल रहा है? चलो, इसका रैंक देखते हैं। आई.आई.टी. वाले पगला तो नहीं गए हैं! वे कैसे-कैसे लड़कों को छाँटने लगे हैं। मेरा मतलब, मेरा सेलेक्शन हुआ नहीं और इसका हो गया। रीयली, यही लड़का है!"

और उसके बाद थे मेरे जैसे लड़के। मेरे जैसे लड़कों को तो यही सोचकर खुशी हो रही थी कि चलो, स्यापा मुक गया। वे जीत गए थे, लेकिन उनके माता-पिता की हार हो गई थी। वे कोई खास किस्म के बच्चे नहीं थे। ऐसे ही आम बच्चों जैसे, जो हर हाल में खुश रहने के आदी होते हैं। उन्हें अपने कॅरियर से ज्यादा दिलचस्पी इन बातों में होती है कि कौन से सिलेब्रिटी का किससे अफेयर चल रहा है और मलाइका अरोड़ा अरबाज खान से अलग होने के बाद किसको डेट कर रही है या आलिया भट्ट का कौन सा किसिंग सीन सबसे हॉट था। ऐसे बच्चों ने भी मेरी सफलता पर खुश होकर तालियाँ बजाईं। मुझे इस बात का अच्छी तरह अहसास था कि कुछ मिनट पहले मैं भी ऐसे ही बच्चों में से एक था।

आखिरकार, हम भीड़ में से बाहर निकले। मेरी चेतना धीरे-धीरे लौट रही थी, लेकिन मेरी चाल में अभी वही खुमारी थी। 'ये मैं हूँ एकदम नए अवतार में; अब मैं कभी नर्वस नहीं होऊँगा, अब मुझे पता है कि मेरा भविष्य क्या है।'

जिंदगी अचानक से बहुत ही अच्छी लगने लगी थी। मैंने मन-ही-मन सोचा। मैं अपनी बाइक पर बैठा और किक मारकर उसे स्टार्ट करने ही वाला था कि मैंने अचानक से देखा कि कुछ छात्र किसी मकसद से मेरी ओर बढ़े चले आ रहे हैं। तुरंत मुझे समझ आ गया कि वे मुझसे क्या जानना चाहते थे। मैंने बाइक स्टार्ट कर वहाँ से भागने का सोचा। मैं उनके सवालों से डर गया, जो वे मुझसे पूछने वाले थे। उनके सवालों का जवाब देते मुझसे नहीं बनेगा और उन्हें तुरंत पता चल जाएगा कि मैं केवल किस्मत के सहारे ही परीक्षा पास कर पाया था। लेकिन अब देर हो चुकी थी। उन्होंने मुझे चारों ओर से घेर लिया और उनकी आँखों में उत्सुकता साफ नजर आ रही थी। उनमें से एक लड़की आगे आई। उसका कद छोटा था और आँखों पर मोटे-मोटे लेंस वाला चश्मा लगा था।

"हाय! कांग्रेचुलेशन!" खुशी के मारे उसकी आवाज कुछ ऊँची थी।

"थैंक्स।" मैं नर्वस हो चला था और मेरा गला सूखने लगा।

"हम आई.आई.टी. एग्जाम की तैयारी कर रहे हैं। हम सोच रहे थे कि क्या आप हमें कुछ टिप्स दे सकते हैं, ताकि हम भी आई.आई.टी. क्रैक कर सकें?" उसने इतना कहकर अपने ग्रुप के लोगों की ओर देखा, मानो उसने उन सभी की ओर से यह बात कही हो।

मुझे पता था कि यही होने वाला है। मैंने टी.वी. पर देखा था कि सफल होनेवाले लोगों से इसी प्रकार के सवाल किए जाते हैं। मुझे उनके जवाब कभी पसंद नहीं आए थे। मैं हमेशा सोचता था कि 'जब मैं फेमस हो जाऊँगा तो उसका मूल मंत्र मैं इन बेवकूफों के बजाय खुद को कहीं अधिक अच्छी तरह समझा सकता हूँ।' लेकिन उस दिन जब मुझसे यह सवाल किया गया तो मुझे समझ नहीं आया कि इसका किस तरह से जवाब दूँ।

मैं समझ नहीं पा रहा था, कहाँ से शुरू करूँ! खत्म कहाँ करना है, इसकी तो बात ही छोड़ दो। इन लोगों ने वही कहा था, जिसमें उनका विश्वास था, जिनको यह नहीं पता था कि मैं किस तरह वहाँ तक पहुँचा था। उनकी आँखों में उत्सुकता थी। मैंने उन सबकी ओर देखा। वे मुझे इस तरह से देख रहे थे, मानो उनका पूरा भविष्य मेरे जवाब पर टिका था।

और उसी समय मेरे दिमाग में अचानक से एक बात कौंधी, 'ये बच्चे मेरी बताई बातों के अनुसार अपनी रूपरेखा तय करेंगे। मैंने परीक्षा तो पास की ही थी और अगर मैंने परीक्षा पास कर ली है तो निश्चित रूप से, मैंने कुछ सही काम ही किया होगा।' मैंने अपने आप से कहा। कुछ तो मैंने ऐसा सही किया होगा, जहाँ दूसरे गलत साबित हुए होंगे। कुछ क्षण सोचने के बाद मैं जवाब देने के लिए तैयार था।

"मुझे अध्यापकों द्वारा क्लास में समझाए गए फॉर्मूले और समस्याओं के समाधान कभी समझ में नहीं आए। कुछ ऐसे छात्र भी थे, जिन्हें ये तुरंत समझ आ जाते थे। कई बार तो अध्यापक के बताने से पहले ही उन्हें सवाल का जवाब मिल जाता था।

"लेकिन मुझे कभी समझ नहीं आता था। मैं घर जाता और समस्या को फिर से पढ़ता। मैं उस समाधान को नहीं रटता था, जो अध्यापक ने कक्षा में समझाया होता था या फिर पाठ्य-पुस्तक में दिया होता था। इसके बजाय, मैं आराम से उस

समस्या पर काम करता और खुद से उसका समाधान निकालने की कोशिश करता।

"ज्यादातर यही होता कि मैं फेल हो जाता; लेकिन मैं जो भी करता था, वह पूरी तरह से मेरी मेहनत होती थी। मैंने कभी भीड़ के पदचिह्नों पर चलने की कोशिश नहीं की। मैंने कभी समाधान निकालने की कोशिश नहीं की और न ही उसके कारण ढूँढ़ने की। और मैं समझता हूँ कि यही मेरी सफलता की कुंजी है। जवाब को रटने की कोशिश न करें, बल्कि हर समस्या का खुद से समाधान निकालने का प्रयास करें, भले ही फेल क्यों न हो जाओ।"

मैं अपने जवाब से खुश था, क्योंकि वास्तव में यही था, जो मैं महसूस करता था। मुझे लगा कि मैंने अपने साथी छात्रों को सही दिशा दिखाई है। अब यहाँ यह बताने की जरूरत नहीं है कि इससे खुद मुझे इस सवाल का जवाब तलाशने में मदद मिली कि मैंने आई.आई.टी. कैसे क्रैक कर लिया था।

उसी क्षण मैंने अपनी बाइक स्टार्ट की और चल दिया। अर्णव अपने स्कूटर पर मेरे पीछे आ रहा था। मेरे दिल में धुकुड़-धुकुड़ मची हुई थी कि जल्दी-से-जल्दी घर पहुँचूँ और सबको यह खुशखबरी दूँ। मेरा मन अचानक उस क्षण के बारे में सोचने लगा, जब मैं सबको यह खबर दूँगा। मैं उनके चेहरों के भाव देखना चाहता था। पापा क्या कहेंगे? मॉम की क्या हालत होगी? मेरा भाई फोन पर क्या कहेगा? सबसे ज्यादा बेचैन तो मैं अपने रिश्तेदारों व पड़ोसियों से मिलने के लिए था, जो हर किसी पार्टी या समारोह में मुझे और मेरे भाई को तरह-तरह के सवाल पूछकर शर्मिंदा करते रहते थे, 'तो, क्या सोचा है, अर्जुन? तुम्हें क्या लगता है, किसी इंजीनियरिंग कॉलेज में तुम्हें दाखिला मिल जाएगा?' अब मेरे पास उनके सभी सवालों के जवाब थे।

घर का रास्ता बहुत लंबा लग रहा था; लेकिन जैसे ही मैं घर पहुँचा, मुझे कुछ गड़बड़ लगा। मेरे घर के बाहर लोगों की भीड़ इकट्ठा थी। एक क्षण को तो मेरी जान हलक में आ गई। 'सब ठीक तो है न?' मैंने अपने आप से सवाल किया। बाइक खड़ी की और भीड़ की ओर लपका। कदम तेजी से आगे बढ़ रहे थे और दिल जोरों से धड़क रहा था। लेकिन अचानक से पापा के हाथ में मिठाई का डिब्बा देखकर मेरी जान में जान आई।

"बधाई हो बेटा, तुमने हमारा सिर ऊँचा कर दिया। हमारे परिवार का पहला आई.आई.टी.। अरे, असल में तो मेरे गाँव का पहला!" उनका चेहरा चमक रहा था और उनकी आँखों में हलकी-सी नमी थी।

"आपको कैसे पता चला?" मैंने सवाल किया।

"वो सब तुम छोड़ो, लो, मुँह मीठा करो।" पापा के चेहरे पर ऐसी मुसकान मैं पहली बार देख रहा था।

"मॉम कहाँ हैं?"

"वह फोन पर तुम्हारी नानी से बात कर रही है। उसने पहले ही अपने भाइयों और बहनों को फोन कर दिया है।" पापा बोले।

"क्या? कब? कैसे?"

"अरे, इतने सब सवाल मत करो और तैयार हो जाओ।" पापा का जवाब था।

"तैयार? किस बात के लिए?" मैंने हैरानी से कहा।

"अरे भई, हमारे रिश्तेदारों और दोस्तों से मिलने के लिए।"

पापा ने मेरे चेहरे को पढ़ लिया था।

"अरे भई, सब लोग अपने-अपने शहरों से चल पड़े हैं। वे आज रात तक यहाँ पहुँच जाएँगे। तुम्हारे मामा-मामियाँ, चाचा-चाचियाँ, चचेरे भाई-बहन और बाकी सब लोग। मेरे गाँव से एक बस भरकर आ रही है। सारे रिश्तेदार और गाँववाले उसी बस से पहुँच रहे हैं। एक दूसरी बस तुम्हारे नाना के गाँव से चलेगी।" पापा ने मुझे बताया।

"अरे, तुम किस बात का इंतजार कर रहे हो? अंदर जाओ और तैयार हो जाओ!" पापा ने मुझे भीतर धकेलते हुए कहा।

मैं बैठक की ओर बढ़ चला, क्योंकि पापा से बात करने का कोई फायदा नहीं था।

वे इतने खुश थे और अपनी उस खुशी में किसी की नहीं सुन रहे थे। मुझे अभी भी समझ नहीं आ रहा था कि उन्हें इतनी जल्दी यह खबर मिली कहाँ से!

बैठक में आंटियों का जमघट लगा हुआ था। उनमें से ज्यादातर मॉम की सहेलियाँ या पापा के दोस्तों की पत्नियाँ थीं। सारे पुरुष बाहर पापा के पास थे और सब महिलाएँ भीतर मॉम के पास। मुझे यह कभी समझ नहीं आया कि हमारी पहले की पीढ़ियाँ बिना किसी सूचना के हर मौके पर कैसे खुद को इस तरह तैयार कर लेती थीं?

इस बात से कोई फर्क नहीं पड़ता था कि मौका क्या है, खुशी का समय है या दुःख का, शादी है या किसी की मौत। पुरुष, पुरुषों के साथ और महिलाएँ, महिलाओं के साथ एकजुट हो जाती थीं। यह एक तरह का प्रोटोकॉल था, जिसका

पूरे शिष्टाचार के साथ पालन किया जाता था।

"बेटा, तुम यहाँ हो।" माँ की आँखों में आँसू छलक आए।

मैंने अपने चारों ओर देखा। वहाँ कम-से-कम तीन-चार महिलाएँ थीं, जिनकी आँखों में आँसू थे। मैं उन सबको तो जानता भी नहीं था। कुछ को हो सकता है, मैंने मॉम की किट्टी पार्टियों में देखा हो। लेकिन मेरी उनसे कभी बात नहीं हुई थी। केवल 'नमस्ते-नमस्ते' भर मुश्किल से हुई थी। मॉम और उनकी किट्टी पार्टियाँ बड़ी ही अजीबोगरीब होती थीं।

उनकी ऐसी किसी पार्टी में शामिल होना इंजीनियरिंग कॉलेजों की रैगिंग से कहीं ज्यादा बेइज्जती वाला होता था। वे सब आपसे अजीब तरह के सवाल करेंगी और फिर ठहाके मारकर हँसेंगी। ऐसे में आप कुछ नहीं कर सकते, सिवाय चुपचाप खड़े रहिए और मुसकराते रहिए।

आमतौर पर, मैं उनके कमरे में दो मिनट से अधिक खड़ा नहीं हो पाता था; लेकिन इतनी ही देर में वे सब आंटियाँ ऐसी हालत खराब करती थीं कि गाल शर्म से लाल हो जाते थे।

अगर कमरे में मेरी कोई हमउम्र लड़की भी होती तो हालत और ज्यादा खराब हो जाती। 'तुम दोनों एक-दूसरे से बात क्यों नहीं कर रहे ? कुछ समय दोनों एक-दूसरे के साथ गुजारो।' किसी आंटी का सुझाव आता। यह हमारे लिए सबसे अधिक मुश्किल होता, क्योंकि हम दोनों में से कोई एक-दूसरे को नहीं जानता था। सारी आंटियाँ हमारी ओर देखकर मुसकरा रही होतीं। ऐसा लगता था, मानो वे हमारी दयनीय हालत के मजे ले रही हैं।

और उसके बाद गर्लफ्रेंड को लेकर तो हमेशा ही सवाल किए जाते। सबसे मजेदार बात यह थी कि मॉम इन सब बातों में रस ले रही होती थीं। यह तो बात पक्की थी कि मॉम ने ही उनको मेरी पर्सनल लाइफ के बारे में सब बातें बताई हुई थीं।

अचानक से महिलाओं ने उठकर मेरे करीब आना शुरू कर दिया। मॉम की आँखों में नमी थी; उनकी सहेलियाँ भी मजाक के मूड में नहीं लग रही थीं। कमरे में माहौल काफी भावुक हो गया था और मैं उस भावुकता को महसूस कर रहा था। बस, एक जरा से बहाने की जरूरत थी। इससे पहले कि मैं वहाँ से हिलता या कुछ कहता, मॉम की एक सहेली ने मॉम का चेहरा अपने हाथों में लिया और बोलीं, "सुमन, तुम्हारे वर्षों की मेहनत और त्याग का फल है ये।"

हाँ, यह बात तो ठीक थी। मॉम ने हम दोनों भाइयों के पालन-पोषण में अपनी पूरी जान लगा दी थी; लेकिन हमारी जिंदगी हमेशा काफी सुकून वाली रही थी। हमें जरूरत की हर चीज मिलती थी और ज्यादातर तो हमें वे चीजें भी हमेशा मॉम और पापा ने दिलाई थीं, जो हमें चाहिए होती थीं, भले ही उसकी जरूरत हो या नहीं।

इसलिए, मुझे समझ नहीं आया कि आखिर किस त्याग की बात हो रही है!

लेकिन मॉम को देखकर लग रहा था कि वे अपनी सहेली की बात से सहमत थीं। उन्होंने रोना शुरू कर दिया; उनकी सहेलियाँ भी सुर में सुर मिलाते हुए और भी जोर से रोने लगीं। जल्द ही पूरा कमरा रोने की आवाज से गूँजने लगा। मैं वहीं खड़ा हुआ था। समझ नहीं आ रहा था कि ऐसे में मुझे क्या करना चाहिए।

सब एक-दूसरे को बाँहों में भरकर, गले लगाकर सांत्वना देने में लगी थीं। मैं तुरंत कमरे से निकल गया।

मैंने अभी तक अपने भाई को फोन नहीं किया था। यह खबर तो पूर्वी उत्तर प्रदेश के दूर-दराज के कोने तक पहुँच चुकी थी। ऐसे में, मुझे पक्का यकीन था कि किसी ने भाई को भी सूचना पहुँचा ही दी होगी। मैं हैरान था कि उसने अभी तक मुझे फोन क्यों नहीं किया था। हो सकता है कि वह मेरे मुँह से यह बात सुनना चाहता हो और उसके बाद दिखावटी आश्चर्य जताकर मेरी खुशी को और बढ़ाना चाहता हो।

करण बहुत ही स्मार्ट दिखता है। हम दोनों एक ही स्कूल में पढ़े थे। स्कूल के दिनों में वह काफी लोकप्रिय था। बहुत सी लड़कियों ने मुझसे दोस्ती गाँठने की कोशिश की थी; लेकिन जल्द ही मुझे समझ में आ गया कि करण के करीब पहुँचने के लिए मुझे इस्तेमाल किया जा रहा है।

इंजीनियरिंग में डिग्री करने के बाद वह अमेरिका चला गया था।

उसे वहाँ काफी अच्छा लगा था। उसे अमेरिका इतना पसंद आया था कि कई बार मुझसे भी कह चुका था कि मैं भी वहाँ आ जाऊँ।

मैंने अपना फोन निकाला और उसका नंबर मिलाया।

"तो, तुमने खबर सुनी?" मुझसे अपनी खुशी और उत्सुकता छुपाए नहीं छुप रही थी।

"कौन सी खबर?" उसकी आवाज में हैरानी का भाव था।

"रहने दे! तुझे यह हैरानी का नाटक करने की जरूरत नहीं है। मुझे पता है कि तुझे खबर मिल गई है।" मैंने जवाब दिया।

"मुझे बहुत जल्दी है। अगर तुम्हारे पास वास्तव में कहने के लिए कुछ है तो

बताओ। यह सब खेल खेलने के लिए मेरे पास इस समय वक्त बिल्कुल नहीं है।" उसकी आवाज में झुँझलाहट थी।

"तुझे नहीं पता?" मैंने सवाल किया। हैरान-परेशान होने की बारी मेरी थी।

"कौन सी बात है, जो मुझे नहीं पता?"

"क्या तुम्हें सीरियसली नहीं पता कि मैंने आई.आई.टी. पास कर लिया है?" मैं हैरान था।

"क्या? नहीं तो! मुझे कैसे पता चलेगा? किसी ने नहीं बताया मुझे!"

"ग्रेट, तो मॉम और पापा ने अपने-अपने गाँव में सबको फोन करके खबर दे दी, लेकिन वे तुम्हें खबर देना भूल ही गए।" मुझे हँसी आ रही थी।

कुछ क्षणों के लिए दोनों ओर खामोशी छा गई और उसके बाद हम दोनों ठहाके लगाकर हँस पड़े। हमें अपनी हँसी रोकने में कुछ समय लगा।

मैं आज भी उस क्षण को याद करता हूँ। मेरी हर खुराफात में वह मेरा राजदार रहता था। बड़े भाई के बजाय वह मेरा दोस्त ज्यादा था। क्रिकेट खेलने से लेकर पहली बार पोर्न देखने तक, हर अपराध में हमारी बराबर की हिस्सेदारी थी। और हम दोनों हमेशा एक-दूसरे की मदद भी करते थे।

"मैं तुझे बता नहीं सकता, मुझे तुझ पर कितना गर्व है! तुम हमारे पूरे परिवार में, बल्कि पूरे खानदान में पहले हो···और सारे लफंडर दोस्तों में भी पहले हो। सब साले लूजर। मुझे पक्का यकीन है कि तुम एक बड़े इंजीनियर बनोगे। अच्छा, मुझे निकलना है; बाद में तुमसे बात करूँगा।" भाई ने कहा।

"थैंक्स, भाई। चल, बाद में बात करते हैं।" मैंने इतना कहकर फोन बंद कर दिया।

इस सब हो-हल्ले से निकलने की कोशिश करते हुए मैंने अपनी मेल्स चेक करने का फैसला किया।

अपनी जिंदगी के पिछले कई घंटे आई.आई.टी. रिजल्ट के चक्कर में निकल चुके थे; लेकिन मुझे पता था कि मेरे दिमाग में कुछ और चल रहा था। मुझे कुछ और ही बात का इंतजार था।

मैंने मेल बॉक्स खोला और सामने चिट्ठी आई हुई थी। मैंने बड़ी हिम्मत जुटाकर मेल को खोला।

उसे पढ़ने के बाद मुझे समझ नहीं आया कि हँसूँ या रोऊँ। अगर यह मेल एक दिन पहले आया होता तो मैं हवा में उछल पड़ता और मेरी आँखों में आँसू भरे होते।

लेकिन आज कुछ समझ में नहीं आ रहा था। मॉम और पापा ने पूरे खानदान को यहाँ बुला लिया था। इसलिए, मैंने सोचा कि अभी मैं किसी को इसके बारे में नहीं बताऊँगा। चीजों को उलझाने का कोई मतलब नहीं था, खासतौर से हमारे खानदान के इतिहास को देखते हुए तो कतई नहीं।

मैंने मेल को एक बार फिर से पढ़ा। आँसू मेरी आँखों से ढुलककर गालों पर आ चुके थे। मुझे अपनी आँखों पर यकीन नहीं हो रहा था। मेरा सपना पूरा हो गया था—सेना में मेरा चयन हो चुका था।

□

3

आखिरी उम्मीद का टूटना

मैं 18 साल का था। हालाँकि, जिंदगी का अभी मुझे कोई ज्यादा अनुभव नहीं था और मेरी जिंदगी अभी तक काफी आराम की रही थी। मेरी सोच बहुत सीधी और साधारण थी। मैं जिंदगी को जीने में यकीन रखनेवाला इनसान था। जिंदगी से मेरी उम्मीदें भी कोई बहुत ज्यादा नहीं थीं। मकसद हमेशा एक ऐसी जिंदगी जीने का रहा था, जिसमें संतुलन हो—न ज्यादा हवा में उड़ना और न ज्यादा बिल में घुसे रहना। बहुत ज्यादा सुर्खियों में बने रहने का भी मुझे कोई शौक नहीं था।

इस तरह से, मैं अपने परिवार और दोस्तों के साथ मजे में जिंदगी जी सकता था। इससे ज्यादा सुखद और क्या होगा कि आराम से बैठकर उनके साथ बतियाते रहो।

मैं अपनी जिंदगी को बहुत सामान्य रखना चाहता था। चाहता था कि मेरे आसपास के सब लोग खुश रहें। मैं मुड़कर देखता हूँ तो पाता हूँ कि हर कोई खुश है। वे भी खुश हैं, जिन्हें मैं नहीं जानता।

हमारे परिवार के इतिहास को देखते हुए मैं अगर उनसे कहता कि मुझे सेना में जाने दो, तो यह उनके साथ ठीक नहीं होता। मैं अपनी दादी का सबसे लाड़ला पोता था और अगर मैं उनको बताता कि मुझे सेना में जाना है, तो मामला गड़बड़ हो जाता। अपने परिवार की खुशी मेरे लिए हमेशा से सबसे प्यारी चीज रही है। और मैं अपने परिवार की इस खुशी को तबाह करने की तोहमत अपने सिर लेने को कतई तैयार नहीं था।

'आई.आई.टी. में जिंदगी कितनी बुरी हो सकती है! कम-से-कम जिंदगी का लुत्फ उठाने का मौका तो मिलेगा। परिवार के लोगों और दोस्तों के साथ बिताने के लिए समय होगा। और मैं लड़कियों पर रोब डालने के लिए अपने

आई.आई.टी. कार्ड का भी इस्तेमाल कर पाऊँगा। हो सकता है कि कुछ सालों के लिए विदेश जाने का भी मौका मिल जाए। पूरी दुनिया भी देखने को मिल सकती है। अलग-अलग देशों की संस्कृति को जानने का मौका भी मिल सकता है। कितना मजा आएगा 'अमेरिकन पाई' जैसी जिंदगी जीने में—लड़कियाँ, शराब और देर रात की पार्टियाँ। शायद मैं सेना के लिए बना ही नहीं हूँ। हो सकता है कि किसी देशभक्ति की फिल्म को देखकर, मैंने रौ में बहकर सेना में जाने का यह फैसला किया हो।'

मैं अपने विचारों में खोया हुआ था कि अचानक किसी ने मेरी कमर पर धौल जमाया। हाथ इतना मजबूत था कि एक बार को तो मैं आगे की ओर गिरते-गिरते बचा। यह समझो कि जमीन पर लगभग गिर ही गया था। मन तो हुआ कि जो भी पीछे है, जिसने भी इतनी जोर से कंधे पर हाथ मारा है, उसे पलटकर उतनी ही ताकत से घूँसा मारूँ!

लेकिन मुझे पता था कि मैं ऐसा कर नहीं पाऊँगा। मैं पहचान तो गया था कि वह कौन हैं। यह मेरे दूर के सुभाष चाचा थे। उन्हें अपने बाहुबल पर काफी गर्व था और उसे दिखाने का वह कोई मौका हाथ से नहीं जाने देते थे।

"बधाई हो!" उनके शब्दों की खुशी उनके चेहरे पर नहीं दिख रही थी। जाहिर-सी बात है कि उन्हें मेरे आई.आई.टी. क्रैक करने की कोई खुशी नहीं हुई थी।

"देखा, यह उन दिनों की बात है, जब मेरे भाई और मैं बोर्ड एग्जाम में टॉप करते थे···" वे शुरू हो चुके थे।

मैंने अपने दिमाग के स्विच को बंद कर दिया। मैं यह कहानी कई बार सुन चुका था कि कैसे वह और उनके भाई पढ़ाई में आगे रहते थे और वह भी तब, जबकि उनके पास 'हम बच्चों' की तरह न तो पैसा था और न ही किसी और तरह की मदद ही मिलती थी।

'हम बच्चों' से उनका मतलब शहर में पले-बढ़े बच्चों से था। ऐसे बच्चे, जिन्हें अच्छी शिक्षा मिलती है और जिनके माँ-बाप महँगी कोचिंग क्लास का खर्चा उठाने में सक्षम होते हैं। उनका कहने का अर्थ तो यह था कि इतनी सुविधाओं के बावजूद हम अगर परीक्षा में टॉप नहीं कर पाए तो उनकी नजरों में हम कुछ भी नहीं थे।

मुझे और मेरे भाई को तो सुभाष चाचा के आने की खबरों से ही बुखार चढ़ जाता था। वह हमेशा हमें दूसरे लोगों के सामने बातचीत के लिए बुलाते और फिर

हमसे ऐसे-ऐसे सवाल पूछते, जिनका जवाब हम नहीं दे पाते थे। हम वहाँ तमाशा बने खड़े रहते और वे आराम से सोफे पर बैठे हुए चाय की चुस्कियाँ लेते और हमारे आत्मसम्मान को बिस्किट की तरह कुतरते रहते। मैं उनकी कुटिल मुसकराहट कभी भी नहीं भुला पाया था। उनकी मुसकराहट के पीछे से ऐसा लगता था, मानो चाचा कह रहे हों, 'तुम तो गंदे जानवरों की तरह हो। तुम जिंदा ही क्यों हो? क्या करोगे तुम जिंदगी में?'

सुभाष चाचा ही पूरे खानदान में ऐसे आदमी थे, जिन्होंने 'खानदान के रुतबे' को बरकरार रखा था। रुतबे की इस लिस्ट में खानदान के सारे लोगों का ब्योरा था और जिसके पास जितनी चल-अचल संपत्ति थी, उसका नंबर लिस्ट में उतना ही ऊपर था। लड़कों को परिवार की संपत्ति और लड़कियों को देनदारी माना जाता था। जाहिर-सी बात है कि हालिया घटनाक्रम के बाद हमारा परिवार इस सूची में एक-दो पायदान ऊपर ही चढ़ गया था।

एक बार फिर से मेरे कंधे पर किसी ने धौल जमाया। 'क्या प्रॉब्लम है, यार? शाबाशी देने की आड़ में ये इतनी जोर से हर कोई धौल ही क्यों जमाए जा रहा है? समझ नहीं आता।' मैंने अपने आप से कहा।

मेरे पापा की भी यही आदत है। हिंदी मूवी और वह भी अगर सलमान खान की हो तो कोई भी उनके पास बैठकर फिल्म देखना पसंद नहीं करता।

फिल्म देखते हुए न सिर्फ वे बार-बार खूब जोर से हँसते हैं, बल्कि वे साथ बैठे इनसान के कंधे पर जोर से हाथ भी मारते रहते हैं।

मॉम को तो इस बात से एक बार इतना गुस्सा आया कि उन्होंने बस, पलटकर पापा को एक लगा ही दिया था।

सलमान खान की मूवी देखते हुए पापा जितना मजा करते हैं, मैंने उतना मजा करते हुए किसी को नहीं देखा।

मैंने पीछे मुड़कर देखने की कोशिश की कि इस बार यह कौन था? ये मेरे दो चाचा थे—दोनों जुड़वाँ, यानी दोहरी मुसीबत। दोनों ही मेरे परिवार के लिए खुशी के साथ ही दुःख का भी कारण थे। खुशी का कारण इसलिए, क्योंकि वे ऐसी फैमिली पार्टियों की जान होते थे। दुःख का कारण इसलिए कि वे पूरी पार्टियों की रौनक ही लूट लेते थे।

कोई भी फैमिली फंक्शन होता, वे फंक्शन में बड़े ही सभ्य तरीके से शामिल होते; लेकिन जैसे-जैसे शराब असर दिखाती, उनका कोई दूसरा ही चेहरा सामने

होता। घटिया गंदे डांस करते, किसी का मन नहीं होता तो भी उसे डांस फ्लोर तक खींचकर लाते। लेडीज के साथ फ्लर्ट करना—ये सब उनकी कुछ एक घटिया किस्म की हरकतें होती थीं।

मुझे लगता था कि वे अपने कॉलेज के दिनों में अपनी जिंदगी का मजा नहीं लूट पाए, इसलिए इस अधेड़ उम्र में उस कमी को पूरी करने की कोशिश करते थे। हमेशा वे अपने तीन-चार दोस्तों को साथ लेकर आते। फैमिली में किसी को नहीं पता था कि ये उनके दोस्त लोग कौन थे, क्योंकि हर बार दोस्त बदल जाते थे।

दरअसल, होता यह था कि गाँव में जो भी निठल्ला होता, जिसे मुफ्त की रोटियाँ तोड़नी होती थीं, वह उनके साथ हो लेता था। दोनों शैतान भाई हर समय पार्टीबाजी के लिए तैयार रहते थे।

जश्न शुरू हो चुका था और परिवार की सभी महिलाएँ पहुँच चुकी थीं।

वे बहुत ही जोश में दिख रही थीं। ज्यादा उत्साह उनमें नाचने के लिए था। मेरे परिवार ने मुझे चारों ओर से घेर लिया। हालाँकि, वे बड़े ही अजीबोगरीब लोग थे, लेकिन उनको इतना जरूर पता था कि किसी महफिल का लुत्फ कैसे उठाया जाता है। हमारे यहाँ के हर फंक्शन में खाना-पीना, भद्दे चुटकुले और डांस जरूर होता था।

मॉम और पापा सभी मेहमानों के पास जा-जाकर उनका हाल-चाल पूछ रहे थे, उनकी खातिरदारी कर रहे थे, हँस-बोल रहे थे।...लोगों के चेहरों को इस उम्मीद से निहार रहे थे कि वे परीक्षा पास करने के लिए उनकी तारीफ करेंगे, जैसे कि मैंने नहीं, उन्होंने परीक्षा पास की है। एक समय ऐसा था, जब परिवार की महिलाएँ शराब को हाथ लगाना तो दूर की बात, सूँघती तक नहीं थीं। लेकिन अब वक्त बदल चुका था। मुझे लगता है कि वे बच्चों की देखभाल करते-करते और शराबी पतियों को सँभालते-सँभालते थक चुकी थीं। उन्होंने फैसला कर लिया था, बहुत हुआ! और अब वे भी पुरुषों के साथ जाम से जाम टकरा रही थीं। 'चलो, देखते हैं कि इसके पीछे आखिर दुनिया इतनी दीवानी क्यों है?' शायद उन्होंने यही सोचा होगा।

यह अलग बात थी कि वे खुलेआम नहीं पीती थीं। कुछ भी हो, खानदान की कुछ परंपराओं को तो निभाना ही होगा।

वे बच्चों से संतरे का जूस लाने को कहतीं और साथ में हलके से एक आँख दबा देतीं। और बच्चे इस आँख दबाने का मतलब अच्छी तरह समझते थे। आँख कितनी बार दबाई गई है, इससे पता चलता था कि वोदका कितनी होनी चाहिए।

कई बार बच्चे क्या बदमाशी करते कि आंटी ने अगर दो शाट्स बोले होते तो बच्चे चार ले आते, ताकि पार्टी और रंगीन हो सके। वैसे भी, अब फैमिली में यह बात छुपी नहीं रह गई थी कि आंटियाँ भी पीती हैं। वे चाहे कितना भी छुपाने की कोशिश करतीं, लेकिन जहाँ एक-दो ठुमके लगातीं कि तुरंत पकड़ में आ जातीं।

खानदान की परंपरा के हिसाब से पियक्कड़ आंटियों के गैंग की लीडर दादी थीं और उन्होंने ही सारी आंटियों को यह चस्का लगाया था।

चाचाओं और मामाओं को भी आप कम न आँकें। जहाँ पीने-पिलाने की बात आती थी तो उनके भी कुछ कानून-कायदे थे। जो भी लड़का 15 बसंत देख चुका होता था, उसे दारू पीने का लाइसेंस अपने आप मिल जाता था।

सही बताऊँ तो उन्होंने अपनी बिरादरी को तीन हिस्सों में बाँट रखा था।

पहला ग्रुप सीनियर्स का था। इस ग्रुप में शामिल होने के लिए दादा-नाना होना जरूरी था। वे कभी भी अपने आप से ड्रिंक की डिमांड नहीं करते थे, न कभी दारू को देखकर लार टपकाते थे।

यह तो पापाओं और चाचाओं, ताऊओं की जिम्मेदारी होती थी कि वे सीनियर ग्रुप के सदस्यों की पसंद के अनुसार ड्रिंक बनवाएँ और पैग लेकर उनके पास जाकर उसे स्वीकार करने का आग्रह करें, जैसे वह कोई प्रसाद हो।

घर के ए.सी. कमरे में सीनियर्स की महफिल जमती। उसी कमरे में उनके लिए सारा इंतजाम किया जाता। कुछ समय बाद पता चला कि यह इंतजाम इसलिए किया गया था कि अगर सीनियर ग्रुप के लोग नशे में नहीं रहेंगे तो वे दूसरों को मस्ती नहीं करने देंगे। इसे एक तरह की रिश्वत ही समझ लीजिए, जो जूनियर ग्रुप के लोग सीनियर ग्रुप के लोगों को देते थे।

एक बार दादा-नाना ग्रुप के लोग टुल्ल हो जाते तो उसके बाद दूसरे ग्रुप का मीटर चालू होता था।

ये दूसरा ग्रुप अपने आप को 'जंगल का शेर' समझता था। इस ग्रुप के लोग खुले में पीते—सबके सामने और दिल खोलकर पीते।

ये लोग सबसे चालाक थे। पार्टी शुरू होने से दो घंटे पहले ही सारा इंतजाम कर लेते थे।

तीसरे ग्रुप में लड़के आते थे—कुँवारे, बेरोजगार और बेचारे बच्चे। यह ग्रुप सबसे संयमित तरीके से पेश आता था। इनके पास सीमित अवसर थे और उन्हें उनमें से ही ज्यादा-से-ज्यादा मजा लूटना होता था। चूँकि उनके पास पैसा-धेला

कुछ होता नहीं था, इसलिए उन्हें दूसरे लोगों का चुराना पड़ता था। वे क्या करते, किसी बुआ, चाची, मामी के लिए संतरे का जूस ले रहे होते तो उसी में से एक ड्रिंक खुद मार जाते थे, या नानाओं वाले ग्रुप की बोतल पर नजर रखते। जैसे ही नाना-दादा नशे में धुत हो जाते, वे लोग उसमें से घूँट भर लेते।

बच्चों और बहुत ज्यादा बूढ़ी दादियों को छोड़कर हर किसी के पास पार्टी का जश्न मनाने का अपना-अपना साधन होता था। शराब पीने से पहले लड़के, पुरुष और बुजुर्ग की अलग-अलग श्रेणियाँ होतीं; लेकिन एक बार सुरा गले से नीचे उतरी नहीं कि सारे अलमस्त लड़के बन जाते।

इसी बीच पापा ने ऐलान कर दिया कि अगली शाम घर में एक शानदार पार्टी होगी।

यह खबर सुनते ही सबने जोर से तालियाँ और सीटियाँ बजाकर इस खबर का स्वागत किया। तुरंत ही सब लोग अपनी चर्चाओं में शामिल हो गए। जाम फिर से खाली होने लगे। आमतौर पर, मुझे इस तरह का माहौल और फैमिली पार्टियाँ पसंद आती हैं, लेकिन आज मेरा इसमें मन नहीं लग रहा था। आज मैं खुश नहीं था। सच कहूँ तो मुझे खुद अपनी हालत पर दया आ रही थी।

समय बीतने के साथ ही मुझे यह सच्चाई समझ में आ गई कि मेरी हालत क्या है। मैं सेना में भरती नहीं हो पाऊँगा। शुरुआत में, मैंने जितना सोचा था, यह उससे कहीं अधिक दमघोंटू था। किसी भी किशोर उम्र के लड़के की तरह मैं भी चीजों की बहुत परवाह नहीं करता था और चीजों को हँसी में उड़ाना मेरी आदत रही थी; लेकिन इस बार नहीं। अपने चेहरे के भावों को छुपाने की कोशिश करते हुए मैं भी सबके साथ हँसने-बोलने की कोशिश कर रहा था। लेकिन मुझे भीतर-ही-भीतर पता था कि सबकुछ ठीक नहीं है। तबीयत ठीक नहीं होने का बहाना बनाकर मैं वहाँ से निकल गया।

अपने कमरे के भीतर घुसते ही मन किया कि दहाड़ें मार-मारकर रोने लगूँ। 'इसमें इतनी बड़ी क्या बात है? मैंने आवेदन ही क्यों जमा किया? मैंने एस.एस.बी. के लिए भोपाल जाने के बारे में मॉम और पापा से झूठ क्यों बोला?

'अगर उन्हें पता चल गया कि मैं दोस्तों के साथ नहीं था तो मुझ पर कितने नाराज होंगे! जब मैंने अप्लाई किया तो मैं इसे लेकर गंभीर नहीं था, या जब परीक्षा देने गया, तब भी नहीं। क्या हो गया है? क्यों मेरा मन रोने का कर रहा है?' मैं मन-ही-मन सोच रहा था।

कुछ ही क्षण बीते होंगे कि मॉम मेरे कमरे में आईं और मुझे झकझोरकर मेरे खयालों से बाहर निकाला।

"तुम ठीक तो हो, अर्जुन?"

"सिर में दर्द है। कुछ देर में मैं ठीक हो जाऊँगा।" मैंने झूठ बोल दिया।

"पक्का? तुम्हारा बरताव कुछ अजीब-सा है।" मॉम को कुछ शक हुआ।

"मैं ठीक हूँ! मुझे बस, अकेला छोड़ दो।" मैंने झुँझलाते हुए कहा।

मॉम कुछ कदम पीछे हट गईं। साफ नजर आ रहा था कि मेरे शब्दों ने उन्हें आहत किया है। वे कमरे से बाहर निकल गईं।

मुझे अपराध-बोध सा हुआ। लेकिन मुझमें इतनी जान नहीं बची थी कि मैं उन्हें सारी बात समझा पाता। कुछ देर तक मैं बिस्तर पर लेटा रहा। हारकर मैंने फिर से पार्टी में शामिल होने का फैसला किया।

पता था, अगर मैं शामिल नहीं हुआ तो तमाम तरह के सवाल उठने लगेंगे।

पापा और मॉम को छोड़कर हर कोई एक गोल घेरे में बैठा हुआ था। अब पहले के मुकाबले काफी शांति थी। सबको पता था कि अगले दिन बड़ी पार्टी होनी है, तो सब आराम फरमा रहे थे। हमेशा की तरह दोनों जुड़वाँ शैतान भाई मजाकिया किस्से-कहानी सुनाने में लगे थे। अब, सबकी निगाहें उनकी ओर लगी थीं। मैंने एक शांत-सा कोना ढूँढ़ा और बैठ गया। मैं खुश दिखने की कोशिश कर रहा था, कोशिश कर रहा था उनकी बातों में शामिल होने की या ऐसा दिखावा करने की।

'सबकुछ काफी तेजी से हो रहा है।' मैंने सोचा।

मेरे मम्मी-पापा को छोड़कर बाकी सब लोग थोड़ा थके हुए-से लग रहे थे। वे अगले दिन की तैयारियों के बारे में बात कर रहे थे। पापा कैटरर के साथ फोन पर बहस कर रहे थे। यह उनकी बड़ी खराब आदत है कि फोन को स्पीकर पर लगा देंगे और फिर जोर-जोर से बातें करेंगे।

"800 रुपए एक प्लेट तो बहुत ज्यादा है। मैं 600 रुपए दूँगा।" पापा ने मॉम की तरफ देखते हुए कहा।

"भाई साहब, 750 रुपए तो मेरी लागत है। मैं आपको 650 रुपए में कैसे दे सकता हूँ?" कैटरर ने जवाब दिया।

"मुझे नहीं पता। गुप्ताजी बता रहे थे कि उन्होंने सिर्फ 600 रुपए दिए थे।" पापा का जवाब था।

"भाई साहब, गुप्ताजी के यहाँ चाट सेक्शन में केवल एक डिश थी और मीठा

भी कम था—और पान स्टॉल तो था ही नहीं।" कैटरर ने जवाब दिया।

मॉम ने भी इस चर्चा में बीच में कूदने का फैसला किया।

"देखिए, हमारे सारे फैमिली फंक्शन की कैटरिंग आप ही करते आए हैं; आप हमारे लिए इतना भी नहीं कर सकते?" उन्होंने कहा। उनकी आवाज में थोड़ी नाटकीय निराशा का भाव था।

"बहनजी, इस कारोबार में बहुत ज्यादा मुनाफा नहीं होता। मैं अपने बच्चे को क्या खिलाऊँगा?"

"ठीक है, अब तुम अपने बच्चों को बीच में ले आए हो तो हम तुम्हें केवल 15 रुपए ज्यादा देंगे।" मॉम का जवाब था।

"तुम चुप नहीं रह सकती हो? मैं यहाँ बात बनाने की कोशिश कर रहा हूँ।" पापा ने झुँझलाते हुए कहा।

उन्होंने मॉम की ओर गुस्से से देखा, लेकिन उनको कोई फर्क नहीं पड़ता। दोनों में इस बात की होड़ थी कि कौन सौदा सस्ते में पटाता है, ताकि वे सब लोगों को बता सकें कि कैसे उन्होंने एक बेचारे गरीब कैटरर की खाल उतारकर बढ़िया सौदा किया।

"देखो यार, मैं 600 रुपए से एक पैसा ज्यादा नहीं दे सकता।" पापा को गुस्सा आ रहा था।

"तो भाई साहब, आपको कुछ आइटम में कटौती करनी पड़ेगी।" कैटरर ने बड़े ही शांत भाव से जवाब दिया।

पापा तो जानते थे कि कैटरर सही कह रहा था। वह पान स्टॉल हटाने पर राजी हो गए और साथ ही मीठे में भी कुछ आइटम कम कर दिए गए। लेकिन वे खुश नहीं थे।

कोई भी शादी-ब्याह या फंक्शन हो, लजीज खाने के साथ पान खाने की तो परंपरा रही है।

लग रहा था कि इस बार पान की गिलौरी मुँह में नहीं घुलेगी।

परिवार के बाकी लोग सिलेब्रिटी की निजी जिंदगी और हमेशा की तरह ही राजनीति पर चर्चा में मशगूल थे। पिछले कुछ एक सालों में हिंदुस्तान का राजनीतिक माहौल पूरी तरह बदल चुका था। मन किया कि राजनीति पर चर्चा में मैं भी इनके साथ शामिल हो जाऊँ; लेकिन फिर विचार छोड़ दिया।

आखिर में वही हुआ, जो होता है—लोगों ने जम्हाई लेना शुरू कर दिया।

इसका सीधा-सा अर्थ था कि लोग हर तरह की चर्चा करके उकता चुके हैं और अब उन्हें थोड़े आराम की जरूरत है। मैंने राहत की साँस ली। चेहरे पर मुसकराहट को बनाए रखना, वह भी तब, जब मन न चाहे, तो यह कितना तकलीफदेह होता है!

मैं अपने कमरे में जाकर बिस्तर पर लेट गया। अपने मुँह को मैंने कंबल में छुपा लिया। कंबल के भीतर मैं चाहे तो खुश हो सकता था, निराश हो सकता था और जी भरकर रो भी सकता था। यह डर भी नहीं था कि कोई देख लेगा।

मैंने सोने की कोशिश की, लेकिन विचारों का तूफान थमने का नाम नहीं ले रहा था। दिलो-दिमाग में कोई चक्रवात-सा आया हुआ था। 'क्या मॉम और पापा को बता दूँ? हो सकता है, उनके समझाने से कोई असर हो। पक्का था कि वे सुनते ही अपने सिर के बाल नोच लेंगे। मैंने उनसे झूठ भी तो बोला था और बिना बताए परीक्षा तक दे डाली थी। लेकिन मुझे पक्का पता था कि वे मुझे तमाम बातें समझाना शुरू कर देंगे कि सेना के मुकाबले कॉलेज लाइफ कितनी बेहतर होगी!'

लेकिन फिर से मेरे खयालों में सेना के नायक आने लगे, जिनका मैं बहुत बड़ा प्रशंसक था। मुझे लगता था कि सेना की वरदी पहनना कितना शानदार होता होगा। मैं कितना हैंडसम लगूँगा सेना की वरदी में!

लाख कोशिशें करने के बावजूद सेना के विचार मेरे दिमाग से निकल नहीं पा रहे थे। इन्हीं खयालों में खोए हुए पता ही नहीं चला, कब नींद ने घेर लिया। सपनों में भी आर्मी लाइफ घूम रही थी।

अगले दिन सोकर उठा तो कुछ बेहतर लग रहा था। दिमाग शांत था। विचारों में भी स्पष्टता थी। मुझे ये बचकाना हरकतें छोड़नी होंगी और स्मार्ट तरीके से जिंदगी को लेना होगा। मैं जानता था कि बीती रात तक मुझे पूरी तरह यह समझ ही नहीं आया था कि मुझे क्या कुछ मिल गया है।

'आई.आई.टी. परीक्षा पास कर लेना कोई छोटी-मोटी बात नहीं थी। मेरी किस्मत अच्छी थी तो इसका मतलब यह नहीं था कि इस परीक्षा का कोई महत्त्व ही नहीं था। मैं इतने महान् संस्थान का सम्मान इस तरह से कम नहीं कर सकता था। सेना में एक अफसर के मुकाबले तकनीक के जरिए मैं अपने देश की सेवा कहीं अधिक अच्छे तरीके से कर सकता था।' मैंने सोचा। अपने दिमाग में इस बात को बिठाते हुए मैं बैठक की ओर बढ़ गया।

घर क्या था, पूरा मछली बाजार बना हुआ था। जैसे ही बैठक में घुसा, कानों में आवाज पड़ी—'संदेशे आते हैं'। यह एक देशभक्ति फिल्म का बड़ा ही भावुक

गाना है। कुछ बच्चे टी.वी. पर यह फिल्म देख रहे थे। इसे सुनते ही मैं आपा खो बैठा और गुस्से में जोर से चिल्लाया।

अचानक पूरे कमरे में एकदम सन्नाटा छा गया। हर कोई मुझे घूरकर देख रहा था। मेरा दिमाग सुन्न पड़ गया। समझ नहीं पा रहा था कि स्थिति को कैसे सँभालूँ!

"हिंदुस्तान जिंदाबाद!" मैं अपने हाथों को हवा में उठाकर चिल्लाया, कुछ ऐसे कि जैसे इस गीत ने मेरे भीतर के देशभक्त को जगा दिया हो। सब लोगों ने मुझे अजीब तरीके से देखा और फिर अपनी बातों में मशगूल हो गए। मॉम और पापा मुझे घूरकर देख रहे थे। दोनों ने एक-दूसरे के कान में कुछ फुसफुसाया।

मेरी हालत फिर से वही हो गई। एक बार फिर मेरे दिमाग में सेना-सेना गूँजने लगा। मैंने फैसला किया कि मुझे मॉम और पापा से बात करनी ही पड़ेगी, ताकि सबकुछ साफ किया जा सके। मैं अब कोई बच्चा नहीं रहा था। लेकिन ऐसा करना मेरे अकेले के वश की बात नहीं थी। मुझे किसी सहारे की जरूरत थी। जानता था कि मेरे चचेरे भाई-बहन मेरी बात का समर्थन करेंगे, लेकिन बच्चों और बड़ों के बीच में वार्त्तालाप भारत और अमेरिका के बीच वॉस्केट बॉल खेल की तरह है, जहाँ खेल का फैसला खेल शुरू होने से पहले ही हो जाता है।

सिर्फ एक उम्मीद बची थी—दादी।

ऐसा लगा, जैसे किसी ने मेरे मन की बात पढ़ ली। कोई जोर से चिल्लाया, "अरे, दादी आ गईं!"

हर कोई उनका बेसब्री से इंतजार कर रहा था। दादाजी के गुजरने के बाद से ही दादी माँ ने घर के मुखिया की कमान सँभाल ली थी। दादाजी सेना में थे। उनकी पीढ़ी के सभी लोग उनके जैसे नहीं होते। वे बच्चों के साथ बहुत ही नरमी से पेश आती थीं। वे उनकी दोस्त ज्यादा थीं।

मेरे घर में हर समय जो पार्टी का माहौल रहता है, उसका श्रेय भी काफी हद तक उनके खुशमिजाज स्वभाव और हर बात के सकारात्मक पहलू को देखने की उनकी आदत को जाता है। उन्हीं के कारण हमारे रिश्तेदारों के परिवारों में भी ऐसा ही जश्न का माहौल रहता है।

दादी हमेशा इस बात के पक्ष में रहनेवाली महिला थीं कि बच्चों को अपनी जिंदगी के फैसले खुद करने देना चाहिए। अगर फैसला गलत भी रहा तो वे उससे कुछ-न-कुछ सबक जरूर सीखेंगे।

अपने दम पर पाँच बच्चों को पालना कोई आसान काम नहीं था, लेकिन दादी

ने यह काम बहुत अच्छे तरीके से किया था।

लेकिन उन्हें सेना, भारत सरकार और नौकरशाही से जरूर शिकायत रही थी, जिन्होंने मुश्किल समय में परिवार की कोई मदद नहीं की।

दादी ने अपने दिल से हर तरह के मलाल और शिकायतों को निकाल दिया था; लेकिन संतरे का जूस पीने के बाद उनके ये जख्म हरे हो ही जाते थे।

उन्होंने अपने परिवार को तमाम दुश्वारियों से बचाकर रखा था। अपने परिवार को जरूरत की हर चीज मुहैया कराई थी और उसे एक सुकून भरी जिंदगी दी थी।

लेकिन यह इतना आसान नहीं था। इसके लिए उन्हें चौबीस घंटे काम करना पड़ता था। लेकिन बच्चों को हमेशा वे एक ही काम पर ध्यान देने को कहती थीं—पढ़ाई और सिर्फ पढ़ाई। जाहिर-सी बात है कि उनकी ये सारी मेहनत-मशक्कत बेकार नहीं गई थी। उनके सारे बच्चे अपने-अपने परिवारों में मजे की जिंदगी बिता रहे थे।

हर कोई चाहता था कि दादी माँ उनके साथ रहें, लेकिन वे हमेशा इनकार कर देती थीं। जब मेरे सबसे छोटे चाचा की शादी हो गई तो उन्होंने दादाजी के गाँववाले घर में जाकर रहने का फैसला कर लिया। उन्हें किसी के आसरे रहना कतई गवारा नहीं था। सेना की पेंशन और उनकी अपनी जो जमा-पूँजी थी, उससे उनका गुजारा मजे से हो रहा था।

इसलिए, उन्हें अपने साथ रखने की सारे बेटों और पोता-पोती की तमाम कोशिशों का कोई असर नहीं हुआ। पापा, चाचा सब आँखों में आँसू भरकर उनसे साथ रहने की मिन्नतें करते, पोता-पोती प्यारे-प्यारे संदेश भेजते और बहुएँ उन्हें उलाहना देतीं कि आप तो हमें अपनी बेटी समझती ही नहीं हैं और इसीलिए हमारे साथ आकर नहीं रहती हैं। लेकिन किसी कोशिश का कोई असर न होना था और न हुआ। समय बीतने के साथ सबको इसकी आदत हो गई थी। हालाँकि, दादी माँ सारे बेटों के पास कुछ-कुछ समय जरूर बिताने आ जाती थीं।

सभी को दादी माँ की सभी बातें पसंद थीं, सिवाय एक के। उनकी तेज जबान से कोई नहीं बचा था, उनके अपने बच्चे और पोता-पोती तक नहीं। उनके आगे एक साल के बच्चे से लेकर सौ साल तक का इनसान खतरे की जद में रहता था। यही कारण था कि कुछ लोग उनसे बचने की कोशिश करते थे। लेकिन हम सबको उनकी इस आदत का अच्छी तरह पता था और हम सब इसके आदी भी हो चुके थे। मुझे लोगों को सताने की यह आदत दादी माँ से ही विरासत में मिली है। हालाँकि,

मुझे खुद थोड़ी राहत रहती थी। यह कोई छुपी बात नहीं थी कि मैं उनका सबसे लाडला पोता हूँ। मेरे चचेरे भाई–बहनों ने दादी माँ के सामने मेरी छवि खराब करने की पूरी कोशिशें कीं, लेकिन सब बेकार रहा। मेरा भाई तो इस बात से इतना चिढ़ता था कि दादी माँ का लाड़ला होने के कारण मैं कई बार उससे मार खा चुका था।

दादी माँ के साथ जो हुआ था, उसे देखते हुए उनकी मंजूरी हासिल करना थोड़ा मुश्किल होगा। लेकिन एक बार अगर दादी माँ को मैंने अपनी तरफ कर लिया तो बाकी परिवार को मनाना कोई खास मुश्किल नहीं होगा। अब मैं किसी अच्छे मौके की तलाश में था, ताकि दादी माँ को अपने कमरे में ले जा सकूँ और उन्हें सारी बातें बता सकूँ। लेकिन मैं कुछ कर पाता, उससे पहले ही दादी माँ ने बैठक में परिवार के बाकी लोगों के साथ गप्पें लड़ानी शुरू कर दीं।

"मैं बता नहीं सकती, मुझे कितनी खुशी हो रही है अपने पोते को आई.आई.टी. में जाते देखकर! बस, मैं सुधा का चेहरा देखना चाहती हूँ। जब मैं उसे यह खबर दूँगी तो उसके होश ही उड़ जाएँगे। उसका पोता तो किसी तरह फौज में ही भरती हो पाया है।" उनके चेहरे पर बड़ी सी मुसकान थी, जो कि इससे पहले मैंने कभी नहीं देखी थी।

मेरी आखिरी उम्मीद···मेरा आखिरी सहारा भी जाता रहा।

□

4

पान

दिमाग चकरघिन्नी की तरह चकरा रहा था। मैंने दिमाग को शांत करने के लिए कुछ देर घर से बाहर जाने का फैसला किया। मुझे अपने स्कूल के दोस्तों की इतनी याद कभी नहीं आई थी, जितनी आज आ रही थी। लेकिन मैं यह भी जानता था कि उनसे बात करने से समस्या सुलझने के बजाय और बढ़ जाएगी। मुझे एकदम सही-सही पता था कि वे क्या कहेंगे, "अपने माँ-बाप के सामने झूठ मत बोलो। उन्हें सच्चाई बता दो। बता दो कि तुम आई.आई.टी. नहीं जाना चाहते। तुम्हारा सपना सेना में जाने का है।" इससे भी बड़ी समस्या यह थी कि जैसे ही उन्हें पता चलेगा कि मैं अपने मॉम और पापा से बात नहीं करूँगा, तो वे तुरंत मेरी ओर से उनसे बात करने के लिए तैयार हो जाएँगे। यह और बात है कि कई मौकों पर समाज-सेवा की उनकी यह आदत मेरे बहुत काम आई थी—चाहे स्कूल की पिकनिक पर जाना हो (पापा-मम्मी की नजर में, स्कूल वाले ज्यादा पैसे ले रहे हैं) या फिर गोवा का ट्रिप हो, घरवालों के हिसाब से मैं गोवा जाने के लिए बहुत छोटा था। या फिर स्कूल एग्जाम में घटिया नंबरों के बावजूद देर रात की दोस्तों की पार्टी हो। मेरे दोस्तों में गजब की हिम्मत थी। वे मेरे मम्मी-पापा के सामने बैठकर उन्हें मना सकते थे। बेशर्मों की तरह वे मुसकराते हुए बात करते, पापा-मम्मी को मक्खन लगाते और 'हाँ' कहलवा लेते, जो कि मैं कतई नहीं कर सकता था।

वे पापा-मम्मी की आँखों में आँखें डालकर देखते, मुसकराते, 'अंकल प्लीज, आंटी प्लीज।' बार-बार इसी बात को दोहराते। 'अंकल प्लीज और आंटी प्लीज' वे इतनी बार बोलते कि या तो सामनेवाला उनके सिर पर हथौड़ा दे मारेगा या फिर 'हाँ' कर देगा। किस्मत अच्छी रहती थी कि मम्मी और पापा हमेशा 'हाँ' ही करते आए थे।

उनके बारे में सोचते हुए मेरे चेहरे पर अचानक मुसकराहट आ गई। कहते हैं

न कि दिल से दिल को राहत होती है। तुरंत मेरे फोन की घंटी बजी। यह अनुराग था।

"तुम्हारे पापा ने हम सबको आज रात की पार्टी के लिए बुलाया है!" उसकी आवाज में गजब का उत्साह था।

'उन्हें इन सबके नंबर कहाँ से मिले?' मैं हैरान था।

अनुराग ने ही मुझे बताया कि बाकी दोस्त लोग खुश नहीं थे। हाँ, मैं न तो उनके फोन उठा रहा था और न ही उनके मैसेज का जवाब दे रहा था। अनुराग ने कहा कि अगर अपनी सफलता का श्रेय दोस्त लोगों को देते हुए मैं उन सबको फोन करता तो उन्हें अच्छा लगता। फोन पर अगर मैं ही उन सबको पार्टी के लिए बुलाता तो उन्हें खुशी होती। हालात और मामले की गंभीरता को देखते हुए, वे अपने व्यस्त कार्यक्रम के बावजूद पार्टी में शामिल होने के लिए राजी हो गए थे।

दोस्त लोग जोर नहीं दे रहे थे, लेकिन मुझे यह भी बताया गया कि अगर पार्टी में उन लोगों के लिए अलग से एक टेबल लग जाए तो सही रहेगा। और अगर चोरी-छुपे कहीं से पीने-पिलाने का इंतजाम भी हो जाए तो सोने पर सुहागा होगा।

जैसे ही फोन बंद किया, देखा कि पापा मेरी ओर ही चले आ रहे हैं। उनके साथ कोई बुजुर्ग सज्जन भी थे। मैंने उन महाशय को पहले कभी नहीं देखा था। अपनी उम्र के हिसाब से वे बेहद स्मार्ट और तेज नजर आ रहे थे—दुबला-पतला शरीर, क्लीन शेव, सफाई से काढ़े गए बाल और बड़ी ही नफासत के साथ कपड़े पहने हुए थे। पापा ने उनसे मेरा परिचय कराया, "अर्जुन, इनसे मिलो, मिस्टर सिंह। यह आई.आई.टी., दिल्ली में कंप्यूटर साइंस के रिटायर्ड प्रोफेसर हैं। यह हमारे पड़ोस में ही रहते हैं। जब इन्हें तुम्हारे बारे में पता चला तो तुमसे मिलने चले आए। कितने अच्छे इनसान हैं!" पापा ने गर्व के भाव से कहा।

"नमस्ते मि. सिंह।" मैंने उनका अभिवादन किया। कुछ कारण से मैं उन्हें 'अंकल' नहीं बुला सका, जैसा कि मैं आमतौर पर बुजुर्ग लोगों को कहता हूँ।

"हैलो अर्जुन, तुमसे मिलकर खुशी हुई। मैंने सुना कि तुमने मैदान मार लिया है!" उन्होंने कहा।

"जी, आपने सही सुना है।" मेरे जवाब में थोड़ा गर्व का भाव था।

"देखो, चूँकि रिटायरमेंट के बाद मेरे पास काफी समय है और तुम मेरे घर के पास में ही रहते हो, इसलिए मैं समझता हूँ कि मैं तुम्हारी आगे के लिए तैयारी करवा सकता हूँ। उम्मीद है कि तुम्हें मेरा यह विचार पसंद आएगा। तुम्हें कोई दिक्कत नहीं होगी।"

"क्यों नहीं, सर।" मैंने आगे झुककर उनका आभार जताते हुए कहा।

"क्या तुम्हें फिल्में देखना पसंद है ?" उन्होंने बड़ी रहस्यमय मुसकान के साथ सवाल किया।

"जी, जरूर! कोई भी इनसान, जिसमें थोड़ा भी दिमाग होगा, वह जरूर फिल्में देखना पसंद करेगा।" मैंने तुरंत जवाब दिया।

"सस्पेंस थ्रिलर, जिनमें गुप्त सोसाइटी होती हैं, उनके बारे में तुम्हारा क्या खयाल है ?" उन्होंने पूछा।

"हाँ, मुझे ऐसी फिल्में पसंद हैं।" मेरा जवाब था। मुझे यकीन नहीं था कि इस चर्चा का क्या मतलब है।

"एक बार आई.आई.टी. में जाने के बाद तुम दुनिया की सर्वाधिक शक्तिशाली सोसाइटी में से एक के सदस्य बन जाओगे। फर्क केवल इतना होगा कि यह सोसाइटी गोपनीय नहीं है।" उन्होंने मेरी ओर आँख मारते हुए कहा।

"मैं आपकी बात का मतलब नहीं समझ पा रहा हूँ!" मैंने जवाब दिया। हालाँकि, चर्चा रोचक होती जा रही थी।

"जरा सोचो, दुनिया में चारों ओर ज्यादातर टॉप एग्जीक्यूटिव, सी.ई.ओ., सी.एफ.ओ., इन्वेस्टमेंट बैंकर, एंटरप्रेन्योर और वैज्ञानिक आई.आई.टी. के ही पूर्व छात्र हैं। वे सब मिलकर इस दुनिया के हर महत्त्वपूर्ण काम से जुड़े हुए हैं, चाहे कोई बड़ी कंपनी हो या कोई देश। अगर आई.आई.टी. चाहें तो वे एक दिन में मानवता की दिशा बदल सकते हैं। उनके पास इतना पैसा और ताकत है कि चाहें तो एक ठीक-ठाक आकार के देश को खरीद सकते हैं और उसे दुनिया में नंबर वन देश बना सकते हैं।" उन्होंने कुछ शेखी बघारते हुए कहा।

देखिए, मैंने कभी भी आई.आई.टी. के बारे में इस तरह से नहीं सोचा; लेकिन मि. सिंह की बात में दम था। सालों तक यह चलन बन गया था कि आई.आई.टी. के ग्रेजुएट शक्तिशाली कॉरपोरेशन, बिजनेस और सरकारों में शीर्ष पद हासिल करते आ रहे थे और इस सफर में वे अथाह धन-दौलत भी कमा रहे थे।

"आज से दस साल बाद, तुम और तुम्हारे बैच के दूसरे छात्र मानवता से जुड़े हर क्षेत्र के भविष्य को सँवार रहे होंगे। दुनिया को दिशा दिखाने की जिम्मेदारी तुम लोगों के कंधों पर होगी। तुम्हें धन-दौलत और लग्जरी की कोई चिंता नहीं करनी पड़ेगी। शोहरत और सफलता तुम्हारा हर कदम चूमेंगी।"

'हो सकता है कि किसी रहस्यमयी द्वीप पर कोई गुप्त हेडक्वार्टर हो, जहाँ से

दुनिया पर कब्जा करने की बड़ी ही सधी हुई योजना बनाई जा रही हो।' मैंने शरारत से सोचा और मेरे चेहरे पर मेरी यह शरारत नजर आ रही थी।

मि. सिंह कुछ सेकंड के लिए रुके। उन्होंने मेरी आँखों में देखा और उनके चेहरे पर एक कुटिल मुसकराहट थी, "हो सकता है, कोई हो! कुछ पता नहीं होता।"

उनकी मुसकराहट ने मेरे दिमाग के न्यूरोन को सक्रिय कर दिया। हो सकता है कि कोई सीक्रेट सोसाइटी हो। वहाँ हमारे जैसे बददिमाग लोग भी काफी संख्या में होंगे। हम जैसे लोग, जो मनोरंजन या संबंधों जैसे मुद्दों पर चर्चा में समय गँवाते हैं। ऐसे लोग, जिन्हें कोई काम का ज्ञान नहीं होता, लेकिन जरा सा मौका मिलने पर हमेशा बहस के लिए तैयार रहते हैं। ऐसे लोग, जो खेलों की पूजा करते हैं और घंटों मैच देख सकते हैं। हमारे जैसे लोग, जो अपनी पसंदीदा टीम के जीत जाने पर जश्न मनाते हैं; लेकिन हार जाने पर खिलाड़ियों को पानी पी-पीकर ऐसे कोसते हैं, जैसे खुद तो उन्होंने जिंदगी में बड़े पहाड़ तोड़े हैं।

हो सकता है कि कोई सीक्रेट सोसाइटी हो, जो एक दिन दुनिया पर कब्जा कर लेगी। इस बात को सोचकर ही मेरे मन में एक प्रकार का घमंड आ गया कि मैं उस ताकतवर सोसाइटी का सदस्य हो सकता हूँ। हालाँकि, यह अकड़ कुछ क्षण के लिए ही थी।

मि. सिंह ने मेरे कंधे पर हलके से थपकी दी तो मैं अपने खयालों से बाहर निकला, "मुझे अब जाना होगा। मुझे बता देना, तुम किस में शामिल होओगे? मैं वहाँ कुछ प्रोफेसर्स से तुम्हारा परिचय करवा दूँगा।" उन्होंने कहा।

मैंने उनको शुक्रिया कहा और घर की ओर लौट चला। इस बातचीत ने हालात को लेकर मेरा पूरा नजरिया ही बदल दिया। अचानक से मुझे लगने लगा कि आई.आई.टी. से ग्रेजुएट होना कहीं अधिक शान की बात है। मैं घर में घुसने के बाद सीधे अपने कमरे में गया। मुझे अपने बिस्तर पर जाकर ही सुकून मिलता है। और पिछले दो दिनों से तो बिस्तर पर लेटना मेरा सबसे पसंदीदा काम बन चुका था।

□

मैं नींद से जागा तो शाम के 5 बज चुके थे। आई.आई.टी. का सुरूर सोने के कारण जाता रहा था। फिर से मैं अपनी पुरानी हालत में लौट आया था। पार्टी शाम को 7 बजे से शुरू होनी थी। घर में इतना शोर-शराबा और ताम-झाम फैला हुआ था, जैसे शादी हो रही हो। कमरे से बाहर निकला तो देखा कि सारी औरतें टेंशन में इधर-उधर घूम रही हैं। हर कोई पार्टी शुरू होने से पहले तैयार होना चाहता था। लड़कियाँ ऐसे

सज-धज रही थीं, जैसे कि आज ब्वॉयफ्रेंड ढूँढ़ने का यह आखिरी मौका है। कुछ बच्चे, जो ज्यादातर तीन साल या उससे कम उम्र के थे, वे नंग-धड़ंग घर में यहाँ से वहाँ दौड़ लगा रहे थे। साफ नजर आ रहा था कि उनके माँ-बाप खुद तैयार होने के चक्कर में उन्हें भूल गए थे।

घर के मर्द लोग तैयार थे। उन्हें कपड़े पहनने और अपने बाल सँवारने में मुश्किल से 15 मिनट का समय लगा और वे चमकते चेहरों के साथ कमरों से बाहर निकले। उनकी चाल-ढाल में गजब का आत्मविश्वास झलक रहा था। अधिकतर बड़े लोगों ने वही कोट पहना था, जो वे पिछले पाँच साल से हर शादी-ब्याह में पहनते आ रहे थे।

हँसी के जोरदार ठहाकों के साथ गिलासों की खनखनाहट मुझे साफ सुनाई दे रही थी।

ऐसा लगा कि दोनों शैतान आत्माएँ पोर्च के ऊपर बने खाली कमरे पर कब्जा कर चुकी थीं। सात साल से छोटे बच्चों को उस इलाके के आसपास न जाने की सख्त हिदायत थी। उससे ऊपर की उम्र के बच्चों को किचन और पार्टी रूम के बीच सामान लाने-ले जाने के काम में लगाया गया था।

घर की औरतें लोगों से बचना चाहती थीं, इसलिए वे घर की दूसरी सीढ़ियों से आ-जा रही थीं। बूढ़ी महिलाएँ आदमियों को कोस रही थीं कि उन्होंने पार्टी जल्दी क्यों शुरू की। आदमी लोग अपने-अपने ड्रिंक लिये मजे कर रहे थे। उन्होंने पक्का कर रखा था कि शराब किसी भी सूरत में कम नहीं पड़नी चाहिए। घर के जिस भी कोने में वे जाएँ, वहाँ शराब पहले से ही उपलब्ध हो।

अंकल लोग जिस तरह से ग्रुप बनाकर बातें कर रहे थे, उससे लगता था, मानो कमांडोज किसी खुफिया मिशन की योजना बना रहे हैं।

उन्हें इस तरह जश्न मनाते देख मुझे गुस्सा आ रहा था और साथ ही उदासी भी मुझ पर कब्जा जमाने को तैयार बैठी थी।

मुझे ऐसा लग रहा था, मानो वे मेरी विफलता का जश्न मना रहे हैं—खुद के लिए खड़े होने की मेरी विफलता। यह सब एक गलती थी। मुझे अपने मम्मी-पापा को कल ही चिट्ठी के बारे में बता देना चाहिए था। लेकिन, अब काफी देर हो चुकी थी। उन्होंने दावत दे डाली थी। सारे रिश्तेदार आ चुके थे। पापा के बॉस लोग भी जल्द ही पहुँचने वाले थे। मैंने सुना कि कुछ एक मंत्रियों को भी आमंत्रित किया गया है।

सारा मोहल्ला उत्साह में था। एक समय। जिसे मैं परिवार की खातिर बलिदान

समझ रहा था, वह अब मुझे अपने गले में फंदे की तरह लग रहा था। यह सब क्या हो गया? सबकुछ इतनी तेजी से हो रहा था। पापा-मम्मी को मेरे घर पहुँचने से पहले ही आई.आई.टी. के बारे में पता चल चुका था! लोग जश्न मनाने में मशगूल थे। मुझे बैठकर इसके बारे में सोचने का मौका ही नहीं मिला। ऐसा कोई क्षण मिला ही नहीं कि किसी को कुछ बता पाता, समझा पाता।

आज अपनी जिंदगी में पहली बार मुझे महसूस हो रहा था कि डिप्रेशन में कैसा महसूस होता होगा।

'डिप्रेशन में ऐसा ही कुछ महसूस होता है।' मैंने खुद से कहा। मैंने लोगों को टी.वी. पर इस बारे में चर्चा करते देखा था और यह भी कि कैसे लोग इसे मामूली कमजोरी मानकर नजरअंदाज कर देते हैं।

यह सबसे बुरी दशा होती है। बीमारी कहीं नजर नहीं आती, लेकिन आप भीतर-ही-भीतर खत्म हो रहे होते हैं।

मैं तैयार नहीं होना चाहता था, लेकिन मेरे पास और रास्ता ही क्या बचा था? मेरी हालत उस दूल्हे जैसी थी, जिसे जबरन मंडप में बैठा दिया गया हो और वह चाहकर भी कुछ नहीं कह पा रहा हो।

मैंने पैर की ठोकर मारकर अपने कमरे का दरवाजा खोला। मेरे बेड पर तीन लोग थे। उनके चेहरों पर तनाव और चिंता नजर आ रही थी। मेरा दिन पूरा बरबाद हो चुका था। बेड पर दादी माँ, मॉम और पापा बैठे हुए थे।

"पिछले 18 साल में हमने तुम्हें उदास देखा, गुस्से में देखा, तुम्हें रोते हुए भी देखा। हमने तुम्हें पोर्न देखते हुए भी पकड़ लिया था; लेकिन आज जैसा पहले कभी नहीं देखा। ऐसा लग रहा है, जैसे तुम्हारी गर्लफ्रेंड स्कूल के बस ड्राइवर के साथ भाग गई है। जैसे कोई तुम्हारी बिरयानी खा गया है। क्या बात है, अर्जुन?" पापा की आवाज में चिंता साफ झलक रही थी।

"क्या कोई लड़की का मामला है, हाँ? वह हिंदू है? यह मत कहना कि वह अमेरिकन है। गोरी है क्या? तुम उससे शादी करना चाहते हो? क्या अभी वह हिंदुस्तान में है?" मॉम की आदत है, जब भी परेशान होती हैं तो बोलती चली जाती हैं।

पापा और दादी माँ मॉम को घूर रहे थे, मानो कह रहे हों, 'क्या मुसीबत है?'

"मॉम, यह कोई लड़की का मामला नहीं है।" मैंने सिर हिलाते हुए जवाब दिया।

"तो फिर क्या बात है?" दादी माँ का सवाल था।

"कुछ नहीं है। एक-दो दिन में सब ठीक हो जाएगा।" मैंने बातचीत को आगे बढ़ने से रोकने के मकसद से कहा।

"कहीं तुम आई.आई.टी. में पढ़ाई के भारी बोझ को लेकर तो परेशान नहीं हो? देखो, मुझे पक्का पता है, तुम इसे आराम से कर लोगे।" दादी माँ ने कहा। साफ था कि वे मुझे दिलासा देने की कोशिश कर रही थीं।

"ऐसी बात नहीं है, दादी माँ।" मैंने फिर से चर्चा को वहीं विराम देने की कोशिश की।

"तो फिर क्या बात है?" पापा ने झुँझलाते हुए पूछा।

"मैं नहीं बता सकता। यह आप सबके साथ नाइनसाफी होगी।" मैंने खिड़की से बाहर देखते हुए कहा।

"क्या नाइनसाफी होगी और किसके साथ होगी? कहीं तुम्हें किसी लड़की से प्रेम तो नहीं है? क्योंकि अगर तुम्हारे साथ ऐसा कुछ है तो मुझे कोई दिक्कत नहीं है।" मॉम ने गर्व के साथ कहा।

पापा और दादी माँ ने एक बार फिर से मॉम को घूरकर देखा। इस बार उनके घूरने का भाव कुछ ऐसा था, 'सच में? तुम्हारे भेजे में बस, इतनी सी अक्ल है?' मॉम दोनों का इशारा समझ चुकी थीं और उन्होंने कुछ देर चुप रहने का फैसला कर लिया।

मुझे महसूस हुआ कि इन तीनों से अब और नहीं छिपाया जा सकता है। 'कुछ देर ये लोग गुस्सा रहेंगे, लेकिन आखिर में समझ जाएँगे। आखिरकार, मैं उनका बच्चा हूँ और मैं आई.आई.टी. के बजाय सेना में जाने की सोचने जैसी गलती कर सकता हूँ। साथ ही, वे जिंदगी में अहम चीजों पर ध्यान देने में मेरी मदद ही करेंगे। मुझे यकीन था कि वे मेरी बात समझेंगे और मुझे माफ कर देंगे।' मैंने सोचा और एक गहरी लंबी साँस ली तथा कह डाला।

"मैंने केवल आई.आई.टी. के लिए ही टेस्ट नहीं दिया था। बिना किसी को बताए मैंने आर्मी के लिए भी फॉर्म भरा था।" मेरी आवाज लड़खड़ा रही थी।

कमरे में पूरी तरह सन्नाटा छा गया। वे एक-दूसरे को देख रहे थे।

कुछ मिनट के बाद दादी माँ बोलीं, "अभी भी तुमने अपनी समस्या के बारे में हमें नहीं बताया!" दादी माँ का कहना था। मुझे उनकी इसी बात से नफरत है। जब भी मैं कुछ ऐसा कहता हूँ, जो उन्हें पसंद नहीं है, तो वे मुझे उसी बात को फिर से दोहराने के लिए कहती हैं।

बाहर से आ रही आवाजों से हमारी बातचीत में खलल पड़ रहा था।

परिवार में हर कोई हमें ही ढूँढ़ रहा था। हम पार्टी के लिए लेट हो रहे थे। पापा ने उन लोगों से कुछ देर और रुकने के लिए कहा। इसके बाद उन्होंने मेरी ओर देखा।

"मैं···" मैं अपनी बात खत्म नहीं कर सका।

"मैं···" मॉम ने मेरी मदद करने की कोशिश की; लेकिन वे बहुत ही अजीब लग रही थीं।

"कुछ कारण के चलते मुझे ऐसा महसूस हो रहा है कि मैं आई.आई.टी. के बजाय आर्मी में जाना चाहता हूँ।"

यही तो मैं कहना चाहता था। कह लेने के बाद मुझे बहुत राहत महसूस हुई।

"अभी भी हमें नहीं पता, तुम्हारी समस्या क्या है!" दादी माँ ने पापा की ओर देखते हुए फिर वही बात कही। अब मुझे बहुत झुँझलाहट हो रही थी और वे बेकार में मुझे और गुस्सा दिला रही थीं। हो सकता है कि उनके पास मुझे सजा देने का यही तरीका हो।

"क्या आप लोगों को समझ नहीं आ रहा कि समस्या क्या है? मैं आर्मी में जाना चाहता था, लेकिन मेरा परिवार मुझे आई.आई.टी. भेजना चाहता है। मुझे नहीं लगता कि अपनी खुशी के लिए मुझे अपनी मनमानी करनी चाहिए। ऐसा करना आप लोगों के साथ नाइनसाफी होगा!" मुझे लग रहा था कि मैं भीतर-ही-भीतर बुरी तरह रो रहा हूँ; लेकिन किसी तरह मैंने अपने आप को सँभाल लिया।

मेरे द्वारा अपना अपराध स्वीकार कर लेने के बाद फिर से खामोशी छा गई। आखिरकार दादी माँ बोलीं, "हमारे खानदान की एक परंपरा रही है। इस खानदान से जितने भी पुरुष और महिलाएँ निकली हैं, उन सभी ने सफलता का नया इतिहास लिखा है। अपने चाचाओं और बुआओं को ही ले लो, वे सभी बहुत शानदार तरीके से जिंदगी बसर कर रहे हैं। इस खानदान में डॉक्टर, वकील और टॉपर भी रहे हैं। समाज में हमारी बहुत इज्जत है। लोग हमेशा इस खानदान के सदस्यों से बड़े ही तहजीब से पेश आते रहे हैं। हमारा परिवार हर संभव तरीके से देश की सेवा कर रहा है, सिर्फ एक को छोड़कर।

"कोई नहीं, मैं जो कह रही हूँ, ध्यान से सुनना। तुम्हारे दादाजी के बाद हमारे परिवार से सेना में कोई नहीं रहा है।

"मैं तुम्हें बता नहीं सकती कि यह कितनी शर्म की बात है कि परिवार में सौ से ज्यादा सदस्य हैं, लेकिन इसके बावजूद कोई भी सेना में नहीं है। तुमने आखिर यह सोचा ही कैसे कि यह बात सुनकर मुझे बुरा लगेगा?"

"लेकिन दादी, दादाजी के चले जाने के बाद हमारी मदद नहीं करने को लेकर आपको हमेशा आर्मी से शिकायत रही थी!" मैंने लगभग चिल्लाते हुए कहा।

"मुझे आज भी शिकायत है! मैं एक परेशान-हाल विधवा और संघर्षों से जूझती एक माँ थी। मेरे पति ने देश के लिए अपनी जान दी थी और उनके जाने के बाद भी सहारा देने के लिए कोई आगे नहीं आया। आर्मी, सरकार, नौकरशाही—किसी ने हमारी परवाह नहीं की। अपना हक हासिल करने के लिए मुझे उन सबको अदालत में घसीटना पड़ा। हमें उस चीज के लिए कटोरा हाथ में लेना पड़ा, जो कि उन्हें मेरे परिवार को एक तोहफे की तरह देनी चाहिए थी।" दादी माँ एक क्षण के लिए रुकीं और लंबी साँस ली, "हाँ, मैं गुस्सा हूँ। लेकिन इसका मतलब यह नहीं है कि हम देश की सेवा करना ही बंद कर दें। सैनिक अपने देश के लिए इसलिए नहीं लड़ते कि उन्हें बदले में कुछ चाहिए होता है। वे इसलिए लड़ते हैं, क्योंकि वे अपने देश से प्यार करते हैं।" दादी माँ ने गर्व से अपनी गरदन को तानते हुए कहा।

"आपने तो कहा था कि आपकी दोस्त सुधा का पोता किसी तरह आर्मी में ही भरती हो पाया है?" मैंने सवाल किया।

"तो मेरे पास और क्या विकल्प बचा था? मैंने सोचा था कि बाकियों की तरह तुमने भी मुझे निराश किया है।" उन्होंने पापा की ओर देखते हुए कहा।

"सेना में हमारे खानदान के सदस्यों का योगदान शून्य रहा है। मैं निराश थी, लेकिन मैं नहीं चाहती थी कि तुम्हें बुरा लगे। जब से मुझे पता चला था कि सुधा का पोता नेशनल डिफेंस एकेडमी ज्वॉइन करेगा, मैं उससे बचने की कोशिश कर रही थी। उसके पास वह था, जो मेरे पास नहीं था। अब मैं जाकर उसकी आँखों में आँखें डालकर देख सकती हूँ।" दादी माँ ने कहा। इस बार उनके चेहरे पर और अधिक गर्वीली मुसकान थी।

दादी माँ ने अपनी मंजूरी की मोहर लगा दी थी। एक उम्मीद की किरण नजर आई। मैंने पापा की ओर देखा।

"पापा, आपका क्या कहना है?" मैंने चुपचाप अपना सवाल आगे सरकाया।

"हूँ...मुझे कोई फर्क नहीं पड़ता। तुम बस, इतना वादा करो कि मेरे घर से निकल जाओ, ताकि मुझे अपनी जिंदगी भर की कमाई तुम्हारे ऊपर न खर्च करनी पड़े। बाकी तुम जो मरजी करो। तुमसे मेरा पिंड छूटेगा तो मैं तुम्हारे कमरे को अपना कमरा बना लूँगा, जहाँ मैं अपने दोस्तों के साथ बैठकर आराम से ड्रिंक कर सकूँ और तुम्हारी माँ मुझे परेशान न करे। मैं इस कमरे को साउंड प्रूफ बनवाऊँगा। रुको, अगर तुम आर्मी में जाओगे तो हम लोगों को आर्मी कैंटीन से सस्ती दारू भी तो मिलेगी!"

पापा का यह 'हाँ' कहने का अपना अंदाज था।

वे थोड़ा भावुक हो रहे थे; लेकिन इस पर चर्चा करने के बजाय उन्होंने इस पर केवल हँसना बेहतर समझा। यह उनका फिर से 'हाँ' कहने का एक और तरीका था। लेकिन सबसे महत्त्वपूर्ण फैसला आना तो अभी बाकी था।

पापा और दादी माँ बँगलादेश व भूटान की तरह थे, जो संयुक्त राष्ट्र में एक महत्त्वपूर्ण मुद्दे पर वोट कर रहे थे। लेकिन अमेरिका का वोट करना अभी बाकी है, जिसके पास वीटो पावर है।

हम सबने मुड़कर मम्मी की ओर देखा। उनकी नजरें जमीन पर गड़ी हुई थीं वे अपने आँसुओं को रोकने की कोशिश कर रही थीं।

जानता हूँ कि यह उनके लिए कितना मुश्किल होगा। मेरी कोई भी बात हो, वह हमेशा ही बहुत बेचैन हो जाती थीं। मुझे हर बला से बचाकर रखने की कोशिश करती रहती थीं। हालाँकि, हर माँ अपने बच्चे को लेकर इतनी ही संवेदनशील होती है, लेकिन वे तो एक कदम आगे थीं।

आखिर में, उन्होंने मेरी ओर देखा। उनकी आँखें लाल थीं, "मुझे हमेशा से पता था कि एक दिन तुम आर्मी ज्वॉइन करोगे। हमेशा यही सोचती रही कि जब वह दिन आएगा तो मैं तुम्हें उससे बाहर निकाल लाऊँगी। हर माँ अपने बच्चों की चिंता करते-करते बूढ़ी हो जाती है; प्रार्थना करती रहती है कि उसके बच्चे जहाँ भी रहें, खुश रहें। एक माँ को हमेशा यह चिंता सताती रहती है कि पता नहीं बच्चे ने खाना खाया भी होगा या नहीं। पता नहीं, दिन में पानी भी पीता होगा या नहीं? ठीक से तो पहुँच गया होगा न! अगर संभव होता तो माँएँ हर वक्त अपने बच्चों को अपने सामने ही रखतीं, ताकि किसी भी मुसीबत के समय वे अपने बच्चे की रक्षा कर सकें।" मॉम चुप हो गईं।

उनकी चुप्पी के बीच बीता एक-एक क्षण एक-एक युग के जैसा बीत रहा था।

कुछ देर बाद वह बोलीं तो जान में जान आई, "मेरे लिए तुम्हें आर्मी में भेजना बहुत मुश्किल होगा। मुझे माफ करना, मुझे नहीं लगता, मैं कभी 'हाँ' कह पाऊँगी, कभी भी।"

मुझे अपनी साँसें रुकती-सी लगीं। उनकी 'हाँ' के बिना मैं कहीं नहीं जा सकता था। और ऐसा लग रहा था कि वे अपनी वीटो पावर का इस्तेमाल कर रही हैं। इससे पहले कि मैं निराश होता, मॉम ने थरथराती आवाज में कहा, "लेकिन मैं यह भी देख रही हूँ कि तुम पिछले दो दिनों से किस तरह जाम्बी (परग्रही) की तरह घूम रहे हो! तुमने अपने किसी दोस्त तक को फोन नहीं किया। अपने चाचाओं के किसी भी

चुटकुले पर तुम जरा भी नहीं हँसे। पूरा खानदान यहाँ जुटा हुआ है और तुमने किसी से एक शब्द भी बात नहीं की। इसी से मैं समझ सकती हूँ कि तुम्हारे भीतर आर्मी में जाने की तड़प कितनी ज्यादा है! हकीकत तो यह है कि तुम अपनी जिंदगी में केवल यही काम करना चाहते हो—सेना में जाना।

"अगर तुम सेना ज्वॉइन करते हो तो मैं तो चिंता से ही मर जाऊँगी; लेकिन तुम्हें पूरी जिंदगी इस तरह से भी नहीं देख सकती। तुम्हारा उदास चेहरा वैसे ही मेरी जान ले लेगा। मुझसे एक वादा करो—जहाँ तक संभव हो, तुम मुसीबत से दूर रहोगे।"

समझ नहीं आया कि क्या कहूँ। मैंने उन्हें उनकी जिंदगी की सबसे कठिन परीक्षा में बैठा दिया था। जिंदगी का सबसे बड़ा फैसला उन्हें करना था। अपने डर से आगे निकलकर उन्होंने मेरी खुशी को चुना था। मैंने 'हाँ' में सिर हिलाया। पापा कमरे से बाहर जाने के लिए खड़े हो गए।

"आप कहाँ जा रहे हैं?" मॉम ने सवाल किया।

"मैं कैटरर को फोन करने जा रहा हूँ कि हमें 750 रुपए प्लेट की जरूरत है। मेरा बेटा सेना में जा रहा है!" पापा ने गर्व से कहा।

"हाँ, पार्टी पान के बिना पूरी नहीं होगी।" मॉम ने कहा।

माहौल तुरंत हलका हो गया और जश्न में शामिल होने के लिए हम सब नीचे जाने के लिए उठ खड़े हुए। वह क्या शानदार पार्टी थी! मुझे यह जानकर हैरानी हुई कि दोस्त, परिवार, रिश्तेदार···हर कोई मेरे आई.आई.टी. के बजाय सेना में जाने की बात सुनकर बेहद खुश था।

जैसाकि वादा हुआ था, मेरे दोस्तों की टेबल के नीचे कुछ बोतलें खासतौर पर रखी गई थीं। सब चाचाओं ने भी हमेशा की तरह खूब मजा किया। दादी माँ भी बाकी औरतों के साथ जमकर संतरे का जूस पी रही थीं।

मॉम खुश नजर आने के साथ ही थोड़ा नर्वस भी दिखाई दे रही थीं।

पापा पूरी कोशिश कर रहे थे कि वे मॉम के आसपास ही रहें। पूरी पार्टी के समय वे बीच-बीच में जाकर मॉम का हाथ अपने हाथ में लेते रहे।

पूरी रात वे मुझे ही देखती रहीं, मानो जी भरकर मुझे देख लेना चाहती थीं। □

5

ए.जी.

पार्टी खत्म हुए एक महीना बीत चुका था। जुलाई की भयंकर गरमी और मैं दिल्ली से पुणे जानेवाली ट्रेन में सवार हो चुका था। पिछले कुछ दिन ऐसी बेचैनी, घबराहट और उथल–पुथल में बीते थे कि मेरी सारी देशभक्ति और हीरोपंती हवा हो गई थी। मेरी हालत उस लड़के जैसी हो रही थी, जिसने दूसरे धर्म की अपनी गर्लफ्रेंड को गर्भवती कर दिया हो और अब माँ–बाप के सामने जाने में जिसकी फट रही हो। मुझे कुछ–कुछ उस लड़की जैसा भी महसूस हो रहा था, जो अमेरिका में बसे एन.आर.आई. लड़के से शादी करने को राजी हो गई है और अब उसे अपने परिवार से हजारों मील दूर जाना पड़ेगा। मेरी हालत ऐसी हो रही थी, जैसे कोई दफ्तर में पेशाब करना भूल गया हो और अब ट्रैफिक जाम में फँसे–फँसे उसका ब्लैडर फटने को हो रहा हो।

क्या मैं आर्मी की ट्रेनिंग झेल पाऊँगा? क्या मैं मानसिक और शारीरिक रूप से इतना ताकतवर हूँ? मुझे लगा, ये सब सोचने के लिए अब बहुत देर हो चुकी है।

सारे ड्रामे और जश्नबाजी के बाद मेरे भीतर इतनी हिम्मत नहीं बची थी कि पूरे खानदान के सामने खड़ा होकर कह सकूँ, 'मुझे खुद पर यकीन नहीं है।'

'शायद मैं इस बारे में कुछ ज्यादा ही सोच रहा हूँ। मेरा मतलब, यह कितना बुरा हो सकता है! बाकी इतने बच्चों ने भी तो किया ही है। खेलों में मैंने कभी कोई तीर नहीं मारा था; लेकिन इतना बुरा भी नहीं था। मुझे यकीन है कि नेशनल डिफेंस एकेडमी हम लोगों को नए माहौल से तालमेल बिठाने के लिए कुछ तो समय देगी ही।

'मुझे सफर पर रवाना होने से पहले कुछ होमवर्क कर लेना चाहिए था। एकेडमी और प्रोग्राम के बारे में मुझे कुछ पता होना चाहिए था।' मैंने सोचा।

बदकिस्मती यह रही कि मैंने इसे गंभीरता से नहीं लिया। 'पिछले एक महीने से मैं कर क्या रहा था?' मैंने खुद से सवाल किया। मुझे सिर्फ यह याद था कि सारा समय पार्टियों और जश्नबाजी में ही बीत गया। जब से परिवार ने मुझे आर्मी में जाने की मंजूरी दी थी, देर रात पार्टियों पर कोई बंदिश ही नहीं रही थी।

सच्चाई तो यह थी कि घर के लोग ही चाहते थे, मैं बाहर घूमूँ-फिरूँ, मौज-मस्ती करूँ।

जब भी गाड़ी किसी स्टेशन पर रुकती, मेरा दिल बैठने को हो जाता।

मैं पहले कभी इतना नर्वस नहीं हुआ था। सिवाय तब, जब मैंने मम्मी-पापा और दादी को आर्मी के बारे में बताया था।

अचानक झटका लगा और मेरे दिमाग में दौड़ रही खयालों की ट्रेन रुक गई। आसपास बैठे लोग बातचीत में मशगूल थे। दिमाग यह हिसाब-किताब लगाने में बड़ा स्मार्ट होता है कि वक्त बिताने के लिए कम गप्पबाजी करनी है। ऐसे लोग, जो आज से पहले कभी नहीं मिले थे और न आज के बाद कभी मिलने वाले थे, वे एक-दूसरे से रिश्ता जोड़े रखने की तसल्ली खुद को और सामनेवाले को देने में जुटे थे। हकीकत तो यह थी कि सफर खत्म होने के तुरंत बाद ही सफर में बने दोस्त भी भुला दिए जाते हैं। शायद हमने अपनी जिंदगी को इतना मशीनी बना लिया है कि ऐसे रिश्तों को सँभालकर रखने की जगह ही नहीं बची है।

मेरे डिब्बे में मजेदार चर्चाएँ चल रही थीं, लेकिन मेरा उनमें शामिल होने का मन ही नहीं किया। मम्मी, पापा और दादी ऐसे बातें करने में मगन थे, जैसे यह धरती पर आज उनका आखिरी दिन हो। एक बुजुर्ग व्यक्ति और उनकी जवान बेटी हमारे सामने बैठे थे। वे भी उस चर्चा में शामिल थे। वैसे, यह कोई सही आइडिया नहीं था, लेकिन मैंने परिवार के लोगों को अपनी बेचैनी के बारे में बताने का फैसला कर लिया।

मुझे पक्का यकीन था कि इसके लिए बाद में पछताना पड़ेगा।

"मॉम, मैं नर्वस फील कर रहा हूँ।" मैं फुसफुसाया।

मैंने यह बात मॉम से कही थी, लेकिन पता था कि इसका जवाब कौन देगा।

"हमारे बहादुर सैनिक को क्या हुआ? मैंने तो सोचा था कि तुम देश के लिए जान देने को तैयार हो। लेकिन अब तुम्हें पी.टी. से डर लग रहा है!" दादी माँ बोलीं। भले ही मुझे कितना भी बुरा क्यों न लगे, वे इस मौके को छोड़ना नहीं चाहती थीं। मुझे कोई करारा-सा जवाब नहीं सूझा तो मैंने चुप रहना ही बेहतर समझा।

"क्या तुम आई.आई.टी. में वापस जाना चाहते हो? या क्या तुम्हें आई.आई.टी. कैंपस से भी डर लग रहा है?" दादी इतना कहकर जोर से हँसने लगीं।

मैंने पापा की ओर देखा। वे जानते हैं कि मैं इस समय मजाक के मूड में नहीं था। उन्होंने दादी की तरफ थोड़ा गंभीर होकर देखा, थोड़ा आगे झुके। वे दादी का मुँह बंद कराने के लिए कुछ बोलने ही वाले थे। यह क्षण हमेशा ही मुझे रोमांचित करता है। मैंने पापा को छोड़कर दादी की ओर देखना शुरू कर दिया।

"अर्जुन, लो, स्नैक्स ले लो। ओह! सॉरी, तुम्हें क्या स्नैक्स से भी डर लगता है?" पापा ने मजाक किया।

इस बार दादी के साथ ही पापा और मॉम भी जोर से हँसने लगे।

किसी की परेशानी का मजाक बनाने की यह बुरी आदत खानदानी बीमारी थी। मैंने मदद के लिए मॉम की ओर देखा।

"भई, प्लीज, आप लोग शांत हो जाओ। अगर बच्चा नर्वस है तो क्या हुआ? अर्जुन, लो, लड्डू खाओ। चिंता मत करो, ये केवल लड्डू हैं, कोई बम नहीं हैं।"

इस बार बुजुर्ग सज्जन और उनकी बेटी भी उनके साथ मिलकर हँसने लगे।

उन सबको इसमें बड़ा ही आनंद आ रहा था। लेकिन उन्हें यह बात पता नहीं थी कि दादी माँ एक बार किसी का मजाक बनाना शुरू कर देती हैं तो फिर वे चर्चा में शामिल हर एक को घसीटे बिना चैन नहीं लेती हैं। वे सब हँसने में लगे थे और मैं उन सबसे बदला लेने की कोई तरकीब सोचे जा रहा था।

दादी की नजरें पापा पर टिकी थीं, "मुझे पक्का यकीन है, मेरा बेटा भी सेना में जा सकता था।"

पापा सीट पर पसरकर बैठे हुए थे। इतना सुनते ही वे उठे और सीधे तनकर सैनिक की मुद्रा में बैठ गए। उनकी आँखों में गर्व का भाव था।

बेचारे पापा को पता नहीं था, आगे क्या होने वाला है।

दादी, जो अपने बेटे की तारीफों के पुल बाँध रही थीं, धीरे-धीरे असली मुद्दे पर आने लगीं···"ये आर्मी में तभी जाता, जब वहाँ दिन भर कोला के साथ गरमागरम पकौड़े और पूड़ी-सब्जी मिलती। हर बार खाने के साथ तीन तरह की मिठाइयाँ मिलतीं। और अगर कहीं पेटुओं के बीच युद्ध होता तो पक्का मेरा बेटा देश का नाम रोशन करता।"

पापा के चेहरे की मुसकराहट की जगह गुस्से ने ले ली; लेकिन उन्होंने चुप रहने का फैसला किया। वे जानते थे कि जो कुछ भी बोलेंगे, वह उनके खिलाफ ही

इस्तेमाल किया जाएगा। अब तो हालत यह हो गई थी कि डिब्बे में उन्हें छोड़कर बाकी सब हँस रहे थे। मॉम सबसे ज्यादा जोर से हँस रही थीं। मैं जानता था कि इसके बाद अब उनका ही नंबर है। किसी की पैंट उतारने का उनका फॉर्मूला बड़ा सीधा-सादा था। जो भी सबसे ज्यादा हँस रहा है, अगली बार उसका ही नंबर लगाओ। लेकिन वे इतना जरूर पक्का कर लेती थीं कि बेइज्जती का दूसरा दौर शुरू करने से पहले हर किसी को लपेटे में ले लें।

"दुश्मनों के साथ अगर ब्यूटी कंपीटिशन होता तो मेरी बहू जरूर उनके छक्के छुड़ा देती। जो भी सबसे खूबसूरत तरीके से कपड़े पहनकर आता, वही युद्ध जीत जाता।" दादी ने कहा। अपने चेहरे को छुपाने की कोशिश में वे खिड़की से बाहर देखने लगीं।

धीरे-धीरे डिब्बे में हँसनेवाले लोगों की संख्या कम होने लगी, रोने-झींकनेवालों की संख्या बढ़ने लगी। इसके बाद दादी का अगला निशाना था—बड़े मियाँ।

"लगता है, आप बहुत मजे ले रहे हैं। ये मेरे चुटकुलों का असर है या सोडा बोतल का, जो आप पी रहे हैं?" दादी ने एक आँख को दबाते हुए कहा।

तब मुझे अहसास हुआ कि पूरा डिब्बा वोदका से क्यों महक रहा था। दादी की बात सुनते ही बड़े मियाँ बगलें झाँकने लगे। अब सबको मामला समझ में आ चुका था।

वह ऐसी हालत में रँगे हाथों पकड़े गए थे कि सूझा नहीं, क्या कहें।

वह उठे और अपनी सीट पर जाकर लेट गए। वे सोने का नाटक कर रहे थे। उनकी जवान बेटी बड़ी उलझन में इधर-उधर देखने लगी। वह समझ गई, अब उसकी बारी है।

दादी उसकी ओर देखकर मुसकराईं, "जब यहाँ बाथरूम है तो तुम दूसरी ओर का क्यों इस्तेमाल करने जाती हो?"

उसने भी अपने पिताजी के नक्शे-कदम पर चलने में ही भलाई समझी। अपनी सीट पर गई और बाप की तरह सोने का नाटक करने लगी। जाहिर-सी बात है कि कोच के दूसरी ओर उसका ब्वॉयफ्रेंड था। अब जोर से हँसने की मेरी बारी थी।

अब केवल दादी और मैं हँस रहे थे।

तुरंत मुझे अहसास हुआ कि पहला राउंड खत्म हो चुका है। अपना मुँह बंद कर मैं सोने का नाटक करता, उससे पहले ही दादी की नजरें मुझ पर जम चुकी थीं।

"एकेडमी पहुँचने में बस, दो घंटे बचे हैं।" उन्होंने कहा। उनकी आँखों की

शरारत मुझसे छुपी न रह सकी। मैं फिर से अपनी शंकाओं और आशंकाओं के संसार में गोते लगाने लगा।

सबकी हालत पतली करने के बाद अब दादी ने सोने का फैसला किया। मैं उम्मीद कर रहा था कि वे एकेडमी में इस तरह की कोई हरकत नहीं करेंगी। जब मैं इन सब चीजों के बारे में सोच रहा था तो खयाल आया कि अगर शब्दों का कोई युद्ध होता तो दादी का एक बहादुर सैनिक साबित होना पक्का था। दुश्मन की सेना निश्चित ही उनके शब्द-बाणों के चलते आत्महत्या कर लेती। मन तो कर रहा था कि दादी के मुँह पर ये सारी बातें कह दूँ, लेकिन मैं उन्हें छेड़ने का खतरा मोल नहीं ले सकता था। उनकी जीभ पर तो हर समय कटाक्ष मौजूद रहते थे।

□

एन.डी.ए. पहुँचने में हमें दो घंटे का समय लगा। रेलवे स्टेशन से लेकर खड़गवासला तक का सफर बेहद सुहाना और खूबसूरत था। कैब में हर कोई चुपचाप बैठा था। यहाँ तक कि टैक्सी ड्राइवर भी कुछ बोलने के मूड में नजर नहीं आया। उसे भी शायद आदत पड़ चुकी होगी हर साल इस समय कैडेट को एकेडमी ले जाने की। जिस क्षण हम एकेडमी के गेट में घुसे, मेरे मन का सारा डर जाता रहा और उसकी जगह एक गौरव व सम्मान की भावना जाग उठी। मेरे घरवालों की आँखों में हलकी-सी नमी थी। यही भाव मुझे उनके चेहरों पर भी नजर आए। हर कोई खामोश था। यह बात करने का समय नहीं था, बल्कि उन लोगों को याद करने का था, जो हमारे साथ नहीं थे—वे सैनिक, जो बहुत कम उम्र में शहीद का दर्जा हासिल कर चुके थे।

यह उस माँ के दर्द को महसूस करने का वक्त था, जो हर जवान लड़के में अपने बेटे को खोजने की कोशिश करती है; उस भाई को याद करने का समय था, जिसने क्रिकेट देखना बंद कर दिया है; एक बाप को याद करने का समय था, जो मुसकराना भूल चुका है। उस परिवार को शीश नवाने का समय था, जिसके त्योहार में अब कोई खुशी नहीं बची है। हम एक-दूसरे का हाथ पकड़े हुए थे। जब आप पहली बार एन.डी.ए. के कैंपस में प्रवेश करते हैं तो एक अनोखे किस्म की भावना आपको घेर लेती है। आप एक ही क्षण में खुश, उदास, भावुक और शुक्रगुजार होते हैं। आपकी रगों में दौड़ते खून की रफ्तार तेज हो जाती है और आप अपनी मातृभूमि की रक्षा के लिए कुछ भी कर गुजरने का प्रण लेते हैं। एक बार एकेडमी के गेट के भीतर प्रवेश करने के बाद मुड़कर देखने की कोई गुंजाइश नहीं होती।

मॉम, पापा और दादी माँ को दादाजी की यादों ने घेर लिया। मैंने कभी उन्हें देखा नहीं था। घर में केवल उनकी तसवीर भर देखी थी। दादी हम लोगों से थोड़ा हटकर एक बेंच पर जा बैठीं। हमने भी तय किया कि कुछ क्षण उन्हें अकेला छोड़ दिया जाए।

एन.डी.ए. कैंपस की वह पहली झलक मैं कभी नहीं भूल पाऊँगा। सामने एक विशाल हलके भूरे रंग की इमारत थी, जिसके सामने आसपास की बाकी सभी इमारतें गौण महसूस हो रही थीं। इसके ढाँचे में एक समरूपता थी। तीन मंजिला इस इमारत के ऊपर बीच में एक विशाल गुंबद था और दोनों ओर कमरे बने थे। यह देखने में एक विशाल पक्षी जैसी लग रही थी। गुंबद उस पक्षी का सिर और कमरे उसके पंखों के समान नजर आ रहे थे।

गुंबद के नीचे कुछ ध्वज लगे थे; लेकिन मैं उनमें से अधिकांश को पहचान नहीं पाया। गुंबद के नीचे दो एक जैसे मैटेलिक प्रतीक चिह्न बने थे। उनमें अनोखी चमक थी और उनके ऊपर कुछ उकेरा गया था। दूर से देखने पर उन्हें समझना मुश्किल था। इमारत पत्थर से बनी थी, जो उसे एक अनोखा रूप प्रदान कर रहा था। पास जाने पर हमने देखा कि इमारत पर 'सूडान' लिखा हुआ था। उसे देखकर मेरा तो सिर ही चकरा गया।

मैं जल्द-से-जल्द इमारत के पीछे के रहस्य को सुलझाना चाहता था। हमारे और इमारत के बीच में हरे-भरे बगीचे और पेड़ थे। इमारत के ठीक सामने एक विशाल लड़ाकू जेट खड़ा था और उसके पीछे पानी का फव्वारा छूट रहा था। कुल मिलाकर, पूरा माहौल बहुत ही खूबसूरत और दिल लुभानेवाला था। प्रवेश द्वार से लेकर इस 'सूडान' नामक इमारत तक वॉलंटियर्स खड़े थे, जो हर किसी का रजिस्ट्रेशन काउंटर तक पहुँचने के लिए मार्गदर्शन कर रहे थे।

एकेडमी में यह मेरा पहला कदम था। सभी वॉलंटियर्स मेरे परिवार के लोगों के प्रति बहुत ही मित्रवत् व्यवहार कर रहे थे; लेकिन जब वे मेरी ओर देख रहे थे तो उनके चेहरे पर एक खास किस्म का कसाव था और उनकी आँखें मानो कह रही थीं, 'देख लेंगे।' वे लोग मुझे इतनी देर तक घूरकर देख रहे थे कि मैं असहज हो उठा। दूसरी ओर मॉम, पापा और दादी इस स्वागत से काफी खुश थे।

हम लोगों को अन्य परिवारों के साथ एक बड़े से हॉल में बैठने को कहा गया। मैंने हॉल का जायजा लिया। वहाँ काफी लोग बैठे थे, जिन्हें अपने भारतीय होने पर गर्व था। हमें बताया गया था कि रजिस्ट्रेशन का काम पूरा होते ही परिवार

के लोग वहाँ से चले जाएँगे। इस सच्चाई को जानकर मैं घबरा गया कि कुछ ही मिनट बाद मैं वहाँ मम्मी-पापा के बिना अकेला रह जाऊँगा।

पिछले एक महीने से मैं ऐसी दुनिया के सपने देख रहा था, जिसमें मम्मी-पापा नहीं होंगे; ऐसी दुनिया, जहाँ मैं जो चाहे, कर सकूँगा। मस्ती करूँगा। किसी का भी कोई लफड़ा नहीं होगा, न किसी की रोक-टोक। इस बात को सोच-सोचकर मैं मन-ही-मन न जाने कितनी बार खुश हुआ था; लेकिन आज, जब यह सपना सच होने जा रहा था, तब मेरे दिमाग में केवल यही बात आ रही थी कि मैं उनके बिना कैसे रह पाऊँगा? मुझे उनकी कितनी याद आएगी!

किसी तरह मैंने अपने आँसुओं को रोका। मैं नहीं चाहता था कि पापा-मम्मी मुझे इस हालत में देखें। दूसरी तरफ भी कुछ ऐसी ही कहानी थी। मॉम और दादी खुद को बड़ा बहादुर दिखाने की कोशिश कर रही थीं, जैसे उनकी सेहत पर कोई असर ही नहीं पड़ रहा हो। हम सब हिम्मत जुटाकर लाइन में खड़े-खड़े कुछ और चीजों पर बात करने लगे। आखिरकार, रजिस्ट्रेशन के लिए मेरा नंबर भी आ ही गया। और 30 मिनट बाद अब यह गुडबाय कहने का वक्त था।

हॉल लोगों से भरा हुआ था। हर किसी को अपनी बात कहने की जल्दी थी, इसलिए शोर काफी था। लेकिन मुझे तो मॉम, पापा और दादी के अलावा न कुछ दिखाई दे रहा था और न ही कुछ सुनाई। मैं एक-एक कर तीनों के गले मिला और काफी देर तक उन्हें जकड़े रहा। मैं उनसे दूर नहीं जाना चाहता था। हमेशा यही सोचा था कि ऐसा कोई मौका आएगा तो बहुत बहादुरी से उसका सामना करूँगा, लेकिन आज इसके उलट ही हो रहा था।

"भागो मत।" दादी माँ ने मजाक में कहा और सब मुसकराने लगे।

वे मुड़े और चले गए। मैं केवल उन्हें जाते हुए देखने के सिवाय कुछ नहीं कर सकता था।

"यह बहुत मुश्किल है, है ना?" पीछे से एक आवाज सुनाई दी।

मैं अभी भी पापा, मम्मी और दादी को दूर जाते हुए देख रहा था; मुझे अपने आप में लौटने और मुड़कर देखने में पूरे 30 सेकंड लगे।

वह 5'5 या 5'6 फीट लंबा था। उसकी हर चीज गोल थी। उसका चेहरा, उसका शरीर और उसका चश्मा। उसका हेयर स्टाइल भी काफी मसखरा टाइप था—उसके लंबे बाल उसके मुँह तक पहुँच रहे थे। उसने बालों के बीच में से माँग निकाली हुई थी।

"हाय, मैं अभिजीत घोष।" उसने कहा।

"अर्जुन शर्मा।"

"तो अर्जुन, कहाँ से हो?" उसने बड़ी सी मुसकान के साथ पूछा।

"दिल्ली।" मैंने जवाब दिया।

"दिल्ली में कहाँ से?" उसका सवाल जारी था।

"नोएडा।" मैंने जवाब दिया।

"ओह, तो तुम यू.पी. से हो।" अभिजीत ने कंधे उचकाए।

"एन.सी.आर.।" मैंने थोड़ा ऊँची आवाज में झुँझलाते हुए कहा।

"जो कि मूल रूप से यू.पी. ही है।"

अपने बारे में मैंने जो भी कहा, वह हर बात को नजरअंदाज करता गया।

"और तुम?" मैंने सवाल किया।

"मैं?"

"तुम कहाँ से हो?" मैंने फिर से सवाल किया। मेरी सहन-शक्ति जवाब दे रही थी।

"ओ, अच्छा! मैं कोलकाता से हूँ।" उसने अकड़ के साथ जवाब दिया।

"नर्वस?" मैंने बातचीत जारी रखी।

"हाँ, बहुत। ज्यादातर तो अपने झड़ते बालों को लेकर नर्वस हूँ। अपने बालों के कारण ही मैं खूबसूरत दिखता हूँ।" अपने दोनों हाथों से बालों को सँवारते हुए वह बोला।

"ओह, हाँ, यह सही बात है।" मुझे अपनी हँसी रोकनी पड़ी।

"तुम मुझे ए.जी. बुला सकते हो।" वह बोला।

"ए.जी. ?"

"हाँ, जैसे कि अजी सुनते हो।" वह कुछ सेकंड तक पागलों की तरह हँसता रहा, "देखो, हमें अगले कुछ दिन थोड़ा सावधान रहना होगा। अगर टिक्की ने हमें पकड़ लिया तो मुश्किल हो जाएगी।" ए.जी. ने फुसफुसाते हुए कहा।

"टिक्की? कौन टिक्की?" मैंने जानना चाहा।

उसने मुझे हैरानी और अविश्वास के साथ देखा।

"थर्ड टर्म वाले लोग।"

"ये टर्म क्या है?" मैंने हिम्मत करके पूछा।

ए.जी. का मुँह खुला-का-खुला रह गया।

"तुम धरती पर अभी अवतरित हुए हो क्या? तुम यहाँ एकेडमी में शामिल होने आए हो और तुम्हें इसकी जरा भी जानकारी नहीं है?" उसकी शक्ल से ही नजर आ रहा था कि उसके सब्र का बाँध टूट रहा है।

मैं अपनी अज्ञानता को छुपाने का कोई बहाना बनाता, उससे पहले ही वह बोला, "ओ.के., चलो, मैं बताता हूँ।

"जहाँ तुम खड़े हो, इसे एन.डी.ए.—नेशनल डिफेंस एकेडमी (राष्ट्रीय रक्षा अकादमी) कहा जाता है। इसमें तीनों सेवाओं—सेना, नौसेना और वायुसेना के कैडेट्स आते हैं। उन्हें उनके विशेष बल में भेजे जाने से पहले यहाँ एक साथ ट्रेनिंग दी जाती है। तुम्हारा मकसद आर्मी में जाने का है तो तुम्हें आखिर में देहरादून में भारतीय सैन्य अकादमी में भेजा जाएगा। भारतीय सेना में अधिकारी के रूप में कमीशन दिए जाने से पहले तुम्हें देहरादून में एक साल का विशेष प्रशिक्षण दिया जाएगा। कैडेट्स साल में दो बार—जनवरी और जुलाई में एन.डी.ए. में भरती होते हैं। तुम सुन रहे हो मेरी बात?" ए.जी. एक साँस में ही सब कह गया।

"हाँ, हाँ! इससे मुझे काफी जानकारी मिली है। क्या तुम मुझे और बता सकते हो?" मैंने याचना भरे स्वर में कहा। यहाँ अपना साल शुरू करने से पहले मैं जो भी हो सकता था, सब जान लेना चाहता था।

"मैं तुम्हें बताऊँगा, लेकिन केवल उचित समय आने पर। एकेडमी के सीनियर्स नए लड़कों यानी इक्की पर घात लगाए बैठे रहते हैं। वे नए कैडेट्स को 'इक्की' कहना पसंद करते हैं। अगर कोई इक्की उन्हें अकेला मिल जाए तो फिर वे उसे नहीं छोड़ते। वे तब तक तुम्हें परेशान करते रहेंगे, जब तक कि तुम बिल्कुल पस्त न हो जाओ।" ए.जी. ने कहा।

"तब हमें क्या करना चाहिए?" मैंने उत्सुकता के साथ पूछा।

"जो सही लगे, वह करो, लेकिन बस, उनकी पकड़ में मत आओ। यहाँ तुमने इन लड़कों को काम करते देखा है? ये सब सीनियर्स लोग हैं। उन्हें हम लोगों को हमारे कमरों तक छोड़कर आने की जिम्मेदारी सौंपी जाएगी। जैसे ही हम इस इमारत से बाहर निकलेंगे, वे हमें सजा देना शुरू कर देंगे।" उसकी आवाज डर के मारे काँप रही थी।

"तुम्हें ये सब कैसे पता?" मैंने जानना चाहा। नया कैडेट होने के बावजूद उसे कैंपस लाइफ के बारे में कुछ ज्यादा ही जानकारी थी।

"मेरा भाई एन.डी.ए. में रह चुका है।" उसने बताया।

"तुम्हारे भाई ने तुम्हें यह नहीं बताया कि इन सीनियर्स से बचना कैसे है?" मेरा सवाल था।

"उसने मुझे एक उपाय बताया था, लेकिन मुझे उसे आजमाते हुए डर लग रहा है।" ए.जी. ने कहा। उसने इधर-उधर देखकर यह बात कही, जैसे कहीं कोई हमें सुन न रहा हो।

"बुरे से बुरा क्या हो सकता है? अगर वे हमें पकड़ लेंगे तो हमें सजा देंगे। अगर हम इन स्वयंसेवकों के साथ जाएँगे तो भी हमें सजा तो मिलनी ही है।" मैंने उसे अपनी बात से सहमत करने की कोशिश की।

"तुम ठीक कहते हो, लेकिन…"

"लेकिन क्या? क्या तुम सजा पाना चाहते हो?" मैंने पूछा।

"नहीं।" उसने दृढ़ लहजे में कहा।

"तब तो हमें तुम्हारे भाई का बताया रास्ता अपनाना पड़ेगा।"

"मुझे डर लग रहा है।" उसने मुझसे सटते हुए फुसफुसाकर कहा।

"ओह, छोड़ो, ए.जी.!" मैं उसका हाथ पकड़कर भीड़ से अलग ले गया।

मुझे काफी दबाव डालना पड़ा, लेकिन आखिर में वह मान गया। हम वहाँ से चंपत होने के लिए सही मौके की तलाश में थे। रजिस्ट्रेशन अभी चल ही रहा था। ए.जी. ने सलाह दी, हम बाथरूम में जाकर देखते हैं कि क्या वहाँ से निकलने का कोई रास्ता है! पहले ए.जी. बाथरूम गया और मैं उसके पीछे-पीछे। हम हर खिड़की की पड़ताल करने लगे, ताकि वहाँ से निकलकर भागा जा सके। एक खिड़की का काँच गायब था। हम खिड़की से निकलकर बाहर कूद गए।

पहले ही अँधेरा होना शुरू हो गया था, जो कि हमारे लिए अच्छी बात थी। ए.जी. आगे-आगे चल रहा था और मेरी जिम्मेदारी हम दोनों की सुरक्षा की थी।

"तुम कहाँ जा रहे हो?" एक ओर से आवाज आई।

'मर गए! उन्होंने हमें पकड़ लिया।' मैंने मन-ही-मन सोचा।

मैं रुका और उस दिशा में देखा, जहाँ से आवाज आई थी।

वे तीन सीनियर्स थे। उनके पीछे-पीछे सिर झुकाए सात नए कैडेट्स चल रहे थे।

"हम…हम…हम अपनी स्क्वाड्रन को तलाश रहे थे और रास्ता भटक गए।" मैंने काँपती आवाज में कहा।

"हम से क्या मतलब है तुम्हारा?" सीनियर ने पूछा।

"मैं और···" मैंने मुड़कर देखा, लेकिन ए.जी. कहीं नजर नहीं आया। हो सकता है कि उसने इन लोगों को आते हुए देख लिया हो और कहीं छुप गया हो।

"मेरा मतलब 'हम' नहीं, 'मैं'।" मैंने ए.जी. को बचाने की कोशिश की।

"लड़के, तुम किसी को छुपाने की कोशिश तो नहीं कर रहे?" एक सीनियर ने मेरे करीब आकर सवाल किया।

"क्या आप लोग मुझे ढूँढ़ रहे थे?" एक जानी-पहचानी आवाज सुनाई दी।

मैं बाएँ मुड़ा और थोड़ा चकरा गया। ए.जी. ठीक मेरे सामने खड़ा था। लेकिन वह वैसा नहीं दिख रहा था, जैसा एक मिनट पहले था।

उसके बाल कुछ छोटे थे और उसका गोल पेट भी गायब हो चुका था—और उसका चश्मा भी। और तब, अचानक मेरे दिमाग में एक बात कौंधी।

एकेडमी में पहले ही दिन मेरा ऐसा उल्लू बनाया गया।

ए.जी. मुसकराया। "स्टार्ट क्रीम रोलिंग, यू फ्रेशर डफर! रोल, रोल, रोल!"

□

6

क्रीम रोल्स

इससे पहले मैं कुछ करता या कहता, बाकी इक्की जमीन पर लोट रहे थे। क्रीम रोलिंग का मतलब होता है—जमीन पर पहले आगे लुढ़को, फिर पीछे लुढ़को और जब तक रुकने को न कहा जाए, लुढ़कते रहो। देखने-सुनने में यह बड़ा आसान लगा। मन-ही-मन मैं मुसकरा रहा था। मुझे पक्का भरोसा था कि मैं बाकी के मुकाबले इसे बहुत अच्छी तरह कर लूँगा। मैं अपने ही विचारों में खोया हुआ था कि एक सीनियर ने मेरी ओर देखा और चिल्लाया, "तुम क्या देख रहे हो?" वह मुझे जमीन की ओर धक्का देने के लिए आगे बढ़ा।

मैंने गुलाटी मारना शुरू कर दिया। पहली दो तो आसान थीं, लेकिन जैसे ही तीसरी शुरू की, मेरा सिर चकराने लगा। आगे और पीछे गुलाटी मारने का जो खेल था, वह काफी सिर चकरानेवाला था। करीब आधे घंटे पहले ही मैंने खाना खाया था। यह सोचकर कि यह मॉम के हाथों का बना आखिरी खाना है, मैंने कुछ ज्यादा ही ठूस-ठूसकर खा लिया था। पेट में सारा खाना और पानी भी गुलाटी मारता महसूस हो रहा था। दसवीं गुलाटी मारते-मारते मैं दिशा और समय सब भूल गया।

"अब सब रुक जाओ।" ए.जी. ने कड़े लहजे में कहा।

मुझे चक्कर महसूस हो रहे थे और खड़े होने के लिए मुझे दीवार का सहारा लेना पड़ा।

"ऐ, तुम! एन.डी.ए. से ग्रेजुएट होने के लिए कैडेट्स को कितने टर्म पास करने की जरूरत होती है?" ए.जी. ने मुसकराते हुए पूछा।

चूँकि सवाल मुझसे पूछा गया था, इसलिए किसी और की जवाब देने की हिम्मत नहीं हुई। अब तक मुझे जवाब पता चल चुका था; लेकिन मुझे इतने ज्यादा चक्कर आ रहे थे कि बोला तक नहीं गया।

"छह। और हर टर्म छह महीने का है। तो तुम लोग तीन साल तक एकेडमी में रहोगे। तुम लोगों को 7 से 10 दिन का मिड टर्म ब्रेक मिलेगा।

"हर टर्म के खत्म होने पर तुम्हें 25 दिनों का ब्रेक भी मिलेगा। हर टर्म में सेना, वायुसेना और नौसेना के करीब 300 छात्र होंगे और इस तरह से एकेडमी में कुल करीब 1,800। पूरी दुनिया से आए हुए कुछ और छात्र भी यहाँ हैं।" ए.जी. ने विस्तार से बताया।

"और दस क्रीम रोल्स।" उसने आदेश दिया।

हमने फिर से गुलाटी मारना शुरू कर दिया। इस बार मुझे हर गुलाटी महसूस हो रही थी। मैंने उत्तर दिशा से शुरू किया था और खत्म होने तक मेरा मुँह दक्षिण की ओर हो चुका था।

"खड़े हो जाओ!" ए.जी. ने आदेश दिया, "हर टर्मर को क्या कहा जाता है?" यह सवाल हर किसी के लिए था।

चारों ओर खामोशी छा गई। यह जानकर मुझे अच्छा भी लगा और बुरा भी कि किसी को जवाब नहीं पता। अच्छा यह सोचकर लगा कि चलो, एक अकेला मैं ही नहीं हूँ, जो एकेडमी के बारे में बिना कोई जानकारी जुटाए आ गया है; बुरा इसलिए कि जवाब न जानने का मतलब था और दस गुलाटियाँ।

इस बार गुलाटी मारने के लिए हमें आदेश की जरूरत नहीं पड़ी। अगली दस गुलाटी मारते समय ऐसा लग रहा था, मानो यह संकट कभी खत्म नहीं होगा। मुझे चोट लगने ही वाली थी कि बच गया और सही समय पर गुलाटी लगाना बंद हो गया।

"इक्की, दुक्की, तिक्की, चौके, पंजे और छक्के।" ए.जी. ने गर्व के साथ जवाब दिया।

"तुम लोग इक्की हो और हम तिक्की। अब अगला सवाल—स्क्वाड्रन क्या है?"

हमने फिर से गुलाटी मारना शुरू कर दिया। मुझे उलटी होने को थी। जो भी सब तर माल खाया था, सब पेट से निकलने ही वाला था।

"1,800 छात्रों को 18 स्क्वाड्रन में बाँटा जाता है। स्क्वाड्रन स्कूलों में बनाए जानेवाले हाउसेस की तरह होते हैं। हर स्क्वाड्रन एक परिवार है और वे समारोहों में एक-दूसरे से मुकाबला करते हैं। आप लोग डेल्टा स्क्वाड्रन का हिस्सा हैं।

"तुम में से हर एक को एक ओवरस्टडी सौंपा जाएगा—थर्ड टर्मर तुम्हें फर्स्ट टर्म के बारे में गाइड करेंगे।

"तुम लोग अपनी स्क्वाड्रन के लोगों के साथ रहोगे। तुम उनके साथ जीओगे और उनके ही साथ मरोगे।

"इन स्क्वाड्रन का नाम अल्फा, ब्रावो, चार्ली, डेल्टा, इको, फॉक्सट्राट, गोल्फ, हंटर, इंडिया, जूलियट, किलो, लीमा, माइक, नवंबर, ऑस्कर, पैंथर, क्यूबेक और रोमियो है।

"हर स्क्वाड्रन की अपनी पहचान होती है। उसका अपना झंडा, अपना अलग प्रतीक चिह्न और अपनी परंपराएँ होती हैं। यहाँ पाँच बटालियनें हैं। हर बटालियन में कई-कई स्क्वाड्रन होती हैं। पहली चार बटालियनों में चार-चार स्क्वाड्रन हैं और पाँचवीं में दो। हर बटालियन का अपना एक झंडा है, जिसमें केवल एक रंग होता है। स्क्वाड्रन के झंडे के दो हिस्से होते हैं। बटालियन का रंग झंडे के ऊपर के हिस्से में होता है और निचला हिस्सा स्क्वाड्रन के रंग का होता है।

"पूरे एन.डी.ए. में ये दो रंग अपने आप में अद्‍भुत और अलग होते हैं। गुलाटियाँ मारना अब बंद करो।" ए.जी. की आवाज सुनाई दी।

"अगला सवाल—हमारा ध्येय क्या है?" ए.जी. ने अगला सवाल किया।

"सेवा परमो धर्मः।" एक लड़के ने उत्साह से जवाब दिया।

हर किसी ने राहत की साँस ली। चलो, गुलाटी मारने के एक राउंड से तो छुट्टी मिली।

"बहुत अच्छे। दस और गुलाटी। यह किसने कहा है कि सवालों और गुलाटियों में कोई संबंध है?" अगर शैतान का कोई रूप होता होगा तो वह ए.जी. था।

फिर से दस क्रीम रोल्स। मैं अपनी आँखें भी नहीं खोल पा रहा था। कुछ लड़कों ने पहले ही उलटियाँ करना शुरू कर दिया था। टिक्की ने पक्का ठान लिया था, गुलाटियाँ नहीं रुकेंगी, भले ही उलटियाँ आएँ या सिर चकराए।

"एन.डी.ए. का ध्येय 'सेवा परमो धर्मः' है, बिल्कुल सही बात। अगले तीन सालों में यहाँ तुम्हें लड़कों से आदमी बना दिया जाएगा। तुम्हें यह सिखाया जाएगा कि कैसे अपने आप से पहले अपनी स्क्वाड्रन का, साथी कैडेट्स का, देश और देशवासियों का हित सबसे ऊपर रखना है। एकेडमी तुम्हें अपनी असली ताकत को पहचानना सिखाएगी। तुम अपनी उस शक्ति का इस्तेमाल कर पाओगे, जिसके बारे में तो अभी तुम्हें पता तक नहीं है कि वह तुम्हारे भीतर है।"

“अगला सवाल—सूडान ब्लॉक को यह नाम क्यों दिया गया है?” ए.जी. ने पूछा।

तब तक हम दस गुलाटियाँ मारने के बाद रुक चुके थे। हम गुलाटियाँ मार रहे थे, लेकिन मुझे नहीं पता, हमने ऐसा क्या किया था कि क्रीम रोल्स बंद हो गए थे। हम केवल इधर-उधर लुढ़क रहे थे—एक-दूसरे से टकराते हुए।

“रुको। जाओ, जाकर पानी पीओ।” ए.जी. ने कहा। यह कहते हुए उसकी आवाज में कुछ नरमी थी।

ब्रेक मिलने और पानी पीने—दोनों से ही राहत महसूस हुई। मैं हैरान था कि कैसे इतनी देर तक खुद को रोके रखा। हो सकता है कि मैं बाकी लड़कों के मुकाबले ज्यादा मजबूत था। मैंने मन-ही-मन सोचा। या हो सकता है, नहीं भी होऊँ; क्योंकि मैंने सब जगह तो उलटी कर दी थी। कुछ देर तक तो यह सब बड़ा ही डरावना था, लेकिन जल्द ही मुझे अच्छा महसूस होने लगा। मैंने थोड़ा और पानी पीया।

“सूडान ब्लॉक को यह नाम पूर्वी अफ्रीकी अभियान के दौरान शहीद हुए जवानों के सम्मान में रखा गया है।

“इस इमारत के निर्माण पर जितना भी खर्च आया था, उसका एक हिस्सा सूडान सरकार ने भारत को उसके योगदान की सराहना के प्रतीक के रूप में उपहार में दिया था। कुछ मुफ्त की सलाह। हबीबुल्लाह हॉल से अपना परिचय बढ़ाओ। आनेवाले समय में तुम्हारा उस हॉल में अकसर आना-जाना होगा। चाहे भाषण हो, लेक्चर हो या कोई अन्य गतिविधि, ये सब उसी हॉल में आयोजित किए जाते हैं। यह बताना जरूरी नहीं है कि सभी फिल्में भी उसी हॉल में दिखाई जाती हैं।”

तब तक आठ नए कैडेट्स में से तीन जमीन पर धराशायी हो चुके थे। किसी सीनियर ने उनके इस तरह बेहोश होकर गिरने की परवाह नहीं की। ऐसा लग रहा था, मानो ऐसे बेहोश होना उनके लिए कोई नई बात नहीं थी। मानो वे हर रोज लोगों को इस तरह बेहोश होते देखने के आदी हैं। एक नए कैडेट ने जमीन पर गिरे-पड़े साथी कैडेट की मदद करनी चाही तो उसे शाबाशी मिलना तो दूर की बात, उसे पानी लाने तथा दस और गुलाटियाँ मारने का आदेश मिल गया।

बेचारा पाँच गुलाटी के बाद ही जमीन पर ढेर हो गया। नए कैडेट्स में से केवल चार अभी सही-सलामत अपने पैरों पर खड़े थे। इतनी बुरी हालत मेरी जिंदगी में पहले कभी नहीं हुई थी—उलटियाँ, चक्कर। ऐसा लग रहा था, मानो

एक घंटे किसी रोलर कोस्टर पर सवार था। इच्छा हो रही थी कि काश, बेहोश ही हो जाता, इस अत्याचार से तो छुटकारा मिलता। लेकिन मैं साथ ही यह भी देखना चाहता था कि कब तक यह सब झेल सकता हूँ।

"आखिरी सवाल। एन.डी.ए. का प्रतीक चिह्न क्या है?" उसने कुटिल मुसकराहट के साथ पूछा। वह जानता था कि हम इसका जवाब नहीं दे सकते।

मैं अपने आप को कई तमाचे लगाना चाहता था। उलटी और चक्कर ही काफी नहीं थे; लेकिन अब मैं किसी और बात को लेकर खुद पर ही गुस्सा था, क्योंकि मुझे यह मामूली सी जानकारी तक नहीं थी।

'गौहर आंटी के बेटे को फोन कर लो। वह भारतीय सेना में अधिकारी है और एन.डी.ए. का पूर्व कैडेट भी।' मॉम ने कम-से-कम सौ बार मुझसे यह बात कही थी।

"प्रतीक चिह्न मैरून पृष्ठभूमि पर बना है, जो कि बहादुरी और त्याग को दरशाता है। जिस प्रकार एन.डी.ए. तीनों बलों—सेना, नौसेना और वायुसेना का प्रतिनिधित्व करता है, उसी प्रकार प्रतीक चिह्न भी इन तीनों के प्रतीक चिह्नों का मेल है। बाज वायुसेना का, लंगर नौसेना का और आपस में एक-दूसरे को काटती तलवारें सेना का प्रतीक हैं। ये सब मिलकर एन.डी.ए. का प्रतिनिधित्व करते हैं। लंगर—तलवारों को सहारा देता है और लंगर व तलवारें मिलकर बाज को सहारा देती हैं। इन तीनों को अशोक कैपिटल, भारत के प्रतीक चिह्न पर स्थापित किया गया है। भारत के प्रतीक चिह्न को आप लोगों ने हर करेंसी नोट और भारत सरकार के हर लैटरहेड पर देखा होगा।

"प्रतीक चिह्न के नीचे एकेडमी का ध्येय वाक्य लिखा हुआ है—'सेवा परमो धर्मः' और दोस्तो, यहीं पर हमारा पहला सत्र समाप्त होता है। आज के लिए इतना ज्ञान ही काफी है।

"अपने आप को झाड़-पोंछकर उठाओ और अपने नए दोस्तों को भी खड़ा करो, डेल्टा स्क्वाड्रन की ओर बढ़ो—दिन की आखिरी दस गुलाटियों के बाद। और हाँ, कुछ मुफ्त का ज्ञान···। लाइब्रेरी भवन का नाम व्यास है।" इतना कहकर हम लोगों के साथ ए.जी. का काम खत्म हो चुका था।

ए.जी. मुझे ही घूरे जा रहा था। मैंने देखा, बाकी सब लोग पहले ही जमीन पर बैठ चुके थे। मैं अकेला ही खड़ा हुआ था और यह देखकर अच्छा लगा। मैं आखिरी दस गुलाटियाँ मारने के लिए तैयार हो रहा था। मैंने आगे की ओर गुलाटी

मारी और फिर पीछे की ओर। इससे आगे मुझसे नहीं हुआ और मैं जमीन पर गिर पड़ा। अगले दस मिनट दस सालों की तरह बीते। मैं मन में सोच रहा था कि पहले ही छोड़ देता तो अच्छा रहता। मुझे लगा, यह जो मेरा कुछ ज्यादा ही उत्साहित होने का स्वभाव है, उससे मैं कई बार अच्छा कर जाता हूँ। आखिरी बात जो मुझे याद है, मैं भगवान् से प्रार्थना कर रहा था कि मेरे प्राण बचा ले।

□

जब मेरी आँखें खुलीं, सात जोड़ी आँखें मेरे ऊपर झुकी हुई थीं। ये वही लो· थे, जो मेरे साथ गुलाटियाँ मार रहे थे और बाद में बेहोश हो गए थे। उन्होंने हाथ बढ़ाकर मुझे उठाया और रजिस्ट्रेशन एरिया की ओर ले चले। रजिस्ट्रेशन प्रक्रिया अभी भी जारी थी। वापस लौटने पर हमने ऐसा दिखाने की कोशिश की, जैसे कुछ हुआ ही नहीं था। लेकिन कुछ लोग हमारी ओर गहरी मुसकराहट के साथ देख रहे थे।

वहाँ सीनियर्स थे, जो हमें घूरे जा रहे थे और जानते थे कि हमारे साथ क्या हुआ है। और वहाँ इक्की भी थे, जो ऐसी हालत के लिए तैयार होकर आए थे।

मैं एक वॉलंटियर के पास यह पता करने के लिए गया कि अब आगे क्या करना है। मेरी लस्त-पस्त हालत देखकर वह अपनी हँसी रोकने की पूरी कोशिश कर रहा था। उसने बताया कि एक काम और बचा है, जिसके बाद हमें हमारी स्क्वाड्रन में ले जाया जाएगा। कुछ ऑफिसर भी हमारी ओर सवालों भरी नजरों से देख रहे थे। हमने फैसला किया कि हम किसी को नहीं बताएँगे कि हमारे साथ क्या हुआ।

हम लोगों ने खुद को चार-चार के दो समूहों में बाँट लिया और बैठ गए। ए.जी. ने सत्र के दौरान जो भी हमें बताया था, वह मेरे दिमाग में तसवीर की तरह साफ दर्ज हो चुका था। यह एक तरह के क्रैश कोर्स की तरह था। मुझे लग रहा था कि मैं एकेडमी के बारे में सबकुछ जानता हूँ।

'जैसेकि क्रीम रोल्स व्यक्ति की एकाग्रता शक्ति को तेज करते हैं।' मैंने मन-ही-मन सोचा। मैं खुद को इक्की समझ रहा था और इससे मेरे भीतर गर्व की एक भावना आ रही थी कि मैं भी एकेडमी का हिस्सा बन गया हूँ। यह सोचकर मेरे चेहरे पर मुसकराहट दौड़ गई।

"अभी भी गुलाटियों के बारे में सोच रहे हो?" पीछे से किसी ने पंजाबी लहजे में पूछा। मैं बाएँ मुड़ा तो देखा, एक और नया कैडेट खड़ा था।

"हाय, मैं मनु मल्होत्रा। तुम मुझे एम2 या एम.एम., जो भी ठीक लगे, बुला सकते हो।" उसने हँसते हुए कहा।

"ए.जी. से मिलने के बाद अब किसी और एम.एम. शॉर्ट फॉर्म को झेलने की हिम्मत मुझ में नहीं बची है। मैं तुम्हें सिर्फ 'मनु' बुलाऊँ तो कैसा रहेगा?"

"'सिर्फ मनु' के बजाय मैं 'मनु' बुलाना ज्यादा पसंद करता हूँ।" उसने मुसकराकर जवाब दिया।

उसके चेहरे में ऐसा कुछ था, जिससे मुझे पंजाब की याद आ जाती है।

मुसकराहट, सकारात्मकता, आव-भगत, प्यार और मस्ती—सब एक साथ। एक क्षण के लिए मैं उन दिनों में लौट गया, जब मेरे पापा पंजाब में नियुक्त थे। मैं बहुत छोटा था। लेकिन कोई तो कारण है कि मुझे वहाँ बिताए दिन सबसे ज्यादा याद हैं। अपनी जिंदगी में मैंने उसके बाद कभी लोगों को इतना खुश और प्यारा नहीं पाया, जितने पंजाबी थे।

मनु 5'8 या 5'9 फीट का था। गोरा रंग, लाल गाल, अच्छी कद-काठी और प्यारी सी मुसकराहट।

'अगर यह इतनी गुलाटियाँ लगाने के बाद इतना खुश है तो आम दिनों में कितना खुश रहता होगा!' मैं हैरान था।

"तो मनु, तुम कहाँ से हो?"

"मूल रूप से तो पंजाब से हूँ, लेकिन मेरा परिवार हमेशा से ही दिल्ली में रहा है।" उसने जवाब दिया।

"मैंने भी यही अंदाजा लगाया था।" मैंने कहा।

"क्या ऐसा चेहरे से लगता है या लहजे से?" मनु ने अपनी चिर-परिचित मुसकान के साथ कहा। फिर पूछा, "तुम?"

"मैं एन.सी.आर. से हूँ।" मैंने जवाब दिया।

"एन.सी.आर. में कहाँ से?"

"नोएडा।"

"तो तुम मूल रूप से यू.पी. से हो।" उसने जवाब दिया।

"नहीं।" मैं थोड़ा झुँझला गया था, "मैंने कहा न, एन.सी.आर. से।"

"हाँ...एक ही बात है।" उसने मेरा जवाब खारिज कर दिया।

"तकनीकी रूप से तुम दोनों सही हो।" मेरे बाईं ओर बैठे एक हैंडसम लड़के ने कहा।

"हाय, मैं यावर शाह।" उसने अपना परिचय दिया। वह 6'1 फीट लंबा था—गेहुँआ रंग, मजबूत कद-काठी, तराशा हुआ चेहरा और देखने में बेहद खूबसूरत।

उसकी शक्ल-सूरत कुछ ऐसी थी कि वह आराम से मॉडलिंग की दुनिया में जा सकता था।

'यह मुंबई से है और लगता भी मॉडल की तरह है। हो सकता है, कुछ सिलेब्रिटी इसके दोस्त भी हों।' मैंने मन-ही-मन सोचा। मैं पूछना चाहता था, लेकिन चूँकि यह हमारी पहली मुलाकात थी, मैंने खुद को रोक लिया।

"तुम किसी बॉलीवुड स्टार को जानते हो? तुम्हारी किसी मॉडल से दोस्ती है? तुम हमें उनसे मिलवा सकते हो?" मनु एक साँस में ही सारे सवाल कर गया।

मनु ने वह सब पूछ लिया था, जो मैं पूछना चाहता था। लेकिन मैं भी यावर का जवाब सुनने के लिए बेहद उत्सुक था। हमारे ऐसे उत्साहपूर्ण सवालों से यावर एक बार को तो अचकचा गया।

मैंने बात स्पष्ट करने की कोशिश की, "देखो, तुम तो हमेशा उन लोगों के साथ रहते होगे, इसलिए तुम्हारे लिए यह कोई बड़ी बात नहीं होगी। लेकिन हम लोगों के लिए तो वे लोग एलियन (परग्रही) जैसे हैं। अपने पसंदीदा स्टार को देखना तो बहुत बड़ी बात होती है। हम लोगों की इच्छाओं की सूची में यह जिंदगी का एक बड़ा मकसद होता है।"

"तो क्या तुम किसी स्टार से मिले हो? तुम्हारी तो उनके साथ दोस्ती होगी?" मनु के चेहरे पर खुशी के साथ ही यावर के प्रति ईर्ष्या के भाव आ रहे थे।

यावर इन सवालों को लेकर थोड़ा असहज हो गया।

"हाँ, मुंबई में कई बार मॉल्स या पार्टी में मैंने उन्हें देखा है; लेकिन मुंबई वालों के लिए यह कोई बड़ी बात नहीं है। इसलिए मैंने कभी उनके करीब जाने की कोशिश नहीं की। और न ही मैं किसी मशहूर मॉडल का दोस्त हूँ। सॉरी, मनु।" यावर ने जवाब दिया।

"तो असली बात यह है कि तुम किसी मशहूर स्टार को नहीं जानते।" मनु इस जवाब से काफी दु:खी-सा लग रहा था। यावर से पहली मुलाकात को देखते हुए ये सब बातें थोड़ी अजीब सी लग रही थीं।

"ठीक है।…"

"उठो और इस दीवार में टक्कर मारो। तुम मुंबई से हो, लेकिन किसी काम के नहीं।"

मनु ने मेरी ओर देखकर आँख मारी। अपने मजाक पर वह मेरी वाहवाही चाह रहा था। मैं भी हँस पड़ा। यावर थोड़ा झुँझलाया-सा दिख रहा था।

"क्योंकि मैंने कभी कोशिश नहीं की।" उसने अपने बचाव में कहा।

"क्या फर्क पड़ता है? यह तो इसके जैसी ही बात हो गई।" उसने मेरी ओर उँगली करते हुए कहा, "दिल्ली वाला बनने की कोशिश कर रहा है, जबकि है यू.पी. का।" मनु अपने ही मजाक पर हँसने लगा।

यावर और मैं उसे सही जवाब देने की सोच ही रहे थे कि पीछे से एक आवाज आई।

"चलो, कम-से-कम ये पहले बेहोश वालों में से तो नहीं थे।"

हम पीछे मुड़े तो एक और नया कैडेट खड़ा था। करीब 5'6 फीट लंबा, गहरा रंग और बड़ा सा चश्मा, जो उसके चेहरे से ज्यादा बड़ा था।

"हाय, मैं डेविड—डेविड सैम्युअल। मैं 19 साल का हूँ और कोच्चि से हूँ।" डेविड ने अपना परिचय दिया।

तभी दिमाग में खयाल आया कि मैं अपनी ही गुलाटियों में इतना उलझा पड़ा था कि मुझे पता ही नहीं चल पाया कि सबसे पहले कौन पस्त हुआ था। अचानक सबकी निगाहें मनु पर जा टिकीं, जो कि चुस्त-दुरुस्त दिखने की पूरी कोशिश कर रहा था। उसने बात को नजरअंदाज करने की कोशिश की, लेकिन उसके हार मानने तक हम लगातार उसी की ओर देखते रहे।

"मुझे कुछ नहीं पता, मैं कब ढेर हुआ।" उसने ठंडी साँस लेकर कहा।

"ओहो, मुझे पता है। पहली दस गुलाटियों के बाद ही तुम ढेर हो गए थे। मेरी 80 साल की दादी इससे ज्यादा गुलाटियाँ मार सकती हैं।" डेविड ने कहा और मुझे हाई-फाई दिया। अचानक हम तीनों के ठहाके फूट पड़े।

"यार, पिछले कुछ दिनों से मेरी तबीयत कुछ ठीक नहीं चल रही थी।" मनु ने अपनी सफाई में कहा।

"लेकिन सिर्फ दस? कोई बुड्ढा भी इससे ज्यादा गुलाटियाँ मार लेगा।" यावर चर्चा में शामिल हो गया था।

"यार, दिल्ली से यहाँ तक का बहुत लंबा सफर था!"

"कुछ भी हो यार, मनु—दस!" डेविड ने कहा और हम लोग फिर से हँसने लगे।

डेविड मेरे और यावर के बचाव के लिए एकदम सही समय पर आया था।

अब दिशा बदल गई थी। हम मनु के जोक्स का शिकार नहीं हो रहे थे, बल्कि उसका शिकार कर रहे थे।

"तो डेविड, तुम आर्मी में किसलिए आए हो?" मनु ने विषय बदलने की कोशिश की।

"दरअसल, मेरे पिता चाहते थे कि मैं चर्च ज्वॉइन कर लूँ और ब्रह्मचारी रहूँ। तो मैंने सोचा कि जिंदगी पूरी तरह झंड करने से बेहतर है कि थोड़ी ही झंड की जाए।"

डेविड के इतना कहते ही फिर से हँसी का फव्वारा छूट गया।

"और तुम्हारी कहानी क्या है?" मनु ने मेरी ओर देखा।

जवाब देने से पहले मैंने कुछ क्षण सोचा और कहा, "मैं हमेशा से सेना ज्वॉइन करना चाहता था।…"

अगले एक घंटे तक हम यही एक-दूसरे को जानने में लगे रहे।

मनु का परिवार दिल्ली में रहता है और उसके मम्मी-पापा—दोनों केंद्र सरकार में कार्यरत हैं। उसका एक छोटा भाई है गौरव, जो अभी स्कूल में ही है। मनु कभी दिल्ली से बाहर नहीं रहा।

उसके कपड़ों, उसकी बातचीत, उसके हाव-भाव—सभी कुछ उसके दिल्ली वाला होने की गवाही दे रहे थे।

यावर के पापा मुंबई में बिजनेसमैन हैं। यह उसे देखकर ही पता चल रहा था कि वह किसी धनी-मानी परिवार से है और वह जानता था कि वह अपने जीवन के साथ क्या कर रहा है। अगर वह एन.डी.ए. नहीं निकाल पाता तो उसने बैकअप प्लान भी बना रखा था—प्लान ए और बी। वह शारीरिक रूप से तो फिट था ही। 'एन.डी.ए. उसके लिए सही रहेगा।' मैंने मन में सोचा।

दूसरी ओर, डेविड का चेहरा काफी मासूम था; लेकिन जैसे ही वह मुँह खोलता, आग बरसने लगती। मुझे इन सब में थोड़ी-थोड़ी अपनी दादी की झलक मिल रही थी।

"मुझे भूख लगी है। क्रीम रोल्स के चलते मेरा पेट पूरी तरह खाली हो गया है।" मनु ने अपने पेट पर हाथ फिराते हुए कहा।

"इस इलाके से बाहर जाना तो मुसीबत को मोल लेना होगा।" यावर ने हम सबको चेतावनी दी—और उसकी बात सही भी थी। ए.जी. या किसी और तिक्की

के हाथों पड़ने की अब हमारे अंदर हिम्मत नहीं थी; लेकिन हमें कुछ-न-कुछ खाने के लिए चाहिए था।

"मॉम तो कह रही थीं कि कुछ खाने के लिए रख ले, लेकिन मैंने ही मना कर दिया।" मैंने ऐसे ही कहा। हर किसी ने मेरी ओर ऐसे देखा, जैसे मैंने कोई अपराध कर दिया हो।

"लेकिन मुझे तो जोरों की भूख लगी है। इन वॉलंटियर्स से पूछना चाहिए।" मनु ने यह बात कह तो दी, लेकिन उसे तुरंत ही समझ आ गया कि यह विचार ठीक नहीं है।

"रुको।" डेविड ने बात काटते हुए कहा, "लगता है, मेरे बैग में कुछ है। जरा देखने दो।"

करीब दस मिनट तक बैग को खँगालने के बाद डेविड के हाथ एक डिब्बा लगा। यह एक छोटा सा टिफिन बॉक्स था, जैसा हम स्कूल ले जाते थे। अब तक बाकी यार लोगों को भी भूख लग चुकी थी। शायद गुलाटियों के कारण उलटी होने से हम सबके पेट पूरी तरह खाली हो गए थे। सबकी नजरें डेविड और उसके डिब्बे पर लगी थीं। उसने धीरे से डिब्बा खोला।

और डिब्बे में चार थे—करीने से लगाकर रखे हुए। हमने उनकी ओर देखा और फिर एक-दूसरे की ओर।

"चार क्रीम रोल्स!" डेविड ने लंच बॉक्स की ओर देखते हुए कहा।

अचानक से हम चारों जोर-जोर से हँसने लगे।

□

7

क्या दिन खत्म हो गया?

रजिस्ट्रेशन प्रक्रिया आखिरकार पूरी हो गई। इसके बाद हमें अपनी-अपनी 'बाइक' मिलनी थी। ये साइकिल होती हैं, जिन्हें एन.डी.ए. में 'बाइक' कहा जाता है। एक इक्की इस मामले में काफी ज्ञानी था। उसने हमें बताया कि अगले तीन साल ये बाइक ही कैंपस में हमारा सहारा होंगी। एक बार कैंपस के भीतर घुसने के बाद हमें इस बात का मतलब सही मायने में समझ आया था।

एकेडमी विशाल थी—कई हजार एकड़ में फैली हुई। इन बाइकों के बिना कैंपस में घूमना संभव ही नहीं था। इसके बाद टूर की बारी आई। हम चारों को लगा कि ए.जी. की आँखों से हम पहले ही कैंपस का टूर कर चुके हैं। टूर खत्म होने के बाद अब समय था ओवरस्टडी का। ओवरस्टडी में एक तिक्की को जिम्मेदारी सौंप दी जाती है।

"ओवरस्टडी एक तिक्की है, जो तुम लोगों के फर्स्ट टर्म में तुम्हारी जिम्मेदारी सँभालेगा। अगर तुम कोई गलती करते पकड़े जाते हो तो ओवरस्टडी को भी सजा मिलेगी। इसलिए, एक अच्छा और रहमदिल ओवरस्टडी मिलना बहुत महत्त्वपूर्ण होता है।" ज्ञानी इक्की ने हम सबका ज्ञान बढ़ाते हुए कहा।

हमारी जो हालत हुई थी, उसे देखते हुए हर कोई भगवान् से प्रार्थना कर रहा था कि ए.जी. हमारा ओवरस्टडी न हो। ए.जी. हमारा ओवरस्टडी नहीं होगा, यह जानकर सबने राहत की साँस ली, सिर्फ मुझे छोड़कर। कड़वी सच्चाई मेरे सामने थी—ए.जी. मेरा ओवरस्टडी था। अब तक यह पता चल चुका था कि डेल्टा स्क्वाड्रन में लोग उसके नाम से काँपते थे। मैंने लाख कोशिशें कीं, लेकिन मुझे एक भी ऐसी अच्छाई नजर नहीं आई, जिससे मैं ए.जी. को ओवरस्टडी के रूप में पाकर खुश होता। खुद को किस्मत के भरोसे छोड़ने के सिवाय कोई चारा नहीं था।

शाम करीब 7 बजे हमें हमारी स्क्वाड्रन में ले जाकर केबिन दिया गया।

केबिन एकेडमी में हमारा कमरा होता है।

तुम्हारे केबिन का कभी भी औचक निरीक्षण हो सकता है। इसलिए बहुत जरूरी था कि इसे हर समय साफ-सुथरा रखा जाए। ऐसा नहीं करने पर अलग-अलग तरह की सजा मिल सकती हैं। क्रीम रोल्स तो केवल शुरुआत थी।

"अपना सामान केबिन में रख लो और आराम करो।" एक वॉलंटियर ने निर्देश दिया। मुझे तो बिस्तर का ही इंतजार था। सफर और फिर ए.जी. ने जो हमारे साथ किया था, उसके बाद मुझे बेहद थकान महसूस हो रही थी। यह अलग बात थी कि मैंने घर पर पिछला पूरा एक महीना सोफे पर पड़े-पड़े ही बिताया था। इसी चक्कर में मैं आलसी हो गया था और जल्द ही थक जाता था। यह तो मुझे समझ आ चुका था कि आनेवाले दिनों में मुसीबतें और बढ़ेंगी।

अभी मैंने अपना पूरा सामान जमाया भी नहीं था कि बाहर से बहुत जोर की आवाज सुनाई दी। एक कैडेट मेरे केबिन में घुसा, जो देखने में सीनियर लग रहा था। आते ही जोर से चिल्लाया, "ओए आलसी सुअर, सब काम छोड़कर जल्दी से बाहर आ।"

मैं हाथ का सामान वहीं पर छोड़कर बाहर आ गया। डेल्टा स्क्वाड्रन के सारे इक्की बरामदे में लाइन लगाए खड़े थे। 'ये तो बेटा, फिर से लग गई!' मैंने खुद से कहा।

इस पूरे गैंग का मुखिया और कोई नहीं, वही ए.जी. था। मैंने उसे दूसरी बार देखा। उसका गोल शरीर और गोल चेहरा उसे मजाकिया लुक दे रहे थे। आर्मी ऑफिसर के बजाय वह कोई स्टैंडअप कॉमेडियन लग रहा था।

लेकिन दूसरी ओर, उसका व्यवहार एकदम अलग था। 'सख्त' और 'पीछे पड़ना' जैसे शब्द तो उसकी बेइज्जती थे।

ए.जी. ने सारे इक्की को एक घेरे में खड़ा कर दिया और ऊपर से नीचे तक उनका एक्स-रे लेने लगा। उसे देखकर मुझे पुरानी फिल्मों की याद आ गई, जिनमें विलेन अगवा की गई हीरोइन को देखता था। इसके बाद ए.जी. ने कहा—

"जेंटलमैन कैडेट्स, डेल्टा स्क्वाड्रन में आपका स्वागत है। यह आपका पहला दिन है। हम आप लोगों का किंग की तरह स्वागत करेंगे, जिसे कि हिंदी में हम 'महाराजा' कहते हैं। अब मेरा एक साथी आपको महाराजा का स्टाइल दिखाएगा।" ए.जी. ने इतना कहकर अपने एक साथी को आगे आने का इशारा किया।

एक सीनियर कैडेट आगे बढ़ा। वह आगे की ओर झुका और हाथों को जमीन पर टिकाकर खड़ा हो गया। उसने कुछ सेकंड अपना संतुलन बनाने में लगाए और फिर हाथों को हटा लिया। अब उसके शरीर के ऊपरी हिस्से का पूरा भार उसकी गरदन पर था। सारे इक्कियों के माथे पर पसीना आ गया।

"स्टार्ट!" एक सीनियर चिल्लाया।

हम में से अधिकतर तुरंत निर्देशों का पालन करने में जुट गए, जबकि बाकी कोशिश करने लगे। मैं अपने हाथों के बल और फिर सिर के बल खड़े होने की कोशिश कर ही रहा था कि ए.जी. की आवाज सुनाई दी।

"तुम मत करो। मुझे लगता है, आज के लिए तुम्हारा पहले ही काफी हो चुका है।" ए.जी. मुसकराया। उसकी मुसकराहट से मेरी चिंता बढ़ गई। मैंने एक तरह से राहत की साँस ली। लेकिन यह राहत कुछ ही क्षण की थी।

"जेंटलमैन कैडेट अर्जुन, यहाँ आओ, अकेले में बात करते हैं।" उसकी आवाज में नरमी थी, जो कि अब तक मेरी समझ में आ चुका था कि कोई अच्छा संकेत नहीं है। वह मुझे मेरे केबिन में ले गया और बेड पर बैठ गया।

"तुम्हें तो पता ही है, मैं तुम्हारा ओवरस्टडी हूँ।" उसने अधिकारपूर्वक कहा।

"यस, सर।" मैंने सावधानी से जवाब दिया।

"तुम जानते हो, इसका मतलब क्या होता है?" बेड पर आराम से बैठते हुए उसने अपनी बात जारी रखी।

मुझे जवाब पता नहीं था, इसलिए मैंने ऐसे ही तुक्का मारने की सोची, "मुझे हर काम आपसे अनुमति लेकर करना होगा।"

"टेन पुशअप्स।"

मैं शुरू हो गया, लेकिन पाँच से ज्यादा नहीं कर सका।

"ओवरस्टडी का मतलब है कि तुम मेरी जिम्मेदारी हो। मेरा काम है कि मैं तुम्हें हर चीज सिखाऊँ, जो कि कोई समस्या नहीं है। लेकिन अगर तुम कोई गलती करते पकड़े गए तो मुझे सजा मिलेगी। और अगर मुझे सजा मिली तो तुम जानते हो, फिर क्या होगा!" उसने मुसकराते हुए कहा।

"किसी भी मुसीबत से दूर रहो। सही बात तो यह है कि हर चीज से दूर रहो; सिर्फ चुपचाप अपना काम करते रहो। समझे?" उसकी आवाज में दृढ़ता थी।

"यस!"

"गुड! अब बताओ, तुम्हारा सबसे पसंदीदा म्यूजिक डायरेक्टर कौन है ?" ए.जी. ने सवाल किया।

मैं जानता था कि कुछ भी कहना मुसीबत को न्योता देना होगा। मैंने एक नए म्यूजिक डायरेक्टर का नाम बताने का फैसला किया, जो इन दिनों अच्छा चल रहा था।

"तुम्हारा दिमाग ठीक है ? आज से लेकर एकेडमी से पास आउट होने तक बप्पी लाहिड़ी तुम्हारे पसंदीदा म्यूजिक डायरेक्टर हैं। उनका कोई मुकाबला नहीं। मैं चाहता हूँ कि तुम उनके सभी गाने सीख लो। जब भी मैं कहूँगा, तुम्हें मुझे गाकर सुनाना होगा। टेन पुशअप्स और।"

मैंने पूरी कोशिश की, लेकिन तीन पर ही ढेर हो गया। मैं समझ गया था, वह मुझसे सवाल करेगा और मुझे पुशअप्स करने होंगे।

"तुम्हारा पसंदीदा फूड कौन सा है ?"

उसे खुश करने के लिए जानता था, मुझे किसी बंगाली डिश का नाम लेना होगा। अपनी तरफ से पूरी कोशिश करते हुए मैंने अंदाजे से कहा, "फिश फ्राई।" हालाँकि, यह मैंने आधे-अधूरे मन से कहा था।

"नहीं, मेरे दोस्त ···रसगुल्ला।"

उसने डिश के बारे में पूछा था, मिठाई के बारे में नहीं। लेकिन मैं यह कहने की जुर्रत नहीं कर सकता था। इसके बजाय मैंने पुशअप्स करने की कोशिश की। एक भी नहीं हो पाया और मैं फर्श पर लेट गया।

"एक आखिरी सवाल—पूरी दुनिया में सबसे खूबसूरत महिला कौन है ?"

"बंगाली।" मैंने जल्दी से जवाब दिया।

"गुड, दस और। यह किसने कह दिया कि तुम्हारे जवाब और पुशअप्स में कोई संबंध है ?" इतना कहकर वह शैतान की तरह हँसने लगा। मैं थककर चूर हो चुका था और प्रार्थना कर रहा था कि यह किसी तरह खत्म हो।

"आज के लिए काफी है!" इतना कहकर वह गायब हो गया।

मैं वापस बरामदे में आया। ए.जी. और उसका गैंग पहले ही जा चुका था।

हर कोई लुटा-पिटा लग रहा था।

"मैं तो भगवान् से मन्नत माँगता हूँ कि इसकी पहली पोस्टिंग सियाचिन में हो जाए।" एक इक्की ने गुस्से से कहा।

"अब डिनर की बारी, फॉलो मी।" एक सीनियर ने कहा। न जाने अचानक कहाँ से आ टपका था वह।

"जब ए.जी. होता है तो ये लोग कहाँ गायब हो जाते हैं?" यावर फुसफुसाया।

हम बड़े उत्साह में थे। एकेडमी में हमारा यह पहला भोजन था। हमें एक लाइन में एन.डी.ए. कैडेट मेस में ले जाया गया। मेस इतना बड़ा था कि उसे देखकर हम सबकी आँखें फटी-की-फटी रह गईं। उसमें एक साथ 2,000 कैडेट्स बैठकर खाना खाते हैं। आप इसमें आराम से फुटबॉल खेल सकते हो। मेस की भीतरी दीवारों पर ध्वज, पिस्तौल, पेंटिंग्स, पोर्ट्रेट्स लगे थे, जिससे पूरा माहौल बड़ा ही क्लासी लग रहा था। मेजें व कुरसियाँ एकदम साफ-सफाई और करीने से लगाई गई थीं। कुछ सीटों पर पहले से ही सीनियर कैडेट्स बैठे हुए थे, जिन्होंने सफेद यूनिफॉर्म पहन रखी थी।

"यस, मेस के लिए ड्रेस कोड होता है। आप कैजुअल कपड़े पहनकर यहाँ नहीं आ सकते।" सीनियर ने कहा।

एन.डी.ए. में सबसे आधुनिक किचन है। ज्यादातर उपकरण इलेक्ट्रिक हैं। मेस का अपना जेनरेटर है। मेन्यू डाइटिशियन की सलाह पर तैयार किया जाता है और इसमें पोषक तत्त्वों के पूरे संतुलन का विशेष ध्यान रखा जाता है। मेस में देर से पहुँचने पर भी सजा मिलती है। मेरे लिए अब यह कोई हैरानी की बात नहीं रह गई थी। लग रहा था कि बात-बात पर सजा देना यहाँ अच्छा टाइम पास है।

हमें अगले कुछ दिनों में डाइनिंग टेबल पर सलीके से बैठने के तौर-तरीके सिखाए गए। माहौल काफी औपचारिक था और टेबल पर खाने के समय गपशप के लिए कोई जगह नहीं थी।

खाना परोसे जाते समय जेंटलमैन कैडेट्स अपनी सीट पर बैठे रहते हैं। पसंद के अनुसार भोजन के काफी विकल्प रहते हैं।

प्रवेश द्वार के पास एक खाली टेबल थी। उसके आगे एक कुरसी को झुकाकर रखा गया था। हमें बताया गया कि कुरसी को इस तरह से उन ऑफिसर्स के सम्मान में रखा जाता है, जो या तो एम.आई.ए. हैं या जिन्हें युद्धबंदी के तौर पर ले जाया जा चुका है। मैंने केवल सेना के साहस और बलिदान की कहानियाँ ही सुनी थीं, मैंने उनके बारे में फिल्में भी देखी थीं; लेकिन उनसे जुड़ी किसी भी चीज से यह मेरा पहली बार आमना-सामना हो रहा था। मेरे पेट में कुछ गुड़गुड़-सी होने लगी। अचानक मुझे अपने वे सैन्य हीरो याद हो आए, जिन्हें देखकर मुझे आर्मी ज्वॉइन करने की प्रेरणा मिली थी।

इसके बाद हमें बैठने को कहा गया। एक छोटा सा ओरिएंटेशन कार्यक्रम था। लेकिन मैं उस खाली कुरसी से अपनी नजरें नहीं हटा पा रहा था। मुझे अपने भीतर

बहुत तेजी से कुछ घुमड़ता-सा महसूस हुआ। ऐसा लगा, मानो कोई चीज मेरे गले में आकर अटक गई है। पहली बार आर्मी मुझे अपने परिवार जैसी लगी। पहली बार लगा, डाइनिंग टेबल पर मेरे कुछ भाई नहीं हैं। खाना खाने के दौरान पूरे समय मैं उनके बारे में ही सोचता रहा, उन्हें याद करता रहा। डिनर के बाद हमें अपने-अपने कमरों में ले जाया गया। पूरा समय हम यही सोचते रहे कि कहीं अचानक से ए.जी. फिर से न आ टपके और फिर से हमारा बैंड न बजाना शुरू कर दे। अपने केबिन में जाकर थोड़ी राहत महसूस हुई। सब लोग चाहते थे कि कुछ समय एक साथ बैठकर एक-दूसरे के बारे में जाना जाए। लेकिन पहले दिन सब थोड़ा नर्वस महसूस कर रहे थे।

कपड़े बदलने के बाद मैं छलाँग लगाकर बिस्तर पर बैठ गया। परिवार के लोगों के जाने के बाद मैं पहली बार कुछ समय के लिए अकेला था। मुझे वे क्षण याद आने लगे, जब मैंने उनको 'बॉय' कहा था। मैं उनकी ओर हाथ हिला रहा था और मेरी आँखों में आँसू थे। वे भी मुड़कर मुझे देख रहे थे, हँस रहे थे और अपने आँसुओं को हँसी में छुपाने की कोशिश कर रहे थे। पापा और दादी ने मॉम का हाथ बहुत जोर से पकड़ा हुआ था। वे नहीं चाहते थे कि मॉम उस समय कमजोर पड़ें और दौड़ते हुए पीछे आकर मुझे गले से लगाएँ। वे जानते थे, अगर ऐसा हुआ तो मैं अपने आप को रोक नहीं पाऊँगा। दादी भी अपने आँसुओं को मुश्किल से रोक रही थीं, जो बाहर आने को बेताब थे। पापा मुसकराने की कोशिश कर रहे थे। चाहता था, उस वक्त में लौट जाऊँ, ताकि उन्हें बता सकूँ, मैं आप लोगों से कितना प्यार करता हूँ!

पता था कि अगली सुबह जल्दी उठना है। इस वजह से मैं रात भर सो नहीं पाया। जैसे ही सुबह बिगुल बजा, मैं तैयार हो गया। सबसे पहले एकत्र होनेवालों में मैं भी शामिल था। यह सोचकर अच्छा लगा कि ट्रेनिंग के पहले ही दिन मैं लेट नहीं था। सब कैडेट्स के आ जाने के बाद हमें पी.टी. ग्राउंड में ले जाया गया।

मुझे स्कूल के दिनों की याद हो आई, जब हम ऐसे ही पी.टी. करते थे। यह तो जाहिर सी बात है कि स्कूल की पी.टी. में ज्यादा मजा आता था, क्योंकि उसमें आधे टाइम तो हम लोग ऐसे ही मस्ती करते घूमते रहते थे। लाइन में सबसे पीछे खड़े रहनेवालों में यह मुकाबला होता था कि कौन सबसे घटिया पी.टी. करता है। हमेशा कोई-न-कोई ऐसा नमूना रहता ही था, जो कोई चुटकुला सुनाता या कोई ऐसी अजीब हरकत करता कि सब लोग जोर से हँस पड़ते। पी.टी. टीचर उसे सजा

देती थीं; लेकिन वह सजा मिलने के बाद भी हँसता रहता था।

एकेडमी में शुरुआत में तो पी.टी. में बड़ा मजा आया, हँसी-मजाक चलता रहा; लेकिन कुछ ही देर में सबको नानी याद आ गई। स्कूल की पी.टी. के मुकाबले यह पी.टी. तो हाड़-तोड़ थी। मनु, यावर, डेविड और मैं एक-दूसरे के अगल-बगल खड़े थे। मैंने सोचा कि मनु भी अपने स्कूल के दिनों को याद कर रहा है; वह उसी नमूने जैसा लग रहा था, जो चुटकुले सुनाता था। मैं यह सोच ही रहा था कि मनु हम लोगों की ओर मुड़ा, "और भई, सारे महाराजाओं का आज क्या हाल है ?" उसने हाथ से अपनी शैतानी मुसकराहट छुपाने की कोशिश की।

हम सबने बहुत कोशिश की, लेकिन अपनी हँसी नहीं रोक पाए। तुरंत एक सीनियर ने हम चारों को आगे आने का आदेश सुना दिया। वह हमारी लाइन की निगरानी कर रहा था। मनु के चेहरे पर अभी भी मुसकराहट थी। सीनियर ने हम तीनों को ग्राउंड के पाँच चक्कर और मनु को बीस चक्कर लगाने का फरमान जारी कर दिया।

हमने किसी तरह से पाँच चक्कर पूरे किए और मनु की ओर देखा, जो अभी तीसरा ही चक्कर लगा रहा था।

हमारे रुकते ही वह भी रुक गया। सीनियर ने उसे चेतावनी देते हुए कहा कि बीस चक्कर पूरे होने से पहले रुकना नहीं है। चौथे ही चक्कर में मनु की हँसी गायब हो चुकी थी। पाँचवाँ चक्कर पूरा होते-होते उसके चेहरे को देखकर लग रहा था कि अभी इसका दम निकल जाएगा। मनु ने सीनियर्स के आगे गिड़गिड़ाना शुरू कर दिया; लेकिन कोई फायदा नहीं हुआ।

सारे इक्कियों को सबक मिल गया था और वे भगवान् का शुक्र मना रहे थे कि मनु की जगह उनका नंबर नहीं आया। छठा चक्कर लगाने के बाद मनु सीनियर के आगे लेट गया। वह 30 सेकंड के बाद उठा। शरीर में जो भी जान बची थी, उसके सहारे वह खड़ा हुआ और बच्चे की तरह रोने लगा।

"प्लीज, माफ कर दो, प्लीज! माँ कसम खाता हूँ, फिर कभी ऐसा नहीं करूँगा।" वह बुक्का फाड़कर रो रहा था और आँसू उसके गालों से लुढ़के जा रहे थे।

सीनियर्स और इंस्ट्रक्टर को यह बड़ा अजीब लगा। उन्होंने पहले किसी कैडेट को ऐसे रोते हुए नहीं देखा था। उन्होंने उसे चेतावनी देते हुए छोड़ दिया कि अगर आगे कभी ऐसा किया तो ठीक नहीं होगा।

पी.टी. में हर कोई मनु की हालत पर हँसना चाहता था; लेकिन उसके बाद जो सजा मिलती, उसके बारे में सोचकर चुप लगा गए। मनु ने अब पी.टी. को बहुत गंभीरता से लेना शुरू कर दिया। हम मनु की ओर देखते रहे। हमारे चेहरे पर मुसकराहट थी। हम नहीं चाहते थे कि वह हमेशा इतना गंभीर बना रहे।

पूरे दो घंटे तक पी.टी. होती रही। खत्म होते-होते हम सब बुरी तरह थक चुके थे। हमें अपने केबिन में जाने और ब्रेकफास्ट के लिए तैयार होने का आदेश मिला। हमें तैयार होकर मेस में रिपोर्ट करने के लिए 20 मिनट का समय दिया गया।

मैं मुश्किल से किसी तरह समय पर पहुँच पाया। जो देर से पहुँचे, उन्हें फिर से सजा मिली। 'वेलकम टू आर्मी लाइफ।' मैंने खुद से कहा।

ब्रेकफास्ट के लिए कम समय था, लेकिन इंतजाम बहुत बढ़िया था। खाने-पीने की ढेरों चीजें थीं। एकेडमी की अब तक की यही सबसे अच्छी बात थी, जो मुझे पसंद आई। मैंने खूब खाया, लेकिन भला हो दो घंटे के पी.टी. सेशन का कि सबकुछ चंद मिनटों में ही पच गया।

ब्रेकफास्ट के बाद हमें हमारी पहली एकेडमिक क्लास के लिए ले जाया गया। किसने सोचा था कि 'एन.डी.ए. में रोजाना पढ़ाई करनी पड़ेगी। लड़के क्या इसी चक्कर में एन.डी.ए. ज्वॉइन नहीं करते कि अब तो पढ़ाई से छुटकारा मिल जाएगा ? कैसी विडंबना है !' मैंने मन-ही-मन सोचा।

क्लास में थोड़ा आराम मिला; इससे पहले शांति से बैठना कभी इतना अच्छा नहीं लगा था। हम सबके चेहरे चमक रहे थे। लेक्चर खत्म होते-होते एक के बाद एक कैडेट्स को नींद आ गई। जिंदगी में पहली बार पढ़ाई में इतना आनंद आया। हमें इसका अहसास होता, उससे पहले ही पाँच घंटे की पढ़ाई हो चुकी थी। इक्की निराश और परेशान थे कि अब आगे क्या होगा ?

इसके बाद हुआ लंच। एक बार फिर से हमें शानदार और आलीशान तरीके से भोजन परोसा गया। एक-से-एक बढ़िया व्यंजन। खाना खाते ही हमें आदेश हुआ कि खेल के मैदान में रिपोर्ट करो। हम लोगों को अपनी पसंद के दो खेलों में शामिल होने को बुलाया गया था। इन दो खेलों के अलावा, क्रॉस कंट्री सबके लिए अनिवार्य था। मुझे फुटबॉल पसंद था, इसलिए जाहिर-सी बात है कि मैंने वही लिया। किसी कारण से मैंने दूसरे खेल के तौर पर बॉक्सिंग को चुना। यह कुछ-कुछ वैसा ही था, जैसे मुझे आर्मी और आई.आई.टी. में से किसी एक को चुनना था। मैंने क्यों इसे चुना, यह बताने के लिए मेरे पास कोई जवाब नहीं था।

आर्मी को भीतर और बाहर से जाननेवाले कई लोगों ने मुझे बॉक्सिंग लेने के खिलाफ चेतावनी दी। उनका कहना था कि आर्मी स्कूलों से आनेवाले लड़के बॉक्सिंग में बहुत अच्छा प्रदर्शन करते हैं; और ऐसे में मेरे पास कोई बहुत ज्यादा मौका नहीं होगा। लेकिन कुछ कारणों से मैं अपने फैसले पर कायम रहा।

फुटबॉल चुननेवाले इक्कियों को आदेश हुआ कि वे फुटबॉल ग्राउंड में रिपोर्ट करें। जब हम लोग पहुँचे तो सीनियर्स वहाँ पहले से ही खेल रहे थे। दस मिनट के इंतजार के बाद उनमें से एक रुका और हमें ग्राउंड के दस चक्कर लगाने को कहा मैं जानता था कि हम में से कोई भी दस चक्कर पूरे नहीं कर पाएगा; लेकिन हमारे पास और कोई रास्ता नहीं था। हमने दौड़ना शुरू किया और जैसा कि लग रहा था, पाँच चक्कर के बाद सब रुक गए।

सीनियर्स हमारे ऊपर चिल्लाए और दौड़ते रहने को कहा। दौड़ना, रुकना, बैठना और फिर से दौड़ना शुरू कर देना। दस चक्कर लगाने में हमें एक घंटे से ज्यादा समय लग गया।

लेकिन यह तो अभी शुरुआत थी। एक दूसरा सीनियर हमारे पास आया और हमें 50 पुशअप्स लगाने को कहा। एक घंटा और बीत गया। बड़ी मुश्किल से किसी तरह 50 पूरे हुए।

"स्पोर्ट्स टाइम खत्म और हमने क्या किया, सिर्फ दौड़ना और पुशअप्स। हम कल से यही सब कर रहे हैं।" डेविड गुस्से में था। बाकी लोग भी उसकी बात से सहमत दिखे।

इसके बाद साइकिल चलाकर केबिन तक आना ऐसा लग रहा था, मानो वैष्णो देवी की चढ़ाई कर रहे हैं। अगले दो घंटे सेल्फ स्टडी यानी 'स्वाध्याय' में बीत गए। कैडेट्स इस समय का इस्तेमाल आराम करने में भी कर सकते थे। लेकिन हमें बड़ा सावधान रहना पड़ा, क्योंकि कोई भी हमारी निगरानी के लिए केबिन में आ सकता था।

इस बात को नहीं भूलना है कि हमें बैठने को मिला, जो कि अब तक हमें एकेडमी में एक लग्जरी लगने लगा था। चूँकि हम पूरी क्लास में सोते रहे थे, इसलिए हम लोगों को पता ही नहीं था कि पढ़ना क्या है। इसलिए अगले दो घंटे मैंने पढ़ने का दिखावा किया और आराम करता रहा।

डिनर के लिए तैयार होने के लिए हमें 15 मिनट का समय दिया गया। मैं समय पर मेस में पहुँच गया। शरीर की रग-रग दुख रही थी। मैं शरीर में हर नस

को महसूस कर सकता था, ऐसी भी, जिनके बारे में अभी तक मुझे पता नहीं था। यूँ कहिए कि जोड़-जोड़ दुख रहा था। डिनर लाजवाब था। मुझे समझ आना शुरू हो गया था कि एकेडमी में डिनर इतना बढ़िया क्यों होता है। हर काम को करने के लिए हमें एनर्जी की जरूरत जो थी। इक्कियों को खाना खाने के लिए हाथ और मुँह चलाने में भी दिक्कत हो रही थी। दर्द के मारे मेरी टाँगें काँप रही थीं। सिर्फ एक बात अच्छी थी कि हाड़-तोड़ मेहनत वाला दिन खत्म हो रहा था।

डिनर के बाद हम लोग अपने-अपने केबिन की ओर लौटने लगे। तभी हमें बताया गया, दिन अभी खत्म नहीं हुआ है, दोस्त। हमें हमारी स्क्वाड्रन के फ्रंट पोर्च में पहुँचने का आदेश हुआ। हमें बताया गया कि अभी एक घंटा और कसरत होगी।

हमने एक-दूसरे की ओर देखा, लेकिन एक शब्द बोलने की हिम्मत नहीं हुई। हमारी सारी बहादुरी और देशभक्ति निकल चुकी थी। सारा उत्साह पहले ही ठंडा पड़ चुका था। मुझे याद तक नहीं है कि अगले एक घंटे में हमने क्या किया। लेकिन जो कुछ भी किया, उसने हमारी जान ही ले ली। उस कसरत के दौरान एक बार को तो मैं समझ नहीं पा रहा था कि मेरा दिमाग मेरे शरीर को चला रहा है या शरीर-दिमाग को चला रहा है। जब हमें अपने केबिन में जाने को कहा गया तो हम सबके मन में एक ही सवाल था—'दिन खत्म हो गया क्या ?'

आखिरकार, हमें अपने केबिन में आराम करने की इजाजत मिल गई। बता नहीं सकता कि कब मुझे नींद आई। लेकिन सारी रात पी.टी. और सजा के ही सपने आते रहे।

□

8

तुम क्या पीना पसंद करोगे?

एकेडमी में हमारा पहला एक महीना पूरा हो गया। और समय काटे नहीं कट रहा था। हर रोज जिंदा रहने की लड़ाई थी और यह लड़ाई असली थी। हर काम, हर ट्रेनिंग हमारी मानसिक और शारीरिक ताकत की सीमाओं की परीक्षा थी। ट्रेनिंग को कुछ इसी तरह से डिजाइन किया गया था। हो भी क्यों न, आखिर हमें असली युद्ध के लिए तैयार जो किया जा रहा था, कोई बच्चों के खेल के लिए नहीं।

एक-दूसरे को जानने-समझने या गपशप करने का बहुत ही थोड़ा वक्त मिल पाता; लेकिन जो भी खाली समय मिलता, हम उसमें इस कमी को पूरा करने की कोशिश करते।

सही बात तो यह थी कि परीक्षा की इन मुश्किल घड़ियों ने हमें एक-दूसरे के साथ रहना सिखा दिया था। हालाँकि, हम सबके छोटे-छोटे ग्रुप थे, लेकिन पूरी स्क्वाड्रन एक टीम की तरह साथ रहती। समय और जगह को देखते हुए हम सब लोग एक साथ घूमना-फिरना पसंद करते। धर्म, जाति, राज्य, भाषा—अब किसी चीज का कोई मतलब नहीं था। किसी प्रकार के बँटवारे या गुटबाजी के लिए न समय था और न ही जगह; एकेडमी ने इसका तो पक्का इंतजाम कर रखा था।

आखिर, वह दिन आ ही गया, जब हमें फुटबॉल खेलने को मिला। अब न ग्राउंड के चक्कर लगाने थे, न पुशअप्स करने थे और न ही सिर पर सीनियर्स सवार थे। यह मेरे पहले मुकाबले का भी दिन था। मैं हर रोज वरिष्ठ बॉक्सर को रिंग में जाते हुए देखता था। रिंग का अनुभव किसी भी मुकाबले की जीत में अहम भूमिका अदा करता है। इसलिए मैंने कुछ समय रिंग में भी बिताने का फैसला किया, ताकि खुद का बचाव और आक्रमण करना आ सके।

मुझे रिंग में उतरने का इंतजार बरदाश्त नहीं हो रहा था। निर्धारित कार्यक्रम से

30 मिनट पहले आना सही रहता है; इससे मुझे खुद को तैयार करने का समय मिल जाता। मेरा पहला मुकाबला उस कैडेट से था, जो एकेडमी के शीर्ष पाँच मुक्केबाजों में शामिल था। जाहिर सी बात है कि मेरा जीतना तो नामुमकिन था। मेरा मकसद था—लड़ना और जितने राउंड तक हो सके, रिंग में डटे रहना।

'सभी तीनों राउंड में टिके रहना और प्वाइंट के अंतर से हारना भी मेरे लिए जीत ही होगी।' मैंने मन-ही-मन सोचा।

एकेडमी में नॉकआउट बहुत बड़ी बात मानी जाती है। इससे हर किसी को पूरे एक सप्ताह तक आपका मजाक बनाने का सामान मिल जाता है। मुझे किसी भी हालत में नॉकआउट होने से बचना था।

और वह मेरे सामने था! संजय सिंह, हरियाणा का राज्य स्तर का बॉक्सर और एन.डी.ए. का मौजूदा बॉक्सिंग चैंपियन।

'पहले ही मुकाबले में मुझे एक चैंपियन से क्यों लड़ना होगा ?' मैंने भगवान् से सवाल किया।

संजय एकदम शांत, विश्वास से भरा और कूल नजर आ रहा था। उसे कोई जल्दी नहीं थी। वह आराम से रिंग में आया। हो सकता है, विरोधी के आत्मविश्वास को तोड़ने की उसकी यह रणनीति हो।

उसने हवा में मुक्के लहराने शुरू किए। वे इसे 'वार्मअप' कहते हैं; लेकिन यह एक तरह से स्पीड और ताकत का प्रदर्शन होता है। 'एक और चाल।' मैंने सोचा। वह मेरे बहुत करीब खड़ा था। मैं उसके शरीर की बनावट को बहुत साफ-साफ देख सकता था। उसका शरीर किसी यूनानी देवता की तरह कसा हुआ, मजबूत डोले और बेखौफ आँखें थीं। मैंने भगवान् से मन्नत माँगी, मुकाबला एक हफ्ते के लिए टल जाए तो मैं और कड़ी मेहनत करूँगा, ज्यादा अभ्यास करूँगा।

लेकिन मुकाबला टलने या उसमें देर होने का कोई सवाल ही नहीं था। यह तो होना ही था। रेफरी रिंग में घुसा। उसने हमारे कपड़ों और दस्तानों की जाँच की कि कहीं कोई सख्त चीज तो नहीं है। हमने परंपरा के अनुसार अपने-अपने मुक्के मिलाए। और घंटी बज गई।

मेरी टाँगें सुन्न पड़ गईं। समझ नहीं आ रहा था कि दाएँ जाना है या बाएँ।

मुझे उसे घूँसा मारना चाहिए या अपने चेहरे को बचाना चाहिए ? कुछ नहीं पता था।

संजय तेजी से बढ़ रहा था। अचानक वह रुक गया और···ये पड़ा उसके बाएँ

हाथ का घूँसा। मैंने अपना सिर बाएँ घुमाया और किसी तरह बच गया। 'भगवान्, यह पहला मुक्का था।' मैंने सोचा। मैं बाल-बाल बचा था। 'अगर ऐसा घूँसा मेरे चेहरे पर पड़ जाता तो मुझे लगता नहीं कि मैं फिर कभी उठ पाता।' मैंने लंबी साँस ली। मैं पहले घूँसे से उबर पाने की कोशिश कर ही रहा था कि दूसरा जोर का घूँसा सीधे चेहरे की ओर आता दिखा।

जैसे ही मैंने उसका घूँसा देखा, समझ गया कि इससे नहीं बच पाऊँगा।

□

फर्स्ट-एड रूम में मेरी आँखें खुलीं। नर्सों ने मुझे घेर रखा था। "मैं डॉक्टर को बुलाती हूँ।" एक नर्स यह कहते हुए बाहर गई और डॉक्टर को साथ लिये आई। मेरा सिर घूम रहा था। आँखों से धुँधला दिख रहा था। मुझे केवल एक सफेद गोला-सा नजर आ रहा था। बिना समय गँवाए उन्होंने मुझसे कुछ सवाल पूछने शुरू कर दिए, जैसे—मेरा नाम, परिवार आदि। इसके बाद डॉक्टर ने अपनी एक उँगली उठाई और आँखों से उस उँगली के इशारे का पालन करने को कहा।

"आपको आराम की जरूरत है। आज के लिए कोई ट्रेनिंग नहीं। अगर तबीयत ज्यादा खराब होती है तो मुझे दिखाना।" उन्होंने अपने दस्ताने उतारते हुए निर्देश दिया। मैंने 'हाँ' में सिर हिलाया।

"पहला मुकाबला था?" उन्होंने मेरी ओर देखे बिना ही सवाल किया।

"यस।" मुझे थोड़ी शर्मिंदगी महसूस हो रही थी।

"डोंट वरी, इसके बाद अब सब ठीक होगा।" उन्होंने मुसकराते हुए मुझे आश्वासन दिया।

न उठा जा रहा था और न बैठा जा रहा था, सिर्फ लेटने से ही आराम मिल रहा था। मुझे याद नहीं पड़ता कि कौन उठाकर मुझे मेरे केबिन तक लेकर आया। मुझे केवल एक आवाज याद है, जो मुझे बता रही थी कि अगर किसी चीज की जरूरत हो तो मदद माँग लेना। उस आवाज ने मुझे थोड़ा आराम करने की सलाह दी।

किसी ने बुरी तरह झिंझोड़कर मुझे जगाया। मेरा एक सीनियर मेरे बिस्तर के पास खड़ा था। वह कुछ परेशान नजर आ रहा था।

"तुम पाँच घंटे से सो रहे हो। सिर्फ देखने आया था, तुम मर तो नहीं गए।" मैं काफी राहत महसूस कर रहा था। सिर का दर्द और नजर का धुँधलापन खत्म हो चुका था। मैं फिर से ट्रेनिंग के लिए तैयार था। लेकिन उसने मुझे कुछ और ही सलाह दी। मैंने उसके बजाय कुछ और समय बिस्तर पर आराम करने का फैसला किया।

मुझे बड़ी हैरानी हुई, हर दो मिनट बाद कोई-न-कोई आकर मेरा हाल-चाल पूछ रहा था। परिवार से इतनी दूर था, ऐसे में इस तरह के सहारे की तो जरूरत थी ही।

ए.जी. कभी नहीं आया। उसके अंडरस्टडी के एक मिनट भी मुकाबले में नहीं टिक पाने की खबर जरूर उस तक पहुँच चुकी होगी। 'वह जरूर परेशान होगा और बाद में मेरे पास आने की सोच रहा होगा।' मैंने खुद से कहा।

मुझे ए.जी. की कोई चिंता नहीं थी। मुझे अपनी ट्रेनिंग पर ध्यान देना था।

मैं जानना चाहता था कि बाकी इक्कियों का बॉक्सिंग का पहला मुकाबला कैसा रहा। हालाँकि, मुझे पक्का यकीन था कि एक ही मिनट में चारों खाने चित होने का मेरा रिकॉर्ड कोई नहीं तोड़ पाया होगा। बाद में पता चला कि और भी कई नॉकआउट हुए थे। कुछ ही थे, जो तीन राउंड तक मैदान में डटे रहे; लेकिन बस, नाम को। एक भी इक्की जीत नहीं पाया था। मुझे यह जानकर थोड़ा अच्छा लगा।

सीनियर्स कुछ वॉलंटियर्स को ढूँढ़ रहे थे, जो मेरे साथ कुछ समय बिता सकें। वे चाहते थे कि मैं शारीरिक व मानसिक रूप से अच्छा महसूस करूँ और डिप्रेशन में न रहूँ। उन्हें ऐसा कोई चाहिए था, जो मुझसे अच्छी-अच्छी बातें कर सके। और जानते हैं, उन्हें कौन वॉलंटियर मिला? मनु, डेविड और यावर मुझ पर हँसने के इस मौके को हाथ से नहीं जाने देना चाहते थे। लेकिन उनके आने से मेरा ध्यान नॉकआउट से हट गया। मनु ने सख्त नजरों से हमारी ओर देखा और बोलना शुरू कर दिया—

"दोस्तो, मैं एक कहानी आप लोगों को सुनाना चाहता हूँ। स्कूल के दिनों में मैं हर साल गरमी की छुट्टियों में अपनी दादी के पास रहने जाता था।

"जब मैं 15 साल का था तो मेरी मुलाकात उनकी पड़ोसन रवीना से हुई। वह करीब 32 साल की 5'7 फीट लंबी महिला थी। क्या गजब का फिगर था उसका! कसा हुआ बदन। वजन एकदम सही। एक किलो भी ज्यादा वजन हो जाता तो वह मोटी लगती। एक दिन वह चटकीले लाल रंग की साड़ी और गहरे गले का मैचिंग ब्लाउज पहने हुए थी। उसकी दूध जैसी रंगत पर पसीने की बूँदें छलछला रही थीं। गहरे गले के ब्लाउज में से पसीने की बूँदें सूरज की रोशनी में चमक रही थीं। वहाँ से मैं अपनी आँखें ही नहीं हटा पाया।

"'हैलो, रवीना आंटी।' मैंने सहज होने की कोशिश करते हुए कहा।

"'मुझे सिर्फ 'रवीना' कहो।' दादी के घर के भीतर जाते ही उसने मुसकराते हुए कहा।

"मैं उसे रवीना बुलाने में ही खुश था। उसने मुझे बताया कि वह शादीशुदा है, लेकिन बच्चे नहीं हैं। उसका पति बिजनेस के सिलसिले में अकसर शहर से बाहर जाता रहता है। दरअसल, उस समय भी उसका पति शहर से बाहर गया हुआ था। उसने बताया कि वह कितना अकेलापन महसूस करती है और प्यार के लिए तड़पती है।"

कहानी की शुरुआत काफी मजेदार लगी। एक मैं ही नहीं था, जिसे मजा आ रहा था। यावर की आँखें बंद थीं और डेविड का मुँह खुला हुआ था।

"फिर क्या हुआ?" डेविड ने अपने सूखे होंठों पर जीभ फिराते हुए पूछा।

"मैं वहाँ चार हफ्ते रहा। इस बीच, रवीना का दादी के घर आना-जाना बढ़ गया; एक दिन में दो-तीन चक्कर लगाना तो आम बात हो गई थी। वह अकेले में मुझसे बात करने का मौका ढूँढ़ती और जब भी हम अकेले होते तो वह अपने पति के दौरों के बारे में शिकायत करती। साथ ही कहती कि घर में होने पर भी वह उसमें कोई रुचि नहीं लेते।

"वह कहानियाँ बताती कि कैसे वह महीनों अपने पति का इंतजार करती है और वह आने के बाद अपने अगले ट्रिप तक केवल सोता रहता है। उसने यह भी बताया कि एक लड़का है, जो हर ट्रिप पर उसके पति के साथ जाता है। रवीना को शक था कि उसके पति का वह दोस्त, दोस्त से कहीं कुछ ज्यादा है। उसका दावा था कि उसने अपने पति के फोन पर उन दोनों की घटिया-घटिया तसवीरें देखी हैं। जब उसने अपने पति से इस बात को लेकर सवाल-जवाब किए तो वह हँसकर टाल गया। उसके पति ने कहा कि दोनों ने पी रखी थी और सिर्फ मस्ती कर रहे थे।"

अब तक हमें यह समझ आ चुका था कि कहानी किस दिशा में बढ़ रही है, लेकिन हम कहानी को पूरी सुनना चाहते थे। कमरे में एकदम खामोशी थी। मनु के अलावा और किसी की बोलने की हिम्मत नहीं हो रही थी। यावर की आँखें अभी भी बंद थीं। मुझे पक्का यकीन था कि वह दिमाग में रवीना की तसवीर बना रहा था, क्योंकि मैं भी वही कर रहा था। मुझे थोड़ी जलन भी हुई। मैं मन-ही-मन सोच रहा था कि काश, रवीना मेरी दादी की पड़ोसन होती!

किसी को इसके अलावा और क्या चाहिए? एक खूबसूरत शादीशुदा औरत, जिसका पति उसकी तरफ कोई ध्यान नहीं देता। वह अकेली थी और प्यार को तरस रही थी। केवल एक यही तरीका था, जहाँ हमारे जैसे लड़कों को कुछ मिल सकता था। मुझे पक्का यकीन था कि यावर को कभी ऐसी समस्या का सामना नहीं करना

पड़ा होगा। वह तो वैसे ही अमीर बाप की औलाद था।

मनु चुप हो गया। लगता था, वह अपनी ही दुनिया में खो गया है। यावर ने उसे झकझोरा, "क्या हुआ, दोस्त? आगे बढ़ो, हम इंतजार कर रहे हैं।"

"ओह! सॉरी] यार। एक क्षण को मैं वहाँ पहुँच गया था। हमारी बातचीत धीरे-धीरे उसके पति के बारे में शिकायतों से लेकर हम दोनों पर आ गई—वो और मैं। उसने मुझसे पूछा कि क्या मेरी कोई गर्लफ्रेंड रही है? क्या मैंने कभी ये किया है? उसने मुझे बताया कि शादी होने से पहले वह शादी के बारे में सोचकर ही कितनी रोमांचित हो जाती थी! खासतौर से यह भी एक वजह थी कि उसे इससे पहले किसी पुरुष ने छुआ तक नहीं था। कैसे वह पुरुष के स्पर्श के लिए तड़पती थी; कैसे रातों में बिस्तर पर करवटें बदलती रहती थी; सोचती थी कि जब कोई पुरुष उसे रात भर प्यार करेगा तो वह अहसास कैसा होगा।" मनु नाटकीय अंदाज में कहानी आगे बढ़ाता रहा।

मैंने इंटरनेट पर इस तरह की कहानियाँ पढ़ी थीं, लेकिन किसी जाननेवाले से इस तरह की बात सुनना अपने आप में एक अलग ही अनुभव था।

कमरे में अलग ही माहौल था। सब अपने-अपने तरीके से आगे की कहानी के बारे में कल्पना कर रहे थे।

"एक दिन वह हमारे घर आई और शिकायत करने लगी कि रात में अकेले उसे कितना डर लगता है। उसने यह भी बताया कि छत से उसे कुछ अजीब सी आवाजें आती सुनाई देती हैं।

"दादी ने कहा कि वह उसके घर सो जाएगी। लेकिन रवीना ने इनकार कर दिया। उसका कहना था कि दादी बहुत बूढ़ी हैं और वह छत पर चढ़कर देख नहीं पाएँगी कि क्या माजरा है।

"जल्द ही वह चली गई। न तो उसकी हिम्मत हुई और न ही मेरी कि यह कह दूँ कि मैं उसके घर पर सो सकता हूँ। हम नहीं चाहते थे कि दादी को किसी तरह का शक हो। पूरी रात मैं उसके बारे में ही सोचता रहा और यही कल्पना करता रहा कि अगर उसके घर में सो जाता तो क्या-क्या हो सकता था!

"रवीना अगले दिन आई और फिर से शिकायत की। उसने बताया कि आधी रात के आसपास उसने कुछ शोर सुना और उसके बाद वह सो नहीं पाई। 'आज रात मैं उस घर में किसी भी सूरत में अकेली नहीं सोऊँगी। काश, मेरे पति घर पर होते!' रवीना ने कहा। उसकी एक नजर दादी पर और एक नजर मुझ पर थी।

"'रुको, मैं मनु से पूछ लेती हूँ, क्या आज रात वह सो जाएगा।' दादी ने आखिर कहा। वह काफी चिंतित नजर आ रही थीं।"

यहीं पर मनु ने कहानी बंद कर दी। वह मेरे बिस्तर पर लेटा हुआ था और छत की ओर देख रहा था। उसके चेहरे पर मुसकराहट थी। अब मामले को हाथ में लेने की बारी मेरी थी।

"मनु, अब तुम कहानी खत्म होने तक बीच में नहीं रुकोगे।" मैंने उसकी आँखों में देखते हुए कहा और वह मुझे अच्छी तरह जानता था।

वह तुरंत उठकर बैठ गया। समझ गया था कि हम सब मामले को बहुत गंभीरता से ले रहे हैं। अगर अब वह बीच में कहीं रुका तो हम लोग उसकी कुछ हड्डियाँ तो तोड़ ही देंगे। उसने कहानी आगे बढ़ाई।

"मेरे एक रात के लिए रवीना के घर सोने पर राजी होने के बाद दादी रसोईघर में चली गईं। रवीना वहीं बैठ गई। वह अब भी मेरी ओर देख रही थी। वह मुसकराई और आगे की ओर झुकी। मेरे दिल की धड़कन रुक-सी गई, 'आज रात तुम क्या पीना पसंद करोगे?' उसने पुच्ची के अंदाज में होंठ सिकोड़े और सवाल किया। उसके भरे-भरे रसीले होंठ मुझे पागल कर रहे थे। हम अगले कुछ मिनट तक एक-दूसरे को सिर्फ देखते रहे और आनेवाली रात की कल्पना करते रहे।"

'एक बात तो पक्की है कि आज की रात किसी को नींद नहीं आएगी।' मैंने खुद से कहा।

"वह जल्द ही चली गई और मैं अपने कमरे में आ गया। रवीना आगे की ओर झुक रही थी और उसकी गहरी गोलाइयाँ, उसके रसीले होंठ मुझे बेचैन कर रहे थे; मेरे दिमाग से ये तसवीरें हट ही नहीं रही थीं। दोपहर का एक बजा था। रात होने में अभी काफी देर बाकी थी। मैंने अपना ध्यान इधर-उधर लगाने की काफी कोशिश की, लेकिन बार-बार मेरी निगाहें पलटकर घड़ी की सुइयों पर जा अटकतीं। वह मेरी जिंदगी का सबसे लंबा दिन था।

"आखिर, रात के 8 बज गए। रवीना दादी को याद दिलाने नहीं आई। वह नहीं चाहती थी कि दादी को किसी भी तरह का शक हो। मैं टी.वी. देखने का बहाना करता रहा। टी.वी. पर मुझे सिर्फ और सिर्फ रवीना नजर आ रही थी। लाल साड़ी और ब्लाउज में वह मेरी तरफ दौड़ी चली आ रही थी।

"'डिनर में तुम क्या खाना चाहते हो···और कितने बजे सोने का प्रोग्राम है?' दादी ने सवाल किया।

"चूँकि छुट्टियाँ थीं, मैं रात में देर तक टी.वी. देखता था और उसके बाद अगले दिन दोपहर तक सोकर उठता। 'लगता है, वे रवीना के बारे में भूल गई हैं।' सत्यानास! मुझे अपनी किस्मत पर गुस्सा आ रहा था।

"'क्या खाना है तुम्हें?' दादी ने फिर से पूछा। उन्हें झुँझलाहट हो रही थी। मुझे यकीन नहीं हो रहा था कि मेरे साथ यह सब हो रहा है। मुझे जल्द ही कुछ सोचना था।

"मैंने बड़ी सावधानी से शब्दों का चयन किया, 'सुबह रवीना कोई सब्जी देकर गई थी न? उसमें से कुछ बचा है क्या?' मैंने टी.वी. देखने का दिखावा करते हुए लापरवाह अंदाज में कहा।

"'ओह, मैं तो भूल ही गई। रवीना ने कहा था कि उसे आज रात कुछ मदद की जरूरत है! मैंने उससे वादा किया था कि तुम उसके घर सो जाओगे।'

"'हाँ, आपने उससे वादा किया था।' मैंने कहा। मैं ऐसे दिखा रहा था, जैसे मुझे कोई फर्क नहीं पड़ता, मैं तो टी.वी. देख रहा हूँ।

"'डिनर करो, कपड़े बदलो, कूड़ा फेंक देना और जाओ। वह एक अच्छी लड़की है! हमें उसकी मदद करनी चाहिए।' दादी माँ ने रसोईघर से ही कहा।

"मैं जाने के लिए तैयार था। हमारे घर से रवीना का घर पाँच मिनट की दूरी पर ही था। पता नहीं कहाँ से मुझमें इतनी ऊर्जा आ गई कि मैंने एक ही मिनट में दौड़कर वह रास्ता पार कर लिया। मैंने आखिरी कुछ कदम धीरे-धीरे बढ़ाए और अपनी फूली साँस पर काबू पाने की कोशिश की। जैसे-जैसे उसका घर नजदीक आ रहा था, मेरे दिल की धड़कनें तेज हो रही थीं। मुझे खुद दिल के धड़कने की आवाज सुनाई दे रही थी।

"मैं उसके दरवाजे के बाहर खड़ा था—अपने खयालों में खोया, बालों को ठीक करता हुआ। मैं चाहता था कि वह एक बार फिर से सोच ले। मेरे लिए यह जरूरी था कि जो भी वह कर रही है, वह उसे अच्छा लगना चाहिए। वह उसकी पसंद होनी चाहिए।

"आखिरकार, मैंने दरवाजे की घंटी बजाने की हिम्मत जुटाई। 30 सेकंड बाद मैंने घंटी बजाई। खिड़की से मुझे दिखाई दे रहा था कि वह सीढ़ियों से नीचे उतर रही थी। वह थोड़ा नर्वस, लेकिन खूबसूरत दिख रही थी।

"वह जरूर नहाई होगी, क्योंकि उसके बाल अभी भी गीले थे। उसने वही साड़ी और ब्लाउज पहना था, लेकिन थोड़ा मेकअप कर लिया था। उसने दरवाजा

खोला और मेरे भीतर आने के बाद दरवाजा बंद कर दिया।

"भीतर अँधेरा था। कोई हमें देख नहीं सकता था। हम दोनों के शरीर में एक प्रकार का तनाव था, जिसे मैं महसूस कर रहा था। उसने मेरी आँखों में देखा और बोली, 'मेरे पति लौट आए हैं।' उसके चेहरे पर कोई भाव नहीं था।

"'क्या मतलब है तुम्हारा? तुमने तो कहा था कि वह अगले 15 दिन नहीं लौटने वाला!' मैं चिल्लाया।

"'जानती हूँ। वह मुझसे बात करना चाहता था, इसलिए उसने अपना ट्रिप बीच में ही छोड़ने का फैसला किया। उसने यह बात स्वीकार कर ली है कि वह खुद को समलैंगिक समझता था, लेकिन कई बार कोशिश करने के बाद उसे अहसास हुआ कि ऐसा नहीं है।' रवीना ने कहा।

"'क्या? इसका क्या मतलब हुआ? कौन ऐसा करता है? यह कोई पसंद का मामला नहीं होता कि एक दिन ऐसा तो एक दिन वैसा।' मैंने फुसफुसाते हुए कहा।

"'जानती हूँ, मैंने उससे यह साबित करने के लिए कहा था, क्योंकि मैं अकेलेपन से तंग आ चुकी थी। वह मुसकराया और कहा कि पहले मुझे उत्तेजित करो। और मैं उसकी ओर मुसकराई, आगे झुकी और उससे पूछा कि आज रात क्या पीना पसंद करोगे? उसके बाद से हम यही कर रहे हैं।'

"'क्या कर रहे हैं?' मुझे जवाब पता था, लेकिन पूछे बिना नहीं रह सका।

"वह शरमाई, लेकिन उसने खोलकर सारी बात बता दी, 'हमने कर लिया। जब मैं तुम्हारे घर से वापस आई तो वह आ चुका था। उसके बाद से ही हम प्यार कर रहे हैं। उसने 15 मिनट पहले मुझे इसी शर्त पर नहाने जाने दिया कि मैं फिर से 30 मिनट बाद वही करूँगी।'

"'और मेरा क्या, रवीना?' मैंने गुस्से में पूछा।

"'आंटी।' उसने सख्त लहजे में जवाब दिया।

"'क्या?'

"'मुझे रवीना आंटी बुलाओ।'

"'तुम्हारा दिमाग ठीक है?' मैंने गुस्से में कहा।

"कुछ सेकंड की चुप्पी के बाद उसने माफी माँगने के लहजे में कहा, 'देखो, आई एम सॉरी; मैंने तुम्हारी उम्मीदें बढ़ा दी थीं और अब मैं पीछे हट रही हूँ। लेकिन तुम्हीं बताओ कि मैं क्या कर सकती हूँ? मुझे उसे एक मौका तो देना ही था। वह मेरा पति है। छुट्टियाँ खत्म होने पर तुम तो चले जाओगे, मुझे पूरी जिंदगी उसके साथ

ही रहना होगा। उसने वादा किया है कि वह ज्यादा-से-ज्यादा समय यहाँ रहेगा और बिजनेस ट्रिप पर जाना हुआ तो मुझे साथ लेकर जाएगा। मैं अपने लिए इसके अलावा और कुछ नहीं कह सकती।'

"उसने मेरे गाल पर पप्पी दी और भीतर जाकर दरवाजा बंद कर लिया। मैं घर आकर हमेशा की तरह अपने बिस्तर पर अकेला आ लेटा और सो गया।" मनु ने कहानी खत्म कर दी।

कमरे में काफी देर तक खामोशी छाई रही।

आखिरकार, यावर ने धीरे से अपनी आँखें खोलीं, "तुमने हम लोगों को यह कहानी क्यों सुनाई?"

"देखो, मैं चाहता था कि कोई उस दिन की मेरी हालत का अंदाजा लगाए।" मनु ने कहा। उसके चेहरे पर एक शैतानी मुसकराहट थी।

"और इसका अर्जुन और उसकी हालत से क्या संबंध है?" डेविड ने कहा।

"कोई संबंध नहीं है; लेकिन अब मुझे थोड़ा अच्छा लग रहा है।" मनु मेरे बिस्तर पर बैठ गया। वह खुश नजर आ रहा था।

लेकिन उसकी यह खुशी ज्यादा देर नहीं टिकी। और एक भी शब्द बोले बिना हम उसे मारने के लिए दौड़े। हमने बारी-बारी से उसके हाथ और पैर पकड़कर उसे गुलगुली की। जाहिर-सी बात है, मनु के लिए पिटाई के बजाय गुलगुली सबसे बड़ी सजा थी।

जब तक उसने माफी नहीं माँगी, हम उसके पीछे लगे रहे।

इसके बाद डिनर टाइम तक अगले कुछ घंटे ऐसे ही गप्पें लगाते हुए बीते।

मनु को सख्त हिदायत थी कि अब रात भर वह कोई कहानी नहीं सुनाएगा।

हालाँकि, उसकी वह कहानी अपना काम कर चुकी थी। मैं नॉकआउट वाली बात भूल चुका था।

□

9

गुडबाय

अगली सुबह मेरी जिंदगी फिर से पटरी पर आ गई। मैं पी.टी. के लिए मैदान में था। फिर से अच्छा महसूस हो रहा था। बॉक्सिंग रिंग में जो हुआ था, अब वह इतना परेशान नहीं कर रहा था। 'अगली बार पक्का संजय के घूँसों को चकमा देना है और पूरे मुकाबले में डटे रहना है।' मैंने खुद से कहा। हम लंच के तुरंत बाद खेलने के लिए ग्राउंड में जाने को तैयार हो रहे थे। उसी समय हमें खबर मिली—यह हमारी पहली क्रॉस कंट्री होगी। हनीमून पीरियड खत्म हो चुका था और अब सब काम तेजी से होगा। एन.डी.ए. का क्रॉस कंट्री 12 किलोमीटर का होता है। इसके लिए कोई समय-सीमा नहीं होती। इससे हम इक्कियों को थोड़ी राहत मिली।

हम लोग काफी उत्सुक थे और समय से पहले ही रेस शुरू होनेवाली जगह पर पहुँच गए। हम सब चाहते थे कि रेस शुरू होने से पहले अच्छी तरह वार्मअप कर लें। आर्मी स्कूल के कैडेट्स काफी आराम से खड़े थे। क्रॉस कंट्री रन उनके लिए रोजाना का काम था। चूँकि यह हमारी पहली दौड़ थी, इसलिए ट्रेनर्स ने हमसे कहा था कि अपने हिसाब से अपना स्लोगन या वॉर क्राई तय करना है। यह 'स्लोगन' या 'वॉर क्राई' वह शब्द होता है, जो ट्रेनिंग या युद्ध के समय सैनिक एक साथ जोर से बोलते हैं। यह वाक्य कुछ ऐसा होता है, जो जवानों के मनोबल को बढ़ाता है और उनमें पॉजिटिव एनर्जी भरता है। यह हमारी पहली रेस थी, इसलिए ट्रेनर्स ने हमसे कहा कि यह वॉर क्राई एकदम अलग और मजाकिया-सी होनी चाहिए।

एक महीने के गंभीर प्रशिक्षण के बाद आखिरकार प्रशिक्षकों के साथ ये पहले कुछ हलके-फुलके क्षण थे। हम किसी भी सूरत में अपने हाथ से यह मौका नहीं जाने देना चाहते थे। हर ओर से अलग-अलग सुझाव आने लगे।

मनु आगे झुका और धीरे से बोला, ताकि कोई हमारी बात सुन न ले।

"यह कैसा रहेगा—रवीना, मैं आ रहा हूँ?" उसने बेवकूफों की तरह मुसकराते हुए कहा।

"मनु, मेरा पति घर पर है—ये ज्यादा सही लग रहा है।" डेविड ने कहा।

"ये कैसा है—तुम क्या पीना पसंद करोगे?" अब यावर की बारी थी।

"मेरा पति शहर से बाहर है? मुझे प्यार करो, मनु।" मैं अपनी हँसी नहीं रोक सका।

"लुक गाइज, आई एम ए बॉक्सर। ये कैसा रहेगा?" मनु ने तुरंत जवाब दिया।

हम एक-दूसरे को चिढ़ाने में लगे थे कि किसी ने सुझाव दिया, "टू लिबर्टी।" इस पर सब एक मत से राजी हो गए। हर रविवार को जेंटलमैन कैडेट्स को शहर में जाने की अनुमति होती थी। यह एक तरह से तफरीह की तरह था। इस ट्रिप को 'लिबर्टी' कहा जाता था।

जैसे ही हम लोग 'वॉर क्राई' पर राजी हुए, क्रॉस कंट्री रेस शुरू हो गई।

हमारी यूनिट के लोग बहुत ही शानदार थे। अनुभवी धावक कभी भी नए धावकों को हराने की कोशिश नहीं करते; इसके बजाय वे नए लोगों की मदद करते हैं, उन्हें सलाह देते हैं और उनका उत्साह बढ़ाते हैं। हर कोई हर किसी का हौसला बढ़ाता है। हमारी यूनिट के सभी लोग पॉजिटिव एनर्जी से भरे थे और मैं यह महसूस भी कर रहा था।

'युद्ध में एकदम यही भावना होनी चाहिए।' मैंने सोचा। जोश से भरे युवा एक साथ एकजुट होकर आगे बढ़ रहे हैं। उन्हें इस बात की कोई फिक्र नहीं है कि पीछे क्या हो रहा है। वे जोश में युद्धघोष करते हुए आगे बढ़ रहे हैं।

स्कूल के दिनों में मुझे दौड़ने में कभी किसी प्रकार की परेशानी नहीं हुई थी, लेकिन एक साथ मैं कभी भी 12 किलोमीटर नहीं दौड़ा था। मैंने अपना ध्यान हटाकर दूसरी चीजों पर लगाने की कोशिश की। मैं युद्धघोष पर ध्यान दे रहा था और पिछली रात की मनु की कहानी के बारे में सोच रहा था। लेकिन कहीं-न-कहीं मेरे अवचेतन मन में दौड़ की दूरी रह-रहकर ध्यान भटका रही थी।

पहले 4 किलोमीटर तो काफी आसान थे, लेकिन उसके बाद मेरी साँस फूलने लगी। मेरे पेट के निचले हिस्से में हलका-हलका-सा दर्द होने लगा। मैंने अपने कदमों की रफ्तार थोड़ी धीमी कर दी, लेकिन इससे दर्द और बढ़ गया। अब तो

हालत यह हो गई कि एक-एक कदम पर मेरी साँस फूल रही थी। और कुछ ही देर बाद मेरे फेफड़ों ने जवाब दे दिया।

मेरे पास और कोई रास्ता नहीं बचा था; मुझे रुकना पड़ा। रुकने को कोई बुरी बात नहीं माना जाता है। वैसे भी, यह हमारी पहली रेस थी। मैंने कुछ सेकंड आराम करने के बाद फिर से दौड़ने की कोशिश की। लेकिन हर बार रुकने के साथ ही हालत बिगड़ती चली गई।

अब ये होने लगा कि दो ब्रेक के बीच की दूरी कम होने लगी। थोड़ी-थोड़ी देर पर रुककर मुझे ब्रेक लेना पड़ रहा था।

मेरे कुछ साथी कैडेट्स ने रुककर मेरी मदद करने की कोशिश की, लेकिन मैंने कहा कि वे अपनी रेस पर ध्यान दें। मैं उन पर बोझ नहीं बनना चाहता था।

यावर, डेविड और मनु मेरे बाजुओं को पकड़कर मुझे अपने साथ खींचने की कोशिश कर रहे थे। लेकिन इस तरह से तो वे अपनी रेस भी पूरी नहीं कर सकते थे। लेकिन उन्होंने कहा कि वे मुझे छोड़कर आगे नहीं जाएँगे, भले ही उनकी रेस पूरी न हो। इस मुद्दे पर काफी बहस के बाद उन लोगों ने तय किया कि वे मुझे साथ लेकर ही चलेंगे। इसका नतीजा यह हुआ कि यूनिट के बाकी सभी कैडेट्स धीरे-धीरे हमसे आगे निकल गए। मुझे दो चीजों की चिंता सता रही थी—पहली तो यह कि मैं अब किसी भी सूरत में दौड़ने की हालत में नहीं था, दूसरा यह कि मैं रेस में आखिरी था। चाहे मैं लाख कोशिश कर लूँ, लेकिन अब मैं और नहीं दौड़ सकता था।

आखिरकार, मैंने कुछ देर लेटने का फैसला किया। हो सकता है कि इससे मुझ में फिर से दौड़ने की थोड़ी ताकत आ जाए। अच्छी तरह आराम कर लेने के बाद मैंने फिर से दौड़ने की कोशिश की। कुछ देर के लिए तो ठीक लगा, लेकिन उसके बाद वही ढाक के तीन पात—मैं बुरी तरह थक चुका था। दौड़ना, रुकना, फिर से दौड़ना, लेटना, चलना, फिर से दौड़ना, जमीन पर लेटना, चलना और किसी तरह मैं घिसटता हुआ फिनिश लाइन तक पहुँच ही गया। मैं सबसे पीछे रहा तथा औरों से कहीं अधिक समय लिया। लग रहा था, जैसे हर कोई मुझे ही देख रहा है। सीनियर्स और ट्रेनर ने मेरा हौसला बढ़ाने की कोशिश की। उन्होंने इस बात की खुशी जताई कि मैंने रेस खत्म की।

तुरंत ही कुछ कैडेट्स ने मुझे घेर लिया और मेरा हौसला बढ़ाते हुए मेरा मूड अच्छा करने की कोशिश की। लेकिन मेरी हालत इतनी खराब थी कि किसी चीज से मुझे अच्छा नहीं लग रहा था। मैंने इतनी कोशिश की, लेकिन मेरा प्रदर्शन अच्छा

नहीं रहा। एक बार फिर से मैंने विफलता की इस भावना को झटककर आगे बढ़ने का फैसला किया। इसके बाद हमारी पहली 10 मीटर की कूद थी। यह एक बहुत बड़ा पूल था, जैसा आप लोगों ने टी.वी. पर ओलंपिक खेलों के दौरान देखा होगा। पूल के साथ ही टावर था और यह 10 मीटर ऊँचा था।

इतनी ऊँचाई से कूदने की सोचकर ही हम में से अधिकतर के तोते उड़ गए। मुझे तैरना आता था, लेकिन यह अलग बात थी। हर कोई एक-दूसरे को देख रहा था। मेरी तो हालत और खराब थी। अब और विफलताओं को झेलने की जगह नहीं बची थी। मुझे इसे तो करना ही होगा। दिखने में यह बहुत आसान था, लेकिन बहुत डरावना। हम सबको एक लाइन में खड़े होकर एक-एक कर टावर पर चढ़ना और फिर वहाँ से कूदना था।

"लाइन बनाओ।" प्रशिक्षक की जोरदार आवाज सुनाई दी। लाइन में लगने के लिए सारे कैडेट्स आगे बढ़े; लेकिन धक्का-मुक्की इस बात पर हो रही थी कि सबको लाइन में आखिर में खड़ा होना था। आगे से तीसरा मेरा नंबर लगा और मेरी हालत खराब होने लगी। लाइन आगे की ओर बढ़ने लगी।

मेरे दिल की धड़कनें बढ़ने लगीं। जब तक मैं सारी सीढ़ियाँ चढ़कर ऊपर टावर तक पहुँचा, मैं एक तरह से काँप रहा था। नीचे देखने भर से मुझे उलटी आने लगी।

पीछे लौटने की कोई सूरत नहीं थी। 'बुरे से बुरा क्या हो सकता? मैं डूब ही जाऊँगा। अगर मेरा सिर पूल के फर्श से जा टकराया तो? अगर साँस नहीं ले पाया तो क्या होगा? मैं पीछे मुड़कर नहीं देख सकता था। हर किसी की नजर मुझ पर थी। दो बार मैं पहले ही फेल हो चुका था। एक और विफलता नहीं झेल पाऊँगा।' खुद पर मेरा विश्वास पहले ही डगमगा चुका था और तमाम तरह के सवालों ने मुझे घेर लिया।

अचानक जोरदार आवाज से मैं अपने विचारों से बाहर निकला। प्रशिक्षक ने लाइन में सबसे आगे खड़े कैडेट को कूदने का निर्देश दिया। मैंने देखा, कैडेट शुरू में थोड़ा झिझका, लेकिन फिर कूद गया। कुछ सेकंड वह हवा में रहा। पानी में गिरते ही एक जोरदार छपाक की आवाज हुई। कुछ ही सेकंड बाद उसने अपना सिर पानी से बाहर निकाला और तैरता हुआ किनारे पर आ गया।

बुरे-बुरे खयाल मेरा पीछा ही नहीं छोड़ रहे थे। लगा कि मैं पानी के भीतर हूँ और साँस नहीं ले पा रहा हूँ। फिर से जोरदार आवाज सुनाई दी, "जंप!" दूसरा

कैडेट तुरंत कूद गया। अचानक से मैंने पाया कि मैं टावर के सिरे पर खड़ा हूँ। अब मेरी बारी थी।

"जंप!"

मेरा शरीर जैसे बर्फ हो गया। अपने शरीर पर मेरा वश नहीं था। "जंप", "जंप", "जंप" ···आवाज तेज होती चली गई। इसके बाद कुछ ऐसी ही और आवाजें उसमें मिल गईं। वे लोग मेरा हौसला बढ़ाने की कोशिश कर रहे थे। सब चाहते थे कि मैं अपने डर से बाहर निकलूँ और कूद जाऊँ। अब यह तेज होती आवाजों और मेरे डर के बीच मुकाबला था। आवाजें तेज होती गईं और मेरा डर भी अपने पैर जमाता गया। करीब दो मिनट तक टावर पर खड़े रहने के बाद मैं पीछे मुड़ा, सीढ़ियों से नीचे उतरा और चुपचाप आकर खड़ा हो गया। सब ओर एकदम खामोशी छा गई। कुछ देर बाद अगले कैडेट के लिए फिर से आदेश हुआ, "जंप"। मुझे नहीं पता कि मेरे आसपास क्या हो रहा है। मेरा दिमाग सुन्न पड़ गया था।

एन.डी.ए. में आने के बाद पहली बार मेरे दिमाग में एक विचार कौंध गया—अगर मैं आर्मी के लिए सफल नहीं हो पाया तो क्या होगा? मुझे पक्का यकीन था कि मुझे आर्मी से प्यार है और मैं यहाँ रहना चाहता हूँ। अगर जरूरत पड़ी तो अपने देश के लिए जान भी दे दूँगा। लेकिन अगर—अगर मैं इस लायक ही नहीं बन पाया तो?

अगर मैं एक सैनिक बनने लायक जरूरी मजबूती ही नहीं दिखा पाया तो क्या होगा? लाख कोशिशें कीं, लेकिन यह खयाल मेरे दिमाग से निकल ही नहीं रहा था।

फिर से मुझे लगा, हर कोई मुझे ही देख रहा है। शायद उन्हें मेरी चिंता हो रही थी।

शायद वे मेरी काबिलियत पर शक करने लगे थे और बार-बार दिमाग में यही बात आ रही थी। चाहकर भी यह खयाल मेरा पीछा नहीं छोड़ रहा था। हो सकता है, वे यह भी सोच रहे हों कि दुश्मन के इलाके में वे मुझ जैसे कैडेट पर भरोसा नहीं कर सकते।

'इस तरह से तो मैं कभी उनका भरोसा नहीं जीत पाऊँगा।' मैंने मन-ही-मन सोचा। मुझे खुद पर गुस्सा भी बहुत आ रहा था।

मेरे आसपास की दुनिया मेरे लिए खत्म हो चुकी थी। मैं बस, पत्थर की मूरत की तरह वहाँ खड़ा था और इस कार्यक्रम के खत्म होने का इंतजार कर रहा था। मैं बस, चाहता था कि अपने कमरे में पहुँच जाऊँ और कंबल में सिर छुपा लूँ तथा हर

किसी की नजरों से खुद को ओझल कर लूँ।

पता नहीं, ऐसे ही कितना समय बीत गया। शायद सबका नंबर आते-आते करीब आधा घंटा बीत गया। पक्का, वहाँ कुछ और भी रहे होंगे, जो नहीं कूद पाए होंगे; लेकिन इस बात से मुझे कोई दिलासा नहीं मिल रही थी। इसके बजाय मैं अपनी सारी विफलताओं को गिनने में लगा था—बॉक्सिंग, रनिंग और अब यह। एकेडमी में किसी भी स्पर्धा में नहीं जीत पाया था।

मैं अपने कमरे में गया और बिस्तर पर पसर गया। उस रात डिनर के समय मैं हर किसी से बचने की कोशिश कर रहा था। न मेरा बात करने का मन था और हँसने का तो कतई नहीं।

मैंने खाना खाया और तबीयत खराब होने का बहाना कर अपने कमरे में आ गया। पूरी रात ऐसे ही बीत गई। नींद मेरी आँखों से गायब हो चुकी थी।

'कल मैं पूरी हिम्मत से और कड़ी मेहनत से काम करूँगा।' मैंने खुद से वादा किया।

□

अगले चार हफ्ते मेरी जिंदगी के जैसे कटे, वह मैं ही जानता हूँ। इससे बुरा दौर शायद मैंने कभी नहीं देखा। मेरा परफॉर्मेंस गिरता ही चला गया। मैंने कितनी मेहनत की, यह मैं ही जानता हूँ। लेकिन इससे कोई फर्क नहीं पड़ता, चीजें न सुधरनी थीं और न ही सुधरीं। हालाँकि, बाकी चीजों में मैं अभी भी अच्छा कर रहा था; लेकिन बॉक्सिंग, रनिंग या जंपिंग में मेरी हालत में कोई सुधार नहीं हुआ।

एकेडमी, मेरे सीनियर्स, बैचमेट—हर किसी को पता था कि मैं तनाव में हूँ। वे सब मेरी मदद करने की भरपूर कोशिश कर रहे थे।

कई सीनियर्स ने मुझे अपने केबिन में बुलाया, मुझे साथ बिठाया और अपने खुद के अनुभव साझा किए कि किस तरह शुरुआत में वे भी फेल हो गए थे; लेकिन धीरे-धीरे वे अपनी विफलता से उबरने और बेहतर करने में कामयाब रहे।

दिन-ब-दिन विफलता का बोझ मेरे सिर पर बढ़ता ही गया। ऐसा नहीं था कि मेरी मदद की कोशिश नहीं हो रही थी, बाकी लोग भी चिंतित थे। विभिन्न स्तर पर मेरे केस पर चर्चा हो रही थी। ऐसे में, मैं अपने खयालों पर काबू नहीं रख पा रहा था, 'क्या मैंने आई.आई.टी. में न जाकर गलती की? क्या अभी भी लौटना संभव है? शायद अभी तक उनका सेमेस्टर शुरू नहीं हुआ होगा। हो सकता है कि मि. सिंह कोई मदद कर सकें। यह बात तो पक्की है कि मैं वहाँ अच्छा करूँगा।

एकेडमिक रूप से तो मैं यहाँ भी अच्छा कर रहा हूँ। यहाँ भी मैं कोर्स की कई मुश्किल चीजें अपने साथी कैडेट्स को समझाने में मदद करता हूँ। मैं तो अपने सीनियर्स तक को ऐसे विषयों में मदद कर रहा हूँ, जो मैंने अभी तक पढ़े नहीं हैं।

'लेकिन अपने माँ-बाप को क्या कहूँगा? उन्हें बहुत गुस्सा आएगा। लेकिन उन्हें गुस्सा क्यों आएगा? मेरा मतलब, मैंने तो ठीक ही किया था। मुझे क्या पता था कि यह सब हो जाएगा?' न जाने कैसे-कैसे खयाल मन में आ-जा रहे थे।

केवल एक ही अच्छी बात थी कि एकेडमी में मैंने अपने दोस्तों के साथ अच्छा समय बिताया। मैं जब भी उनके साथ होता था, मेरी सारी चिंताएँ हवा हो जाती थीं। मुझे अपनी दोस्ती पर नाज होने लगा था। वास्तव में, उनके साथ बहुत ही अच्छा समय बीता।

जब जिंदगी की दौड़ में हार जाते हो, पूरी दुनिया डूबती नजर आती है और उम्मीदों का दामन छूट जाता है, तब दोस्त ही होते हैं, जो तुम्हें सहारा देते हैं, यह भरोसा दिलाते हैं कि एक दिन सबकुछ ठीक हो जाएगा। कुछ समय ऐसे ही डिप्रेशन में बीत गया। न ट्रेनिंग में मन लगता था और न ही लगा। हर दिन मेरा रिकॉर्ड पतन की नई गहराइयों को नाप रहा था। ऐसे में, मैंने फैसला कर लिया कि अब एन.डी.ए. को अलविदा कहने का समय आ गया है।

मैं अपने काम में जरा भी ध्यान नहीं लगा पा रहा था, न मुझ से कोई काम हो रहा था। मैं जो भी काम करता, वही बिगड़ जाता। जानता था कि एकेडमी एक परिवार की तरह है और हर कोई परेशान था। लेकिन वे जितना मेरी मदद की कोशिश करते, मैं उतना ही बेचैन होता जाता। मेरी सारी विफलताओं के बावजूद लोग मुझसे बहुत ही प्यार से पेश आ रहे थे और यही बात मुझे नागवार गुजर रही थी। मुझे इस बात पर बहुत गुस्सा आ रहा था कि बाकी लोग अपने व्यस्त समय में से वक्त निकालकर मेरी मदद के लिए आगे आ रहे हैं। एकेडमी के बारे में भी जानता था कि वहाँ लोग परंपरा और नियमों से हटकर मेरी मदद कर रहे थे। और ये सब चीजें मुझे बहुत ही खराब लग रही थीं। अपने आप से मुझे नफरत हो रही थी।

यहाँ तक कि ए.जी. ने भी मेरी हालत को देखते हुए मुझे मुश्किल काम देना बंद कर दिया था और मेरी मदद करने की कोशिश कर रहा था। उसने मेरी मदद करने के लिए अलग-अलग तरीके अपनाकर देखे। ऐसी-ऐसी कहानियाँ सुनाईं, अपने ऐसे गोपनीय अनुभव सुनाए, जो उसने अपने पक्के दोस्तों से भी छुपाकर रखे थे; लेकिन मुझ पर कोई असर नहीं पड़ा। मैं देखकर हैरान था कि इतना सख्त

सीनियर किस तरह से मेरे लिए चिंतित है, मुझे सहारा दे रहा है, एक भाई की तरह मेरे साथ बरताव कर रहा है। मुझे ऐसा महसूस होने लगा था कि यह जगह मेरे लिए नहीं है। मैं इसके लायक ही नहीं हूँ। मैंने अपनी तरफ से पूरी कोशिश की थी, लेकिन एक मोड़ ऐसा आ ही गया, जब मेरे मन और शरीर दोनों ने हथियार डाल दिए। अब कुछ भी मेरे वश का नहीं रहा था।

अगले दिन, मैं सुबह पी.टी. के लिए नहीं गया। मैंने ऑफिस को भी अपने फैसले के बारे में बता दिया। उन्होंने मुझे सूचित किया कि वे हालात को समझते हैं और मेरे फैसले का सम्मान करते हैं; लेकिन मुझे जाने की मंजूरी देने से पहले कई काम थे, जिन्हें पूरा करने की जरूरत थी।

उन्होंने मुझे बताया कि मेरी समस्याओं को सुलझाने के लिए वे कुछेक चीजें आजमाना चाहते हैं और अगर उसके बाद भी सबकुछ ठीक नहीं हुआ तो मैं एन.डी.ए. से जाने के लिए आजाद हूँ। मुझे यह भी बता दिया गया कि आखिरी कोशिश अभी से शुरू की जाएगी। मैं अपने कमरे में चला गया। अब ट्रेनिंग में शामिल होने का कोई मतलब नहीं था। मैं कुछ देर बाहर बैठा रहा और अपने साथी कैडेट्स को ट्रेनिंग करते हुए देखता रहा।

वे सब खुश नजर आ रहे थे और होते भी क्यों न, दुनिया की सबसे मुश्किल ट्रेनिंग में वे डटे हुए थे। 'जरूर उन्हें अपने आप पर बहुत गर्व हो रहा होगा। उनके माता-पिता को भी अपने ऐसे होनहार बेटों पर नाज होगा।' मैंने अपने आप से कहा।

मैं खड़ा हुआ, एक पत्थर उठाया, आसमान की ओर देखा और जितनी ताकत लगा सकता था, उतनी ताकत से उसे ऊपर की ओर उछाल दिया। मेरी निराशा अब गुस्से में बदल चुकी थी। मैं अपने दु:खों के लिए भगवान् को दोष देने लगा। अपनी ताकत के हिसाब से मैंने सबकुछ करके देख लिया; लेकिन कुछ काम क्यों नहीं आया? मैं और कैडेट्स, जितना औसत कैडेट भी नहीं निकला। आँसू मेरे गालों से लुढ़क रहे थे और मैंने उन्हें रोकने या छुपाने की कोई कोशिश नहीं की। अब मैं अपने आप को यह कहकर और ज्यादा धोखा नहीं देना चाहता था कि एक दिन सबकुछ ठीक हो जाएगा।

'शायद, कभी भी कुछ ठीक नहीं होगा।' मैंने एक गहरी ठंडी साँस छोड़ते हुए सोचा।

'तो, शायद फेल होने पर ऐसा ही महसूस होता है।'

अचानक मुझे एक अजीब-सा अहसास हुआ। मैं उन सभी लोगों को याद

करने लगा, जो जिंदगी में कभी-न-कभी फेल हुए थे। उनके प्रति मन में एक गहरी सहानुभूति-सी उमड़ पड़ी। पड़ोस में रहनेवाला वह आठवीं कक्षा का बच्चा, जो फेल हो गया था। उसके माँ-बाप कितना गुस्सा हुए थे! हर किसी ने उसका मजाक उड़ाया; मैंने भी उसका मजाक उड़ाया था। एक रिश्तेदार थे, जिन्होंने नौकरी केवल इसलिए छोड़ दी थी कि वह काम का बोझ नहीं सँभाल पाए। मॉम की दोस्त, जिसने अपने शादीशुदा जीवन से तंग आकर आत्महत्या कर ली थी। किसी ने उनका दर्द नहीं समझा। हर कोई उन्हें सलाह देने में लगा रहता था। लोग कहते थे, 'मेहनत करो। तुम यह ठीक से नहीं कर पा रहे हो।'

हो सकता है कि उन्होंने बहुत मेहनत की हो और सब सही कर रहे हों; लेकिन इस बात से कोई फर्क नहीं पड़ता कि उन्होंने कितनी मेहनत की। बस, चीजें नहीं होनी थीं, सो नहीं हुईं। हो सकता है कि चीजों पर उनका नियंत्रण नहीं रहा हो, ठीक उसी तरह से, जैसे इस समय सबकुछ मेरे हाथों से निकल चुका है।

डिनर के बाद यावर, डेविड और मनु मेरे पास रुक गए। सोने जाने से पहले एक साथ बैठकर गप्पें मारना हमारे रुटीन में शामिल हो चुका था।

मैंने उन्हें अपने फैसले के बारे में बता दिया और यह भी कि अब इसके बाद आगे क्या होगा। उन्हें कोई बहुत ज्यादा हैरानी नहीं हुई। शायद उन्हें पहले से ही इसका अंदाजा रहा होगा, या फिर स्क्वाड्रन में खबर पहले ही फैल चुकी होगी। आमतौर पर, इस प्रकार की सूचना गोपनीय रखी जाती है और मैनेजमेंट को सख्त निर्देश दिए जाते हैं कि इसके बारे में कोई बात नहीं करनी है। हालाँकि, इस तरह की बातों को बहुत लंबे समय तक छुपाकर नहीं रखा जा सकता।

डेविड ने विषय बदल दिया और साथ बिताए समय के बारे में बातें करने लगा। बहुत से किस्से थे, बहुत सी कहानियाँ थीं, जिन्हें सुनकर मेरे चेहरे पर मुसकराहट आ गई। मैं केवल दो महीने से उन्हें जानता था, लेकिन ऐसा लगा कि ये दोस्त जिंदगी भर साथ रहेंगे।

हम सबने एक समझौता किया कि एक दिन हम सब एक महीने की छुट्टी लेकर, मिलकर एक-दूसरे के घर जाएँगे और उसके बाद एक सप्ताह गोवा में बिताएँगे। मैंने कहा कि हम दिल्ली और नोएडा को एक साथ कवर कर सकते हैं, क्योंकि वे दोनों ही बराबर-बराबर हैं। लेकिन मनु नहीं माना। वह यू.पी. के साथ अपना नाम नहीं जोड़ना चाहता था। खैर, जो भी हो। हमने आरकुट पर एक ग्रुप बनाने का फैसला किया, जिसमें केवल हम चारों रहेंगे और रवीना को इसमें जोड़ लेंगे।

उन सबको अपने-अपने कमरे में जाना था, क्योंकि अगले दिन सुबह की ट्रेनिंग थी। मैं अपने केबिन में एक बार फिर से अकेला था। मैं सच्चाई से समझौता कर चुका था और अगले कदम के बारे में सोच रहा था। सोचकर खुश था कि अपने परिवारवालों व दोस्तों से फिर से मिल सकूँगा।

अपने दिमाग में मैं बार-बार रिहर्सल कर रहा था कि लोगों को जाकर मैं क्या बताऊँगा। आर्मी और एकेडमी को मुझे हमेशा के लिए छोड़कर जाना पड़ेगा, यह सोचकर मैं भावुक हो रहा था।

बहुत ही भारी मन से मैंने उन दोनों को अलविदा कहा।

मैं मेस में रखी टेबल और कुरसी के बारे में सोचने लगा।

क्या मैंने हर किसी को निराश नहीं किया है? मेरे युद्धबंदी साथी और ड्यूटी से लापता हुए मेरे सैनिक भाई···मेरे हीरो, जिन्होंने देश के लिए सबकुछ बलिदान कर दिया।

उस रात नींद आँखों में आई ही नहीं। मैं सूनी आँखों से अँधेरे को ताकता रहा।

□

10

यह क्या था ?

मुझे यकीन ही नहीं हो रहा था कि छह महीने बीत चुके थे।

पहला टर्म कल ही खत्म होने वाला है। यह किसी सपने की तरह था। अभी कल ही की तो बात लग रही थी। अभी कुछ दिन पहले ही तो एकेडमी में भरती हुआ था। और दो महीने बाद ही मैंने लगभग घुटने टेक दिए थे। लेकिन नहीं, इसका श्रेय सभी दोस्तों और सीनियर्स की मेहनत को जाता है कि उन्होंने मुझे हार मानने से बचा लिया था। मैं खासतौर से दादी और ए.जी. का शुक्रगुजार हूँ। यह पूरा टर्म किसी रोलर कॉस्टर राइड की तरह रहा था। एक बात तो मैं पक्का कह सकता था—कुछ भी पाना बहुत आसान नहीं होता।

अभी भी मुझे वह एक हफ्ता याद है, जो मैंने दादी के पास बिताया था। मैंने अपने माँ-बाप से मिलने से इनकार कर दिया था। रोजाना मैं दस घंटे प्रैक्टिस कर रहा था। मैं जानता था कि अब बस, एक ही रास्ता है कि मुझे अपनी पूरी जान लगा देनी होगी, तभी मैं जिंदा रह पाऊँगा। मिड टर्म के बाद एकेडमी में भी जिंदगी बहुत आसान नहीं रही थी। मानसिक व शारीरिक रूप से फिर से अपनी ताकत हासिल करने के लिए मुझे और एक सप्ताह का समय लग गया। तैराकी के लिए भी मुझे नए सिरे से खुद को तैयार करना पड़ा। दो सप्ताह की कड़ी मेहनत और खून की तरह पसीना बहाने के बाद मैं पहली बार रिंग में उतरा और अपने प्रतिद्वंद्वी पर पहला वार करने के बाद मैं पूरे मुकाबले में मजबूती से खड़ा रहा। क्रॉस कंट्री को पूरा करने में भी एक महीने तक मेहनत करनी पड़ी।

इस बीच, मैंने यही सीखा कि जिंदगी में बेहतर करने का एक ही रास्ता है कि कल जो आप थे, उस बीते कल को आप को मारना पड़ता है। अब मुझे इस बात से कोई फर्क नहीं पड़ता था कि कितने कैडेट्स ने मुझसे पहले क्रॉस कंट्री पूरी की।

सच कहूँ तो अब खुद की तुलना दूसरों से करने में मेरी कोई रुचि नहीं रह गई थी। अब मेरा मुकाबला खुद से ही था। मैं बीते कल के मुकाबले आज और अधिक तेजी के साथ क्रॉस कंट्री रेस दौड़ना चाहता था।

मैं अपने खयालों में इतना खोया हुआ था कि मुझे ध्यान ही नहीं रहा, डेविड मुझे पुकार रहा था। मैंने मुड़कर देखा, डेविड डिनर टेबल पर मेरी बगल में बैठा था। उसने मुझसे कहा कि डिनर के बाद यावर के कमरे में मिलते हैं।

टर्म ब्रेक होने वाला था और हमें इसके लिए अपनी प्लानिंग करनी थी। अब पूरा एक महीना हमारा होगा और समय आ गया था कि हम अपने समझौते पर अमल करते। हम इस एक महीने में पाँच-पाँच दिन एक-दूसरे के घर पर बिताने वाले थे और एक हफ्ता गोवा में!

मेरा खाना खत्म ही होने वाला था, अचानक मेरी नजर खाली टेबल और उस पर झुकी कुरसी की ओर गई। ब्रेक में मुझे इसकी बहुत याद आएगी। इस टेबल को देखकर मैं यह मानने लगा था कि मेरे सैनिक भाई किसी-न-किसी रूप में मेस में हैं।

डिनर के बाद मैं यावर के कमरे की ओर बढ़ चला। पिछले एक महीने से हर रात हम अपने टर्म ब्रेक की प्लानिंग करने के लिए बैठते, लेकिन दुनिया-जहान की बातों में समय न जाने कैसे बीत जाता। हम परिवार, राजनीति, धर्म, लड़कियों, खेलों और एकेडमी की बातें करते। कुछ-न-कुछ ऐसा हो ही जाता कि ब्रेक की प्लानिंग अगले दिन के लिए खिसक जाती। इनसानी दिमाग वास्तव में बड़ी अजीब चीज है।

□

और आखिर ब्रेक शुरू हो गया। हम लोग अगली सुबह रवाना होने वाले थे और हम केवल यही प्लान कर पाए थे कि सबसे पहले दिल्ली चलते हैं। दिल्ली के लिए टिकटें बुक करवा दी गई थीं; लेकिन उसके बाद क्या करना है, यह सब अभी हवा में ही था।

मैं कमरे में घुसा। तीनों वहीं जमे हुए थे। मनु उन्हें कोई कहानी सुनाने में लगा था। मैंने उससे अपना किस्सा बंद करने को कहा। हम सारे प्लानिंग में लग गए। इस बात को सोचकर एक अलग ही रोमांच हो रहा था कि हम सब अपने-अपने परिवारों से मिलेंगे; लेकिन ट्रिप का यह तो रुटीन मामला था। इसमें कोई खास बात तो थी नहीं। माँ-बाप के साथ तो पिछले 18 साल से रह ही रहे थे। सबसे रोमांच तो गोवा को सोचकर आ रहा था। हमने अभी तक कोई बुकिंग नहीं की थी, लेकिन यह

पक्का था कि हम गोवा जाएँगे। हमेशा की तरह कोई प्लानिंग नहीं, बस, केवल इस बात पर ही सारी भसड़ मची थी कि दिल्ली में जाकर क्या-क्या खाना है। जाहिर सी बात है कि मनु दिल्ली में हमारा मेजबान भी होगा और गाइड भी। हमने बाकी ट्रिप की योजना ट्रेन में बनाई—दिल्ली जाते हुए।

अगले दिन सब लोग बहुत जल्दी उठ गए। सब इतने एक्साइटिड जो थे। मैंने कुछ कैडेट्स को कहते सुना कि वे तो सारी रात सो भी नहीं पाए। हर कोई किसी-न-किसी ग्रुप में खड़ा होकर गप्पें लगा रहा था। चर्चा का सबसे अहम मुद्दा थीं छुट्टियाँ। लोग अपने-अपने घरों को जाने को लेकर बातें कर रहे थे। कुछ अपने पैतृक गाँव भी जाने की सोच रहे थे। एक-दूसरे के घर भी जाने की प्लानिंग थी। कुछ लोगों ने मिलकर किसी 'कूल' जगह पर मस्ती करने का प्रोग्राम बना रखा था। कुल मिलाकर, माहौल किसी त्योहार जैसा लग रहा था। हर किसी के चेहरे पर खुशी झलक रही थी।

मेरे तीनों आलसी दोस्त अभी तक अपने दड़बों से नहीं निकले थे। मैं उनके इंतजार में था। हमेशा की तरह बंदा सबसे पहले तैयार हो चुका था। यावर ऐसे मामलों में हमेशा ही फिसड्डी रहता था। आर्मी में आकर उसके बाल तो छोटे हो गए थे, लेकिन उसका स्टाइल और नखरा अभी भी वही था।

एक तो वैसे ही सिर पर अब गिनती के बाल बचे थे, लेकिन उन्हें भी अपनी खोपड़ी पर सजाने में वह पूरे 15 मिनट रोज खर्च करता था। भगवान् जाने, अगर जुल्फें सही-सलामत रहतीं तो कितना समय लेता! उधर डेविड भी हमेशा एकदम टीच फिट होकर कमरे से निकलता था। वह शर्ट व पैंट को इस सलीके से पहनता था, मानो सीधे चर्च जा रहा हो। और मनु की तो पूछो ही मत। वह हमेशा लापरवाह अंदाज में तैयार होता। ज्यादातर जींस व टी-शर्ट पहनता—और इसमें समय ही कितना लगता है।

लो, इंतजार खत्म हुआ। मनु और डेविड तो आ गए, लेकिन यावर की सुस्ती से मुझे हमेशा की तरह ही चिढ़ हो रही थी। हमें अब निकल लेना चाहिए था। एकेडमी की बस हमें रेलवे स्टेशन तक छोड़ने के लिए तैयार खड़ी थी। लो, ये देखो, जनाब चले आ रहे हैं। ब्लैक टी-शर्ट और डेनिम जींस में वह कमाल लग रहा था। एकेडमी की ट्रेनिंग ने उसके चेहरे व नैन-नक्शों को और तराश दिया था। वह किसी भी दिन आराम से मॉडलिंग की दुनिया में कदम रख सकता था। वह अगर लड़की होता तो उसके साथ डेट पर जाने के लिए जान भी दे देता।

'यह तो कुछ ज्यादा ही हो गया।' मैंने अपने आप से कहा।

जैसे ही बस बिल्डिंग के सामने आकर रुकी, यावर भी पहुँच गया।

सभी तुरंत बस में जा बैठे और हम निकल पड़े। अभी बस चले दस मिनट भी नहीं हुए थे कि किसी ने बॉलीवुड गानों की तान छेड़ दी। बस, बाकी तो जैसे तैयार ही बैठे थे। और फिर, बस हमारे तानसेनों की सुरीली आवाज से गूँज उठी। इसके बाद का बाकी का बस का सफर और फिर दिल्ली तक रेल का सफर बहुत ही सुहाना रहा।

स्टेशन पर मनु के पापा और उसका भाई हम लोगों को लेने के लिए आए थे।

मनु ने अपने पापा के पैर छूने की कोशिश की, लेकिन उसके पापा ने उसे बीच में ही रोक लिया और हाथ मिलाया। वे उसे 'ऑफिसर' कहकर बुला रहे थे। मनु को अपने ही घर में खुद को इस तरह का आदर-सत्कार मिलते देखकर हैरानी हो रही थी।

इससे पहले तो उसकी घर में जो रगड़ाई होती थी, वही जानता था। यही कारण था कि उसने सेना में जाने का फैसला किया था। वह पढ़ाई में कभी भी अच्छा नहीं रहा था। उसके पापा ने उसका एक स्थानीय कॉलेज में दाखिला कराने का मन बना लिया था। इसका मतलब होता कि वह हमेशा के लिए दिल्ली में ही फँस जाता। ऐसे में, सेना ने ही उसकी जान बचाई।

अगले कुछ दिन हमारे कुछ खास नहीं रहे, न ही उनकी कुछ खास यादें हैं—बस खाना, सोना, उठना और फिर खाना। हम 10 बजे के आसपास उठते, मनु हमें अपने इलाके के किसी खास फूड पॉइंट पर ले जाता, उसके बाद लस्सी और आइसक्रीम का दौर चलता। घर आकर फिर से सो जाते।

लंच पंजाबियों की तरह काफी हैवी होता, जो कि उसकी मम्मी बनातीं। और पूरी शाम यही प्रोग्राम बनाते हुए बीत जाती कि डिनर कहाँ करना है। जाहिर सी बात है कि डिनर के बाद कुछ पीना-पिलाना भी चलता। और आखिर में, एक बढ़िया पान। बीच का खाली समय कोई भी नई रिलीज हुई फिल्म देखने में निकल जाता।

□

मनु की दादी की तबीयत ठीक नहीं चल रही थी, इसलिए हमने उनसे मिलने जाने का फैसला किया। वहाँ हमें फिर से लजीज, लेकिन हैवी खाना खाने को मिला। हम खाना खा ही रहे थे कि अचानक से दरवाजे की घंटी बजी।

हम चारों ठूस-ठूसकर खाने में लगे थे, अतः दादी माँ दरवाजा खोलने के

लिए गईं। कोई पीछे-पीछे उनके साथ आया। "लड़को, यह है मेरी पड़ोसन रवीना। मनु इसे अच्छी तरह जानता है।"

यावर, डेविड और मेरे हाथ से चम्मच छूट गया। हम बड़ी हैरानी के साथ रवीना को देख रहे थे।

वह एक प्यारी सी सुंदर महिला थी। वह एकदम वैसी ही थी, जैसा मनु ने बताया था।

रवीना मनु के पास बैठ गई। दादी हम लोगों को बता रही थीं कि जब से रवीना को मनु के आने के बारे में पता चला था, तब से ही वह उसके बारे में पूछे जा रही थी।

रवीना मनु से सवाल पूछ रही थी—वह कैसा है? एकेडमी में कैसा रहा और यही सब। दोनों के बीच बातचीत हो ही रही थी कि रवीना उसके कुछ और पास आ गई। दोनों मुसकरा रहे थे और उन्हें देखकर ही लग रहा था कि दोनों एक-दूसरे का संग-साथ पसंद करते हैं।

"ओह!" मनु की दादी को अचानक से कुछ जैसे याद आ गया, "मैं पूछना ही भूल गई थी। रवीना, क्या फिर से तुम्हें वे आवाजें सुनाई दीं? मुझे याद है, साल के यही दिन थे, जब तुम्हें छत से कुछ अजीब किस्म की आवाजें सुनाई देने लगी थीं। मनु कई बार तुम्हारे घर सोया था। उससे कुछ मदद मिली?"

"ओह, मनु ने काफी मदद की। कई बार तो वह पूरी रात जागता रहता था।" रवीना ने मुसकराकर मनु की ओर देखा। उसके बाद उसने मनु के कान में फुसफुसाकर कुछ कहा और चली गई।

इस बीच, हम सबने अपनी-अपनी प्लेट छोड़ दी और मनु को घूरना शुरू कर दिया, जो बड़े आराम से फिर से खाना खाने में जुट गया था। उसे पता ही नहीं चला या वह ये दिखावा कर रहा था कि उसे हमारे घूरने का पता ही नहीं है।

आखिरकार, जब मनु की दादी सीढ़ियों से ऊपर चली गईं तो डेविड ने खामोशी तोड़ते हुए कहा, "क्यों बेटा, यही है…"

"हाँ।" मनु का जवाब था।

इसके बाद फिर से एकदम सन्नाटा छा गया। इस बात ने ही हम तीनों को उत्तेजित कर दिया कि खूबसूरत रवीना वास्तव में है।

"हमने सोचा था कि तुम हमसे झूठ बोल रहे थे।" यावर फुसफुसाया।

"हो सकता है, मैंने झूठ बोला हो। हो सकता है कि कहानी के अंतिम हिस्से

के बारे में मैंने झूठ बोला हो। मामला वैसे खत्म न हुआ हो, जैसा मैंने बताया था।" मनु ने अंत में हमारी ओर देखते हुए कहा। उसने आँख मारी और हलके से मुसकरा दिया। फिर से उसका ध्यान प्लेट पर था। हम तीनों की भूख तो मर चुकी थी। डेविड 'एक्सक्यूज मी' कहते हुए उठा और बाथरूम चला गया। वह करीब 20 मिनट बाद आया। बाथरूम ब्रेक के लिए यह काफी लंबा समय था। आकर आराम से ऐसे बैठ गया, जैसे हमारी दबी हुई हँसी उसे सुनाई ही नहीं दे रही थी।

मनु के घर लौटते समय रास्ते में सब चुप थे। लगता था, हर कोई अपने खयालों में खोया हुआ था। मनु जरूर उन रातों के बारे में सोच रहा होगा, जो उसने रवीना के घर पर बिताई थीं। मैंने मन-ही-मन सोचा।

नहीं पता कि यावर और डेविड क्या सोच रहे थे; लेकिन इतना मुझे पक्का पता था कि उनके खयालों में भी कहीं-न-कहीं रवीना ही शामिल होगी।

□

पाँच दिन बाद ही हमने फैसला किया कि दिल्ली बहुत घूम लिये। हम लोग दिल्ली में इतना खा-पी चुके थे कि खाने के नाम से ही उबकाई होनी शुरू हो गई थी। मेरी तो यह हालत थी कि अगर किसी को 'छोले-भठूरे' कहते हुए भी सुन लूँ तो तुरंत उलटी हो जाएगी।

अगला पड़ाव नोएडा में मेरा घर था। डेविड, मनु और यावर यह देखकर हैरान रह गए कि हम लोगों को लेने के लिए पंद्रह लोग मेट्रो स्टेशन पर आए थे। पापा, दादी और मेरे कुछ चचेरे भाई-बहन भी आए थे। और कुछ लोग ऐसे भी थे, जिनसे मैं पहले कभी नहीं मिला था। घर पहुँचने पर हमारी हैरानी और बढ़ गई। ऐसा लग रहा था, मानो घर में कोई शादी हो रही है। एक बार फिर से मेरे पापा-मम्मी ने सबको न्योता देकर बुला लिया था, यहाँ तक कि दूर के रिश्तेदार भी पहुँचे हुए थे। हम लोगों को घर के दरवाजे पर ही रोक दिया गया। और जब तक कहा न जाए, तब तक हमें ऐसे ही दरवाजे पर खड़े रहना था। हमें समझ नहीं आया कि आखिर यह सब हो क्या रहा है? तभी देखा कि मॉम घर के भीतर से चली आ रही हैं। उनके हाथ में स्टील की एक बड़ी सी थाली थी। आँसू बस, उनकी आँखों से छलक पड़ना ही चाह रहे थे। उनके पीछे पंद्रह-बीस औरतें और थीं। मॉम के साथ-साथ वे सब भी रो रही थीं। मॉम ने बिल्कुल वैसे ही कपड़े पहन रखे थे, जैसे आपने हिंदी फिल्मों में माँओं को पहने देखा होगा। मॉम मेरे करीब आईं और बोलीं, "बेटा, तू आ गया?" सुनने में काफी अजीब-सा लगा, क्योंकि उन्हें दूर से ही साफ नजर

आ रहा था कि मैं काफी देर से आया हुआ हूँ। उन्होंने हमारे सामने थाली को घड़ी की सुइयों की दिशा में घुमाना शुरू कर दिया और साथ ही हमारे सिर के ऊपर से भी कुछ पानी जैसा छिड़का। उनके साथ खड़ी औरतों में से एक औरत ने मॉम का चेहरा अपनी हथेलियों के बीच लिया और बोली, "सुमन, आखिरकार तुम्हारा बेटा आ ही गया।" इससे मॉम और भी ज्यादा जोर से रोने लगीं। उसके बाद जैसे रोने की यह बीमारी औरों को भी लग गई। बाकी औरतों ने भी जोर-जोर से रोना शुरू कर दिया। बताने की जरूरत नहीं है कि हम सबकी उस समय क्या हालत हो रही होगी। हम हक्के-बक्के खड़े थे। हमें जैसे एक इशारा मिल गया और हम धीरे-धीरे मेरे कमरे की ओर बढ़ गए।

हमने यह दिखावा करने की कोशिश की कि हम बहुत थके हुए हैं। हम कुछ देर तक सोते रहे। फिर पापा ने ही आकर हमें जगाया।

"बच्चो, उठो और तैयार हो जाओ। अब जश्न मनाने का वक्त हो गया है!"

"जश्न, मतलब?" मैंने आधे-अधूरे मन से पूछा। हालाँकि, मुझे उनका जवाब पहले से ही पता था।

"एन.डी.ए. में तुम लोग पहला टर्म पूरा करके आए हो तो तुम्हारे सम्मान में हम लोगों ने एक पार्टी रखी है।" इतना कहने के साथ ही उन्होंने हमारे कंबल पकड़कर खींच लिये।

"पापा, इसके लिए पार्टी की क्या जरूरत है? ग्रेजुएट होने से पहले हमें पाँच और टर्म पूरे करने हैं।"

"बस! अब तुम लोग जल्दी करो। मेरे गाँव से लोगों की एक बस भरकर पहले ही आ चुकी है। तुम्हारी मॉम के गाँव से भी एक बस भरकर लोग आए हैं। सब लोग आ रहे हैं। हमने कुछ बड़े नेताओं को भी बुलाया है।" उनके चेहरे पर गर्व भरी मुसकान थी।

"मेरा बेटा अब आर्मी में है तो अब नेताओं से मिलना-जुलना आसान हो गया है।"

"सच में?"

"हाँ-हाँ, बेटा। इस समय हमारे देश में एक सैनिक से ज्यादा सम्मान किसी का नहीं है।" पापा लगातार बोले जा रहे थे, "जल्दी करो, हम लेट हो रहे हैं। तुम सब लोग अगले 30 मिनट में तैयार होकर नीचे बैठक में आ जाओ। मैं जाकर जरा तुम्हारी मम्मी और उनकी सहेलियों को शांत कराता हूँ। पहले ही दो घंटे बीत चुके

हैं, पता नहीं अभी भी क्यों रोए जा रही हैं!" उन्होंने आखिरी वाक्य बुदबुदाया और जल्दी से बाहर चले गए।

मुझे अपना बीता हुआ वह समय याद आ गया, जब मैं बिस्तर में आलसियों की तरह घुसा पड़ा रहता था और मॉम मुझे जगाने के लिए पापा को भेजती थीं। जिंदगी में पहली बार ऐसा हुआ था कि पापा ने मुझे इतनी इज्जत से सोते से जगाया था। कमरे से निकलते हुए पापा ने बताया कि मेरे स्कूल के सभी दोस्त पार्टी में आ रहे हैं।

अबे तेरे की! मैं तो उन्हें फोन करना ही भूल गया था! फोन उठाकर चेक किया तो देखा, उसमें मेरे स्कूल के दोस्तों के सैकड़ों मैसेज आए हुए थे। मैं सोच ही रहा था कि फोन न करने के लिए इन्हें क्या बहाना बताऊँगा कि उसी समय अनुराग का फोन आ गया। शैतान का नाम लो और शैतान हाजिर, किसी ने सही कहा है। वह काफी नाराज लग रहा था। उसने बाकी सभी दोस्तों की ओर से मुझे फोन किया था। एकेडमी में जाने के बाद से पिछले छह महीने में मैंने उन्हें एक बार भी फोन नहीं किया था और वे सब इसी बात से नाराज थे। अपनी शिकायत दर्ज कराने के लिए उन्होंने अनुराग को फोन करने के लिए कहा था। यह अलग बात थी कि उन्होंने मुझे खुद ही माफ भी कर दिया था और आज रात की पार्टी में वे आ रहे हैं। लेकिन साथ ही मुझे यह भी बता दिया गया कि अगर मैं खुद उन्हें फोन करके बुलाता तो उन्हें ज्यादा अच्छा लगता। अनुराग ने आखिर में कहा कि अगर यारों की टेबल के नीचे बोतल का भी इंतजाम रहे तो मजा आएगा।

□

'ओ तेरे की!' जैसे ही कमरे से बाहर निकले, दोनों जुड़वाँ शैतानों की आवाज कमरे से बाहर पोर्च तक आ रही थी। लग रहा था कि पार्टी शुरू हो चुकी थी। जैसाकि हमेशा ही होता आया है, बच्चों को लोगों ने रसोईघर से बैठक के बीच सामान लाने व ले जाने के काम में लगा रखा था। मैंने आगे बढ़कर सोफे पर बैठे अपने कुछ रिश्तेदारों को नमस्ते किया। उन्होंने सामान्य सा सवाल पूछा कि एकेडमी में मेरा कैसा चल रहा है ? लेकिन इससे पहले कि मैं उन्हें कोई जवाब दे पाता, वे अपने-अपने ग्रुप में अपने गप्पों में मशगूल हो चुके थे।

वे सब एक-दूसरे को चुटीले जॉक्स सुना रहे थे और हर कोई दाँत फाड़कर उन पर हँस रहा था। जैसे ही मैं वहाँ से चलने को हुआ तो किसी ने कहा, "बेटा, जरा देखना, घर में और आइस है क्या।"

छोटे बच्चे अधनंगी हालत में सीढ़ियों पर धमा-चौकड़ी मचा रहे थे। उनके माँ-बाप या तो पीने-पिलाने में मगन थे या फिर पार्टी के लिए तैयार हो रहे थे। मैंने देखा कि घर में औरतें हाथों में संतरे के जूस से भरा गिलास लिये घूम रही हैं। उनमें दादी भी शामिल थीं।

पापा बैठक में तेजी से भीतर-बाहर आ-जा रहे थे और फोन पर कैटरर से बहस कर रहे थे। मॉम और उनकी दोस्त तैयार होने में लगी थीं।

मैं घर से बाहर निकला, ताकि थोड़ी चैन की साँस ले सकूँ। देखता क्या हूँ कि पूरा मुहल्ला ही पार्टी के लिए तैयार होने में जुटा है। छोटी-छोटी लड़कियाँ राजकुमारियों की तरह सज-धजकर घूम रही थीं। अपनी सहेलियों के घर आना-जाना हो रहा था। गली के कई सारे अंकल तैयार होकर बाहर ही टहल रहे थे और राजनीति पर चर्चा करने में लगे थे। घर के भीतर उनकी बीवियाँ और बच्चे अभी तैयार हो ही रहे थे। कभी-कभी वे अपने हाथ पर बँधी घड़ियों पर नजर डाल रहे थे।

'कुछ चीजें कभी नहीं बदलतीं।' मैंने खुद से कहा। मैंने महसूस किया कि मेरे चेहरे पर एक मुसकराहट आकर ठहर गई है। मेरे घर में हर पार्टी की यही कहानी होती थी। इस बार भी यह कोई अलग बात नहीं थी। मॉम और पापा पार्टी की तैयारियों का जायजा लेने में लगे थे कि कहीं कोई कमी न रह जाए। हम पहले ही एक घंटा लेट हो चुके थे और जरूर अभी और एक घंटा लगेगा। पार्टी खत्म होते-होते पापा-मम्मी इतने थककर चूर हो जाएँगे कि हर बार की तरह कसम खाएँगे कि जिंदगी में अब कभी पार्टी नहीं करेंगे। वे तो हर बार यह कसम भी खाते थे कि अपने लड़कों की शादी में भी कोई पार्टी-वार्टी नहीं देंगे। लेकिन यह कहानी सालों से ऐसे ही दोहराई जाती रही है।

उसके बाद हर कोई उन्हें एक-एक करके फोन करता और उन्हें बताता कि पार्टी कितनी शानदार थी! यह कैसे संभव था कि केवल उन दोनों की वजह से ही पार्टी सफल होती थी। इसमें और भी बहुत लोगों की मेहनत लगती थी। खैर, यह अलग बात थी। और इसके बाद होता यह था कि मेरे मम्मी-पापा सेलिब्रेट करने का कोई और बहाना ढूँढ़ने में लग जाते। फोन की घंटी बजी और मैं अपने खयालों से बाहर निकल आया। शायद मेरे स्कूल के दोस्त आ गए थे। मैं उनसे मिलने के लिए मरा जा रहा था। उन्होंने फोन पर बताया कि वे मेरे घर के बाहर खड़े हैं। मैं उनसे मिलाने के लिए यावर, डेविड और मनु को साथ ले गया। ...और मैं उनके सामने खड़ा था। इसके बाद कई मिनट तो एक-दूसरे को गले लगाने, गालियाँ देने,

शिकायतें करने में ही निकल गए। मैंने उन्हें कितना याद किया था, यह सब मैं यहाँ नहीं बता सकता, क्योंकि एकेडमी के नियम बहुत सी बातों का खुलासा करने की अनुमति नहीं देते। मुझे यावर, मनु और डेविड को अपने दोस्तों से मिलाने की जरूरत नहीं पड़ी। दो मिनट के भीतर ही सब एक-दूसरे के दोस्त बन गए। कुछ देर बाद यह बता पाना मुश्किल था कि कौन मेरा एकेडमी का दोस्त है और कौन स्कूल का। मेरे स्कूल के दोस्तों के पास हम लोगों, यानी एकेडमी के कैडेट्स से पूछने के लिए ढेरों सवाल थे—मसलन हम कौन सी गन इस्तेमाल करते हैं? क्या हमने अभी तक कोई ग्रेनेड फेंका है? वहाँ की लड़कियाँ कैसी हैं? सवाल-जवाब का यह सिलसिला काफी देर चलता रहा। हमने कुछ देर बाद दिल्ली के अंदाज में मस्ती करने का फैसला किया, जो 'कार-ओ-बार' के नाम से काफी मशहूर है। दरअसल, यह कार में बैठकर पीने-पिलाने का मामला है। जब दारू सामने हो तो लौंडों में एक खास तरह का अपनापन अपने आप पैदा हो जाता है और यह काफी हैरान करनेवाली बात भी है। और सोने पर सुहागा यह था कि दोनों ओर के लड़कों का एक साझा दोस्त, यानी कि मैं था। शराब पीकर मैं थोड़ा भावुक हो जाता हूँ। मैं ट्रेनिंग के अपने शुरुआती संघर्ष के बारे में बताने लगा। मेरा यह सोचना कि उन्हें मुझसे सहानुभूति होगी, बहुत बड़ी गलतफहमी थी। कंधे पर हाथ रखकर हौसला बढ़ाना तो भूल ही जाओ, सालों को मेरी टाँग खींचने का इससे अच्छा मौका और कब मिलने वाला था! सबसे पहले मेरा स्कूल का दोस्त करण शुरू हो गया।

"यार, जब तूने एंट्रेस पास किया था, मुझे तो तभी यकीन नहीं हो रहा था। मेरा मतलब, तू तो बिना लड़खड़ाए अपने पैरों से एक मीटर तक नहीं दौड़ सकता।"

अब मनु को भी अपने दिल का गुबार निकालने का मौका मिल गया, "हाँ, तुम सही कह रहे हो। दौड़ की वजह से इसका तो एकेडमी से पत्ता ही कटने वाला था। वो तो शुक्र मनाओ, इसकी दादी ने गाँव से इसके लिए जो स्टेरॉयड भेजा था, उससे यह बच गया।"

सारे ठहाके लगाने लगे···सब—नए-पुराने सारे दोस्त। मुझे ऐसा लगा कि मेरी टाँग-खिंचाई में दोनों को बड़ा मजा आ रहा है।

बहती गंगा में सारे हाथ धोने में लग गए। अब अर्जुन की बारी थी, "तेरी तो साले टाँगें ही मुड़ी हुई हैं, फिर तूने ये सब किया कैसे?"

"इसकी टाँगें तो ऐसी हैं, जैसे बचपन में पोलियो हुआ हो। मुझे भी हैरानी हो रही थी।" अब ज्ञान बघारने की बारी यावर की थी।

"मुझे तो हैरानी इस बात की है कि इसका विकलांग कोटे में क्यों नहीं हुआ?"

मेरी हालत उनके बीच में फुटबॉल की तरह हो गई थी—एक किक इधर से तो दूसरी उधर से।

यह ट्रेनिंग वाला मामला छेड़ना ही मेरी सबसे बड़ी भूल थी।

हर बार की तरह पार्टी एकदम धमाल रही। बड़े-छोटे और बूढ़े-जवान से लेकर हर किसी ने पूरा एंज्वॉय किया। बच्चों ने भी अपना-अपना हुनर दिखाया छोटी बच्चियों ने बॉलीवुड गानों पर डांस किया। हर कोई डांस कर रहा था। पार्टी देर रात 2 बजे जाकर खत्म हुई। इसके बाद सब लोग अपने-अपने घर चले गए।

मैं काफी भावुक हो गया था—शायद यह उस शराब का असर था, जो मैंने गटकी थी।

मुझे वे दिन फिर से याद आने लगे, जब मैं एक तरह से एकेडमी छोड़ने के लिए अपना बोरिया-बिस्तर समेट चुका था। लेकिन न जाने अचानक से दादी कहाँ से आ गईं और उन्होंने मुझे बचा लिया।

दादी के सामने मैं अपना दुखड़ा रो ही रहा था कि उन्होंने मेरी ओर देखा और बोलीं, "ओह, अच्छा…तो तुम्हें ऐसा सपना आया कि इस मुश्किल घड़ी में मैं तुम्हारी मदद कर रही हूँ।"

मैंने हैरानी से उनकी ओर देखा। "नहीं, दादी, आप एकेडमी में मुझसे मिलने आई थीं, याद है? आपने मुझे बताया था कि कैसे आप अकेली आईं और कैसे पापा-मम्मी को साथ नहीं आने के लिए समझाया।"

लेकिन दादी तो मेरी ओर हैरानी भरी नजरों से देखती रहीं। उनके चेहरे पर परेशानी और भ्रम साफ नजर आ रहा था।

"अर्जुन, जब से तू गया है, मेरी तबीयत तो वैसे ही ठीक नहीं रहती। मैं तो घर से बाहर तक नहीं निकल पा रही थी और तू एन.डी.ए. आने की बात कर रहा है। आज भी मुझे उठाने के लिए दो लोगों को मदद करनी पड़ती है।"

"तो क्या आप कभी मुझसे मिलने नहीं आईं?" अब तक मेरे दोस्त भी इस पहेली को लेकर उलझ चुके थे। साथ ही, वे कुछ डरे हुए भी लग रहे थे। यह कोई सपना नहीं हो सकता। डेविड ने मुझे विजिटर्स रूम में जाते हुए और किसी से मिलते हुए देखा था।

मेरे रोंगटे खड़े हो गए और दिल की धड़कनें बढ़ गईं। बाकी सबके चेहरों पर

भी डर की परछाईं थी। "अगर आप मुझसे मिलने नहीं आई थीं तो कौन आया था? मेरा मतलब, मैंने इस तरह की कहानियाँ सुनी जरूर थीं, लेकिन कभी सपने में भी नहीं सोचा था कि ये मेरे साथ होगा।

"क्या वह भगवान् था, जो मुझे रास्ता दिखाने आया था? वह कौन था?"

दादी कुछ देर तक खामोश बैठी रहीं। शायद वे सोच रही थीं कि मेरे सवालों के क्या जवाब दें।

"एक बात बता अर्जुन, जिस स्त्री से तुम मिले थे, वह एकदम मेरे जैसी दिखती थी, ठीक? क्या उसने सफेद रंग का सूट पहन रखा था?"

मैंने 'हाँ' में सिर हिलाया।

"हूँ...उसके हाथ में कुछ सामान भी था...कोई बैग?"

"हाँ, एक काले रंग का बैग।"

यह सुनकर दादी का चेहरा लगभग पीला पड़ गया और उनकी आँखें डर के मारे फैल गईं, "हे भगवान्!"

तब मुझे समझ में आया। हम चारों एक-दूसरे के करीब खिसक आए और एक-दूसरे का हाथ पकड़ लिया।

हमारे दिल इतनी तेजी से धड़क रहे थे कि एक-दूसरे के दिल की धड़कनें सुनी जा सकती थीं।

अचानक दादी कुछ बुदबुदाईं। उन्होंने अपना सिर घड़ी की सुइयों की दिशा में घुमाना शुरू कर दिया और उनके बाल चेहरे पर फैल गए।

दादी पागलों की तरह हँसने लगीं। कमरे की लाइट चली गई। हम चारों बेड से उछल पड़े और चिल्लाने लगे।

हमने कमरे से निकल भागने की कोशिश की, लेकिन दरवाजा बंद था। अचानक लाइट आ गई। दादी बिस्तर पर पलटियाँ मार रही थीं और हँसे जा रही थीं।

"वह मैं थी, बुद्धू! और कौन तुझसे मिलने आएगा!" उन्होंने अपनी साँसों पर काबू पाते हुए कहा।

□

11

सबसे खूबसूरत महीना

अगला पड़ाव था कोच्चि। दिल्ली से काफी दूर होने के कारण हम लोगों ने फ्लाइट से जाने का फैसला किया। डेविड और उसके माता-पिता एक छोटे से गाँव चेल्लनाम में रहते हैं। यह गाँव कोच्चि शहर से 30 मिनट की दूरी पर है, जहाँ बस से पहुँचा जा सकता है। बस के सफर से ही हमें अंदाजा हो गया था कि हमारा यह हफ्ता कैसा गुजरने वाला है। यहाँ दिल्ली जैसी भीड़भाड़ नहीं थी और न ही थी दिल्ली की दमघोंटू हवा; न ही यहाँ गाजियाबाद जैसा ट्रैफिक था कि लोग एक-दूसरे से मिलने जाने के बजाय घर में ही बैठे रहना ज्यादा पसंद करते थे।

जैसे ही हम गाँव जानेवाली सड़क की ओर मुड़े तो ट्रैफिक और कम हो गया। चारों ओर की हरियाली को देखकर ऐसा लगा कि जिंदगी को फिर से पटरी पर लाने के लिए यहाँ आना बहुत जरूरी था। बस के सफर में कोई किसी से नहीं बोला। सब खिड़की से बाहर दूर-दूर तक फैली हरियाली को ही देखते रहे। तन की आँखें प्रकृति की इस खूबसूरती का रसपान कर रही थीं, तो मन की आँखें कहीं भीतर-ही-भीतर गहरे उतरती जा रही थीं, जहाँ केवल आत्मिक शांति थी, कोई कोलाहल नहीं था। इसे 'गॉड्स ओन कंट्री' यानी की 'देवताओं का देश' ऐसे ही नहीं कहा जाता। मौसम और माहौल का असर था कि मन भीतर-ही-भीतर प्रफुल्लित था। सोने पर सुहागा यह रहा कि हलकी-हलकी बारिश ने सारी प्रकृति को नहला दिया। प्रकृति मानो नए रूप में श्रृंगार कर सामने खड़ी थी। इसे जितना निहारो, उतना कम था। सालों बाद ताजा हवा की खुशबू नथनों में घुस रही थी। बरसों बाद मिट्टी की सोंधी-सोंधी महक को महसूस किया था। आँखें बंद कर बस, गहरी-गहरी साँसें ले रहा था। शुद्ध हवा और इस भीनी-भीनी खुशबू से खुद को सराबोर कर लेना चाहता था। अभी तक हम डेविड के घर नहीं पहुँचे थे; लेकिन उस क्षण ऐसा महसूस हो रहा था, मानो मेरा शरीर प्रकृति के साथ एकीकृत हो गया था। अचानक से बस रुक

गई। हम डेविड के गाँव पहुँच चुके थे। उसके पिता हम लोगों को लिवाने आए थे। डेविड अपने पिता के गले से लग गया और उन्होंने उसे अपनी बाँहों में भर लिया। डेविड ने अपनी माँ का हाल-चाल पूछा। उसके पापा ने हमें बताया कि डेविड की माँ घर पर उसकी पसंद का खाना बनाने में लगी हैं। वक्त यही कोई रात के 8 बजे का था, लेकिन आसपास कोई वाहन नजर नहीं आ रहा था। बस स्टैंड से डेविड के घर तक पहुँचने में मुश्किल से 10 मिनट लगे।

यावर और मनु ने इससे पहले कभी गाँव नहीं देखा था, लेकिन उन्हें यह बहुत पसंद आया।

“यह आ गया मेरा घर, पीलेवाला!” डेविड ने बच्चों की तरह खुश होते हुए कहा। घर कोई बहुत बड़ा नहीं था। लेकिन जिस जमीन पर घर बना था, वह बहुत बड़ी थी। घर के आसपास की जमीन इतनी ज्यादा थी कि चारों दिशाओं में चार क्रिकेट मैच खेले जा सकते थे। पॉम के कुछ पेड़ों को छोड़कर बाकी पूरी जमीन पर हरी-हरी घास उगी हुई थी।

सफेद और काले रंग की टाइलों से बनी लंबी सी पगडंडी पीले रंग के घर तक जा रही थी। लाल रंग की टाइलें घर की छत पर पिरामिड के आकार में सुघड़ता से लगाई गई थीं। देखने में यह किसी बड़ी सी झोंपड़ी जैसा लग रहा था। लाल रंग की छत इतनी बड़ी थी कि उसके आगे घर काफी छोटा सा नजर आ रहा था। हालाँकि, घर इतना छोटा नहीं था। छत के नीचे पीले रंग का घर था, जिसके दरवाजे और खिड़कियाँ काले रंग की थीं। इसका वास्तु-शिल्प और डिजाइन देखकर लगता था कि यह कोई ऐतिहासिक इमारत है, जिसका संरक्षण किया जाना चाहिए। लेकिन आसपास के सभी घर ऐसे ही थे। डेविड की माँ को हमारा ही इंतजार था और वे दरवाजे पर खड़ी थीं। डेविड बच्चे की तरह अपनी माँ से लिपट गया। हमें आदेश हुआ कि हाथ-मुँह धोकर खाना खाने के लिए तैयार हो जाएँ।

जमीन पर साफ-सुथरा पीले रंग का कपड़ा बिछा हुआ था और उसके ऊपर चार जगह केले के बड़े-बड़े पत्ते रखे हुए थे। हर पत्ते के पास नौ छोटी-छोटी कटोरियाँ रखी हुई थीं। हर कटोरी में एक अलग व्यंजन था। हरे पत्ते, रंग-बिरंगी खाने की चीजें और चावल के साथ पूरा भोजन इतना खूबसूरत व लजीज लग रहा था कि ऐसा भोजन मैंने न कभी देखा था और न ही कभी खाया था। उसका स्वाद तो लाजवाब था। मछली, चिकन करी, एगप्लांट और रसम—ये ही कुछ ऐसी डिश थीं, जिनके नाम मुझे याद रहे। हम लोगों ने ऐसे खाना खाया, जैसे कल का दिन आएगा

ही नहीं, और उसके बाद बारी थी सोने की। घर के पीछे के आँगन में छह बिस्तर लगाए गए थे। कुछ देर तक बिस्तर पर लेटे-लेटे हम लोग एक-दूसरे से बातें करते रहे, आसमान में देखते रहे, चाँद-तारों को निहारते रहे। उसके बाद जो नींद आई, ऐसी नींद शायद जन्नत में भी नसीब नहीं होती होगी। जिंदगी में पहली बार ऐसी मीठी नींद सोया था। अगले दिन, हम लोग गाँव के चर्च में गए और बाकी समय गाँव में इधर-उधर घूमते हुए बिताया। दिन के समय भी गाँव में इतनी शांति थी, जितनी दिल्ली में तड़के 3 बजे भी नहीं होती। गाँव की गलियों में मुश्किल से इक्का-दुक्का लोग नजर आ रहे थे और किसी को कोई जल्दी नहीं थी।

"गाँव के मुकाबले मुंबई के बारे में सोचो जरा।" यावर मजाक में बोला।

हम चाहे कहीं भी होते या कुछ भी कर रहे होते, हमारी एक नजर डेविड के घर पर जरूर लगी रहती। हम इंतजार करते रहते कि कब डेविड की माँ हमें खाने के लिए बुलाएँगी।

□

अगले दिन, हमने एलेप्पी बैक वाटर घूमने का प्लान बनाया। डेविड ने एक हाउसबोट का इंतजाम कर लिया था। यह तो सच में ही बोट के ऊपर घर बना था! मैं हैरानी से उसे देखता ही रह गया। उसके भीतर कुछ कमरे बने थे और उनके बाहर एक बरामदेनुमा जगह में कई कुरसियाँ व मेजें रखी थीं। हम हाउसबोट में सवार हो गए और वह चल पड़ी। डेविड ने ताजा फिश फ्राई के साथ ही ठंडी बीयर का भी बंदोबस्त कर रखा था।

हाउसबोट पानी में आगे बढ़ रही थी—पॉम के पेड़ों के पत्तों से टकराती। भरी-पूरी हरियाली फैली थी चारों ओर। आसपास के पेड़ों से चिड़ियों के गीत गूँज रहे थे। इससे ज्यादा और कुछ भी नहीं चाहिए था। वहीं पर लंच किया और बीयर को घूँट-घूँट पीया। हाउसबोट के डेक पर बैठे-बैठे शांत नीरवता को देखते-सुनते रहे। इस जन्नत की खूबसूरती को जितना हो सके, उतना आँखों में भर लेने को आतुर।... शब्द पीछे छूट गए थे...बस, हम थे और खामोशी।

डिनर के बाद हम हाउसबोट में ही सोए।

वह दिन हमेशा हमारी स्मृतियों में शेष रहेगा। कोई प्लानिंग नहीं थी, लेकिन उस एक दिन ने हमें वह सब दिया, जिसकी हमें शिद्दत से जरूरत थी—रुकने की, ठहरने की, अहसासों को महसूस करने की, जिंदगी को घूँट-घूँट पीने की...जिंदगी को लमहों में जीने की...क्या पाया और क्या खोया—आगे क्या पाना है?—ये सब

चिंताएँ पानी की लहरों में घुल गई थीं। बीते कल का गम करने लगो तो कोई अंत ही नहीं है और न ही भविष्य के सपनों की कोई सीमा है। लेकिन इस सब में वह छूट रहा था, जिसे 'अब और अभी' कहा जाता है।

अगले दिन, हमने हाउसबोट और उसके मालिक को अलविदा कहा।

नस-नस में ताजगी भरी थी। तन-मन दोनों हवा की तरह हलके हो चुके थे। हम फिर से दुनिया से टकराने के लिए तैयार थे।

अगले कुछ दिन केरल में घूमते हुए बीते और आप मेरा यकीन करिए, केरल में देखने के लिए इतना कुछ है कि आँखों में नहीं समाएगा। मनु और यावर इस बारे में चर्चा करने में लगे थे कि रिटायरमेंट के बाद वे कैसे केरल में बसना चाहते हैं! दोनों थोड़ी सी जमीन खरीदेंगे, अपना रेस्तराँ खोलेंगे और उसमें महाराष्ट्रियन, पंजाबी एवं केरल के व्यंजन परोसेंगे। उनका इरादा मेन्यू में बटर फिश और मक्खनी वड़ा पाव रखने का भी था। उन्होंने तो रेस्तराँ का नाम तक सोच लिया था—'महा-जब-आला'। इस नाम में खास बात यह थी कि यह तीनों राज्यों के नामों का मिश्रण था। मेरे हिसाब से इससे घटिया नाम और कोई नहीं हो सकता था; लेकिन मैं उन शेख-चिल्लियों के सपनों के गुब्बारे को पंक्चर नहीं करना चाहता था, इसलिए मैंने अपना मुँह बंद रखने का फैसला कर लिया। मुझे यह भी पक्का पता नहीं था कि वे अपने इस सपने को लेकर कितने सीरियस हैं, क्योंकि ऐसी ही बातें वे दिल्ली और गाजियाबाद में भी कर चुके थे।

डेविड के घर में हमारी यह आखिरी रात थी। हम सब उसके पापा के साथ घर के पिछवाड़े वाले आँगन में बैठे थे। डेविड के पापा हम सबको ब्रह्मचर्य की तमाम अच्छी बातें बताने में लगे थे। उनके हिसाब से, किसी भी इनसान के लिए जिंदगी में इससे अच्छी कोई चीज नहीं हो सकती। वे इस बारे में हमारे विचार सुनना चाहते थे। हमें समझ नहीं आ रहा था कि इस प्रकार के सवालों का जवाब कैसे दिया जाए! इसलिए हम चुप थे, सिवाय मनु के।

"अंकल, ब्रह्मचर्य को तो आप भूल जाइए। मैं तो हस्तमैथुन किए बिना दो दिन भी नहीं रह सकता।" इतना कहकर मनु ने बेतहाशा हँसना शुरू कर दिया। लग रहा था कि उसकी हँसी रुकेगी ही नहीं। वह यह भी जानना चाहता था कि क्या ब्रह्मचर्य में सपने में स्खलन सही है? मनु की हँसी के अलावा पूरे माहौल में खामोशी थी। इसी बीच, डेविड की माँ ने हम लोगों को डिनर के लिए आवाज लगाई तो हम सबने राहत की साँस ली।

इसके बाद, बारी थी हमारे आखिरी पड़ाव की। इसका हमें अरसे से इंतजार था और हम सीधे निकल पड़े—गोवा।

हमने गोवा में एक हफ्ते रहने की योजना बनाई थी; क्योंकि मनु, डेविड और मेरे लिए बीच पर यह पहला मौका था। यावर तो अपने परिवार, चचेरे भाई-बहनों और दोस्तों के साथ पहले भी कई बार बीच पर जा चुका था। यह तो जाहिर-सी बात है कि गोवा उसकी पसंदीदा जगह थी। हम लोगों को गोवा घुमाने और हमारा गाइड बनने की जिम्मेदारी यावर ने सँभाल ली थी। उसी ने हमें बताया कि अगर हमें कोई लड़की पसंद आ जाती है, खासतौर से विदेशी लड़की, तो हमें उससे बात करने में हिचकना नहीं है।

"गोवा में, तुम्हें नहीं पता, कब क्या मिल जाए।" उसने कहा।

यावर की इस सलाह से हमारे हौसले वैसे ही बुलंदी पर थे और हमारा उत्साह सातवें आसमान पर था। दोस्तों से हम लोगों ने भी काफी कुछ गोवा के बारे में सुन रखा था। टी.वी. पर भी देखा था। इसका असर यह हुआ था कि हमारे दिमाग में गोवा की एक ऐसी तसवीर थी कि वहाँ हर किसी के लिए मस्ती करने की गुंजाइश है।

गोवा में बागा बीच काफी लोकप्रिय है और हमने उसी के समीप एक अपार्टमेंट किराए पर ले लिया। हम दोपहर बाद करीब 3 बजे अपने कमरे में पहुँचे और उसके बाद थोड़ी देर झपकी लेने का फैसला किया। यावर ने हम लोगों को रात करीब 8 बजे जगाया—सभी जाग गए, सिवाय डेविड के, जो कि घोड़े बेचकर सोता है। काफी कोशिशों के बाद उसने आँखें खोलीं और घड़ी देखकर कुछ बुदबुदाया कि रात काफी हो गई है और इस समय कहीं जाने का कोई मतलब नहीं है।

"अब तक तो सबकुछ बंद हो चुका होगा। हम लोगों को अब सो जाना चाहिए, ताकि कल सुबह जल्दी उठकर सूर्योदय देख सकें।" इतना कहकर वह फिर से कंबल में मुँह छिपाकर लेट गया।

यावर जोर से हँसा, "गोवा अमेरिका के टाइम को फॉलो करता है, इंडियन टाइम को नहीं। मतलब यह कि सोकर उठने का यही समय है। अभी तो लोगों ने बाहर निकलना शुरू किया है।" यावर डेविड को बेड से उठाने के लिए उसके पिछवाड़े पर एक लात जमाने ही वाला था कि डेविड ने आँखें खोल दीं। उसे हैरानी भी हुई। हम लोग नहाए, अपने सबसे अच्छे कपड़े पहने, थोड़ा जैल-शैल लगाया, कुछ परफ्यूम छिड़का और अपनी किराए की बाइक लेकर निकल पड़े।

बीच पर क्या नजारा था! यावर ने एकदम सही कहा था, पार्टी तो अभी शुरू हुई थी।

"मुझे प्यास लगी है, पानी चाहिए।" मनु ने शिकायत की।

"यारो, प्लीज, हम गोवा में हैं। अगर प्यास लगी है तो बीयर पीओ। एक हफ्ते तक कोई पानी का नाम नहीं लेगा।" यावर के ये शब्द सलाह कम और चेतावनी ज्यादा लग रहे थे।

आह, गोवा! जैसे कि हर कोई कहता है, गोवा स्वर्ग है। एकदम सही बात। इस स्वर्ग में अलग-अलग देशों के फरिश्ते और हूरें घूम रही थीं। कुछ विदेशी लड़कियाँ आसपास इतने आराम से घूम रही थीं, जैसे कि वे यहीं पर रह रही हों। हमारे खून में जैसे-जैसे मदिरा समाती गई, वैसे-वैसे हमारा दिल रोमांच के लिए मचलने लगा। हमने यावर की ओर देखा। यावर समझ गया कि हमें बीच और बीयर से भी कुछ ज्यादा की जरूरत है। यह प्यास अब केवल बीयर से बुझने वाली नहीं थी।

उसने कुछ क्षण सोचा और बोला, "यहाँ एक जगह है, जहाँ एकदम कातिलाना पार्टियाँ होती हैं। यह जगह हर किसी को नहीं पता। हर किसी को वे आने भी नहीं देते हैं। मैं कुछ एक फोन करके देखता हूँ, फिर देखते हैं कि क्या हो सकता है!" उसने अपनी जेब से फोन निकाला और भीड़ से थोड़ी दूर जाकर बात करने लगा। कुछ मिनट बाद यावर लौटा और उसने बताया कि उसके चचेरे भाई का अभी फोन आएगा। वह हमें वहाँ भीतर भेजने के लिए कुछ इंतजाम करेगा।

हम बेसब्री से इंतजार कर रहे थे कि कुछ ही मिनट बाद उसका फोन बज उठा। किसी से कुछ देर बात करने के बाद यावर ने अपना फोन बंद कर दिया। उसके चेहरे पर कुछ निराशा झलक रही थी।

इससे पहले कि मैं आनेवाली अनहोनी का जरा भी अंदाजा लगा पाता, यावर अचानक मुसकराया, "मिशन सफल हो गया!" उसने कहा। उसके चेहरे पर शरारती मुसकराहट थी। वह हमारी बेचैनी देखकर खुश हो रहा था। हम लोगों ने एक-दूसरे को हाई-फाई दिया और एक-दूसरे को बाँहों में भर लिया। लेकिन उसने हमें पहले ही सावधान कर दिया कि वहाँ पुलिस की छापेमारी होती रहती है और अगर हम में से कोई पुलिस के हत्थे चढ़ गया तो उसकी कोई जिम्मेदारी नहीं होगी।

हमने इतनी दारू चढ़ा रखी थी कि हम खतरे का अंदाजा लगाने की हालत में नहीं थे। हम खुशी-खुशी राजी हो गए। यावर ने फिर से अपने चचेरे भाई को फोन किया और उस जगह का रास्ता नोट करने लगा। चूँकि वह जगह काफी दूर थी, इसलिए संभावना काफी थी कि वहाँ फोन काम नहीं करेगा। हम खुशी के मारे काँप रहे थे। हम कूदकर अपनी-अपनी बाइकों पर बैठे और जोरदार किक मारी।

बाइक चलाते-चलाते करीब 45 मिनट हो चुके थे। शायद हम मंजिल के करीब थे। जंगल घना होता जा रहा था और धीरे-धीरे इमारतें नजर आनी बंद हो गईं। कोई इक्का-दुक्का मकान नजर आ रहा था। इसके बाद था—सिर्फ और सिर्फ घना जंगल।

हमने अपनी बाइकें रोक दीं, इंजन बंद कर दिए। यह रास्ता हमें जंगल के बीचोबीच ले आया था। पार्टी को तो गोली मारो, यहाँ तो खामोशी इतनी गहरी थी कि अपनी साँसों की आवाज तक से डर लग रहा था। सीन किसी हॉरर फिल्म की तरह था; लेकिन दिक्कत यह थी कि फिल्म के किरदारों में हम खुद थे। माहौल को डरावना बनाने के लिए इतना ही काफी नहीं था। हमारे ठीक सामने एक टूटा हुआ सलीब था। कुछ देर बाद ऐसा लगा कि पास ही कुत्ते भौंक रहे हैं। सारा नशा सेकंड में काफूर हो गया। हमारी उत्तेजना, बेसब्री, पार्टी का मूड—सब खत्म हो चुका था।

"हमें लौट चलना चाहिए।" मैंने सुझाव दिया। मनु और डेविड ने भी 'हाँ' में सिर हिलाया।

लेकिन यावर इस तरह आगे बढ़ता रहा, जैसे उसने हमारी बात सुनी ही नहीं। उसके पीछे-पीछे चलने के सिवाय हमारे पास कोई रास्ता नहीं था।

यावर ने एक पेड़ के तने के सहारे अपनी बाइक टिका दी और हाथों से झाड़ियों को हटाते हुए जंगल में घुस गया। जंगल के बीचोबीच एक सँकरी पगडंडी थी। हम बुरी तरह घबराए हुए उसके पीछे-पीछे चल रहे थे। करीब 5 मिनट चलने के बाद हमें एक नाइट बल्ब नजर आया।

"यहाँ बल्ब कौन लगाएगा ?" डेविड ने सवाल किया। लेकिन किसी ने उसके सवाल का जवाब नहीं दिया।

जल्द ही हमें हलका म्यूजिक सुनाई देना शुरू हो गया। जैसे-जैसे हम आगे बढ़ते गए, बल्बों की संख्या बढ़ती गई और संगीत तेज होता चला गया। अचानक यावर रुक गया। हमें अपनी आँखों पर यकीन नहीं हुआ। एक खूबसूरत बीच हमारे सामने था, जिसके किनारे पर एक रेस्तराँ भी था। डांस फ्लोर, डीजे और करीब 200 लोगों की भीड़ वहाँ मस्ती कर रही थी। उन लोगों में देशी-विदेशी सब थे और वे सब ऐसे डांस कर रहे थे, जैसे आज की रात ही कयामत की रात है और कल सुबह नहीं होगी।

कुछ देर पहले का डर हमारे दिलों से गायब हो गया। भीड़ जोश में होश खोए बैठी थी और हम भी उनकी ओर बढ़ चले। आखिरकार, हम अपनी मंजिल पर पहुँच

ही गए थे। बीयर पीने और डांस करने का मजा तो अब आएगा! हम लोगों ने भीड़ में शामिल होने की कोशिश की। हमें यह देखकर हैरानी हुई कि लड़कियों को हमारे साथ डांस करने में कोई झिझक नहीं थी। हमारे लिए यह नई बात थी। तीन-चार घंटे डांस करने के बाद हमें यह अहसास हुआ कि लड़कियों को हमारे साथ डांस करने में कोई दिक्कत नहीं थी। लेकिन बात इससे आगे बढ़ ही नहीं रही थी। हमने एक किनारे बैठकर माहौल को एंजॉय करने का फैसला किया। यावर हालाँकि अभी भी डांस कर रहा था। लड़कियाँ उसके साथ डांस करने के लिए एक-दूसरे के साथ धक्का-मुक्की तक कर रही थीं। उनमें कुछ ऐसी होड़ मची थी कि वे यावर की निगाहों में चढ़ना चाहती थीं। हमें एक बात तो पक्का हो गई थी कि वे लड़कियाँ यावर के कमरे में जाने को भी तुरंत राजी हो जाएँगी। और फिर वैसे भी यावर के लिए यह कोई नई बात नहीं थी। कुछ देर बाद यावर के आसपास लड़कियों की भीड़ बढ़ गई; लेकिन वह उन सबको छोड़कर हमारे पास आकर बैठ गया। एक हिंदुस्तानी-सी लगनेवाली लड़की एकदम हम लोगों के सामने बैठी हुई थी। वह लंबी, खूबसूरत और परफेक्ट फिगर वाली थी। वह हमारी ओर देखकर कई बार मुसकराई भी। मैं तो उसे लेकर भविष्य के सपने तक देखने लगा था।

'प्यार और उसके बाद शादी। लेकिन शादी के लिए उसके माँ-बाप राजी नहीं होंगे, क्योंकि वह देखने से ही अमीर लग रही थी, जो कि मैं कहीं से नहीं था। लेकिन अगर शादी हो जाती है तो हम एक घर खरीदेंगे और दो-चार बच्चे पैदा करेंगे।' मैंने मन-ही-मन सोचा।

"गोवा में पता नहीं चलता है, कब क्या हो जाए!" यावर ने एक बार फिर कहा और उठकर लड़की की ओर बढ़ा। दोनों के बीच कुछ बातें हुईं और उसके बाद दोनों ने हमारी ओर देखा और जोर से हँसे। हमें समझ ही नहीं आया कि मामला क्या था। यावर लौटा।

"क्या हुआ? उसने तुम्हें ठुकरा दिया?" मनु ने सवाल किया।

"हाँ।" यावर ने जवाब दिया।

"गोवा में पता नहीं चलता है, कब क्या हो जाए।" मनु ने चिढ़ाते हुए कहा, "दिल्ली और यहाँ में कोई अंतर नहीं है। ठीक कह रहा हूँ न?"

"हाँ, अंतर है। उसे डेविड क्यूट लगा है और वह उससे बात करना चाहती है।"

हमें अपने कानों पर यकीन नहीं हुआ। डेविड तो बहुत नर्वस हो रहा था;

लेकिन हमारे बार-बार कहने पर उसने एक बार कोशिश करने का फैसला किया। यावर ने चिल्लाकर उसे जल्दी करने को कहा, लेकिन वह अपनी ही मस्त चाल से आगे बढ़ रहा था।

लड़की बीच की ओर मुँह किए खड़ी थी और क्षितिज को निहार रही थी। डेविड उसकी बगल में जाकर बैठ गया। दोनों के बीच में मुश्किल से 5 मिनट बातें हुई होंगी कि दोनों चालू हो गए। जल्द ही वे उठे और ऊँची-ऊँची चट्टानों के पीछे गायब हो गए।

मनु हमारी ओर मुड़ा और बोला, "ब्रह्मचर्य गया तेल लेने!"

हँसते-हँसते हमारे पेट में बल पड़ गए।

करीब आधे घंटे बाद डेविड चट्टानों के पीछे से नमूदार हुआ। उसके कपड़ों का हाल बेहाल था और वह बहुत ही अजीब तरीके से चल रहा था। मुझे अहसास हुआ कि उसकी चाल में एक अलग ही तरह का आत्मविश्वास था। जब गया था तो बड़ा हैरान-परेशान लग रहा था, जैसे कोई बच्चा हो; लेकिन लौटा तो चाल बदली हुई थी। अब उसकी चाल मर्दों वाली चाल थी। गोवा में अगले कुछ दिन ऐसे ही बीते। हम दोपहर के आसपास सोकर उठते, बीयर और खाने से दिन शुरू होता, शाम तक बीच पर लेटे रहते; सोते, जागते और फिर पार्टी के लिए तैयार हो जाते। दिल चाहता था कि मैं अपनी पूरी जिंदगी ऐसे ही गुजार दूँ। मनु और यावर यह फैसला करने में जुटे थे कि रेस्तराँ के हिसाब से दिल्ली, नोएडा और कोच्चि की तुलना में गोवा ज्यादा सही जगह रहेगी।

'अभी थोड़ा इंतजार करो, मुंबई बाकी है, दोस्तो।' मैंने मन-ही-मन सोचा और मुसकरा दिया।

गोवा से जाने का दिल तो नहीं था, लेकिन बड़े भारी मन से गोवा को अलविदा कहना पड़ा। हम जल्द ही फिर आएँगे, यह बात तो पक्की थी।

एकेडमी लौटने से पहले हमारा अगला और आखिरी पड़ाव मुंबई था। जैसे ही प्लेन ने मुंबई में लैंड किया, मुझे अहसास हुआ कि मैंने कभी यावर से यह नहीं पूछा था कि वह रहता कहाँ है। मुंबई के बारे में मेरा ज्ञान टी.वी. तक ही सीमित था। मैं केवल यह जानता था कि एक शहर है मुंबई, जहाँ अमीर लोग रहते हैं। मैं उससे कुछ पूछ पाता, उससे पहले ही मैंने एक आदमी को हाथ में 'यावर शाह' के नाम का प्लेकार्ड लिये खड़े देखा। उस आदमी ने साफ-सुथरे कपड़े पहने थे और दिखने में स्मार्ट था। मनु और मैंने एक-दूसरे की ओर देखा। यावर उस आदमी की ओर बढ़ा

और अपना बैग थमा दिया। उस आदमी के पीछे दो और आदमी थे, जिन्होंने हमारे बैग उठा लिये। हमें तो यह देखकर नवाबों वाली फीलिंग आ रही थी।

'वाह, हवाई अड्डे पर हमें लिवाने के लिए तीन आदमी आए हैं!' मैंने सोचा।

हम लोगों को लेने के लिए दो कारें भेजी गई थीं—एक बी.एम.डब्ल्यू. और एक मर्सिडीज। यावर भाई की क्या शान है! मुझे हमेशा से ही पता था कि यावर बहुत अमीर है, लेकिन कभी सपने में भी नहीं सोचा था कि वह इतना पैसेवाला है। यावर और मैं बी.एम.डब्ल्यू. में बैठ गए, जबकि मनु और डेविड मर्सिडीज में थे। उसके घर पहुँचने में हमें 45 मिनट लगे।

उसका घर बेहद पॉश इलाके में एक शानदार कॉम्प्लेक्स में एक अपार्टमेंट था। यावर के लोगों ने हमारा सामान उठाया और हम उनके पीछे-पीछे चल रहे थे।

लिफ्ट सीधे उसके घर में जाकर खुली। घर किसी मूवी सेट की तरह था। क्रीमी शेड का पेंट और घर में हर चीज बहुत महँगी व करीने से सजी हुई थी। घर में मौजूद लेडीज में से एक से उसने अपनी मॉम के बारे में पूछा। उसे बताया गया कि वे किसी चैरिटी इवेंट के लिए बाहर गई हैं। यावर हमें अपने कमरे में ले गया। वह एक औसत आकार का कमरा था, लेकिन उसमें एक-से-एक बेहतरीन सामान था। दीवारों पर तसवीरें टँगी थीं। हमने ध्यान से देखा तो पाया कि वे यावर की ही तसवीरें थीं, जो अलग-अलग देशों में खींची गई थीं। एक तसवीर में वह आइफिल टॉवर के पास खड़ा है। उस तसवीर में वह मुश्किल से पाँच साल का रहा होगा। एक फोटो उसकी स्टैच्यू ऑफ लिबर्टी के पास की थी। वहाँ दस तसवीरें थीं। इसका मतलब यह था कि वह कम-से-कम दस देश तो घूम ही चुका है।

"तुमने कभी बताया नहीं कि तुम इतने अमीर हो?" मनु ने हैरानी से सवाल किया।

"तुमने कभी पूछा ही नहीं।" यावर ने जवाब दिया और उछलकर बिस्तर पर बैठ गया।

"तुम कितने अमीर हो?" मनु की ऐसे असहज सवाल पूछने की आदत है। ऐसे सवाल कोई और पूछने की हिम्मत भी नहीं कर सकता।

"सही-सही नंबर तो मुझे नहीं मालूम, लेकिन करीब 500 करोड़ रुपए।" उसने लापरवाही से जवाब दिया। हमारी आँखें फटी-की-फटी रह गईं।

"तुम क्या इकलौते बेटे हो?" उत्सुकता के मारे मैंने पूछ लिया।

"हाँ, मेरी एक बड़ी बहन भी है—आलिया।" यावर ने दीवार पर एक तसवीर की ओर इशारा करते हुए कहा।

"जरा फिर से बताना, तुम सेना में क्यों आए हो?" डेविड ने तसवीर को काफी करीब से देखते हुए कहा।

"जिस वजह से तुम आए हो, मैं भी उसी वजह से सेना में आया हूँ।" यावर का जवाब था। उसने समुद्र की ओर खुलनेवाली खिड़की को खोलते हुए कहा।

"नहीं, हम तो सेना में इसलिए भरती हुए हैं कि हमें तो रोजी-रोटी कमानी है।" मनु ने तुरंत बीच में कहा।

"यह तो मुझे पक्का पता है कि तुम्हारे लिए रोजी-रोटी कमाने के और भी साधन रहे होंगे।" उसकी बात में दम था।

"तो ये बताओ, तुम तो देश की रक्षा करने में लगे हो, फिर ये तुम्हारे इतने बड़े कारोबार को कौन सँभालता है?" मनु ने सवाल किया। वह यावर की अलमारी खोलकर उसमें छानबीन करने में लगा था।

"आलिया ये सब काम करती है। वह अमेरिका की एक टॉप यूनिवर्सिटी से एम.बी.ए. किए हुए है। वह पहले ही दो बार 30 साल से कम उम्र की शीर्ष दस महिला एंटरप्रेन्योर में शामिल की जा चुकी है।" यावर ने जवाब दिया। उसकी आवाज में अपनी बहन का जिक्र करते हुए एक गर्व का भाव था।

"यार, मुझे भूख लगी है। कुछ खाना है। तुम्हारी मॉम तो यहाँ हैं नहीं। क्या तुम मेरे लिए कुछ बना सकते हो?" डेविड ने मनु की पूछताछ को बीच में ही रोकते हुए कहा। वह अपने पेट पर हाथ फिरा रहा था।

"तुम क्या खाना चाहते हो?" यावर ने बिस्तर पर आराम से टाँगें फैलाकर बैठते हुए कहा।

"यह तो इस बात पर निर्भर करता है कि घर में क्या है।" डेविड का जवाब था। उसने हमारी तरफ ऐसे देखा, मानो यावर ने कोई बेवकूफाना सवाल पूछ लिया हो।

"बताओ तो सही, तुम क्या खाना चाहते हो?"

"क्या से क्या मतलब? ये तो कोई बात नहीं हुई। मान लो, अगर मैंने किसी चीज का नाम लिया और उसका सामान घर में हो ही नहीं या तुम्हें वह चीज बनानी ही नहीं आती हो तो क्या करोगे?"

"हे भगवान्! तुम सिर्फ यह बताओ कि क्या खाना है?" यावर को अब हलका-सा गुस्सा आ रहा था।

यावर के जवाब को सुनकर हमें उसकी टाँग खींचने का सही मौका मिल गया।

"मुझे तो बटर चिकन, गार्लिक नान, छोले-भठूरे, छाछ और गुलाबजामुन चाहिए।" मनु ने अपने होंठों पर जीभ फेरते हुए अपनी लिस्ट बता दी।

"मुझे चाहिए फिश फ्राई, प्रान करी और डोसा।" डेविड भी शामिल हो गया।

"मैं चिकन फजीटा, पैनकेक विद मैपल सिरप और लाइम पाई सोच रहा हूँ।" मैंने भी तेजी से अपनी लिस्ट बता दी।

यावर ने इंटरकॉम पर एक बटन दबाया और सबका ऑर्डर दोहरा दिया। हम इंतजार कर ही रहे थे कि फोन पर दूसरी तरफ बैठा बंदा कहेगा कि ये सब नहीं मिल सकता; लेकिन हमें यह देखकर हैरानी हुई कि ऐसा कुछ नहीं हुआ।

"तुम्हारी बिल्डिंग में कोई सिलेब्रिटीज रहती हैं क्या?" मनु ने अगला सवाल उछाल दिया।

"देखो, यह इस बात से तय होता है कि तुम सिलेब्रिटी किसे मानते हो, मेरे दोस्त।" यावर ने थोड़ी कटीली मुसकान के साथ कहा, "इससे मुझे याद आया, अगर तुम्हें इस बिल्डिंग में कोई ऐसा इनसान दिखता है, जो तुम्हारे हिसाब से सिलेब्रिटी है तो प्लीज, उसे परेशान मत करना। हमारी सोसाइटी इस मामले में बहुत सख्त है।"

यावर ने एक अलमारी में से एक फोटो एलबम निकाली। उसमें यावर की बॉलीवुड की हर बड़ी-से-बड़ी सिलेब्रिटी के साथ खींची गई तसवीरें थीं। ऐक्टर, डायरेक्टर, प्रोड्यूसर—कोई भी बड़ा नाम लो और उसके साथ उसकी फोटो एलबम में हाजिर थी।

मनु पर तो उसकी बातों का जादू-सा असर हो रहा था।

उस रात यावर के परिवार के लोगों ने हमारे साथ डिनर किया। उसके पापा ने एक बहुत ही महँगी और दुर्लभ किस्म की स्कॉच हम लोगों के लिए निकाली। मजा ही आ गया।

अगले कुछ दिन तो जन्नत के नजारों की तरह बीते। सिर से पाँव तक लग्जरी में डूबे रहे। कार, फूड, ड्रिंक और सिलेब्रिटीज। मनु अपनी आदत से बाज नहीं आया और कई मौकों पर उसने यावर की झंड करवा ही दी। मुंबई में हमारा आखिरी दिन भी बीत गया। कुल मिलाकर, यह पूरा महीना ही बेहद शानदार रहा।

□

12

भाग अर्जुन, भाग

अगले पाँच टर्म एकेडमी में घड़ी की सुइयों की तरह भागते रहे और ऐसे ही समय कब निकल गया, पता ही नहीं चला। ट्रेनिंग, छुट्टियाँ और उसके बाद फिर से और ज्यादा ट्रेनिंग। तीसरा टर्म खत्म होते-होते एकेडमी की जिंदगी हमारी रोजमर्रा की जिंदगी बन चुकी थी। हमें जीने का कोई दूसरा तरीका आता ही नहीं था—कड़ी ट्रेनिंग और उसके बाद वैसी ही जबरदस्त मस्ती। हम लोगों को रविवार को बाहर जाने की इजाजत थी। और उसी दिन हम सब बाहर की दुनिया को देख सकते थे। कोर्स जैसे-जैसे आगे बढ़ता गया, एकेडमी में जिंदगी आसान लगने लगी। अब सजा कम मिलती थी और हमारे पास अपने लिए अब काफी समय बचने लगा था, या आप यह कह सकते हैं कि हम अपने लिए समय निकालना सीख गए थे। सीनियर्स सब दोस्त बन चुके थे। किसी भी बैच के ग्रेजुएशन का मतलब होता था कि हम अपने दोस्तों को खो रहे हैं; लेकिन सबके साथ ऐसी शानदार यादें थीं कि उनसे बिछुड़ना बुरा नहीं लगता था।

हमने अपनी छुट्टियाँ मनाने की परंपरा कभी नहीं तोड़ी; दिल्ली, नोएडा, कोच्चि, गोवा और मुंबई। दिल्ली में हमारा पूरा जोर खाने पर रहता था। मेरे घर में हमेशा एक पार्टी होती। कोच्चि हमारे लिए ऐसी जगह थी, जहाँ हम शांति से आत्मचिंतन करते थे। गोवा में तो पार्टी के सिवाय कुछ हो ही नहीं सकता था और उसके बाद मुंबई में पेज 3 वाले सारे एडवंचर हम करते थे। चारों परिवार हम सबको अपने परिवार जैसे ही लगने लगे थे। हमारे पापा-मम्मी भी आपस में दोस्त बन गए थे। वे भी हमारी तरह एक-दूसरे के घरों में आने-जाने लगे थे। एन.डी.ए. के बाद बारी आई इंडियन मिलिट्री एकेडमी : आई.एम.ए. की। आर्मी में कमीशंड ऑफिसर बनने से पहले हमें एक साल की और ट्रेनिंग करनी पड़ी। आई.एम.ए. में

भी जिंदगी एन.डी.ए. से कोई अलग नहीं थी। तब तक हम लोग कड़ी-से-कड़ी शारीरिक मेहनत के आदी हो चुके थे।

आखिर वह दिन आ ही गया, जिसका हमें इंतजार था। हमारी कड़ी मेहनत, समर्पण और जज्बे का परिणाम हमारे सामने था। यह वह दिन था, जब हम आर्मी में ऑफिसर बन गए। हम अब जेंटलमैन कैडेट भर नहीं रह गए थे, बल्कि देश की सेवा करनेवाले आर्मी ऑफिसर कहलाए जाने लगे थे। किसी भी आर्मी ऑफिसर और उसके परिवार की जिंदगी में यह सबसे खास दिन होता है। इस मौके पर आई.एम.ए. में एक दिन भर चलनेवाले समारोह का आयोजन किया गया, जो बहुत ही अद्‌भुत था। कमांडेंट और मुख्य अतिथि का भाषण हुआ। समारोह का समापन एक अभूतपूर्व घटना से हुआ, जिसमें हर कैडेट ने उस सीढ़ी को पार किया, जिसे 'अंतिम पग' कहा जाता है।

इसे 'अंतिम पग' नाम इसलिए दिया गया है, क्योंकि यह एक कैडेट के तौर पर हमारे जीवन का अंतिम कदम होता है और हमारी जिंदगी एक ऑफिसर के रूप में शुरू हो जाती है। यह किशोरावस्था से निकलकर एक पूर्ण पुरुष बनने की भी शुरुआत मानी जाती है। इन सीढ़ियों की ओर बढ़ते हुए मेरे शरीर में एक रोमांच और झुरझुरी-सी पैदा हुई। हर कदम बहुत खास लग रहा था। खास इसलिए, क्योंकि हमने यहाँ तक पहुँचने के लिए बहुत मेहनत की थी। जेंटलमैन कैडेट के बीच आपको अपनी जगह बनानी होती है। यह समारोह इसलिए भी बेहद खास हो गया था, क्योंकि इसमें परिवार के लोग भी शामिल हुए थे। मॉम, पापा और दादी। करण, मेरा भाई इसमें शामिल नहीं हो सका। वह हिंदुस्तान नहीं आ पाया था। मुझे उस दिन उसकी बहुत याद आई। यावर, मनु और डेविड के घरवाले भी वहाँ पर थे। अपने मम्मी-पापा की आँखों में मैंने गर्वानुभूति की वह चमक देखी, जिसने उनका सिर ऊँचा कर दिया था। एक बार औपचारिक समारोह खत्म होने के बाद अब समय था असली जश्न मनाने का। हर ओर कैडेट्स नजर आ रहे थे—कुछ डांस कर रहे थे, कुछ एक-दूसरे के गले मिल रहे थे, कुछ रो रहे थे। कुल मिलाकर, सब लोग काफी भावुक हो गए थे। चारों ओर इतना शोर था कि कुछ भी सुन पाना मुश्किल हो रहा था। हम अपनी टोपियाँ हवा में उछाल रहे थे, पुशअप्स कर रहे थे, गा रहे थे। उस वक्त हम जिन भावनाओं में डूब-उतरा रहे थे, उन्हें यहाँ शब्दों में बयान ही नहीं किया जा सकता। किसी भी कैडेट के माँ-बाप ऐसे नहीं थे, जिनकी आँखों से आँसू न बह रहे हों। हर कैडेट के भीतर भी एक अलग ही तरह की उदासी थी।

एकेडमी में जिंदगी खत्म हो चुकी थी। हमें एक-दूसरे को 'गुडबाय' कहना था। पता नहीं अब कब मिलेंगे। अब कोई टर्म ब्रेक नहीं होगा। अब फिर से दिल्ली, नोएडा, कोच्चि, गोवा और मुंबई की मस्ती नहीं होगी।

एक बार रेजीमेंट ज्वॉइन करने के बाद आपकी छुट्टियाँ इस बात से तय होती हैं कि आप कौन सी रेजीमेंट में जाते हैं। आर्मी में छुट्टियाँ मिलना काफी मुश्किल होता है। ऐसे में, दोस्तों के साथ वही पुरानेवाला वक्त तो आने से रहा।

जिंदगी में इससे पहले ऐसी मुश्किल घड़ी का सामना पहले कभी नहीं किया था; यावर, डेविड और मनु को बाय कहना पड़ रहा था। एक-दूसरे को अलविदा कहने से पहले हमने करीब घंटा भर एक साथ गुजारा, बैठकर बातें कीं और जब भी संभव हो, मिलने का वादा किया। एक-दूसरे को यह तसल्ली भी दी कि हो सकता है कि कभी चारों एक ही जगह पोस्टेड हों। मनु और यावर का रिटायरमेंट के बाद रेस्तराँ खोलने का प्लान पूरा नहीं हो पाया। जगह ही तय नहीं कर पाए।

हमने भारी मन से एक-दूसरे को गले लगाया और अपने-अपने घरों को चल दिए।

□

15 दिनों के ब्रेक के बाद मेरी पहली पोस्टिंग नागालैंड में थी।

पहले कुछ सप्ताह थोड़े खराब बीते। मैं खुद को एक नई जिंदगी में ढालने की कोशिश कर रहा था। अगले कुछ महीनों में मेरे नए दोस्त बन गए। हालाँकि, मुझे डेविड, मनु और यावर की बहुत याद सताती थी; लेकिन नए दोस्तों के साथ बाद में जिंदगी थोड़ी आसान हो गई। और इससे पहले कि मुझे पता चलता, एक साल ऐसे ही पलक झपकते बीत गया।

एक दिन मुझे और कुछ साथी ऑफिसर्स को एक जरूरी मीटिंग के लिए बुलाया गया। जब हम लोग मीटिंग रूम में पहुँचे तो बताया गया कि बेहद जरूरी मामला है—आतंकवादियों के एक गुट ने सेना के एक मुखबिर का अपहरण कर लिया है। वे लोग फिरौती की भारी रकम के साथ ही अपने कुछ लोगों की रिहाई की माँग कर रहे थे। हमें यह भी बताया गया कि सरकार और सेना दोनों घटना पर कड़ी नजर रख रहे हैं। मेजर रेड्डी, जो इस मामले को देख रहे थे, को यह जिम्मेदारी सौंपी गई कि हमें घटना के बारे में सूचित किया जाए। करीब एक घंटे तक इंतजार करते रहे। उसके बाद हमें एक बड़े से कमरे में बुलाया गया। कई ऑफिसर इस संकट के बारे में बात कर रहे थे।

बड़ी सी कॉन्फ्रेंस टेबल पर एक नक्शा बड़ी सफाई से बिछाया हुआ था।

"हम बचाव अभियान पर विचार कर रहे हैं और तुम पाँच जनों को इसके लिए चुना गया है। मैं भी मिशन में रहूँगा।" मेजर रेड्डी ने नक्शे की ओर हम लोगों का ध्यान आकर्षित करते हुए कहा।

मुझे अपने दिल की धड़कन बढ़ती हुई-सी महसूस होने लगी। मेरे पूरे शरीर में रोमांच की एक लहर दौड़ गई—मेरा सपना पूरा होने जा रहा था। एक सैनिक इसी दिन के इंतजार में तो रहता है। इसी के लिए तो सारी मेहनत की जाती है। मेजर रेड्डी ने हम लोगों को मिशन की बारीकियाँ समझाना शुरू कर दिया।

"यह इलाका है। इसमें आतंकवादी हथियारों की आपूर्ति के लिए मुख्य रूप से बिचौलियों पर निर्भर रहते हैं; हथियार हासिल करने के लिए इनके पास इससे आसान रास्ता और कोई नहीं होता। इन बिचौलियों पर भरोसा करने में इन्हें कुछ समय लगता है। भरोसा होने के बाद ही ये उनसे बातचीत शुरू करते हैं। जब आतंकवादी बिचौलिए पर भरोसा कर लेते हैं तो क्या होता है ? उसके बाद ये उसके साथ दारू पीते हैं और वे जानकारियाँ साझा करते हैं, जो इन्हें नहीं करनी चाहिए। हम अपने पूर्व ऑफिसर या किसी ऑफिसर को बिचौलिए के वेश में इनके पास भेजते हैं। वे लोग आतंकवादियों के साथ सौदा करते हैं और इस तरह वे हमारे पुख्ता मुखबिर बन जाते हैं। इस मामले में निशाना वह व्यक्ति है, जो काफी लंबे समय से आर्मी के साथ रहा है। वह यह साबित कर चुका है कि उसकी उपयोगिता बहुत है और वह मुखबिर है। उस मुखबिर ने कई अपराधियों को पकड़वाने और कई आतंकवादी ऑपरेशन को विफल करने में मदद की है।

"इतनी सी बात नहीं है। सेना में कुछ ऑफिसर्स के साथ उसके काफी करीबी संबंध रहे हैं, इसलिए वह हमारे बारे में काफी कुछ जानकारी रखता है। हमारी लोकेशन, स्ट्रेटजी, हमारे टारगेट और उससे भी बड़ी बात है कि उसे आतंकवादियों के गुट में हमारे मुखबिरों के बारे में भी पता है। उसकी बीवी कई बार फोन करके धमकी दे चुकी है कि वह सारी जानकारी सार्वजनिक कर देगी, जो उसे पता है। हमें अभी तक यह पक्का पता नहीं है कि आतंकवादियों को उसकी पहचान का खुलासा कैसे हुआ; लेकिन अब उन्होंने उसे अगवा कर लिया है और अपनी माँगों को लेकर दबाव बना रहे हैं। आर्मी उसकी रिहाई के लिए सौदेबाजी करने में जुटी है, लेकिन आतंकवादी मानने को ही तैयार नहीं हैं।

"अभी शाम के 5 बजे हैं। हमारी योजना यह है कि उनसे सौदेबाजी जारी

रखी जाए और अगर जरूरत पड़ती है तो रात में हमला किया जाए। कुछ सीनियर ऑफिसर आतंकवादियों के साथ बातचीत जारी रखेंगे और तुम पाँच तथा मैं—हम बचाव ऑपरेशन की योजना बनाएँगे और उसे अंजाम देंगे।" मेजर रेड्डी ने हम लोगों को समझाया।

पहली टीम कमरे से तुरंत बाहर चली गई। मेजर रेड्डी ने नक्शे की ओर देखा और फिर से बोलना शुरू कर दिया।

"ऑल राइट मैन। ये है वो जानकारी, जो हमें अभी तक अपने मुखबिरों से मिली है। हमें यह पता है कि उन्होंने हमारे टारगेट को इस पहाड़ी पर एक सुनसान घर में छुपाकर रखा हुआ है।" मेजर रेड्डी ने नक्शे पर एक जगह की ओर इशारा करते हुए कहा।

"आतंकवादियों को यह चिंता हो सकती है कि अगर वे जंगल में छुपते हैं तो सेना के लिए उन पर घात लगाकर हमला करना आसान होगा; इसलिए उन्होंने पहाड़ी को चुना। पहाड़ी पर कोई पेड़ या झाड़ियाँ नहीं हैं, इसलिए पहाड़ी पर ऊपर की ओर चढ़ते किसी भी आदमी को आसानी से देखा जा सकता है। मकान एकदम पहाड़ी के ऊपर है। इसका मतलब यह है कि उन्हें किसी भी दिशा से आता हुआ आदमी बहुत अच्छी तरह से दिख जाएगा। इस मकान में कोई खिड़की नहीं है। इसमें केवल एक दरवाजा है। ऐसे में, मकान के भीतर कितने लोग हैं, वे कहाँ बैठे हैं, इन सब बातों का अंदाजा लगाना बड़ा मुश्किल है। हमें यह तो पता है कि मकान के चारों ओर चार दिशाओं में चार लोग निगरानी कर रहे हैं, इसलिए इन्हें मारे बिना मकान तक पहुँचना असंभव है।"

"स्नाइपर्स! क्या हम स्नाइपर्स के जरिए मकान के बाहर के चार आतंकवादियों को काबू करके मकान में नहीं घुस सकते?" एक ऑफिसर ने सवाल किया।

मेजर रेड्डी परेशान नजर आ रहे थे।

"पहाड़ी उत्तर और पश्चिम में नदी से घिरी हुई है। उन दोनों ओर के पहरेदारों की साफ तसवीर पाने के लिए स्नाइपर को नदी के दूसरी ओर की पहाड़ी के ऊपर होना पड़ेगा। इससे दूरी बहुत ज्यादा हो जाएगी।

"जितनी दूरी ज्यादा होगी, उतना ही निशाना चूकने का खतरा रहेगा। कोई भी गोली दीवार से टकराएगी और तेज आवाज करेगी। हम यह खतरा नहीं उठा सकते।" मेजर रेड्डी ने कहा। वह काफी परेशान नजर आ रहे थे। कमरे में खामोशी छा गई। मैंने एक सवाल पूछने का फैसला किया, "रात में क्यों नहीं?"

"एक्सक्यूज मी! फिर से कहना?" मेजर रेड्डी ने सवाल किया।

"रात में वे चौकन्ने होंगे। और वे पहाड़ी की चोटी पर हैं और उनके पास जरूर रात में देखनेवाले कुछ चश्मे भी होंगे। हम छुप नहीं सकते। इसलिए रात में हमला करने से कोई फायदा नहीं होने वाला। क्यों न हम तड़के-तड़के मिशन को अंजाम दें, क्योंकि उस समय वे थोड़ा आराम कर रहे होंगे और उन्हें उस समय हमले की उम्मीद भी नहीं होगी!" मैंने बड़े शांत भाव से कहा।

"इससे भी समस्या हल नहीं होगी। चारों पहरेदार चारों दिशाओं में हैं। अगर हमने दो को भी मार गिराया तो बाकी दो को हमले का पता चल जाएगा, क्योंकि वे लगातार एक-दूसरे से बात करते रहते हैं।" मेजर ने जवाब दिया।

"जिस मुखबिर ने आपको उनकी लोकेशन की सूचना दी है, क्या वह आतंकवादियों को जानता है? अगर जानता है तो एक रास्ता हो सकता है।" मैंने नक्शे को देखते हुए कहा।

"पता लगाता हूँ।" मेजर रेड्डी ने अपने मुखबिर इनाका को फोन लगाया और मुझे उससे बात करने को कहा।

"तो इनाका, इनमें से कितने लोगों को तुम जानते हो और कितना करीब से जानते हो?" मैंने सवाल किया।

"मैं एक आदमी को जानता हूँ, जो कि उसी संगठन का है, जिसने आपके बंदे को बंधक बनाया हुआ है।" उसने जवाब दिया।

"क्या तुम उसे बहुत अच्छे से जानते हो? क्या तुम्हारी उससे फोन पर बात होती है?"

"नहीं। मेरे पास उसका नंबर है, लेकिन उससे कभी बात नहीं की। हालाँकि, वॉट्सएप के जरिए मैंने उसे कई बार मैसेज जरूर भेजे हैं।"

"ये हुई ना बात! मेजर रेड्डी, क्या इस समय हमारा कोई बंदा आतंकवादियों के पहरेदारों पर नजर रख रहा है?"

"हाँ, हमारी एक टीम उन पर नजर रखे हुए है।" मेजर ने जवाब दिया।

"क्या आप उन्हें फोन पर लेकर कह सकते हैं कि वे घर पर नजर रखें?" मैंने उनसे अपील की।

"क्यों नहीं!" मेजर रेड्डी ने टीम से फोन पर बात की। हमने टीम से कहा कि वे उस घर पर कड़ी नजर रखें। जयराज नाम का एक ऑफिसर निगरानी टीम की कमान सँभाल रहा था।

"इनाका, तुम वॉट्सएप पर अपने उस दोस्त को कोई जोक भेज सकते हो? जोक ऐसा हो, जो वास्तव में मजेदार हो, ओ.के.?"

"जी, जरूर।" उसने जवाब दिया।

इनाका ने स्थानीय भाषा में कुछ भेजा। कमरे में मौजूद सब लोग मेरी ओर देख रहे थे। हर एक की निगाहों में सवाल थे। मैंने उनकी निगाहों में तैर रहे सवालों पर कोई ध्यान नहीं दिया। मैं उस पर ध्यान दे रहा था, जो मुझे चाहिए था। पाँच मिनट बाद जयराज बोला, "कुछ हुआ है। उन सभी ने अपने-अपने फोन एक ही समय पर निकाले, फोन में कुछ देखा और हँसना शुरू कर दिया। ऐसा लगा कि वे दो मिनट तक उसी के बारे में बात करते रहे और उसके बाद अपने-अपने फोन अपनी-अपनी जेबों में रख लिये।"

"यस! तो अभी जो हुआ, वह आप सबने सुना। जब इनाका ने उनमें से एक को जोक भेजा तो आतंकवादी ने बाकी लोगों को वह जोक भेजा। इस मैसेज ने 30 सेकंड के लिए उनका ध्यान बँटाया। इनाका अगले दो घंटे में उन्हें दो और जोक्स भेजेगा। अगर जोक्स पहरेदारों के पास पहुँच जाते हैं तो एक सिस्टम बन जाएगा। जब वे मैसेज चेक करते हैं तो एक-दूसरे से बात नहीं करते। रात के समय वे सबसे ज्यादा चौकन्ने होते हैं और उस समय वे मैसेज न तो भेजेंगे और न ही चेक करेंगे। लेकिन सुबह के समय वे थोड़ा आराम के मूड में होते हैं। अगर हम उस समय मैसेज भेजें तो मुझे पक्का यकीन है कि चारों-के-चारों उन मैसेजेस को अपने-अपने फोन में चेक करेंगे। अगर हमारे स्नाइपर दक्षिण और पूर्व की ओर दो-दो पहरेदारों को काबू कर लें तो हमारे पास उस मकान तक पहुँचने का मौका होगा।" मैंने अपनी योजना समझाई।

"लेकिन पहाड़ी पर चढ़ने के लिए 30 सेकंड का समय बहुत कम है; हमें कम-से-कम 3 मिनट चाहिए।" एक ऑफिसर ने चिंता जताते हुए जवाब दिया।

"इसीलिए इनाका एक वीडियो और एक जोक भेजेगा। वीडियो क्लिप इतनी जबरदस्त होगी कि इनाका के दोस्त उसे एक-दूसरे के साथ शेयर करने से खुद को रोक नहीं पाएँगे। यह पूरे पाँच मिनट का वीडियो होगा, जिसे वे बीच में छोड़ ही नहीं पाएँगे।" मैंने कहा।

"हमें ऐसी जबरदस्त क्लिप मिलेगी कहाँ से? और अगर उन्होंने वह क्लिप पहले से ही देखी हुई होगी तो? ऐसे में पूरा प्लान चौपट हो सकता है।" एक दूसरे ऑफिसर ने कहा।

“यह पहले से चल रही क्लिप नहीं होगी। हमें सुबह होने से पहले कोई क्लिप बनानी होगी। नागालैंड की सबसे लोकप्रिय मॉडल कौन है?” मैंने सवाल किया।

“कैथलीन। वह नागालैंड में काफी लोकप्रिय है। मैंने सुना है कि वह जल्द ही बॉलीवुड में भी जाने वाली है।” इनाका ने जवाब दिया। उसकी आवाज में काफी उत्साह था।

फैसला किया गया कि सीनियर ऑफिसर राज्य सरकार के सहयोग से इस मॉडल कैथलीन तक पहुँचेंगे और वीडियो बनाया जाएगा। इस काम में काफी मेहनत करनी पड़ी। शुरू में मॉडल काफी डर रही थी, लेकिन जब उसे बताया गया कि कपड़े नहीं उतारने पड़ेंगे, बल्कि कपड़े उतारने का केवल दिखावा करना पड़ेगा, तो वह राजी हो गई।

“वीडियो की शुरुआत यह कहते हुए करो कि तुम उन्हें पाँच मिनट परेशान करोगी और उसके बाद यह कहते हुए वीडियो खत्म करना है कि यह केवल एक मजाक था।” यह वीडियो किसी और को नहीं, केवल उन आतंकवादियों को ही दिखाई देगा। और अगर सबकुछ योजना के मुताबिक रहा तो अगले कुछ ही घंटों में वे मर चुके होंगे।

वीडियो तैयार हो गया। यह पाँच मिनट का वीडियो था। इस बीच जयराज और उसकी टीम मकान पर नजर रखे हुए थी। इनाका ने टेस्ट करने के लिए दो और जोक्स भेजे, ताकि यह पता लगाया जा सके कि उसका दोस्त उन्हें बाकी लोगों को भेजता है या नहीं। और उसने ये जोक्स बाकी लोगों को भेजे—दोनों बार। अपनी पूरी योजना तैयार करने के बाद इस पर अब बारी थी सीनियर ऑफिसर के साथ चर्चा करने की। उन्हें अपनी योजना को लेकर राजी करने में काफी समय लग गया। उन्हें यह आइडिया कुछ जँच नहीं रहा था; लेकिन यह भाँपते हुए कि और कोई रास्ता नहीं है, वे इस पर राजी हो गए।

रात के समय, हम छह लोग जयराज की टीम के साथ जा मिले, ताकि लोकेशन और पहरेदारों की मौजूदगी को देखा जा सके। हमें यह सुनिश्चित था कि सुबह के समय पहरेदारों की ड्यूटी जरूर बदलती होगी। अगर हम उससे पहले हमला कर देते हैं तो ठीक रहेगा, क्योंकि रात की ड्यूटी से वे थक चुके होंगे और ब्रेक मिलने का इंतजार कर रहे होंगे। आसपास के रास्तों और लोकेशन को समझने के बाद हम अगले कुछ घंटे तक इंतजार करते रहे।

आधी रात बीतने के बाद करीब दो बजे हमने पहाड़ी की ओर बढ़ना शुरू कर

दिया। योजना यह थी कि बिना पहरेदारों की नजरों में आए, जितना संभव हो सके, मकान के करीब पहुँचने की कोशिश की जाए। हमें दो सुरक्षित लोकेशन की जरूरत थी—एक दक्षिण की ओर से और एक पूर्व की ओर से। क्योंकि हमें पहले इन्हीं दोनों लोकेशन के पहरेदार आतंकवादियों को मार गिराना था।

हमने काफी धैर्य के साथ सुबह होने का इंतजार किया। पहरेदार रात के घने अँधेरे में भी पूरे चौकन्ने थे। सुबह के 6 बज चुके थे और क्षितिज पर पौ फटने ही वाली थी। जल्द ही चारों ओर इतनी रोशनी होगी कि आराम से सबकुछ दिखाई दे सके। जयराज की टीम ने हमें बताया कि पहरेदार कुछ लापरवाह-से लग रहे हैं। हमने इनाका से मैसेज भेजने को कहा। उसके मैसेज भेजने के 15 मिनट बाद तक कुछ नहीं हुआ। और 15 मिनट बीत गए। हमने उससे एक और मैसेज भेजने को कहा। इसके बाद भी कुछ नहीं हुआ। लग रहा था कि योजना काम नहीं कर रही है। सूरज की रोशनी तेज होती जा रही थी। हमने एक और कोशिश करने का फैसला किया और इनाका से कहा कि वह कैथलीन का वीडियो भेजे।

वीडियो भेजने के ठीक 10 मिनट बाद जयराज ने हमें बताया कि पहरेदारों ने अपने-अपने फोन निकाले हैं। हम यह सुनिश्चित कर लेना चाहते थे कि वे क्लिप देख रहे हैं, न कि जोक्स। इसलिए हमने 30 सेकंड इंतजार करने का फैसला किया। अगर वे फोन से अपनी नजरें नहीं हटाते हैं तो हमें आगे बढ़ना है।

30 सेकंड बाद भी कोई बदलाव नहीं होने पर दो स्नाइपर्स ने दक्षिण और पूर्व दिशा में दो पहरेदारों को काबू कर लिया। हमने तीन-तीन के दो समूहों में बँटने का फैसला किया। हम बाकी दो पहरेदारों को मार गिराने के लिए तैयार थे। हमें भागकर मिशन को अंजाम देना था। वे सब वीडियो क्लिप देखने में इतने मशगूल थे कि उन्हें यह पता ही नहीं चला कि उनके दो साथी मारे जा चुके हैं और अपने ही खून के तालाब में लेटे हुए हैं।

मेजर रेड्डी ने दक्षिण दिशा की ओर भागना शुरू कर दिया और मैंने पश्चिम दिशा की ओर। हमारे हाथों में केवल चाकू थे। हमारे लिए समय बेहद कीमती था, इसलिए जितना कम सामान लेकर दौड़ा जाए, उतना अच्छा था। टीम के बाकी लोग असलाह लेकर हमारे पीछे-पीछे आ रहे थे। पहाड़ी एकदम खड़ी थी; लेकिन हमने 3 मिनट में ही चढ़ाई पूरी कर ली।

पहला मकसद दक्षिण और पश्चिम दिशा में पहुँचने का था, वह पूरा हो चुका था। अगला कदम बाकी बचे दो पहरेदारों को मार गिराने का था। किसी भी प्रकार

की लड़ाई का यह मेरा पहला अनुभव था। हमने अपने चाकू निकाले और धीरे-धीरे पहरेदारों की ओर बढ़े। एक हाथ उनके मुँह पर रखा और दूसरे से उनका गला रेत दिया। जब तक उनके शरीर में हलचल बंद नहीं हुई, हमने उनके मुँह से अपना हाथ नहीं हटाया। इसके तुरंत बाद हमारी टीम भी हमारे पास पहुँच गई। अब हमारे पास गोला-बारूद भी था। अब योजना थी—मकान के भीतर घुसकर घात लगाकर हमला करना और मुखबिर को वहाँ से निकालना। हमने भीतर घुसने से पहले तीन तक गिनती गिनी। मुखबिर को कमरे के बीचोबीच एक कुरसी से बाँधकर रखा गया था। इसके अलावा, जिस भी चीज में हरकत हुई, हमने गोलीबारी शुरू कर दी।

पाँच मिनट की गोलीबारी के बाद हमें यह पक्का यकीन हो गया था कि और कोई आतंकवादी जिंदा नहीं बचा है। पूरा कमरा धुएँ, गोलियों के बारूद और खून की बदबू से भरा हुआ था। आतंकवादियों की ओर से कुछ ही गोलियाँ चलाई गई थीं और बदकिस्मती से एक गोली हमारे एक ऑफिसर के पैर में लगी थी।

अब हमें दो लोगों को लेकर नीचे जाना था। दो ऑफिसर ने मुखबिर की रस्सियाँ खोलीं और उसे नीचे ले जाने लगे। हम दो लोगों ने घायल ऑफिसर को सहारा दिया। मेजर रेड्डी ने तुरंत कमरे का जायजा लिया; संभव है कि वहाँ कुछ ऐसा मिल सकता था, जो मिशन के काम आता।

अचानक पूर्वी दिशा की ओर से गोलीबारी की आवाज सुनाई दी। हम मकान से बाहर निकलने की कोशिश कर ही रहे थे कि गोलीबारी तेज हो गई। बाहर गोलियों की जैसे बारिश हो रही थी। हमारे स्नाइपर उन पर पूरी तरह नजर नहीं रख पाए थे। हमारे पास बच निकलने के लिए आइडिया, टाइम और गोला-बारूद सब खत्म हो रहा था।

"मुखबिर और घायल ऑफिसर को पहाड़ी के नीचे सुरक्षित जगह पर ले जाओ। मैं कवर फायर करूँगा!" मेजर रेड्डी चिल्लाए।

वे सीनियर थे और इसलिए बहस करने की कोई गुंजाइश नहीं थी। उन्होंने बंदूक उठाई और पूर्व दिशा की ओर गोलीबारी करनी शुरू कर दी। पहाड़ी से उतरने के लिए हमें इतना ही समय काफी था। हमने सीनियर ऑफिसर के साथ संपर्क किया, जो उस समय कॉल पर थे। उन्होंने हमें बताया कि मुखबिर को छुड़ाने का मिशन पूरा हो चुका था। उन्होंने हमसे लौटने के लिए कहा और बोले कि मेजर रेड्डी के लिए वे आतंकवादियों से सुलह-समझौता कर लेंगे। उन्हें लग रहा था कि पूर्व की ओर से और आतंकवादी आ सकते हैं। मैं कॉल पर सुन रहा था कि मेज़र

के साथ क्या हो रहा है। जैसे ही स्नाइपर्स को लौटने का आदेश हुआ, आतंकवादियों ने मेजर रेड्डी को घेर लिया। जल्द ही उनके पास गोला-बारूद खत्म हो गया और आतंकवादी उन पर हावी हो गए।

"वे सिर्फ चार हैं!" जयराज चिल्लाया।

हम सीनियर से बार-बार अपील करते रहे कि मेजर रेड्डी को निकालने के लिए हमें वापस जाने की अनुमति दी जाए, लेकिन कोई फायदा नहीं हुआ। हमारे पास लौटने के सिवाय कोई रास्ता नहीं था। जैसे ही हम सुरक्षित स्थान पर पहुँचे, मैंने टीम के बाकी लोगों से कहा कि वे चलते रहें और वापस मकान की ओर दौड़ना शुरू कर दिया।

आज तक भी मुझे नहीं पता कि मुझे क्या हुआ था; लेकिन उस समय मैंने वही किया, जो मैं करना चाहता था। मैंने और किसी चीज के बारे में सोचा ही नहीं। मैं पूरी जान लगाकर उस मकान की ओर दौड़ पड़ा। जब मैं दरवाजे पर पहुँचा तो देखा, आतंकवादी मेजर रेड्डी को सरियों, कुरसियों और जो भी उनके हाथ लगा, उससे उन्हें मार रहे थे। मेजर फर्श पर बेहोश पड़े थे। उनका शरीर पूरा खून से तर-ब-तर था। उन्हें फर्श पर इस तरह पड़ा देखकर और आतंकवादियों द्वारा उन्हें जानवरों की तरह पीटता हुआ देखकर मैं अपना आपा खो बैठा। इससे पहले कि मैं कुछ सोच पाता, मैं जोर से चिल्लाया और किसी जंगली जानवर की तरह उन पर हमला बोल दिया। मैंने अपना चाकू निकाला और उनमें से एक की ओर फेंका। चाकू उसकी गरदन में जा लगा और वह जमीन पर गिर गया। बाकी तीनों मुझ पर टूट पड़े। मैंने उन पर पलटवार शुरू कर दिया। मुझे लगा कि मैं एकेडमी में बॉक्सिंग रिंग में खड़ा हूँ। मेरा एक घूँसा एक आतंकवादी के चेहरे पर पड़ा और वह बेहोश होकर फर्श पर धराशायी हो गया। मैंने उनमें से एक का गला पकड़ा और दबाने लगा। इसी बीच, एक दूसरे आतंकवादी ने मुझे गरदन से पकड़ लिया और मेरा गला दबाने लगा। ऐसे में, अगर मैं अपने सामनेवाले आतंकवादी की गरदन से अपनी पकड़ ढीली कर देता तो उसके बाद मुझे दो आतंकवादियों से जूझना पड़ता। मैंने आतंकवादी की गरदन को दबाते रहने का फैसला किया। मुझे केवल यही उम्मीद थी कि मेरे मरने से पहले ही सामनेवाला आतंकवादी दम तोड़ देगा। उसके बाद मैं पीछेवाले को देखूँगा। जल्द ही मेरा दम घुटने लगा। साँस लेना मुश्किल हो रहा था। मुझे चक्कर-से आने लगे। मुझे समझ आ गया था कि मेरे पास ज्यादा समय नहीं बचा है; लेकिन इंतजार करने के सिवाय मेरे पास कोई चारा नहीं था।

अचानक मेरी गरदन पर पीछे खड़े आतंकवादी की पकड़ ढीली हो गई। मैंने मुड़कर देखा, वह जमीन पर पड़ा था। उसका सिर दो फाड़ हो चुका था। मैं समझ गया कि किसी स्नाइपर ने उसका काम तमाम कर दिया था। 'लेकिन स्नाइपर्स समेत सभी को लौट जाने का आदेश दिया गया था।' मैंने मन-ही-मन सोचा।

जिस आतंकवादी की गरदन मेरे हाथ में थी, वह भी मर चुका था। मैंने मेजर रेड्डी को उठाया और सुरक्षित स्थान की ओर दौड़ना शुरू कर दिया। मेरा दिमाग सिर्फ यही कह रहा था, 'भाग अर्जुन, भाग!'

□

13

धन्यवाद!

सेना के वाहनों ने हमें वहाँ से सुरक्षित ले लिया। मुखबिर, घायल ऑफिसर और मेजर रेड्डी को तुरंत मेडिकल केयर की जरूरत थी। उन लोगों को सीधे अस्पताल ले जाया गया और हम बाकी लोग बेस पर लौट आए। हमने अपने सीनियर अफसरों से मुलाकात की, जो इस पूरे मिशन की कमान सँभाल रहे थे। कमरे में मौजूद हर कोई मिशन की कामयाबी का जश्न मना रहा था और एक-दूसरे को बधाई दे रहा था। जब सब लोग अपनी-अपनी सीटों पर बैठ गए तो पूरे मिशन की गहराई और विस्तार से समीक्षा की गई। किसी भी बड़े और महत्त्वपूर्ण अभियान के बाद सेना इस प्रकार की कवायद करती है, ताकि यह सुनिश्चित किया जा सके कि हर महत्त्वपूर्ण सूचना रिकॉर्ड की जा चुकी है। इसमें मिशन की गलतियाँ, सबक, निगरानी और हर छोटी-से-छोटी चीज पर भी गहराई से चर्चा होती है।

मेरे दिमाग में एक ही बात चल रही थी। मैंने सीधे-सीधे अपने सीनियर अफसरों के आदेश का उल्लंघन किया था और जरूर यह बात भी चर्चा में आने वाली है। मैं जानता था कि वे मुझे छोड़ेंगे नहीं। लेकिन हम लोगों ने उस मामले को छोड़कर बाकी सभी मुद्दों पर बातचीत पूरी कर ली। आखिर में, हम लोगों को वापस जाने और आराम करने का आदेश हुआ। मैंने फैसला किया कि अब इस बारे में ज्यादा नहीं सोचूँगा।

लौटकर मैं काफी देर तक नहाया और उसके बाद सोने चला गया।

अगली सुबह एक चिट्ठी मेरे हाथ में थमा दी गई—लेफ्टिनेंट अर्जुन शर्मा, कल सुबह 10 बजे मीटिंग के लिए कमरा नंबर 15 में रिपोर्ट करें।

अगले दिन निश्चित समय पर मैं मीटिंग के लिए पहुँच गया। कमरे में दस सीनियर अफसर एक पंक्ति में लगी कुरसियों पर बैठे थे और उनके सामने एक कुरसी रखी हुई थी।

उन सभी की नजरें मेरे ऊपर थीं। उनमें से कुछ को मैं पहचानता था, लेकिन कुछ नए चेहरे थे। मुझे कुरसी पर बैठने को कहा गया। कमरे में फैला तनाव मुझे तुरंत समझ में आ गया। एक सैनिक होने के नाते आदेश का पालन करना सबसे अधिक जरूरी होता है। किसी भी आदेश की अवहेलना का परिणाम कड़ी कारवाई के रूप में भुगतना पड़ता है। मुझे पक्का नहीं पता था कि उनके दिमाग में क्या है।

"जानते हैं, आपको यहाँ क्यों बुलाया गया है?" एक ऑफिसर ने कहा।

"मुझे कुछ-कुछ आइडिया तो है, सर।" मैंने धीरे से जवाब दिया।

"बताइए, आप क्या सोचते हैं?"

"मुझे पीछे लौटने का आदेश दिया गया था। मैंने उसका पालन नहीं किया।"

"क्या आप विस्तार से बता सकते हैं?" उन्होंने जाँच-पड़ताल के अंदाज में सवाल किया।

उन्हें देखकर मुझे अपनी दादी याद आ रही थीं। जब भी मैं कोई ऐसा काम कर देता था, जो उन्हें पसंद नहीं होता था, तो वे ऐसे ही मुझसे सारी कहानी सुनाने को कहती थीं।

"आदेश था कि हमें मुखबिर को निकालकर लौट आना है। सेना मेजर रेड्डी के हालात से बाद में निपटेगी। लेकिन मैंने उस आदेश का पालन नहीं किया। मैं मेजर रेड्डी के लिए वापस लौट गया। इससे एक तरह से पूरा मिशन खतरे में पड़ सकता था।" मैंने जवाब दिया।

"तो फिर आपने ऐसा क्यों किया?" केवल एक ही ऑफिसर सवाल कर रहे थे।

बाकी लोग मुझे घूरने में लगे थे।

"हमने उनके दस लोगों को मार गिराया था। मैंने सोचा कि वे बदले में मेजर रेड्डी को टॉर्चर करेंगे। सेना की कारवाई करने से पहले आतंकवादी उन्हें मार सकते थे, इसलिए मैंने एक चांस लेने का फैसला किया।"

"तुमने एक चांस लिया?" उन्होंने फिर दोहराया, "तुमने एक चांस लिया, मि. अर्जुन। तुम्हें जो करने को कहा गया था, तुमने उसके उलट काम किया। भगवान् का शुक्र है कि तुम मेजर रेड्डी को वहाँ से निकाल लाए, नहीं तो हमारी यह मीटिंग कुछ अलग तरह की होती। तुम समझ रहे हो?" उन्होंने आवाज ऊँची करते हुए कहा।

मैं समझ गया था। दूसरी तरह की मीटिंग वह होती, जो कोर्ट मार्शल की मंशा से होती।

'तो, आज की मीटिंग कोर्ट मार्शल के लिए नहीं है।' मैंने अपने आप से कहा।

मैंने राहत की साँस ली। मुझे समझ नहीं आ रहा था कि ऐसी स्थिति में मुझे किस तरह से बरताव करना चाहिए था।

बाकी मीटिंग का कोई मतलब नहीं था। यह केवल एक औपचारिकता थी। सीनियर ऑफिसर बात करते रहे कि मुझे क्या करना चाहिए था। मैं उनकी बात सुनता रहा या सुनने का दिखावा करता रहा। तभी अचानक उनमें से एक ने मेरी आँखों में देखा और एक सवाल किया।

मैंने इन ऑफिसर को पहले बहुत ज्यादा नहीं देखा था। वह बीचोबीच बैठे थे, जिससे समझ आ रहा था कि वे कोई बड़े ऑफिसर हैं। मिशन की योजना बनाने के समय वे थे, लेकिन उन्होंने एक भी शब्द नहीं बोला था। वे केवल ध्यान से हर चीज को देखते रहे थे।

"मैं कर्नल चौधरी हूँ। क्या आप हमें बता सकते हैं कि जब आप वापस वहाँ पहुँचे तो क्या-क्या हुआ?" उन्होंने कुरसी पर पहलू बदलते हुए सवाल किया।

"मैं जितनी तेजी से दौड़ सकता था, उतनी ताकत लगाकर दौड़ते हुए पहाड़ी पर पहुँचा। जब मैं कमरे के भीतर पहुँचा तो वहाँ चार लोग थे। मैंने एक को अपने चाकू से धराशायी किया और दूसरे को घूँसा मारा। इसके बाद दो बच गए।"

'मैं उन्हें स्नाइपर्स के बारे में नहीं बता सकता था, नहीं तो उससे भी पूछताछ की जाती।' मैंने सोचा।

"मैंने उनमें से एक का गला दबा दिया। दूसरे ने मेरी गरदन पकड़ रखी थी। मैंने उसे कुहनी मारकर गिराया और वहाँ पड़ी बंदूक उठाकर उसे गोली मार दी।" मैंने झूठ बोल दिया।

"तुम्हें पक्का यकीन है कि सबकुछ सही-सही याद है?" कर्नल चौधरी ने सवाल किया। फिर से उन्होंने कुरसी पर पहलू बदला।

मेरे दिमाग में तुरंत सवाल कौंधा, 'क्या उन्हें स्नाइपर के बारे में मालूम है? अगर उन्हें पता हुआ तो? और मैं उनके मुँह पर झूठ बोल रहा हूँ? लेकिन अगर वे सिर्फ ऐसे ही हवा में तीर चला रहे होंगे तो? मैं शूटर वाली बात का खुलासा नहीं कर सकता। मिशन में दो स्नाइपर थे। उनके लिए यह पता लगा लेना बहुत आसान होगा कि कौन से स्नाइपर ने मेरी मदद की थी। मैं यह खतरा मोल नहीं ले सकता।'

"यस!" मैंने पूरे विश्वास के साथ जवाब दिया, "एकदम यही सब हुआ था।"

"अगर आप फिर से ऐसे हालात में फँस जाते हैं और आपको पीछे लौटने का सीधा आदेश मिलाता है तो आप क्या करेंगे?" इस बार एक दूसरे ऑफिसर ने सवाल किया। वह कमरे में बैठे ऑफिसर्स में से सबसे अधिक गुस्सेवाले लग रहे थे; लेकिन

यह नहीं पता था कि वह वास्तव में गुस्से में हैं या केवल इसी मीटिंग में ऐसा दिखा रहे हैं। मैंने बड़ी सावधानी से जवाब देने का फैसला किया। मैं कोई मौका नहीं देना चाहता था। मैं झूठ बोलना चाहता था; मैं बुरी तरह झूठ बोलना चाहता था। मैं कहना चाहता था कि मैं उनके आदेशों का पालन करूँगा और घायल साथी ऑफिसर को छोड़कर चला आऊँगा। लेकिन मेरे मुँह से ये शब्द ही नहीं निकल पाए। कहीं गहरे में मुझे पता था कि मैं वापस जाऊँगा और वही करूँगा, जो आज किया।

वह आगे की ओर झुके और अपना सवाल दोहराया, "आप क्या करेंगे?" उन्होंने बड़ी सख्ती के साथ सवाल किया। सारे ऑफिसर्स की निगाहें मेरे ऊपर थीं।

'अर्जुन, ऐसा मत करो। तुम मुसीबत से निकल चुके हो। इस बात की कितनी संभावना है कि फिर से ऐसा ही होगा? अभी झूठ बोल सकते हो और जब समय आए तो तुम वही करना, जो तुम्हारा मन चाहे।' मैंने मन-ही-मन खुद से कहा।

जितना अपने आप को समझाने की कोशिश कर रहा था, उतना ही मन चाह रहा था कि सच बोलूँ।

'मैं वापस जाऊँगा और अपने साथी को निकालने तक लड़ूँगा। मैंने अपने भाइयों को पीछे छोड़ने के लिए आर्मी ज्वॉइन नहीं की है। भाड़ में जाए आपका आदेश! मैं ऐसा ही करूँगा। मैं बार-बार करूँगा! हर बार करूँगा!' जैसे ही मैंने कड़वी सच्चाई से भरे इन शब्दों को बोलने के लिए मुँह खोला, कर्नल चौधरी ने अपना हाथ ऊपर उठाते हुए कहा, "ओ.के., लेफ्टिनेंट अर्जुन। आपको इसका जवाब देने की जरूरत नहीं है।" उन्होंने आदेश दिया। सभी ने मुड़कर उनकी ओर देखा, लेकिन उन्होंने किसी पर ध्यान नहीं दिया। मेरी जान में जान आई और मैंने राहत की साँस ली। मुझे नहीं पता कि मेरे जवाब का मेरे कॅरियर पर क्या असर पड़ता। मुझे कमरे से बाहर जाने की इजाजत दे दी गई। ऐसा लगा, जैसे मैं अभी-अभी किसी गोली की जद में आते-आते बचा हूँ। लौटते समय मैं अपनी टीम के लोगों से मिला। सब लोगों के ठीक होकर लौटने के बाद हमने ड्रिंक पार्टी के साथ मिशन की कामयाबी का जश्न मनाने का फैसला किया।

अगले कुछ दिन काफी बोरियत भरे थे। कर्नल चौधरी उसी तरह गायब हो गए थे, जैसे वे अचानक मिशन के समय नजर आए थे। मुझ में हिम्मत नहीं थी कि उनके बारे में किसी तरह की पूछताछ करता। अब वक्त कह रहा था कि जो हो गया, उसे भूलकर आगे बढ़ा जाए।

बहुत जल्द सब लोग ठीक होकर अस्पताल से लौट आए। हम छह जनों ने डिनर के बाद बार में मिलने का फैसला किया।

'शराब पीते हुए पूरे ऑपरेशन पर चर्चा करने में बड़ा मजा आएगा।' मैंने सोचा। मैं इसके बारे में काफी रोमांचित था।

शाम करीब 6 बजे के आसपास मुझे सूचना दी गई कि कर्नल चौधरी मुझसे मिलना चाहते हैं। वह एक बँगले में रह रहे थे और मुझे एक घंटे में वहीं जाकर उनसे मिलना था। मैं तैयार होकर उनके घर की ओर चल दिया। मुझे नहीं पता था कि वे क्यों मिलना चाहते हैं; लेकिन मुझे कुछ अच्छा नहीं लग रहा था।

कर्नल चौधरी थोड़ा रहस्यमयी चरित्र लगते थे। वे हर चीज को बड़े गौर से देखते थे और बिरले ही कभी बोलते थे। आप उन्हें कभी आराम की मुद्रा में नहीं पाएँगे, न ही वे कभी किसी से मजाक करते दिखेंगे, या यूँ ही बेवजह इधर-उधर करना उनकी आदत में नहीं था।

उनका बँगला मेरे मकान से अधिक दूर नहीं था। बँगले पर पहुँचने के बाद मुझसे बैठने के लिए कहा गया। मैं उनका इंतजार कर रहा था।

करीब 10 मिनट बाद सीढ़ियों से मुझे किसी के कदमों की आहट सुनाई दी। मैंने सिर उठाकर देखा—कर्नल चौधरी थे। उन्होंने मुझसे हाथ मिलाया और बैठने के लिए कहा। तब तक मुझे पक्का यकीन हो गया था कि कुछ गड़बड़ है। वे आर्मी के दूसरे ऑफिसर की तरह बात नहीं करते थे। उनकी चाल भी बाकी ऑफिसर्स जैसी नहीं थी।

उनका व्यक्तित्व एक तरह से कठोर कहा जा सकता है।

"ड्रिंक?" उन्होंने एक तरह की रुखाई के साथ कहा।

"जी, जरूर, स्कॉच ठीक रहेगी।" मैंने जवाब दिया। वे बार की ओर गए और दो ड्रिंक लेकर आ गए।

"तो, उस दिन जो तुमने करतब दिखाया, ऑर्डर को अनदेखा किया, तुम्हें क्या लगता है, वह बहुत समझदारी वाला कदम था?" उन्होंने मुझे अचानक घेर लिया था। लेकिन मैंने उन्हें सच्चाई बताने का फैसला किया।

"हालात को देखते हुए मैं समझता हूँ कि केवल यही एक रास्ता था। सफलता की संभावना केवल 50 प्रतिशत थी, लेकिन हमारे लिए वह अच्छा मौका था। इस बात को देखते हुए कि हमने उनके दस लोग मार गिराए, ऐसे में कोई सूरत ही नहीं थी कि वे मेजर रेड्डी को जिंदा छोड़ देते। न केवल वे उन्हें जान से मार देते, बल्कि उससे पहले उन्हें बुरी तरह टॉर्चर भी करते। और सैनिकों को लेकर बाद में लौटना कोई उपाय नहीं था। इसके लिए इतना समय ही नहीं था।" मैंने स्कॉच के घूँट भरते हुए कहा।

"ओ.के.। तुम्हें पता है, ऑफिसर अर्जुन, इस बात से कोई फर्क नहीं पड़ता कि तुमने शुरुआत कहाँ से की, बल्कि फर्क इस बात का पड़ता है कि तुमने कहाँ खत्म किया। मेरा कहने का मतलब यह है कि जब तुमने आई.आई.टी. प्रवेश परीक्षा और सेना के लिए एक ही समय में परीक्षा पास की, तुमने हालात को बिगाड़ दिया। अगर तुमने अपने माँ-बाप को सीधे आर्मी के बारे में बता दिया होता तो हालात कम पेचीदा होते। यहाँ तक कि ट्रेनिंग के दौरान भी तुम्हारी दादी ने तुम्हें काफी समझाया। लेकिन देखो, तुम अब कहाँ हो? अब तुम दबाव में परेशान नहीं होते हो; तुम हमेशा एक कदम आगे की सोच रहे होते हो। ये बात मुझे अच्छी लगी।" वे बीच-बीच में अपने ड्रिंक से घूँट भरते जा रहे थे।

"इस सब में एनर्जी लगाने की कोई जरूरत नहीं है कि ये सब बातें मुझे कैसे पता हैं। यह बहुत आसान है। तुम्हारे पड़ोस में कुछ दोस्त बनाओ, कुछ ही ड्रिंक में सब बाहर आ जाता है। जहाँ तक एकेडमी का सवाल है, चारों तरफ हमारे लोग होते हैं।" उन्होंने मुसकराते हुए कहा।

"आप कौन हैं?" मैंने उनसे सवाल किया। कोशिश कर रहा था कि मेरी बेचैनी उन्हें नजर न आए।

"देखो, मेरे मिलने का यही मकसद है—इस पर चर्चा करना कि मैं कौन हूँ और क्या करता हूँ। अगर तुम दस-पंद्रह साल पीछे जाओ तो भारत पर उस समय कोई-न-कोई ग्रुप हमले करता रहता था। हमारे बहुत से दुश्मन थे—गैंगस्टर, माफिया, आतंकवादी, भ्रष्ट राजनेता, दुश्मन देश और भी बहुत कुछ। कई बार ये ग्रुप अकेले हमले करते थे, लेकिन कई बार एक-दूसरे के साथ मिलकर। ज्यादातर समय हमारा जवाब यही होता था कि हम उनकी निंदा करते थे और जिंदगी ऐसे ही आगे बढ़ती रहती थी। लेकिन अब ऐसा नहीं है। पाँच साल पहले सरकार, विपक्षी दलों के नेताओं और सेना ने फैसला किया कि एक बेहद गुप्त, हर तरह से प्रशिक्षित एक बहुत ही घातक टीम गठित की जाए। उस टीम का गठन इसलिए किया गया, ताकि हमारे देश के लिए सबसे गंदे काम को अंजाम दिया जा सके। तो जिस भी काम को हम आधिकारिक रूप से नहीं कर सकते, उस काम को यह यूनिट करती है। हर ऑपरेशन अलग और अनोखा होगा। बचाने से लेकर मौत के घाट उतारने, बाहरी से लेकर भीतरी, सर्जिकल स्ट्राइक्स, दस्तावेज चुराने और जो कुछ भी तुम सोच सकते हो। हर बार जब भी भारत की धरती पर हमला होता था, हम जवाब नहीं देते थे; लेकिन अब हम जवाब देंगे, लेकिन कोई शोर मचाए या ऑपरेशन की जिम्मेदारी लिये बिना।

"हर मिशन अपने आप में अनोखा होता है, जिसका मतलब है कि तुम्हें ऐसे हालात से निपटना पड़ता है, जिसके लिए तुम्हें ट्रेनिंग नहीं दी गई है। तुम्हें सेकंड में जिंदगी की दिशा बदल देनेवाले फैसले करने पड़ते हैं। ऐसा कोई तरीका ही नहीं है कि अपनी टीम को हम रास्ते में आनेवाली हर स्थिति के लिए तैयार कर सकें। हम यह कर सकते हैं कि हम ऐसे ऑफिसर्स को लें, जिनमें पूर्वाभास की गहरी क्षमता है। उनको हम ट्रेनिंग दे सकते हैं कि अपने पर विश्वास करो।" कर्नल ने विस्तार से अपनी बात कही।

"तुम समझ रहे हो, मैं क्या कह रहा हूँ, अर्जुन?" उन्होंने पूछा।

"यस सर।" मैंने जवाब दिया और साथ ही उत्सुकता से पूछा, "यह कैसे काम करता है? मैं इसके बारे में ज्यादा-से-ज्यादा जानना चाहता हूँ।"

"इसके लिए इंटरव्यू होता है, जो कि तुम पहले ही पास कर चुके हो। हाँ, उस दिन हमने तुम्हें अनुशासन पर बोरियत भरा भाषण देने के लिए नहीं बुलाया था। वह एक टेस्ट था। पैनल में मौजूद हर ऑफिसर को पता था कि तुम्हें क्यों बुलाया गया था। लेकिन हमारे बारे में उनकी जानकारी वहीं खत्म हो जाती है। वे जानते हैं कि कौन टीम का हिस्सा है; लेकिन केवल हम जानते हैं कि भीतर क्या चल रहा है।

"सरकारी तौर पर कहानी यह होगी कि तुम्हें संयुक्त राष्ट्र के साथ किसी मिशन की जिम्मेदारी सौंपी गई है। इसके बाद हम मामले को अपने हाथ में ले लेंगे। छह महीने की ट्रेनिंग होगी। जो ऑफिसर ट्रेनिंग पास कर लेंगे, वे टीम में शामिल हो जाएँगे, बाकी को उनकी रेजीमेंट में वापस भेज दिया जाएगा।

"अगर तुम ट्रेनिंग में पास हो जाते हो तो तुम ऑपरेशन का हिस्सा बन जाओगे। एक जगह पर एक सप्ताह या ज्यादा-से-ज्यादा एक महीने तक रहोगे। तुम किसी को बता नहीं सकते कि हम कौन हैं और क्या करते हैं। एक बात की मैं तुम्हें गारंटी दे सकता हूँ, लेफ्टिनेंट अर्जुन, अगर तुम अपने देश और देशवासियों के लिए अपनी जान दाँव पर लगाने के लिए तैयार हो तो तुम्हें शिकायत करने का मौका नहीं मिलेगा। तुम हमारे साथ आते हो या नहीं, तुम किसी को इस बातचीत के बारे में नहीं बताओगे और यह ऑर्डर है।"

इतने सालों में मैंने एक बात सीखी है कि जबान की कीमत होती है। अब मैं 18 साल का किशोर वय लड़का नहीं हूँ कि पहले जबान दे दूँ और फिर भाग जाऊँ। इस टीम में शामिल होना ही काफी नहीं था। मैं केवल इसलिए इसमें शामिल नहीं होना चाहता था कि मैं बहुत रोमांचित था। मुझे सबसे पहले यह समझने की जरूरत थी कि

मैं क्या करने जा रहा हूँ। मैंने आगे जानने का फैसला किया।

"इस टीम का मुखिया कौन है? मैं केवल यह सुनिश्चित कर लेना चाहता हूँ कि जिस जिम्मेदारी को मैं ले रहा हूँ, उसमें वाकई दम है और कानूनन इसकी क्या वैधता है?" मैंने अपना खाली गिलास मेज पर रखते हुए सवाल किया।

"मैं इस ऑपरेशन की कमान सँभालता हूँ और जहाँ तक कानूनन वैधता की बात है तो सेना प्रमुख के निजी संदेश से बढ़कर और क्या हो सकता है!" कर्नल चौधरी ने यह कहते हुए पास ही रखा रिमोट उठाया और सामने रखा टी.वी. चालू कर दिया। टी.वी. पर भारतीय सेना प्रमुख की ओर से इस नई पहल के बारे में संदेश रिकॉर्डेड था।

"फैसला करने के लिए मेरे पास कितना समय है?" मैंने सवाल किया।

"हम आज से ठीक एक हफ्ते बाद मिलेंगे। तब मुझे तुम्हारी 'हाँ' या 'न' चाहिए।" इतना कहकर वे मुसकराए।

अब मेरे लिए उठकर चलने का समय था। मैं उन्हें 'बाय' कहकर जैसे ही बाहर निकलने को हुआ, उन्होंने एक बात कही।

"अर्जुन, एक आखिरी बात—तुम्हारे दोनों फैसले सही थे। मेजर रेड्डी को लेने के लिए वापस जाना और स्नाइपर के बारे में अपना मुँह बंद रखना।"

मैं पीछे देखे बिना आगे बढ़ गया।

वह शाम मेजर रेड्डी और टीम के बाकी सदस्यों के साथ बीती। हर किसी के पास उस दिन की बड़ी मजेदार बातें थीं एक-दूसरे को सुनाने के लिए। ये उसी दिन की बातें थीं, जिस दिन मैं मरते-मरते बचा था। अब वे सब चीजें मजाक लगती हैं, खासतौर से इसलिए भी, क्योंकि हमारी ओर से किसी की जान नहीं गई थी।

अगला पूरा हफ्ता मैं कर्नल के ऑफर के बारे में सोचता रहा। जितना भी मैं इस बारे में सोच रहा था, उतना ही विश्वास पक्का होता जा रहा था कि मुझे इस टीम में शामिल होना चाहिए। 'कितने ऑफिसर्स को ऐसा मौका मिलता है?' मैंने अपने आप से सवाल किया। हर बार जब भी बचाव अभियान के बारे में सोचता हूँ, मेरी रगों में खून दौड़ने लगता है। अभी और चाहिए। मैं बार-बार अपने आप से सवाल करता रहा कि क्या ऐसा कोई कारण है कि मुझे टीम में नहीं शामिल होना चाहिए? लेकिन मुझे एक भी कारण नहीं मिला।

ठीक एक हफ्ते बाद मैं कर्नल चौधरी के बँगले में जाकर उनसे मिला और 'हाँ' कर दी। मेरे मन में शक के लिए कोई गुंजाइश नहीं थी। अपना फैसला उन्हें सुनाकर

मुझे बहुत शांति मिली। उन्होंने मुझे कुछ और जानकारी दी कि कब और कैसे काम शुरू होगा। ट्रेनिंग टाइम के लिए उनकी केवल एक ही सलाह दी, "मरना मत।" ईमानदारी से बताऊँ तो एक बार को मुझे थोड़ा डर लगा।

मैं मेस से सीधे बार में गया और अपने लिए एक लार्ज ड्रिंक ऑर्डर किया। मैं अकेले बैठकर अपना ड्रिंक एंजॉय करने की सोच रहा था, लेकिन उसी समय मेरे बगल की सीट पर बैठा एक ऑफिसर बोला, "हाय, मैं गुरमीत।" उसने एक हजार वोल्ट की मुसकराहट का बल्ब जलाते हुए अपना परिचय दिया। उसके बाद तो हम दोनों के बीच में बातें होने लगीं—सेना, एन.डी.ए., हमारे परिवार, दोस्त—सब तरह की बातें। मैंने उसे यावर, डेविड और मनु के बारे में बताया। हैरानी की बात तो यह थी कि एन.डी.ए. में उसका भी चार दोस्तों का ग्रुप था। पता ही नहीं चला कि कब दो घंटे बीत गए—और तब तक रात हो चुकी थी। हमने अगले दिन फिर से बार में ही मिलने का वादा किया। मेरे गिलास में अभी थोड़ी सी बची थी, अतः गुरमीत पहले चला गया।

वह उठकर दरवाजे की ओर बढ़ा, लेकिन अचानक रुका, पीछे मुड़कर देखा और बोला, "ओह, मैं तुम्हें थैंक्यू बोलना तो भूल ही गया था।" मुझे समझ ही नहीं आया कि वह किस बात के लिए थैंक्यू बोल रहा था।

"उस दिन इंटरव्यू में मुझे नहीं बुलाने के लिए थैंक्यू।" वह मुसकराया और मेरी ओर आँख मारी। "एक बात और, मुझे भी छह महीने के लिए संयुक्त राष्ट्र मिशन पर भेजा जा रहा है।" मेरे जवाब का इंतजार किए बिना वह निकल गया। मैं आराम से घूँट-घूँट पीता रहा।

जल्द ही मैं भी गुरमीत के पीछे-पीछे ही बाहर निकल गया। स्कॉच के दो से ज्यादा ड्रिंक लेने के बाद भी गुरमीत की बातों से मुझे ज्यादा झटका लगा था। मैंने बेस की ओर देखा, जो पिछले एक साल से मेरे लिए घर जैसा हो गया था। मैं थोड़ा भावुक हो गया।

"सैनिक होने के नाते, रिटायर होने तक कोई तुम्हारा घर नहीं होता है।" मैंने खुद से कहा।

इससे मुझे याद आया, 'मुझे यावर और मनु को फोन करके रेस्तराँ में अपनी हिस्सेदारी की बात भी कर लेनी चाहिए।'

□

14

याख्ट

मैं अपने नए सफर के लिए तैयार था। केवल एक समस्या थी—मुझे यह नहीं पता था कि कहाँ से शुरू करना है, न मुझे यह पता था कि ट्रेनिंग कहाँ होगी और वहाँ तक कैसे पहुँचना है। मेरे पास सिर्फ एक नया मोबाइल फोन था, जो मुझे नागालैंड में बेस छोड़ने से पहले दिया गया था। इस फोन में कुछ कॉण्टेक्ट नंबर और कुछ ऐप इंस्टॉल किए गए थे; लेकिन इस बात का कोई संकेत नहीं था कि मुझे जाना कहाँ है। एक दिन मुझे फोन पर एक संदेश मिला। अगले दिन दोपहर 3 बजे दिल्ली एयरपोर्ट पर रिपोर्ट करने के लिए कहा गया था। मैं सोच रहा था कि हम में से कितनों को इस प्रोग्राम के लिए बुलाया गया है ? ट्रेनिंग कब तक चलेगी और उसके बाद जीवन कैसा होगा ? मैंने अपना सामान पैक किया और दिल्ली के लिए निकल पड़ा।

एयरपोर्ट पर जैसे ही मैं कैब से बाहर निकला, एक अनजान व्यक्ति मेरी ओर बढ़ा और बोला, "यह आपका है।" इतना कहकर उसने मेरे हाथ में एक लिफाफा थमाया और चला गया। लिफाफे के भीतर कोलकाता का टिकट था। सुरक्षा जाँच के बाद बोर्डिंग से पहले मेरे पास एक घंटे से ज्यादा का वक्त था। मैंने ट्रेनिंग से अपना दिमाग हटाकर कुछ फोन कॉल्स करने का फैसला किया। सबसे पहले दादी को फोन किया, जो ज्यादातर समय अपने नए पड़ोसियों की शिकायत करती रहती थीं। मम्मी और पापा शादियों में शामिल होने में व्यस्त थे, क्योंकि यह शादियों का तगड़ा सीजन चल रहा था। यावर ने मुझे बताया था कि उसे मुंबई में छुट्टियों में मिली एक लड़की से इश्क हो गया है। अब वह इस मामले को आगे बढ़ाने की सोच रहा था। उधर डेविड अफसर बनकर खुश था। मुझे पता था कि मनु फोन नहीं उठाएगा, क्योंकि वह कश्मीर में तैनात था और वहाँ माहौल काफी तनावपूर्ण था।

फ्लाइट में कोई दिक्कत नहीं हुई। जैसे ही मैं कोलकाता एयरपोर्ट से बाहर निकला, एक अजनबी मेरे पास आया; लेकिन इस बार उसने मुझे अपने साथ आने को कहा। 'उन्हें मेरी एकदम सही लोकेशन का कैसे पता चल रहा था?' मैंने खुद से पूछा।

'जरूर उस फोन के जरिए, जो उन्होंने मुझे दिया था।'

मुझे एक कार में बैठने को कहा गया और मुझे एक अज्ञात स्थान पर ले जाया गया। वहाँ पहुँचने के बाद मुझे एक घर में ले जाया गया। उस घर में कई कमरे थे। एक बड़े से कमरे में टी.वी. था और बैठने के लिए काफी जगह भी। वहाँ अधिकतर लोग इधर-उधर घूम रहे थे। करीब 30 आर्मी ऑफिसर पहले ही रिपोर्ट कर चुके थे।

"ऊपर कुछ बेड हैं, अगर कोई आराम करना चाहता है तो। हम कुछ घंटे यहाँ रुकेंगे, क्योंकि हम बाकी ऑफिसर्स और कर्नल चौधरी का इंतजार कर रहे हैं।" एक व्यक्ति ने सबको यह सूचना दी।

सभी लोगों के आने तक हमें करीब दो घंटे और वहाँ रुकना पड़ा। सब मिलाकर 50 सैनिक थे—45 पुरुष और 5 महिलाएँ। इनमें से मैं केवल गुरमीत को ही पहचान पाया। जल्द ही कर्नल चौधरी भी आ गए।

"हैलो एवरीवन, जो लोग मुझे नहीं जानते हैं! मैं कर्नल चौधरी हूँ और मैं इस डिवीजन का हेड हूँ। आप सब लोगों को कुछ आइडिया तो होगा ही कि आप लोग यहाँ क्यों हैं; लेकिन आप लोगों को पूरी बात नहीं पता होगी। चलिए, मैं आपको पूरी तसवीर दिखा देता हूँ।

"पाँच साल पहले, एक फैसला किया गया था कि हमें भारतीय सेना के इतिहास की एक सबसे आधुनिक, खतरनाक और जाँबाज टीम का गठन करना है। इस टीम का मकसद ऐसे सर्वाधिक चुनौतीपूर्ण और संवेदनशील मिशन को अंजाम देना होगा, जिनकी सरकार और सेना आधिकारिक तौर पर जिम्मेदारी नहीं ले सकती। आप जानते हैं कि यह बहुत ही गंदा काम है। सर्जिकल स्ट्राइक्स, हत्याएँ, अपहरण, बचाव मिशन और भी बहुत कुछ। आप में से ज्यादातर एन.डी.ए. में अपने बैच में टॉप पर रहे हैं। आप सेना के सबसे बेहतरीन जवान हैं। लेकिन यह ऐसी ट्रेनिंग होगी, जिसके बारे में आपने कभी कल्पना भी नहीं की होगी। सेना में ऐसी ट्रेनिंग पहले कभी नहीं हुई। हमें इस ट्रेनिंग इंस्टीट्यूट की योजना बनाने, इसका निर्माण करने और इसे शुरू करने में तीन साल का समय लगा है। यह सेना की अब तक की सबसे आधुनिक ट्रेनिंग है। हमने आपको श्रेष्ठ पोषण और सर्वोत्तम ट्रेनिंग

दिलाने के लिए विभिन्न क्षेत्रों से विशेषज्ञों को नियुक्त किया है।

"हमारा सबसे पहला मकसद आपको विश्व का श्रेष्ठतम सैनिक बनाना है। हमारा दूसरा मकसद इस डिवीजन को गोपनीय रखना है और हम चाहते हैं कि यहाँ मौजूद हर व्यक्ति को यह बात समझ में आ जाए। हमारी गोपनीयता का किसी भी तरह से खुलासा न हो, इसके लिए हमने बहुत कड़े उपाय किए हैं।" कर्नल चौधरी ने ये सारी जानकारियाँ दीं।

"जो लोग पिछले पाँच साल में हमारे साथ रहे हैं, उन्हें अपनी गरदन में इसे लगवाने के लिए एक छोटा सा ऑपरेशन करवाना पड़ा है।" उन्होंने अपनी जेब से एक छोटी सी चमकीली गोल गेंद-सी निकाली। वह किसी बॉल बेयरिंग जैसी लग रही थी।

"जेंटलमैन, मैं आपका परिचय नियंत्रण से करवाना चाहूँगा। यह कोई आम गेंद नहीं है, मेरे दोस्तो। आप दुनिया में कहीं भी छुपे हों, हम इस डिवाइस का बटन दबा सकते हैं। जब इसमें विस्फोट होता है तो यह अपराध का एक ऐसा सीन बना देती है, जिससे लगता है कि पीड़ित व्यक्ति के सिर में गोली मारी गई है। इतना ही नहीं, आप सेना से कुछ चुराते हुए का अपना फर्जी वीडियो बनाने में भी हमारी मदद करेंगे। इससे हमें यह मदद मिलेगी कि हम तुम्हारे सिर को विस्फोट से उड़ाने के बाद यह साबित कर देंगे कि तुम देशद्रोही थे। जाहिर सी बात है कि हम ऐसा तब करेंगे, जब हमें यह विश्वास हो जाता है कि तुम हमारे मिशन में बाधा पैदा कर रहे हो या हमारा राज खोलने की कोशिश कर रहे हो। तुम अपने सारे सोशल मीडिया एकाउंट्स की जानकारी हमें दोगे। हमारे पास आर्टिफिशियल इंटेलिजेंस पर आधारित एक सॉफ्टवेयर है, जिससे हम तुम्हारी ऑनलाइन गतिविधियों पर नजर रखेंगे। जैसे ही तुम हमें खतरे में डालनेवाली कोई चीज पोस्ट करोगे या कुछ भी संदिग्ध हरकत करोगे, हमारा सॉफ्टवेयर शीर्ष नीति-निर्माताओं के साथ कॉन्फ्रेंस कॉल शुरू कर देगा। ये लोग फिर इस बात के लिए वोट करेंगे कि तुम्हें खत्म कर दिया जाए या नहीं। जैसे ही वोट 50 प्रतिशत तक पहुँचेगा, बूम! तुम्हारा खेल खत्म। इससे तुम्हें कुछ-कुछ समझ में आ गया होगा कि जब हमारी पहचान की सुरक्षा की बात आती है तो हम कितने गंभीर हैं। अगर तुम में से कोई पीछे हटना चाहता है तो यह आखिरी मौका है। अगर आप अभी पीछे हट जाते हैं तो कोई काररवाई नहीं होगी; लेकिन यदि आपने यहीं रुकने का फैसला कर लिया है तो तुम जिंदगी भर इस राज को राज ही रखोगे। अगर तुम मारे जाते हो तो हम तुमसे किसी भी प्रकार का

संबंध होने से मना कर देंगे। अगर दुश्मन तुम्हें पकड़ लेता है तो हम तुम्हें मार देंगे। लेकिन चिंता मत करो, हम तुम्हारे परिवारों का पूरा खयाल रखेंगे।"

इसके बाद कमरे में खामोशी छा गई और कर्नल जवाब का इंतजार करते रहे। कोई अपनी जगह से हिला भी नहीं। साफ था कि कोई भी पीछे नहीं हटना चाहता है और खासतौर से इस डिवाइस को देखने के बाद तो कतई नहीं। वह किसी साइंस फिक्शन मूवी से निकला डिवाइस लग रहा था। हर किसी की उत्सुकता चरम पर थी।

"लगता है, सब लोग तैयार हैं। गुड, तो फिर शुरू करते हैं। आपको सर्जरी के लिए एक-एक कर बुलाया जाएगा।

"उसके बाद वीडियो बनाया जाएगा। कुछ कागजों पर भी आपको साइन करने होंगे। ये सब काम होने के बाद हम ट्रेनिंग सेंटर के लिए रवाना होंगे।" कर्नल चौधरी इतना कहकर बाहर की ओर बढ़े और अचानक रुक गए।

"मैं तुम लोगों को एक बात बताना भूल गया। तुम लोगों में से आखिर में टीम में केवल 6 को लिया जाएगा, बाकी 44 अपनी-अपनी रेजीमेंट में लौट जाएँगे।"

उनके कमरे से बाहर निकलते ही चारों तरफ खुसुर-फुसुर शुरू हो गई। हर कोई 6 सदस्यों की टीम के लिए चिंतित था। मेरा मतलब कि जिंदगी भर इस राज को राज रखने की जिम्मेदारी सँभालनी होगी। अगर चयन नहीं भी होता है, तब भी सावधान रहना होगा। लेकिन कोई पीछे नहीं हटा और सभी 50 ऑफिसर्स ने सारी औपचारिकताएँ पूरी कीं।

जल्द ही हम एक बस में बैठे थे। वे नहीं चाहते थे कि हमें ट्रेनिंग सेंटर की लोकेशन का पता चले। बस की खिड़कियाँ पूरी तरह से काली थीं, इसलिए हम में से किसी को भी बाहर का कुछ नहीं दिखाई दे रहा था। बस का सफर करीब 12 घंटे का था। ट्रेनिंग सेंटर को पहली नजर में देखकर हमें बड़ी हैरानी हुई। यह किसी सामान्य ट्रेनिंग सेंटर जैसी जगह भी नहीं थी। यह बहुत ही छोटी सी और ऊँचाई वाली जगह थी। सेंटर के चारों ओर 10 फीट ऊँची एक बाड़ लगी थी। सेंटर वर्गाकार में था। पूरे सेंटर की जगह को एकदम हरी-भरी घास ने ढँक रखा था। हमने ध्यान से देखा तो पाया कि वह सिंथेटिक घास थी, इसीलिए वह इतनी हरी और घनी थी। घास के मैदान के अलावा, वहाँ चार विशाल इमारतें थीं और हर इमारत 15 मंजिला थी। वे इमारतें पूरी काले रंग के शीशे से बनी थीं। बाड़ से हर इमारत की दूरी एक समान थी और इस तरह उन इमारतों के बीच में एक वर्गाकार

जगह बन रही थी। इमारतों के बीच में आपस में पर्याप्त दूरी थी। हर इमारत एक जैसी थी। उन्हें एक-दूसरे से केवल एक ही चीज अलग करती थी और वह थी विशाल एल.ई.डी. स्क्रीन। हर इमारत पर एक स्क्रीन लगी थी—जमीन से करीब 20 फीट की ऊँचाई पर। हमारे सामनेवाली इमारत की एल.ई.डी. स्क्रीन पर लिखा था 'मेन'। हमारे पीछे की इमारत के एल.ई.डी. पर लिखा था 'न्यूट्रिशन', बाईं ओर की इमारत पर 'माइंड' और दाईं ओर की इमारत पर 'बॉडी'। हर इमारत में एक खुला दरवाजा था और वहाँ कोई गार्ड आसपास नहीं था। चूँकि हर इमारत 15 मंजिला थी, ऐसे में 10 फीट की बाड़ का कोई मतलब समझ नहीं आ रहा था।

और अगर आप इस ट्रेनिंग सेंटर को गुप्त रखना चाहते थे तो इसे इतना छोटा बनाने की क्या जरूरत थी? इतनी ऊँची इमारतें बनाने की क्या सूझी, जो कि बाहर से आसानी से नजर आ सकती थीं? यहाँ कोई ट्रैक तक नहीं था। हम लोग दौड़ेंगे कहाँ? न तो स्वीमिंग पूल नजर आ रहा था और न ही शूटिंग रेंज। हमें इसका कोई तुक समझ नहीं आ रहा था। मेरी तरह, हर कोई इधर-उधर देख रहा था। हमारी आँखों में सवाल थे और चेहरे पर उलझन के भाव। हमें पता ही नहीं चला कि कब कर्नल चौधरी मुख्य इमारत के बाहर हमारे सामने आकर खड़े हो गए।

"जानता हूँ, तुम लोगों के दिमाग में बहुत से सवाल हैं और हम उन सभी सवालों के जवाब देंगे लेकिन अभी आप लोगों को भूख लगी होगी। इसलिए आइए, मेरे पीछे-पीछे आ जाइए।" इतना कहकर वे मुख्य इमारत की ओर बढ़ चले। लेकिन खुले दरवाजे की ओर जाने के बजाय वे सीधे एक दीवार की ओर चले गए। जब किसी ने उनका ध्यान इस ओर दिलाया तो वे मुसकराए और उस ऑफिसर से कहा कि वे खुले दरवाजे से भीतर आने की कोशिश करे। जब उस ऑफिसर ने कोशिश की तो उसका सिर किसी चीज से जा टकराया। वह तुरंत पीछे हटा और अपने सिर को सहलाने लगे।

"यह दरवाजा नहीं है, मेरे दोस्त, बल्कि यह दीवार में दरवाजे का भ्रम पैदा करता है।" कर्नल ने कहा। उन्होंने रिमोट का एक बटन दबाया और दरवाजा गायब हो गया। वह सिर्फ एक दीवार थी।

वे दीवार की ओर बढ़ते रहे। ऐसा लग रहा था कि अभी वे दीवार से टकराएँगे; लेकिन हमें देखकर हैरानी हुई कि वे गायब हो गए। हर कोई हक्का-बक्का रह गया। यह टी.वी. शो पर देखे गए किसी जादू जैसा लगा। ठीक उसी समय वे वैसे ही सामने आ गए, जैसे गायब हुए थे।

"सब मेरे पीछे आओ। रुकने की जरूरत नहीं है; मुझ पर भरोसा रखो। वे फिर से दीवार में गायब हो गए। एक ऑफिसर ने उनके पीछे-पीछे जाने का फैसला किया। दीवार के पास पहुँचकर वह थोड़ा हिचका, लेकिन आगे बढ़ गया। हम सब हैरान। वह भी गायब हो गया। तुरंत ही बाकी लोग भी उसी तरह आगे बढ़ गए। अब मेरी बारी थी। मेरा दिमाग इस पर यकीन करने को कह रहा था कि अगर मैं दीवार के भीतर घुसा तो मुझे चोट लगेगी; लेकिन बाकी लोगों को देखकर मुझे भरोसा हुआ कि मैं भी आराम से इसे कर जाऊँगा। मेरा शरीर पूरी तरह उलझन में था। जब मैंने दीवार के भीतर घुसने की कोशिश की तो पाया कि वहाँ कोई दीवार थी ही नहीं। मेरा पाँव हवा में आगे बढ़ा और जमीन पर रखा गया। मुझे अपना ही पैर नजर नहीं आ रहा था। मुझे अपना पैर तभी नजर आया, जब मेरा पूरा शरीर उस दीवार के पार हो गया। 'फिर वही भ्रम।' मैंने खुद से कहा। दीवार में एक डमी दरवाजा था और अब दरवाजे में एक डमी दीवार थी। वाकई बहुत दिमाग वाले लोग हैं। भीतर से देखने पर दीवार पर लगे शीशे पूरी तरह पारदर्शी थे। ऐसा लग रहा था, मानो वहाँ कोई काँच हो ही नहीं। मुझे बाहर की हर चीज एकदम साफ नजर आ रही थी। इमारत के भीतर प्राकृतिक रोशनी खूब आ रही थी। इमारत के हर कोने में रोशनी थी, चाहे वह प्राकृतिक रोशनी थी या छत पर लगाई गई एल.ई.डी. की थी। हम सब कर्नल चौधरी के पीछे-पीछे चलते हुए एक बड़े से दरवाजे के सामने पहुँच गए। यहाँ हमें पक्का नहीं पता था कि यह असली दरवाजा था या नकली। जब मैं दरवाजे के पास पहुँचा तो वह एक छोटी सी जगह में खुल गया।

कमरे की ज्यादातर जगह को एक बड़ी सी गोल मेज ने घेर रखा था, जिसके चारों ओर कुरसियाँ लगी थीं। मेज के बीचोबीच एक छोटा सा गोला था, जिस पर बहुत सा खाने-पीने का सामान रखा हुआ था। उस विशाल मेज के बाहरी किनारे पर हर कुरसी के सामने 12 या 13 इंच की एक स्क्रीन लगी हुई थी। कर्नल कुरसी लेकर बैठ गए और हर किसी से अपनी-अपनी सीट पर बैठ जाने को कहा।

"ओ.के., जिन लोगों को यह सब समझ नहीं आ रहा है, उन्हें बता दूँ कि यह हमारा कैफेटेरिया है। शेफ कुकिंग वाले इलाके में ही रहते हैं। वे छोटी प्लेटों और कटोरियों में खाने का सामान रख देते हैं और साथ ही हर आइटम के साथ एक टैग लगा होता है, जिससे पता चल जाता है कि यह क्या चीज है। किचन एरिया के साथ लगी बेल्ट पर खाना रखा जाता है और वह सीधे यहाँ टेबल पर आ जाता है। हर कुरसी के सामने लगी स्क्रीन पर फूड आइटम्स की लिस्ट लगी है। जब भी

आप कोई खाने की चीज चुनते हैं तो उसके बाद टेबल पर वह सामान अपने आप आ जाएगा। समय के साथ-साथ टेबल को अपने आप समझ में आ जाएगा कि कौन व्यक्ति किस तरह का खाना खाता है, किसकी किस तरह की आदतें हैं और वह उसी हिसाब से खाने की सूची की सिफारिश करेगी। यह आपकी पसंदीदा दस चीजों के नाम स्टोर करके रख सकती है और जब आप चाहेंगे, उन्हें रिपीट किया जा सकता है। अब आप लोग बैठ जाइए और खाने का मजा लीजिए।" इतना कहकर कर्नल ने अपना ध्यान अपनी सीट के आगे लगी स्क्रीन पर लगा दिया। मैं भी पास की एक सीट पर बैठ गया। जैसे ही मैं बैठा, स्क्रीन पर एक स्वागत संदेश उभर आया। न जाने कैसे उन्हें पता चल गया था कि किस सीट पर कौन बैठा है। हर कोई अपनी स्क्रीन पर हाथ आजमाने में लग गया। मेन्यू में खाने-पीने की काफी चीजें थीं। ज्यादातर चीजें बहुत ही स्वादिष्ट थीं। इन्हें बहुत ज्यादा हेल्दी नहीं कहा जा सकता। मैंने कुछ चीजें ऑर्डर कीं। मुझे यह देखकर हैरानी हुई कि कितनी तेजी के साथ खाना हमारे सामने आ गया। खाना इतना जायकेदार था कि हम में से ज्यादातर ने काफी ठूस-ठूसकर खा लिया। कर्नल को देखकर लग रहा था कि वे भी पूरा मजा लेकर खा रहे हैं। टेबल पर पूरी तरह खामोशी थी। सिवाय खाने-पीने, छुरी-काँटे और कटोरी-चम्मचों के अलावा कोई आवाज सुनाई नहीं दे रही थी। भर-भरकर तीन कटोरी मिष्ठान खाने के बाद मुझे नींद-सी आने लगी। कमरे में मौजूद हर कोई अब सोना चाहता था।

"ओ.के., अगर आप लोगों का खाना-पीना हो गया हो तो मैं आपको आपके कमरे दिखा दूँ।"

हम फिर से उनके पीछे-पीछे चलने लगे। अब तक हमारी उम्मीदें काफी बढ़ चुकी थीं; हम देखना चाहते थे कि कमरे किस तरह के हैं। वहाँ तीन लिफ्ट थीं और हमसे कहा गया कि टॉप फ्लोर पर पहुँचो।

हम में से कुछ कर्नल के साथ वाली लिफ्ट में तो बाकी लोग दूसरी लिफ्ट में सवार हो गए।

15वें फ्लोर पर पहुँचने के बाद हमने देखा कि वहाँ दोनों ओर दीवारें थीं और बीच-बीच में सँकरे गलियारे-से थे। दीवारें काफी रंगीन और चमकदार थीं।

दीवारों पर हमारे नाम लिखे थे। नाम के नीचे एक स्लाइडिंग डोर था। कर्नल चौधरी ठीक मेरे नाम के सामनेवाली दीवार के पास जाकर खड़े हो गए। उन्होंने

मुझसे दरवाजे की ओर बढ़ने को कहा। और जैसे ही मैं आगे बढ़ा, दरवाजा एक ओर खुल गया।

"इस दरवाजे को खोलने का अधिकार सिर्फ दो लोगों के पास है—एक तुम और दूसरा सिक्योरिटी। मुझे पता है, तुम सोच रहे होगे कि सिक्योरिटी कहाँ है ? वे कमांड सेंटर से हर गतिविधि पर नजर रख रहे हैं और केवल जरूरत पड़ने पर ही सामने आते हैं। तो मैं कह रहा था कि तुम्हारे सिवाय केवल गार्ड ही इसे खोल सकते हैं। एक बार तुम कमरे के भीतर चले जाते हो तो तुम्हारी मरजी है, तुम दरवाजा बंद करो या पूरा खोलकर रखो।"

कमरा काफी बड़ा था। मेरे बेड के पासवाली पूरी दीवार काँच की बनी थी और मैं बाहर की हर चीज देख सकता था। कर्नल ने मुझसे बेड के पास लगा एक बटन दबाने को कहा। बटन दबाते ही पारदर्शी दीवार धुँधली-सी हो गई और दरवाजा बंद हो गया। अब अपने कमरे में मैं पूरी तरह से अकेला था। कमरे में एक टी.वी. और एक फ्रीज था। हम 15वीं मंजिल पर घूमते रहे। हर कोई अपने-अपने कमरे को देख लेना चाहता था। हर कमरे से बाहर का काफी शानदार नजारा दिख रहा था। ऐसा लग रहा था कि सारे कमरे इमारत की शीशे की दीवार के साथ-साथ बनाए गए हैं। आखिर में, हम एक खुली जगह पर पहुँच गए। वहाँ पर एक विशाल टी.वी. लगा था और बाहर का खूबसूरत नजारा दिख रहा था। वहाँ कुछ सोफे और कुछ बीनबैग इधर-उधर पड़े थे। वहाँ एक वेंडिंग मशीन और स्नैक बार भी था। उनके सामने छोटे-छोटे मॉनिटर लगे थे। कर्नल बैठ गए और हम सबसे भी कहा कि आराम से बैठ जाओ।

"मुझे पूरा यकीन है कि आप लोगों के दिमाग में ढेरों सवाल चल रहे होंगे। तो शुरू करते हैं।" उन्होंने हमारी ओर देखकर मुसकराते हुए कहा।

"आपने कहा था कि यह टॉप सीक्रेट सेंटर है, लेकिन यहाँ तो कोई निगरानी करने के लिए है ही नहीं। दीवारें केवल 10 फीट ऊँची हैं और कोई भी इन्हें फाँदकर भीतर आ सकता है। सेंटर काफी छोटा है। इमारतें इतनी ऊँची हैं कि दूर से ही किसी को भी नजर आ सकती हैं।" एक ऑफिसर ने कहा।

"अच्छा सवाल। आप सब खड़े होकर खिड़की से बाहर की ओर देखें और मुझे बताएँ कि आपको क्या नजर आ रहा है।" कर्नल ने आदेश दिया।

शुरुआत में हमें केवल खाली मैदान दिखाई दिया, लेकिन ध्यान से देखने पर काफी दूर एक और बाड़ लगी नजर आई।

“दूसरी दीवार, जो आप देख रहे हैं, वह 30 फीट ऊँची और 2 किलोमीटर दूर है। उसके ऊपर हाई वोल्टेज बाड़ लगी है। अनजाने में कोई भी इनसान या जानवर उसे पार नहीं कर सकता। अगर कोई उसे पार करने की कोशिश भी करता है तो तुरंत पकड़ में आ जाएगा, क्योंकि दोनों दीवारों के बीच चप्पे-चप्पे पर बेहद आधुनिक थर्मल कैमरों की नजर है, जो तुरंत कमांड सेंटर को सूचना दे देते हैं।”

उनकी बात सुनकर हर कोई बहुत प्रभावित नजर आ रहा था। लेकिन कर्नल की बात अभी खत्म नहीं हुई थी।

“मान लीजिए कि दुश्मन के सैनिक या जासूस दूसरी दीवार तक पहुँचने में कामयाब हो जाते हैं। दीवार मात्र 10 फीट ऊँची है; वे आराम से दीवार कूदकर हमारे कंपाउंड में आ सकते हैं, ठीक? कतई नहीं। मुझे पक्का यकीन है कि आप में से हर किसी ने मैदान में लगी नकली हरी घास देखी होगी। वह हरी घास एक विशाल सेंसर है। उसके ऊपर जरा सी चहलकदमी होते ही वह तुरंत उसकी तरंगों को पकड़ लेता है। लेकिन वह हमारे और दुश्मन के बीच फर्क कैसे करेगा? आपको अपने सिर में लगाई गई वह छोटी सी बॉल याद है? हर बॉल में एक ट्रांसमीटर लगा है। ट्रांसमीटर एक विशेष फ्रीक्वेंसी उत्पन्न करता है, जिससे प्रत्येक व्यक्ति को पहचानने में मदद मिलती है।

“अगर यह नकली घास वाली सिंथेटिक सतह फ्रीक्वेंसी का पता नहीं लगा पाती है या वह फ्रीक्वेंसी हम में से किसी से मेल नहीं खाती है तो वह सिक्योरिटी टीम को चौकन्ना कर देती है और चारों इमारतों के सभी प्रवेश द्वार पूरी तरह बंद हो जाते हैं। इस कंपाउंड में ‘नियंत्रण’ आपकी पहचान है। न केवल हरी सतह पर, बल्कि हम इस सेंटर में हर एक गतिविधि पर नजर रखते हैं। अगर कोई भी ऐसी गतिविधि होती है, जो इन बॉल्स से नहीं जुड़ी है तो पूरा सिस्टम तुरंत काम करना बंद कर देता है। इससे आपको इस सवाल का जवाब मिल गया होगा कि हम अपने सेंटर को सुरक्षित कैसे रखते हैं। जहाँ तक इन इमारतों के बाहर से नजर आने का सवाल है, तो उसका जवाब यह रहा।” इतना कहकर कर्नल ने अपनी जेब में से एक फोन निकाला, उस पर कुछ खोजा और तुरंत हमारे सामने लगा बड़ा सा टी.वी. ऑन हो गया। कर्नल ने हमें कुछ तसवीरें दिखाईं, जो किसी फैक्टरी की लग रही थीं। लोग वहाँ काम कर रहे हैं, ट्रॉलियों में सामान को इधर-उधर ले जा रहे हैं। हमें समझ नहीं आ रहा था कि ये सब हम क्या देख रहे हैं।

कर्नल ने कहा, “इसका जवाब उस दरवाजे में है, जो कि एक दीवार था

और उस दीवार में, जो कि एक दरवाजा था।" वह हमसे उम्मीद कर रहे थे कि हम ट्रेनिंग सेंटर और टी.वी. पर नजर आ रही फैक्टरी के बीच संबंध के बारे में अंदाजा लगाएँ।

अचानक दिमाग की बत्ती जल उठी, "डिजिटल प्रोजेक्शन।" मैंने उत्साह से कहा।

"एकदम सही जवाब! कुछ साल पहले एम.एम.एम.ई.सी., गोरखपुर के इंजीनियरों के एक समूह ने हमसे संपर्क किया था और अपने इन्वेंशन के बारे में बताया था। उन्होंने सोचा कि यह सेना के लिए काफी काम की चीज हो सकती है—एक इंटेलिजेंट डिजिटल प्रोजेक्टर। यह प्रोजेक्टर एक विशेष गैस की पतली परत पर 4डी प्रोजेक्शन कर सकता है। हम अपने चारों ओर इस गैस की परत बनाए रखते हैं और इसके बाद का काम 100 प्रोजेक्टरों का एक ग्रुप करता है। अगर बाहर से कोई देखेगा तो उसे वही दिखेगा, जो अभी आप लोगों ने टी.वी. पर देखा।" कर्नल को इस बात पर गर्व हो रहा था कि तकनीकी रूप से आर्मी कितना आगे बढ़ चुकी है।

"यह तो बहुत ही क्रांतिकारी खोज लगती है। वे इंजीनियर्स अब कहाँ हैं?" किसी ने सवाल किया।

"आखिरी बार मैंने उनके बारे में सुना था कि वे कहीं यूरोप में याख्ट पर पार्टी कर रहे हैं।" कर्नल का यह जवाब सुनकर हर कोई हँसने लगा।

□

15

दिमाग के खेल

"ओ.के., ऑफिसर्स! सोने का वक्त हो गया है। अपने बाकी के सवाल कल सुबह के लिए रखें। आपके कमरे में हाथ पर बाँधनेवाली एक घड़ी है। बिस्तर पर सोने के लिए जाने से पहले उस घड़ी को अपने हाथ पर जरूर बाँध लें। सुबह जब आप तैयार हो जाएँ तो आ जाएँ।" कर्नल इतना कहकर चले गए।

अगले दिन, मैं ठीक 8 बजे उठ गया। जल्दी से तैयार हुआ और अपने कमरे से बाहर निकल आया। लगभग सभी लोग उसी समय अपने-अपने कमरों से बाहर निकल रहे थे, जो कि थोड़ा अजीब लगा। 'अगर मुझे ठीक से याद है तो हमें किसी खास समय पर रिपोर्ट करने के लिए नहीं कहा गया था।' मैंने सोचा।

कर्नल सोफे पर बैठे हम लोगों का इंतजार कर रहे थे।

"गुड मॉर्निंग, एवरीवन! आज मैं आप लोगों को आसपास घुमाने के लिए ले जाऊँगा और आपको वह हर बात बताऊँगा, जो भी आप इस जगह के बारे में जानना चाहते हैं। सबसे पहले, अपनी गरदन में लगे नियंत्रण को 'हैलो' कहें। यह बॉल आपकी पहचान है। इसी की बदौलत सभी मशीनों और सेंसरों को यह जानकारी होगी कि आप कौन हैं और कहाँ पर हैं। क्या आप सबको कल अदृश्य दीवार के भीतर चलने की बात याद है? अगर आपको याद नहीं है तो आप दरवाजे से टकरा सकते हैं। दरवाजा आपकी बॉल के सिग्नल को रिसीव कर आपके लिए दरवाजा अपने आप खोल देगा। इसी तरह, सिंथेटिक घास को पता है कि आप कौन हैं। आपको याद है, जब आप कैफे में कुरसी पर बैठे तो उसने आपका स्वागत किया था? शायद आप लोगों को बात समझ में आ गई है। आप जो भी करेंगे, उस पर हमारी नजर रहेगी—केवल उस समय को छोड़कर, जब आप अपने कमरे में जाएँगे और दरवाजा बंद कर लेंगे। हमारी आपकी साँस, आपकी चाल, आपकी

बातचीत की शैली, दौड़ने, बैठने और हर चीज पर हमारी नजर है। जिस भी कमरे में आपको ट्रेनिंग दी जाएगी, उसमें हजारों सेंसर लगे होंगे—उसकी दीवारों में, छत पर और फर्श पर भी। ये सेंसर हर हिलती-चलती हुई चीज की निगरानी करते हैं और नियंत्रण के जरिए आपसे जुड़े होते हैं। जब आप खाना खाने के लिए बैठते हैं या खाने का ऑर्डर देते हैं तो ये सेंसर आपको पहचान लेते हैं। शेफ हर कटोरी पर पोषण का लेबल लगाते हैं।

"सेंसर आपके शरीर में जानेवाली हर कैलोरी, मिनरल्स और विटामिन्स पर नजर रखते हैं। सेंसर इस बात को भी रिकॉर्ड करते हैं कि आपके शरीर से कितना पसीना निकला। हर वॉशरूम में सेंसर लगे हैं, जो यह पहचान जाते हैं कि कौन, कब-कब वहाँ गया। जब भी आप वॉशरूम में जाकर पेशाब या पॉटी करते हैं तो उसका एक नमूना सीधे जाँच के लिए लैब में चला जाता है। आपने पानी पूरी तरह पीया है या नहीं, आप पर्याप्त मात्रा में फाइबर अपने भोजन में ले रहे हैं या नहीं, या आप जरूरत से कम प्रोटीन तो नहीं ले रहे—यह हर चीज को रिकॉर्ड करता है।

"एक कमरे से दूसरे कमरे में जाना बहुत आसान है। जिस कमरे से आप निकल जाते हैं, उसके सेंसर बंद हो जाते हैं और उस कमरे के सेंसर चालू हो जाते हैं, जिसमें आप प्रवेश करते हैं। चूँकि हम विभिन्न दिशाओं से कई सेंसरों का इस्तेमाल करते हैं, इसलिए हम ट्रेनिंग के लिए खुले स्थान के बजाय बंद कमरों का इस्तेमाल करते हैं। इस डाटा का इस्तेमाल हम यह पता लगाने के लिए करते हैं कि आप लोगों का परफॉर्मेंस कैसा चल रहा है। हमारे सॉफ्टवेयर और विशेषज्ञ इन डाटा का विश्लेषण करेंगे और उसी के अनुसार आपको सलाह देंगे। आइए, अब वॉक पर चलते हैं।"

हम कर्नल के पीछे-पीछे चलते हुए लिफ्ट की ओर बढ़े। हर दीवार को ध्यान से देख रहे थे। दीवारों को देखकर कोई नहीं कह सकता था कि वे हम पर नजर रख रही हैं। अचानक मुझे ऐसा अहसास हुआ कि बहुत सी आँखें मेरी ओर देख रही हैं। अब तक हम यह जान चुके थे कि हमें इस सिस्टम से नियंत्रण जोड़ रहा है। हमारे अलावा कोई और इस सेंटर में नहीं आ सकता था। सेंटर परिसर में हर चीज पूरी तरह सुरक्षित थी और केवल वही व्यक्ति वहाँ पहुँच सकता था, जो इसके लिए अधिकृत था।

कर्नल चौधरी सबसे पहले हमें न्यूट्रिशन बिल्डिंग में ले गए। यह वही बिल्डिंग

थी, जहाँ कैफेटेरिया था। हम सब उनके पीछे चल रहे थे। अब तक हमें समझ आ चुका था कि यह कैसे काम करता है।

कर्नल ने अपनी बात जारी रखी, "आप लोगों को याद है, कल हमने कितना लजीज खाना खाया था! इसका पूरा मजा लो, क्योंकि इस तरह की दावत उड़ाने का मौका आपको महीने में केवल एक बार मिलेगा। बाकी दिन आपको एक तय डाइट के तहत खाना दिया जाएगा, ताकि हम आप लोगों को वैसा बना सकें, जैसा हम बनाना चाहते हैं। यहाँ डॉक्टरों, न्यूट्रिशनिस्ट और बॉडी बिल्डरों की एक टीम है, जो पिछले दो साल से एक संतुलित डाइट बनाने पर काम कर रही है। वे आप में से हर एक की जरूरत और शरीर के अनुसार डाइट की योजना तैयार कर रहे हैं। अभी भी आपके पास अपने हिसाब से चुनने का विकल्प है। आपकी जरूरत के हिसाब से कुछ चीजें खासतौर से आपके लिए पेश की जाएँगी, लेकिन बाकी विकल्प आपको नहीं मिलेंगे। यहाँ मौजूद टीम रोजाना के आधार पर आपको सप्लीमेंट्स भी मुहैया कराएगी। कोई सवाल?"

हमें हर चीज समझ में आ चुकी थी, लेकिन यह जानकर निराशा हुई कि मजेदार खाना महीने में केवल एक बार ही मिलेगा। इसके बाद हमें 'बॉडी' नाम की बिल्डिंग में ले जाया गया। अंदर की चीजें जानी-पहचानी भी लगीं, लेकिन साथ ही उन्हें देखकर हैरत भी हुई। वहाँ ट्रेड मिल थी; लेकिन हमें तो धूल भरे रास्तों पर दौड़ने की आदत थी। वहाँ जिम के काफी सारे उपकरण थे; लेकिन वे वैसे नहीं थे, जिनका इस्तेमाल हमने एन.डी.ए. या आर्मी बेस में किया था।

"यह तुम्हारा फिजिकल ट्रेनिंग एरिया है। मुझे पता है कि तुम्हें यह सोचकर हैरानी हो रही होगी कि यह सामान्य जिम से अलग क्यों है? ये बहुत ही अधिक स्पेशलाइज्ड इक्वीपमेंट हैं। हम नहीं चाहते कि आप केवल दौड़ें। मेरा कहने का मतलब यह है कि एकेडमी में यह आप काफी कर चुके हैं। हर रोज केवल भागते रहने से आपकी परफॉर्मेंस में सुधार नहीं होगा। ट्रेड मिल और सेंसर दोनों मिलकर आपके मूवमेंट्स का विश्लेषण करेंगे, आपकी साँसों पर नजर रखेंगे, आपके हाथों की गतिविधियों पर नजर रखेंगे और आपको सुझाव देंगे कि इसमें सुधार के लिए आपको क्या करना है, खासतौर पर आपकी साँसों के बारे में। आप यह देखकर हैरान रह जाएँगे कि सही तरीके से साँस लेने से किस प्रकार आपकी परफॉर्मेंस में गजब का सुधार आता है। आपकी मदद के लिए आपको सप्लीमेंट्स दिए जाएँगे। आपको अपने दिन का 30 प्रतिशत समय यहाँ गुजारना होगा।"

मेरी कुछ समझ में नहीं आया। कड़ी मेहनत किए बिना हम किस प्रकार सबसे श्रेष्ठ हो पाएँगे? हम लोगों ने एक-दूसरे की ओर देखा। सभी का यही हाल था। कर्नल ने हम सबको अपने पीछे आने के लिए कहा और दूसरे फ्लोर की ओर बढ़ गए। वहाँ पर स्वीमिंग पूल था। एक बार फिर वही मामला। सामान्य पूल के मुकाबले यह एकदम अलग था। लेकिन यहाँ तो हर चीज ही अलग थी। उसी मंजिल पर वहाँ 50 पूल थे और हर पूल 10 फीट लंबा एवं 10 फीट चौड़ा था। हर पूल के आसपास बहुत सी तारें पड़ी हुई थीं। हर किसी की नजर कर्नल की ओर घूम गई और सभी काफी गंभीर लग रहे थे।

"भविष्य के स्वीमिंग पूल में आपका स्वागत है। आपको हैरानी हो रही होगी कि इस छोटे से स्वीमिंग पूल में किस प्रकार तैरा जाएगा। आपको केवल इतना करने की जरूरत है कि पूल में उतरने के बाद आप केवल एक जगह पर रहेंगे और पानी आपके चारों ओर घूमेगा। कहने की जरूरत नहीं है कि हर स्वीमिंग पूल में सेंसर लगे हैं।" उन्होंने हँसते हुए यह बात कही थी।

इसके बाद हम जिस तल पर गए, वहाँ सब हथियार आदि रखे हुए थे। दीवारों पर ऐसी-ऐसी बंदूकें टँगी हुई थीं, जो आज से पहले हम लोगों ने कभी नहीं देखी थीं। कर्नल ने हम लोगों से उनमें से कोई एक बंदूक उठाने को कहा। हे भगवान्! कितनी हलकी है यह! एक सामान्य बंदूक के मुकाबले इसका वजन तो 25 प्रतिशत भी नहीं था।

इतना ही नहीं, कर्नल ने हम लोगों को बताया कि यह बंदूक एक सामान्य बंदूक के मुकाबले कहीं अधिक सटीकता के साथ और बेहतर तरीके से निशाना लगा सकती हैं। वहाँ और भी हथियार थे—पिस्तौल, ग्रेनेड, बजूका और भी न जाने क्या-क्या। कर्नल ने बताया कि चूँकि यह एक विशेष डिवीजन है, इसलिए हमें यहाँ ऐसे हथियार उपलब्ध कराए जा सकते हैं, जो बेहद महँगे हैं और बहुत अधिक महँगे होने के कारण बड़े पैमाने पर उनका उत्पादन नहीं किया जा सकता था।

लेकिन रोबोटिक मधुमक्खी पर सभी की नजरें जाकर ठहर गईं। एक बार आप इस मधुमक्खी पर कोई निशाना तय कर लें और इसे चालू कर दें तो यह उस टारगेट तक जाकर उसे जहर-बुझा डंक मारकर ही दम लेगी। एक बार टारगेट की पहचान कर ली गई तो यह उसकी गतिविधियों का पता लगाने के साथ ही उसका पीछा भी करती रहेगी। यह टारगेट का 10 किलोमीटर तक पीछा कर सकती है। आप टारगेट तय करते समय ही यह भी तय कर सकते हैं कि जहर की मात्रा कितनी

होगी और टारगेट को किस समय कितने जहर से मरना चाहिए। इसमें आप टारगेट को एक महीने बाद डंक मारने तक की टाइमिंग फिट कर सकते हैं। इसी तरह, वहाँ एक चूहा बम भी था, जो कि मधुमक्खी की तरह ही काम करता है। दोनों में फर्क केवल इतना है कि चूहा बम डंक मारने के बजाय एक पूरी इमारत को उड़ा सकता है। इन सभी गन और डिवाइसेस को कोई भी ऐसा व्यक्ति चालू कर सकता है, जिसके पास नियंत्रण हो। इसके बाद कर्नल चौधरी हमें बाकी मंजिलों की सैर कराने के लिए बढ़ चले। हर मंजिल को एक अलग ही तरह की लड़ाकू शैली के लिए तैयार किया गया था। उन्होंने हमें पाँच अलग-अलग तरह की फ्रीहैंड फाइटिंग स्टाइल बताईं, जिनके बारे में हमें अभी तक पता नहीं था। दो मंजिलों पर केवल आभासी ट्रेनिंग की व्यवस्था की गई थी। आखिरी मंजिल काफी अलग और मजेदार थी। वहाँ कपड़े, विग तथा अलग-अलग प्रकार का सामान रखा हुआ था। वहाँ कोई सेंसर चालू नहीं था। यह बात हमें कर्नल से ही पता चली। इस तल पर हमें यह ट्रेनिंग दी जानी थी कि हमें खुद को किस तरह छिपाना है, किस तरह अपना हुलिया बदलना है। जाहिर तौर पर, हमारी ट्रेनिंग का 40 प्रतिशत समय लड़ने की नई शैली सीखने में जाएगा, जिसमें टेक्नीक, हथियार, रणनीति और कम्युनिकेशन कौशल भी शामिल होगा। इसके साथ ही, इसमें यह भी शामिल होगा कि हमें अलग-अलग हालात में किस प्रकार से अपने ऑपरेशन को अंजाम देना है।

"तो 30 प्रतिशत काम केवल सामान्य फिजिकल वर्कआउट एवं 40 प्रतिशत विशेष ट्रेनिंग होगी। आपको क्या लगता है कि बाकी 30 प्रतिशत समय हम क्या करेंगे? कोई अंदाजा?"

किसी ने खिड़की से नजर आ रही आखिरी बिल्डिंग की ओर इशारा किया, जिस पर लिखा था—'माइंड'।

"एकदम सही! किसी भी स्थिति में आपका जो सबसे कीमती हथियार होगा, वह होगा आपका दिमाग। इतना ही नहीं, हम अपनी शारीरिक क्षमता को 100 प्रतिशत तक बढ़ाने के लिए अपने दिमाग को ट्रेनिंग दे सकते हैं। समझे! उस क्षमता का दोगुना, जो इस समय आप इस्तेमाल कर रहे हैं। चलिए, उस बिल्डिंग में चलते हैं।"

सभी लोग कर्नल चौधरी के पीछे-पीछे हो लिये। इस इमारत की पहली ही मंजिल पर मेजें व कुरसियाँ लगी थीं। हर मेज पर एक टैबलेट था। कर्नल ने एक टैबलेट उठाया, "अभी तक आपको यह अंदाजा हो गया होगा कि ये टैबलेट्स आप

में से हर किसी को पहचान सकती हैं और आपको आपके निजी वर्क स्टेशन से जोड़ सकती हैं। टैबलेट अपने आप कुछ नहीं करतीं। ये क्लाउड पर मौजूद आपकी वर्चुअल मशीनों के एक टर्मिनल के रूप में काम करने से ज्यादा कुछ नहीं कर सकतीं। तो आप कोई भी टैबलेट्स इस्तेमाल कर सकते हैं, इससे कोई फर्क नहीं पड़ता। लेकिन टैबलेट क्यों? क्योंकि हम चाहते हैं कि आप देखें और पढ़ें।

"भविष्य की कुंजी केवल वर्तमान में नहीं है, बल्कि वर्तमान और अतीत दोनों में है। हम चाहते हैं कि आप हर चीज का इतिहास जानें—राजाओं का, राष्ट्रों का और उसे सीखें। करेंट अफेयर्स के बारे में पढ़ें और साथ ही देश-दुनिया में जारी संघर्षों के बारे में जानें। आपके वर्क स्टेशन पर वह सारी सामग्री उपलब्ध है, जो हम चाहते हैं कि आप सीखें और पढ़ें। इसके अलावा, आपको लगता है कि कोई सामग्री प्रासंगिक है तो खुद आप से भी उसका चयन कर उसे पढ़ सकते हैं। जब भी आप कोई लेख पढ़कर खत्म करेंगे तो आपसे कहा जाएगा कि आप यह रिकॉर्ड करें कि आपने उस लेख से क्या सीखा और इसके बाद आप उस पर विचार करें। अलग-अलग विशेषज्ञ आपके द्वारा जमा की गई रिपोर्ट की समीक्षा करेंगे और उसके बाद वे उस विषय पर आपके साथ चर्चा करेंगे—कई बार आमने-सामने और कई बार समूह में। आप लोगों को हम उत्साहित करेंगे कि आप एक-दूसरे के साथ सकारात्मक और रचनात्मक चर्चा करें। आपके लिए लेक्चर का भी आयोजन किया जाएगा; लेकिन डरिए नहीं, लेक्चर ज्यादा नहीं दिए जाएँगे। उन विशेषज्ञों के साथ आपकी बातचीत या किसी बाहरी विशेषज्ञ के साथ आपकी चर्चा कराई जाएगी।" इतना कहकर कर्नल ने एक खाली हॉल की ओर इशारा किया। ऐसा लगा, जैसे हॉल ने कर्नल के मन की बात समझ ली। अचानक वहाँ एक स्क्रीन सामने आ गई।

अगले तल पर कुछ नहीं था, सिवाय एक बड़ी सी स्क्रीन के। कर्नल चौधरी स्क्रीन के पास गए, "क्या कोई अंदाजा लगा सकता है कि यह कमरा किसलिए है? नहीं? ओ.के., मैं आपको बताता हूँ। यह आपका योग और ध्यान कक्ष है।"

हम लोग एक-दूसरे को मजाक से देखने लगे।

"पूरी दुनिया यह सीखने में लगी है कि इन दो सिद्धांतों—योग और ध्यान के जरिए मस्तिष्क की शक्तियों का ताला किस प्रकार खोला जाए और आप लोग यही करेंगे। योग और ध्यान आपके फोकस को लेजर की तरह धारदार कर देगा। इससे आपको उन चीजों पर ध्यान केंद्रित करने में मदद मिलेगी, जो जीवन में महत्त्वपूर्ण

हैं। इतना ही नहीं, यह बाकी बेकार की चीजों से आपका ध्यान हटाने में भी आपकी मदद करेगा।"

अगली कुछ मंजिलें बेहद अनोखी और सबसे अलग थीं—मशीन, पजल्स, बोर्ड गेम्स और भी न जाने क्या-क्या। सबसे ऊपर की मंजिल पर साइकेट्रिस्ट का वर्चुअल ऑफिस था। सामने की दीवार पर एक टी.वी. टँगा हुआ था, जो किसी विशाल स्क्रीन जैसा नजर आ रहा था। स्क्रीन के सामने कुछ कुरसियाँ लगी थीं।

"आप सब लोग हैरान हो रहे होंगे कि यह कमरा किसलिए है। चलिए, मैं आपको एक डेमो देता हूँ।" कर्नल ने मॉनीटर को चालू होने का आदेश दिया। स्क्रीन पर एक युवती नजर आई। वह एक पार्क में एक बेंच पर बैठी हुई थी।

कर्नल चौधरी ने एक ट्रेनी को आगे आने को कहा। इसके बाद कर्नल ने ट्रेनी से युवती से पूछने को कहा कि क्या वह उसके साथ डेट पर चलेगी? स्क्रीन दो हिस्सों में बँट गई—एक में युवती नजर आ रही थी और दूसरे में युवा ऑफिसर। ऑफिसर काफी हैंडसम था। उसमें गजब का आत्मविश्वास साफ नजर आ रहा था।

'मुझे तो नहीं लगता, मैं ऐसा कुछ कर पाऊँगा।' मैंने अपने आप से कहा।

"हाय! मेरा नाम विश्वास है।" ऑफिसर ने मुसकराते हुए कहा।

"और?" युवती ने जवाब दिया। उसने कोई रुचि नहीं दिखाई। अचानक अजीब-सा माहौल हो गया।

तभी उस ऑफिसर ने सवाल किया, "क्या आप मेरे साथ घूमने चलना पसंद करेंगी?"

"एकदम नहीं! जानते हो, तुम जैसे कितने लड़के रोज मुझे ऑफर करते हैं! मेरे पास इन फालतू कामों के लिए वक्त नहीं है। दफा हो जाओ!" लड़की ने एकदम गुस्से में कहा। तब तक ऑफिसर की हालत खराब हो चुकी थी। वह काफी शर्मिंदगी महसूस कर रहा था। कर्नल ने ऑफिसर से अपनी जगह पर जाने को कहा और फिर से अपनी बात शुरू की।

"तो कैसा रहा?" कमरे में बैठा हर कोई मजे ले रहा था।

"जब तुमने उस लड़की से संपर्क किया तो तुम्हारे दिमाग में क्या चल रहा था?" कर्नल ने सवाल किया।

"मैं सोच रहा था कि वह कितनी खूबसूरत है और यह भी कि पता नहीं वह मेरे जैसे लड़के के साथ घूमने जाएगी भी या नहीं। लेकिन फिर भी, मैंने कोशिश

की।" ऑफिसर ने जवाब तो दे दिया, लेकिन शर्मिंदगी उसके चेहरे से साफ झलक रही थी।

"गुड, तुमने कोशिश तो की। बहुत से लोगों में तो इतनी हिम्मत ही नहीं होती कि वे उसके पास तक चले जाएँ। लेकिन यहाँ समस्या यह थी कि तुमने सही चीजों पर फोकस नहीं किया।" कर्नल ने इतना कहकर फिर से वही क्लिप शुरू से चलाने का आदेश दिया।

"लड़की और उसके आसपास के माहौल को अच्छी तरह देखो। तुम्हें क्या दिखाई दिया?" कर्नल ने सवाल किया।

मैंने स्क्रीन को घूरकर देखा, लेकिन पूरे एक मिनट तक देखने के बाद भी मुझे कुछ समझ नहीं आया।

"उसकी तर्जनी उँगली की ओर देखो। बाकी उँगली के मुकाबले उसके हाथ की त्वचा का रंग कुछ हलका है और यह एक अँगूठी की शक्ल में है। बेंच पर लड़की के ठीक पास में एक अँगूठी रखी है। इसका मतलब है कि उसने अभी-अभी अपनी अँगूठी उँगली में से उतारकर रखी है। उसकी गरदन में एक लॉकेट पड़ा हुआ है। लॉकेट पर भगवान् कृष्ण की फोटो है, जिसका मतलब है कि वह हिंदू है; लेकिन उसके माथे पर सिंदूर नहीं है। इसका मतलब है कि उसकी सगाई हो चुकी है, लेकिन शादी नहीं हुई है।

"इस बात की भी पूरी संभावना है कि सगाई टूट चुकी हो। उँगली पर जहाँ अँगूठी पहनी हुई थी, उसे देखकर लगता है कि सगाई को काफी समय हो चुका था। वह 28-30 साल की दिख रही है। इसलिए एक बात तो पक्की है कि शादी आसपास ही है। हो सकता है कि उसने पहले से ही शादी की तैयारियाँ शुरू कर रखी हों। अपने दिमाग में उसने अपने भावी पति के साथ अपनी पूरी जिंदगी की पहले ही योजना बना रखी होगी। उसने हाथ में एक ब्रेसलेट पहना हुआ है, जिस पर भारतीय राष्ट्रीय ध्वज बना है, जिसका मतलब है कि वह बहुत देशभक्त है।

"अब, अगर तुम बहुत सावधानी के साथ बेंच को देखो तो पाओगे कि इस जगह को तुम बहुत अच्छी तरह जानते हो—खड़गवासला। पूरे शहर में ऐसा केवल एक ही पार्क है। लड़की के पास एक बहुत बड़ा सा बैग भी है। इतना बड़ा नहीं है कि उसमें बहुत से कपड़े आ जाएँ, लेकिन एक दिन के ट्रिप के लिए काफी है। तो इसका मतलब है कि वह यहाँ से नहीं है। वह कहीं आसपास की हो सकती है। हो सकता है कि वह अपने मंगेतर से मिलने आई हो, जो संभव है कि आर्मी में हो।

इसका मतलब है कि वह यहाँ एक-दो दिन के लिए आई हो। इससे फिर एक बात का इशारा मिलता है कि उसे आर्मी मैन पसंद हैं।

"हो सकता है कि इसकी अपने मंगेतर से लड़ाई हो गई हो और उनका रिश्ता टूट गया हो। उसकी आँखों में काफी उदासी है। इसका मतलब है कि रिश्ता उसने नहीं तोड़ा होगा। उनकी शादी होने वाली होगी। उसके सभी दोस्तों व रिश्तेदारों को पता होगा और इसी बीच वह उसे छोड़कर चला गया होगा। उसके मंगेतर को कोई परवाह नहीं थी। ऑफिसर, यहाँ महत्त्वपूर्ण बात है—'परवाह'। उसे इस बात की कतई परवाह नहीं है कि लड़की के दिलो-दिमाग पर क्या बीत रही है। और उस पर से उसके साथ यह सब हो गया कि कोई लड़का अचानक उससे घूमने जाने के लिए पूछ रहा है। इस समय उसकी शादी टूट रही है। वह अपने विचारों में इतनी खोई हुई है कि वह कभी इस बात पर ध्यान नहीं देगी कि तुम दिखने में कैसे हो। काफी गरम दिन है और वह छाया के बजाय सीधे धूप के नीचे बैठी है। इसका मतलब यह है कि उसे होशो-हवास नहीं है, और हो सकता है कि वह यहाँ काफी देर से बैठी हो। तुम्हें चाहिए था कि तुम थोड़ा यह दिखाते कि तुम्हें उसकी परवाह है, तुम उसकी केयर करते हो। अगर तुम केवल इतना कहते कि तुम उसकी उदासी देखकर अपने आप को रोक नहीं सके और उससे यह पूछते कि वह कैसी है, तो तुम्हारी संभावनाएँ बढ़ सकती थीं।

"उसका जवाब होता कि वह ठीक है। वह किसी अजनबी से अपनी निजी जिंदगी को कभी साझा नहीं करना चाहेगी। इसके बाद तुम आर्मी ऑफिसर के रूप में अपना परिचय दे सकते थे। इससे तुम्हें अपने आसपास पाकर उसे अच्छा अहसास हुआ होता। इसके बाद अगला कदम यह होता कि तुम उसे पानी पिलाते। अगर तुम्हारे पास उस समय पानी नहीं होता तो तुम पास के किसी स्टोर से लेकर आते। इससे तुम्हारी आगे की राह काफी आसान हो जाती। अब ज्यादा आशंका इस बात की है कि वह कभी किसी से प्यार नहीं करेगी और माँ-बाप जहाँ कहेंगे, वहाँ शादी कर लेगी। इस मामले में कोई गारंटिड फॉर्मूला नहीं है। आप इतना कर सकते हैं कि विपरीत हालात को अपने पक्ष में कर लें।

"आप यहाँ हर सप्ताह आधा घंटा गुजारेंगे—कभी ग्रुप में और कभी अकेले। अगर किसी तरह का कोई डर सताता है, कोई फोबिया है, कोई मुद्दा है या कोई कॉम्प्लेक्स है तो साइकेट्रिस्ट उसे सुलझाने में मदद करेंगे और आपको वह समझाने

में मदद करेंगे, जिसे सेना में हम 'माइंड गेम्स' कहते हैं।" कर्नल ने काफी गर्व के साथ यह बात कही।

बिल्डिंग का टूर खत्म हो चुका था। हमारे पास पूरा दिन था आराम करने और नई जगह से जान-पहचान बढ़ाने के लिए। अगले दिन से ट्रेनिंग शुरू हो गई। शारीरिक रूप से ट्रेनिंग कतई बुरी नहीं थी, लेकिन मानसिक रूप से बहुत थका देनेवाली थी। हमें हर समय अपनी आँखें खुली रखनी थीं। कई बार ऐसा होता कि हम केवल चल रहे हैं और अचानक से कोई संकेत नजर आएगा, जिसका मतलब होगा कि प्रैक्टिस अटैक होने वाला है। इसके बारे में पहले से कोई सूचना नहीं होती है और अगर आप दुश्मन के हमले की चपेट में आ गए तो अपने प्वाइंट गँवा देंगे। अगर आप इसका अंदाजा लगा लेते हैं और सही समय पर सही फैसला करते हैं तो आपको बोनस प्वाइंट मिलेंगे। आपको हर काम के प्वाइंट मिलेंगे। अच्छा प्रदर्शन, मतलब अच्छे प्वाइंट। जिन छह लोगों के सबसे ज्यादा अंक होंगे, वही यहाँ बचेंगे, बाकी को वापस भेज दिया जाएगा।

□

ट्रेनिंग के वे छह महीने ऐसे लग रहे थे, मानो छह साल हों। ट्रेनिंग खत्म होते-न-होते हम सब बुरी तरह थक चुके थे। लेकिन ट्रेनिंग इतनी एक्साइटिंग थी कि हर कोई टीम का हिस्सा बनना चाहता था, खासतौर से इसलिए भी यह अपनी किस्म की पहली यूनिट थी।

हमें यह जानकर हैरानी हुई कि फिजिकल परफॉर्मेंस के मामले में हम में से अधिकतर अपना कम-से-कम 200 प्रतिशत देने में कामयाब रहे थे। इसका मतलब था कि हम अपनी पहले की क्षमता के मुकाबले तीन गुना अधिक दौड़ सकते थे, दोगुना तेजी से तैर सकते थे और पानी के नीचे करीब 5 मिनट तक अपनी साँस को रोके रख सकते थे। इतना ही नहीं, हमें जो भी हथियार मुहैया कराए गए थे, उन पर भी हमने महारत हासिल कर ली थी।

आखिरी हफ्ता केवल छद्म ऑपरेशन को अंजाम देने में बीता। हमने करीब 20 छद्म ऑपरेशन किए। इसके लिए टीमों का चयन बीच-बीच में से किया जाता था। मैं बहुत ही अधिक उत्साहित था, क्योंकि मैं 16 ऑपरेशंस में जीतनेवाली टीमों का हिस्सा था, जो कि किसी भी अन्य ऑफिसर के परफॉर्मेंस से कहीं अधिक था। और अपनी हर टीम की जीत में मैंने महत्त्वपूर्ण भूमिका अदा की थी। इन ऑपरेशंस में हमें अपने कार्य-प्रदर्शन के आधार पर प्वाइंट्स दिए गए थे। इसका मतलब यह

था कि आप हारनेवाली टीम का हिस्सा हो सकते हैं, लेकिन इसके बावजूद अगर आपका अपना निजी परफॉर्मेंस शानदार रहा है तो आपके प्वाइंट्स को गिना जाएगा।

आखिरी दिन नतीजों की घोषणा की गई और मैं चुन लिया गया था! मैं दुनिया की सर्वाधिक एलीट टीमों में से एक का हिस्सा बन चुका था। इस खबर को सुनकर खुशी के मारे मेरे पाँव जमीन पर नहीं थे। काश, उसी समय मनु, डेविड और यावर को फोन कर इस बारे में बता सकता! मुझे अपनी आँखों और कानों पर यकीन नहीं हो रहा था। मैं वही लड़का था, जो एक समय लगभग एन.डी.ए. को अलविदा कहने वाला था।

अगले दिन, हमें हमारे पहले असली मिशन के बारे में जानकारी दी गई।

□

16

और वे चले गए

कर्नल चौधरी ने मुझे अपने कार्यालय में मिलने को कहा, जो कि मुख्य इमारत में था। मैं मुलाकात के लिए तय समय से आधा घंटा पहले ही पहुँच गया। मेरे लिए यह बिरला ही मौका था कि मेरे पास इतना वक्त हो कि केवल बैठकर किसी का इंतजार करूँ। मैं समझ गया था कि यह भविष्य के लिए उत्साह ही था, जिसके चलते मैं इतनी जल्दी पहुँच गया था। और उस दिन मेरे पास करने के लिए कोई और काम भी नहीं था।

मुलाकात खत्म होते ही मुझे सब लोगों को फोन करना था। इतने समय से केवल टीम के सदस्यों से ही बातचीत होती रही थी। टीम के अलावा, अपने करीबी लोगों से बातें किए हुए मुझे एक अरसा हो गया था। मुझे उन लोगों के साथ बहुत सारी बातें करनी थीं। इतनी कहानियाँ थीं दोस्तों की, जिन्हें मैं सुनने के लिए बेताब था और अपने भी ढेरों किस्से थे, जिन्हें मैं उनके साथ साझा करना चाहता था।

मैं इन्हीं विचारों में खोया हुआ था कि अचानक कंधे पर किसी का हाथ महसूस हुआ। देखा तो कर्नल चौधरी खड़े थे। जल्दी आने के लिए मैं माफी माँगने ही वाला था कि मेरी नजर अपनी घड़ी पर चली गई और तब अहसास हुआ कि खुली आँखों से सपने देखने में मैंने 30 मिनट का समय बिता दिया था। कर्नल चौधरी और मैं उनके ऑफिस में चले गए। उन्होंने हमारे भीतर घुसते ही दरवाजा बंद कर दिया, मुझे अपनी बाँहों में भर लिया और करीब 30 सेकंड तक मुझे सीने से लगाए रहे।

"यहाँ तुम्हारी बहुत याद आएगी। मैं तुम्हें हमेशा याद करूँगा।" इतना कहते-कहते कर्नल चौधरी भावुक हो गए।

"आप ही मुझे जाने के लिए कह रहे हैं।" मैंने उन्हें छेड़ते हुए कहा।

"तुम्हारे लिए काफी हो गया है। मैं समझता हूँ कि अब तुम्हें आर्मी की रुटीन

जिंदगी जीनी चाहिए और अपना खुद का परिवार भी शुरू करो। कोई गर्लफ्रेंड ? हूँ ?" कर्नल ने जानना चाहा।

"नहीं, मेरी कोई गर्लफ्रेंड नहीं है। अगर होती भी तो बहुत पहले ही छोड़ चुकी होती।" मैंने मुसकराते हुए कहा।

"हूँ, यह बात तो तुमने बिल्कुल सही कही। मेरे यहाँ व्यस्त हो जाने के बाद मेरी बीवी भी मुझे छोड़कर जाने ही वाली थी।" कर्नल के चेहरे पर मजाकिया भाव था। "चलो, छोड़ो ये सब। अब यह निश्चित हो चुका है कि तुम्हें दिल्ली में नियुक्त किया जाएगा और तुम्हें एक महीने की छुट्टी मिलेगी, कल से।"

मेरा चेहरा खुशी से चमक उठा। मुझे यकीन ही नहीं हुआ कि मैं कम-से-कम दो साल के लिए दिल्ली जा रहा हूँ। कर्नल चौधरी ने यह तय कर दिया था कि मुझे जो काम दिया जाएगा, वह ज्यादातर पेपर वर्क होगा और वह भी कम-से-कम। आरामतलब जिंदगी की आदत अब नहीं रही थी; लेकिन मुझे अपनी नई जिम्मेदारी का इंतजार था। मैं दिल्ली में अपने परिवार के साथ रह सकता हूँ, और हर सप्ताहांत में अपने स्कूल के दोस्तों के साथ भी मस्ती कर सकूँगा! इतना ही नहीं, सारे त्योहार अपने घरवालों के साथ मनाऊँगा! मेरी ऐसी कोई योजना नहीं थी कि मैं इस तरह की जिंदगी में फिर से लौटूँगा।

"तुमने अपने घरवालों को अभी तक बताया या नहीं?" कर्नल की आवाज सुनाई दी।

"नहीं, जब तक हर चीज तय नहीं हो जाती, मैं उन्हें झूठी उम्मीद नहीं देना चाहता था।"

"ओ.के., यह रहा तुम्हारा कन्फर्मेशन लेटर।" कर्नल ने कुरसी पर आगे झुकते हुए मुझे चिट्ठी थमा दी।

मैंने तुरंत चिट्ठी खोली। मैं देखना चाहता था कि सबकुछ ठीक-ठाक हुआ है या नहीं। पहली बार जब कर्नल ने कहा कि वह मुझे इस टीम से बाहर निकालकर दिल्ली भेजना चाहते हैं तो मुझे उनकी बात पर यकीन नहीं हुआ। मैं जाने के लिए मानसिक रूप से तैयार नहीं था। आखिरकार, यह टीम ही तो मेरी जिंदगी थी। मैं एक ऐसा सैनिक बन चुका था, जो हर वक्त मिशन पर रहता है।

"यह कैसा लगा ?" कर्नल ने सवाल किया।

"ईमानदारी से कहूँ तो जब पहली बार आपने बताया था तो मुझे यकीन नहीं हुआ था; लेकिन अब मैं यहाँ एक दिन भी नहीं रहना चाहता हूँ। मुझे तो केवल यही

दिखाई दे रहा है कि मुझे अपने घरवालों से, दोस्तों से कितनी सारी दुनिया-जहान की बातें करनी हैं। मैं तो यही उम्मीद कर रहा हूँ कि पिछले सात सालों में कुछ नहीं बदला होगा।"

"सबकुछ बदल चुका है, मेरे दोस्त।" कर्नल चौधरी बार की ओर गए। "ड्रिंक ?"

"प्लीज, डबल बनाइएगा।" जैसे ही कर्नल हम दोनों के लिए दो ड्रिंक बनाने लगे, मैंने कहा।

"इतने सालों तक, चौबीसों घंटे काम करते रहने के दौरान, तुम्हें सबसे ज्यादा याद किसकी आई ?"

"समझ नहीं पा रहा हूँ, कहाँ से शुरू करूँ और कहाँ पर खत्म करूँ, कर्नल। मैं वे दिन कभी नहीं भुला सकता, जब दादी माँ चली गई थीं। मुझे आज भी याद है, हम लोग मालदीव के पश्चिम में, अरब सागर में एक बचाव मिशन के लिए तैयार हो रहे थे। वहाँ सोमालियाई समुद्री डाकुओं ने हमारे एक जहाज को अगवा कर लिया था। हम लोग निकलने ही वाले थे कि मुझे यह खबर मिली। मेरे परिवार के लोग पिछले दो दिनों से मुझसे संपर्क करने की कोशिश कर रहे थे, लेकिन उनकी कोशिश बेकार गई। दादी माँ बहुत पहले ही सबको साफ-साफ कह चुकी थीं कि उनकी चिता को सिर्फ मैं ही मुखाग्नि दूँगा; लेकिन पहले ही काफी देर हो चुकी थी। घर के लोग और इंतजार नहीं कर सकते थे। जब तक मैं घर पहुँचा, अंतिम संस्कार हो चुका था। उनकी अस्थियाँ भी प्रवाहित की जा चुकी थीं। मुझे उनकी बहुत याद आती है, खासतौर से वह जो मजाक करती थीं, वे तो आज भी कानों में गूँजते हैं।

"उसके बाद मेरे भाई की शादी थी, जिसमें मैं केवल एक दिन के लिए शामिल हो पाया था। शादी की तैयारियों में भी मैं पापा-मम्मी का कोई हाथ नहीं बँटा सका था। यावर पूरे एक हफ्ते तक पापा-मम्मी के पास रहा और उसने शादी की तैयारियों में उनकी मदद की। मेरे परिवार के लोग घर की पार्टियों में जो मजा करते थे, मस्ती करते थे, हंगामा करते थे—मुझे वह सब बहुत याद आया। एक दिन के लिए मैं वहाँ गया था। मम्मी ने बहुत ज्यादा कुछ नहीं कहा। वे हर समय मेरे आसपास ही रहती थीं। वे मुझे देखती ही रहतीं। मुझे कहीं गहरे लगता था कि वे जानती हैं कि मैं कुछ बहुत ही खतरनाक कर रहा हूँ। खासतौर से, जब भी घर जाता था, मुझे कहीं-न-कहीं चोट लगी होती थी। भाई ने मुझे बताया था कि जब से मेरा घर आना छूट गया है, तब से पापा-मम्मी ने पार्टियाँ देना भी बंद कर दिया है।

"करण को अमेरिका से नोएडा आना पड़ा था। इससे कुछ राहत मिली थी कि वह पापा-मम्मी के पास है। मैं अपनी जुड़वाँ भतीजियों के पैदा होने के दिन को भी बहुत याद करता था—माया और मीरा। हर कोई उन्हें 'एम. एंड एम.' बुलाता है। उनकी पैदाइश के बाद से ही मैंने उन्हें बहुत ज्यादा नहीं देखा था और अब तो वे दो साल की हो चुकी हैं। एक तरह से कहूँ तो हर चीज को मैंने बहुत याद किया—यावर की शादी, डेविड की शादी, स्कूल के मेरे सारे दोस्तों की शादियाँ, उनके बच्चों के जन्मदिन, उनकी पार्टियाँ। लेकिन अब मैंने पिछला सारा हिसाब-किताब चुकाने का मन बना लिया है।"

"और तुम्हें अब कैसा लग रहा है? मेरा मतलब, फिजिकली।" कर्नल के सवाल में चिंता थी।

"आई एम ओ.के.। गरमी में तो ठीक रहता है, लेकिन सर्दी में यह थोड़ा दिक्कत करता है। शरीर में जहाँ-जहाँ गोलियाँ धँसी थीं, वहाँ सर्दियों में दर्द होता है। मैं पेनकिलर खाते-खाते थक गया हूँ।" मैंने ठंडी साँस छोड़ी।

"जरा वह किस्सा फिर से बताना। तुम्हें 'आयरन मैन' का निकनेम कैसे मिला था?" कर्नल के चेहरे पर शरारती मुसकराहट थी।

"पिछले सात सालों में टीम 'ए' के साथ करीब 200 ऑपरेशंस को अंजाम देने के दौरान मेरे पूरे शरीर के अलग-अलग हिस्सों में पाँच गोलियाँ लगी थीं—मिशन आपकी निगरानी में ही अंजाम दिए गए थे।"

"मुझे दोनों ही नाम बहुत प्यारे लगते हैं—'आयरन मैन' और 'टीम ए'। निश्चित रूप से तुम्हारी टीम, टीम ए है। हम हर साल एक टीम बनाते हैं और अब सात टीमें बन चुकी हैं, लेकिन तुम्हारी टीम आज भी श्रेष्ठ है। तुम्हारी टीम ने सबसे ज्यादा ऑपरेशंस चलाए हैं और वह भी टीम का एक भी सदस्य गँवाए बिना। इसमें से केवल दो ऑपरेशन फेल हुए। इस चीज को ध्यान में रखते हुए कि हर ऑपरेशन अपने आप में अलग होता है और हर ऑपरेशन में हर किसी के लिए कोई-न-कोई चीज नई होती है, यह अपने आप में शानदार है। मुझे इस बात की खुशी है कि हमने तुम्हें टीम का लीडर बनाया। इस तथ्य को भी नहीं भूलना चाहिए कि केवल तुम्हारी ही टीम में एक महिला ऑफिसर है। यह हमारे लिए और पूरी आर्मी के लिए गर्व की बात है।

"तुम लोगों ने जिन-जिन ऑपरेशंस को सफलतापूर्वक अंजाम दिया है, अगर तुम अपनी रेजीमेंट में होते तो अब तक तुम्हें न जाने कितने पुरस्कार मिल चुके होते। तुम्हारे माँ-बाप को तुम पर कितना गर्व होता! दुर्भाग्यवश, हमारे साथ तुम्हें अगर

कुछ मिला भी है तो वह शरीर में लगी गोलियाँ ही मिली हैं।" कर्नल चौधरी ने अपने ड्रिंक से घूँट भरते हुए कहा।

"बाकी पाँच गोलियों को मत भूलिए, जो मेरे शरीर से निकाल ली गई थीं।" मैंने उन्हें याद दिलाया और अपनी टी-शर्ट के नीचे से वह चेन निकाली, जिसमें पाँच गोलियाँ बड़ी सफाई से टँगी हुई थीं। कर्नल ने यह सुनकर जोरदार ठहाका लगाया।

"जाने से पहले एक आखिरी बात। तुम अपने परिवार के लोगों से तो घर जाकर मिल लोगे, लेकिन अपने बाकी तीन दोस्तों से कैसे मिलोगे ? मेरा कहने का मतलब है कि वे तीनों अलग-अलग जगह पोस्टेड हैं।"

"मैं छुट्टियों में उनसे मिलने जाने की सोच रहा हूँ।"

"यह तो कोई खास तरीका नहीं हुआ। क्यों ?" कर्नल मुसकराए। मैं उनके सवाल को सुनकर थोड़ा उलझन में पड़ गया।

"और मेरे पास रास्ता क्या है ?" मैंने सवालिया नजरों से उन्हें देखा।

"तुम्हारे दोस्तों को दिल्ली ऑफिस रिपोर्ट करने के लिए कहा गया है। दरअसल, वे कल ही रिपोर्ट करेंगे। वे तीन महीने दिल्ली में रहेंगे और तुम्हारे साथ काम करेंगे।" उन्होंने बड़ी मासूमियत के साथ अपने ड्रिंक के घूँट भरते हुए कहा।

मैं उठा और जोर से कर्नल को बाँहों में भरने से खुद को रोक नहीं पाया।

अब समय आ गया था। इस जगह को मुझे अलविदा कहना ही था। मैं कर्नल चौधरी के कमरे से बाहर निकल गया। बस मेरा इंतजार कर रही थी। बस में सफर करनेवाला मैं अकेला ही था। इतने साल बीत गए थे। कभी भी ट्रेनिंग सेंटर से कोलकाता शहर के रास्ते को देखने का मौका ही नहीं मिला था। अब कोई फर्क भी नहीं पड़ने वाला था। यह मेरी इस जगह की आखिरी यात्रा थी। मैंने सोचा, क्यों न सफर के समय का इस्तेमाल सबको फोन करने के लिए कर लिया जाए! दोस्तों और परिवारवालों के साथ बातचीत करने का मेरे लिए फोन ही एक जरिया था।

सबसे पहले पापा-मम्मी को फोन कर बताया कि मेरी पोस्टिंग दिल्ली में हो गई है। मम्मा तो मेरी आवाज सुनने के बाद रोए ही जा रही थीं। मैंने कभी किसी को नहीं बताया था कि मैं कर क्या रहा हूँ; लेकिन मेरे अपने इतने मूर्ख नहीं थे। बाकी ऑफिसर की तरह जब आपका कोई परमानेंट ठिकाना न हो और दूसरे ऑफिसर के मुकाबले आपको बहुत कम छुट्टियाँ मिलें तो लोग बातें तो बनाते ही हैं। मैं बिना किसी संदेश के अचानक ही छुट्टी पर पहुँच जाता था और जब भी घर जाता, कहीं-न-कहीं चोट लगी होती थी। मुझे लग रहा था कि डेविड, यावर और मनु को भी कुछ-न-कुछ

आभास हो चुका था। मेरे स्कूल के दोस्त भी मुझसे बहुत खुश नहीं थे। मैंने उन्हें व्हाट्सएप ग्रुप पर संदेश भेजा तो मेरे एक दोस्त ने कहा कि यार तुम तो बहुत जरूरी मौकों पर भी नजर नहीं आते हो। लेकिन जब मैंने उन्हें बताया कि मैं कम-से-कम एक साल के लिए अब दिल्ली में रहूँगा तो उन्होंने मुझे माफ कर दिया। अगर आर्मी कैंटीन से कुछ सस्ती शराब ला पाया तो वे खुश हो जाएँगे। मैंने उनसे वादा किया कि मैं हर हफ्ते कम-से-कम एक बार तो उन लोगों से जरूर मिलूँगा। मुझे भी यह वादा करके खुशी हुई।

इसके बाद तीनों दोस्त लाइन पर थे। मैंने सबसे पहले मनु को फोन करने का फैसला किया। उसने तुरंत जवाब दिया, "तुमने एकदम सही समय पर फोन किया। जरा बताओ, मैं कहाँ हूँ और किसके साथ घूम रहा हूँ?"

मैं हलके से हँसा। मुझे जवाब पता था, लेकिन मैंने उसके साथ मजाक करने की सोची, "तुम डेविड से मिलने उसके रेजीमेंट में तो नहीं जा रहे हो?"

"फिर कोशिश करो।"

"यार, और कोशिश नहीं करूँगा। तू ही बता दे, प्लीज।"

"तुम खुद ही बात क्यों नहीं कर लेते!" इतना कहकर मनु ने फोन स्पीकर पर लगा दिया।

"हैलो, मि. बिग शॉट।" यावर ने मुझे परेशान करते हुए कहा।

"यार, तुम लोग कहाँ हो और एक साथ कैसे?" मैंने सवाल किया। मैं यह दिखा रहा था कि मुझे उन्हें एक साथ पाकर बहुत हैरानी हुई है।

"हम लोगों ने दिल्ली में मिलने का फैसला किया है। अपने एक दोस्त के खिलाफ एफ.आई.आर. करानी है, जो पिछले सात सालों से लापता है। वह अपने सगे भाई की शादी में देर से आया और मेरी या यावर की शादी में तो आया ही नहीं पट्ठा।" डेविड बोले जा रहा था।

"प्लान तो बहुत सही लग रहा है तुम लोगों का। वैसे, कौन से पुलिस थाने में एफ.आई.आर. दर्ज कराने जा रहे हो?"

"अबे! तुमने यह क्यों पूछा?" मनु की आवाज में काफी एक्साइटमेंट थी।

"क्योंकि मैं तुम लोगों की मदद कर सकता हूँ। तुम तो मान ही रहे हो कि मैं बिग शॉट हो गया हूँ। अगर मैं खुद पुलिस से बात करूँगा तो वे तुम्हारे दोस्त को ढूँढ़ने का काम ज्यादा अच्छी तरह से करेंगे।"

"तुम दिल्ली में हो?" उसे कुछ-कुछ माजरा समझ में आ रहा था और उसकी

आवाज में हैरानी से लबरेज खुशी मैं इतनी दूर से महसूस कर रहा था।

"मैं कल पहुँच रहा हूँ। मुझे केवल लोकेशन और टाइम बताओ और मैं पहुँच जाऊँगा। हाँ, प्लीज, अपने दोस्त का एक फोटो जरूर ले आना।" मैंने भी उसे छेड़ते हुए कहा।

वह खुशी के मारे सीट से उछल ही पड़ेगा। मुझे फोन पर ही उसकी खुशी का आभास हो रहा था। दिल्ली पहुँचने के बाद वे अपने परिवारों को पीछे छोड़कर एकेडमी के पुराने दिनों की तरह मिलने वाले थे।

"तो फिर, हमें कल ही मिलना चाहिए। तुम दिल्ली में कितने दिन के लिए जा रहे हो?" यावर ने सवाल किया।

"एक के लिए।" मैंने जवाब दिया। फोन पर कुछ सेकंड के लिए खामोशी छा गई।

"हम कल तुम्हारे घर आ रहे हैं। तुम्हारे जाने से पहले एक बार मिल तो लें।" यावर ने जवाब दिया। उसकी आवाज में निराशा थी।

"अगले वीकेंड और उसके अगले वीकेंड तुम लोग क्या कर रहे हो?" मैंने पूछा।

"क्या फर्क पड़ता है? तुम तो सिर्फ एक दिन के लिए आओगे।" मनु ने शिकायती लहजे में कहा।

मैंने सोचा, अब इन बेचारों को और परेशान करना ठीक नहीं है।

"फर्क पड़ता है। मैंने 'एक' कहा था, मैंने कभी नहीं कहा कि 'एक दिन'।"

"क्या मतलब? एक महीना? एक साल?" एक-एक शब्द के साथ मनु की आवाज ऊँची हो रही थी।

"हूँ, लगता है, बात एक साल की है।" मैंने कहा। मैंने ऐसा दिखाने की कोशिश की, जैसे मुझे तो कोई फर्क ही नहीं पड़ता।

फोन पर दूसरी ओर खामोशी कुछ लंबी हो गई।

"एक मिनट। ये हम तीनों लोगों की एक साथ दिल्ली में पोस्टिंग कैसे हो गई? खासतौर से तुम्हारी भी, मि. शर्मा? तुमने तो कोई पेंच नहीं लड़ाया?"

"शायद। शायद नहीं भी।" मैंने जवाब दिया।

इसके बाद अगले कुछ मिनट तक हम दोनों एक-दूसरे को गालियाँ देते रहे और आगे की प्लानिंग करते रहे। हमने फैसला किया कि गोवा की बीती यादों को फिर से ताजा किया जाए। हम बीते समय में लौट गए, जब पहली बार गोवा गए थे।

फिर तो गोवा के ही किस्से शुरू हो गए। एक याद से दूसरी याद का सिरा पकड़ते, फिर यादों में खो जाते।``इस तरह न जाने कब दो घंटे बीत गए। हमने दो दिन बाद नोएडा के 'सुपरनोवा' मॉल में मिलने का फैसला किया।

अगले दिन मैं दिल्ली पहुँच गया। मेरे घर के लोगों ने अपनी स्टाइल में मेरे आने का जश्न मनाया—पार्टी देकर। सबकुछ वही-का-वही था, सिवाय इसके कि पार्टी रात में नहीं, दिन में थी। पार्टी बहुत जल्दबाजी में दी गई थी, इसलिए सब लोग उसमें शामिल नहीं हो पाए। लेकिन फिर भी, काफी लोग थे। हर किसी को दादी की कमी खल रही थी। दादी किसी का भी मजाक उड़ाने में किसी को भी नहीं छोड़ती थीं; लेकिन अब केवल यादें रह गई थीं। जानेवाले कहाँ लौटकर आते हैं? लोग एक-दूसरे का मजाक बनाकर दादी की कमी को पूरा करने की कोशिश कर रहे थे। पर दादी की तो बात ही अलग थी। दादी तो सामनेवाले को ऐसा पानी-पानी करती थीं कि बेचारा पानी भरने लायक तक नहीं रहता था। दादी वहीं मार करती थीं, जहाँ दर्द सबसे ज्यादा होता था। मैं अब सोचता हूँ तो लगता है कि दादी का यही मूल मंत्र था—वहीं मारो, जहाँ सबसे ज्यादा दर्द हो।

मम्मी की सारी सहेलियाँ वहाँ थीं। दोनों शैतान जुड़वाँ भाइयों ने एकदम सही टाइम पर पार्टी में एंट्री मारी। छोटे बच्चे अब सब बड़े हो गए थे और बड़े बच्चे अब पापा-मम्मी बन चुके थे। पिछली पार्टी के मुकाबले इस बार शराब को लेकर इतनी लुका-छुपी नहीं थी। मेरे एन.डी.ए. पास करने के बाद से ही माहौल थोड़ा खुल गया था।

सबकुछ निपट जाने के बाद मैंने थोड़ा फुरसत का समय सही मायने में अपने परिवार के साथ बिताया। सालों हो गए थे अपने भाई के साथ इस तरह समय बिताए। एम. एंड एम. बहुत ही क्यूट थीं और शरारती भी। यही समय था, जब मुझे अपनी भाभी को भी जानने-समझने का मौका मिला। मैं तो एक तरह से भूल ही गया था कि छुट्टियाँ कैसी होती हैं। कुछ न करिए, बस, बिस्तर पर करवटें बदलिए और माँ की गोद में सिर रखे लेटे रहिए। कई बार जिंदगी में ऐसी फुरसत मिलना ही किसी नेमत से कम नहीं होता।

□

यावर, मनु, डेविड और मैं—हम चारों का शाम को 3 बजे मॉल में मिलने का प्रोग्राम तय हुआ था। स्कूल के दिनों से ही मैं इस मॉल में अकसर अपने दोस्तों के साथ घूमने आया करता था। आज भी यह मॉल मुझे बहुत अच्छे से याद है। कोई बहुत बड़ा नहीं है यह। इसमें एंट्री के लिए एक ही गेट था, तीन मंजिलें थीं और आकार में

यह चतुर्भुज जैसा था, जिसके बीचोबीच काफी खाली जगह थी। सारी दुकानों और शोरूम के दरवाजे इसी खुली जगह की ओर खुलते थे। मॉल में टॉप फ्लोर हमारी सबसे पसंदीदा जगह थी। हम उप-रेलिंग के सहारे खड़े होकर केवल लड़कियों को आते-जाते देखते रहते थे।

मैं तैयार होकर मॉल के लिए निकल गया। वह शाम कितनी अच्छी थी! मैं पूरी तरह फुरसत में था। न मुझे किसी को मारने की योजना बनानी थी, न किसी को बचाने के लिए जाना था और न ही आतंकवादियों का पीछा करना था; न इस बात की कों चिंता थी कि टीम के सदस्य जिंदा लौटेंगे या नहीं, मैं खुद जिंदा रहूँगा या नहीं। जैसे ही मॉल के सामनेवाले स्टॉप पर पहुँचा, जानी-पहचानी सड़कों को देखकर स्कूल के दिनों की न जाने कितनी ही कहानियाँ यादों में तैर गईं। अगले वीकेंड पर मेरा स्कूल के दोस्तों के साथ मिलने का प्रोग्राम था। मैं मॉल से मुश्किल से 500 मीटर की दूरी पर था कि मुझे डेविड का मैसेज मिला कि वे लोग पहले ही पहुँच चुके हैं और टॉप फ्लोर पर बार में ड्रिंक भी शुरू कर चुके हैं। उन्होंने मुझसे जल्दी करने को कहा। जैसे ही मैंने फोन से नजरें हटाईं तो देखा कि लोग मॉल से निकल-निकलकर भाग रहे थे। मैंने गाड़ी का शीशा नीचे किया। लोग भागते हुए चिल्ला रहे थे। मैंने अपना फोन उठाया और उन लोगों को मिलाया, लेकिन किसी ने फोन ही नहीं उठाया।

मैं कार से निकलकर मॉल की ओर भागने लगा। मॉल के पास पहुँचते ही मैंने एक आदमी को पकड़ा और उससे पूछा कि मामला क्या है?

"भीतर कुछ लोग हैं, जिन्होंने काले कपड़े और मास्क लगा रखे हैं। वे अंधाधुंध गोलीबारी कर रहे हैं। कुछ लोग मॉल से निकल भागने में सफल रहे, लेकिन अभी भी सैकड़ों लोग भीतर फँसे हुए हैं।" उस आदमी ने एक ही साँस में सारी बात बताई। मॉल के भीतर से गोलियाँ चलने की आवाजें सुनाई दे रही थीं।

'वे बंधक बनाने नहीं आए हैं, बल्कि उनका मकसद ज्यादा-से-ज्यादा लोगों को मारना है।' मैंने अपने आप से कहा। भीतर जाने के सिवाय मेरे पास कोई चारा नहीं था। जैसे ही मैं मॉल के एंट्री गेट पर पहुँचा कि गोलियों की आवाज थम गई। लोगों का हुजूम-का-हुजूम मॉल से बाहर निकल रहा था। मुझे भीतर घुसने में दस मिनट लगे। मुझे एक तरह से धक्का देकर भीतर घुसना पड़ा, क्योंकि लोग अपनी जान बचाने के लिए बाहर की ओर भाग रहे थे।

गेट से मुश्किल से 20 फीट की दूरी पर सुरक्षा गार्डों की लाशें पड़ी थीं। गार्डों के शवों से लगभग 5-6 फीट दूर एक और शव पड़ा था, जिसके शरीर पर काले

कपड़े और मास्क लगा हुआ था। मैंने अंदाजा लगाया कि यह आतंकवादियों में से ही एक है। उसमें कोई हलचल नहीं होते देख मैंने आगे बढ़ने का फैसला किया। जब तक मैं भीतर पहुँचा, मॉल का बीच का हिस्सा पूरी तरह खाली हो चुका था। मुझे वहाँ तीन और शव नजर आए। दो पर वैसे ही काले कपड़े थे, लेकिन एक शव सादे कपड़ों में था।

मैं तुरंत समझ गया कि यह कौन था; लेकिन मैं उम्मीद लगाए हुए था कि मेरा अंदाजा गलत निकले। मैं शव के करीब गया। उसका चेहरा दूसरी ओर था। मैं उसके चेहरे को देखने के लिए चारों ओर घूम गया। मेरा डर सही निकला। मैंने जो सोचा था, यह वही था—मनु। उसके सीने में तीन गोलियाँ लगी थीं और उसके कपड़े खून से लथपथ थे। बिना समय गँवाए मैं दूसरे फ्लोर पर पहुँचा। मुझे यावर और डेविड को ढूँढ़ना था। कई और शव अपने ही खून के तालाब में पड़े थे। एक शव के कपड़े पूरी तरह काले थे। मैं तुरंत उसके पास पहुँचकर रुक गया। आतंकवादी का शव किसी के शव पर पड़ा हुआ था। मैं उसकी ओर दौड़ा और आतंकवादी के शव को हटाया। उसके नीचे डेविड था। अब तक मेरे दिमाग ने काम करना बंद कर दिया था और मेरा शरीर सुन्न पड़ गया था। मैं फर्श पर बैठ गया। जैसे ही मैंने उसका हाथ अपने हाथ में लिया, मेरी आँखों में रुका हुआ बाँध भरभराकर टूट गया। अगले कुछ मिनट मैं उसका हाथ अपने हाथ में लिये बैठा रहा और किसी टूटे हुए रिकॉर्ड की तरह बार-बार बोलता रहा, "...डेविड...डेविड...डेविड।"

टॉप फ्लोर पर जाने की हिम्मत नहीं बची थी, लेकिन जाना तो था ही। मैं बुदबुदाने लगा, "...नहीं यावर, ...नहीं यावर...नहीं।" मैं उसे पागलों की तरह ढूँढ़ रहा था। इस फ्लोर पर शव उतने ज्यादा नहीं थे। मैंने कई बार यावर का नाम पुकारा, लेकिन कोई जवाब नहीं आया। मैंने हर शव को जा-जाकर देखा और इस उम्मीद में कि काश, यह भी यावर का न हो...यह भी यावर का न हो। और उसी समय अचानक मेरी नजरें एक जाने-पहचाने शरीर पर पड़ीं। अब मेरे कदमों की जान निकल गई और मैं वहीं घुटनों के बल गिर गया। चिल्लाया, रोया...दहाड़ें मार-मारकर रोया। कुछ देर बाद मुझे नहीं पता कि मैं क्या कर रहा था। मैंने उसके शव को अपनी बाँहों में कसकर भर लिया और सुबकता रहा। मैं तय नहीं कर पा रहा था कि कौन से फ्लोर पर जाऊँ...किसके शव को बाँहों में भरूँ...किसके हाथ को थामूँ? मेरे तीन सबसे प्यारे दोस्त, मेरे तीन भाई जा चुके थे।

□

17

छठा आतंकवादी

उस भयानक घटना को एक सप्ताह का समय बीत चुका था। सेना ने हमले की जाँच के लिए पाँच वरिष्ठ अफसरों की टीम बनाई थी, जिसमें मैं भी शामिल था। पुलिस भी जाँच में मदद कर रही थी। हमले में सेना के ऑफिसर्स मारे गए थे, इसलिए अपराध-स्थल और गवाहों तक हमें पूरी पहुँच दी गई थी। हमने सुरक्षा कैमरों से ली गई फुटेज की कम-से-कम दस बार समीक्षा की। सभी गवाहों से अलग-अलग लोगों द्वारा कई बार पूछताछ की गई, ताकि कोई छोटी-से-छोटी जानकारी भी छूटने न पाए।

हमें एक तरह से पक्का पता था कि क्या हुआ था। आतंकवादी सामनेवाले गेट से मॉल में घुसे थे···दिन-दहाड़े सामनेवाले गेट से। वे पाँच थे और एक एस.यू.वी. में सवार होकर आए थे। वे जाँच के लिए नहीं रुके और उन्होंने सीधे गोलीबारी शुरू कर दी। गार्डों को मारने के बाद वे आगे बढ़े और जो भी उनके सामने आया, उन पर अंधाधुंध गोलियाँ बरसाईं, जिनमें बच्चे, बूढ़े और महिलाएँ भी शामिल थीं। कोई भी खुद को बचा नहीं पाया।

उनकी मंशा एकदम साफ थी—ज्यादा-से-ज्यादा नुकसान। जब लोगों को समझ में आया कि क्या हो रहा है तो उन्होंने जहाँ रास्ता मिला, उसी ओर भागना शुरू कर दिया। जो लोग बाहर निकल सकते थे, वे बाहर की ओर भागे और बाकी लोगों ने आतंकवादियों की नजरों से बचने के लिए इधर-उधर भागने की कोशिश की। कुछ लोग दूसरी व तीसरी मंजिल की ओर दौड़े, ताकि उन्हें कुछ समय मिल सके अपनी जान बचाने के लिए। काफी लोग पहली ही मंजिल पर फँस गए और वहीं पर सबसे अधिक लोगों की जानें गई थीं। पहली मंजिल पर 25 लोग मारे गए थे, जिनमें गाड्र्स भी शामिल थे। दूसरी मंजिल पर 15 तथा तीसरी मंजिल पर 7

लोगों की जानें गई थीं। सभी पाँचों आतंकवादी 20–25 साल की उम्र के थे। तीन स्थानीय थे, 2 जम्मू व कश्मीर से और एक मुंबई से था। बाकी दो पड़ोसी देश के थे। वे एक सप्ताह पहले ही भारत में घुसे थे और उसके बाद से ही एक जगह से दूसरी जगह की यात्रा कर रहे थे, अलग-अलग जगहों पर रुक रहे थे। इससे उनका पीछा करना मुश्किल था।

काफी लोगों ने उनकी मदद की थी। कुछ लोगों ने अनजाने में, कुछ के लिए यह मजहब का सवाल था और बाकी की आँखों पर पैसे ने पट्टी बाँध दी थी। दो आतंकवादियों की पहचान पड़ोसी देशों के नागरिकों के रूप में हुई थी। लेकिन हमेशा की तरह उनकी सरकारों ने उनकी इस हमले में संलिप्तता से इनकार कर दिया था। वे तो उनकी लाशों तक को लेने के लिए तैयार नहीं थे।

अगर इन तीनों ने तेज गति से काम नहीं किया होता तो मरनेवालों की संख्या और अधिक हो सकती थी। विजुअल्स सुराग, सुरक्षा कैमरों और गवाहों से हम घटना का एकदम सटीक चित्रण कर पाने में सफल रहे थे। हमें पता चल गया था कि इसके बाद क्या हुआ होगा। डेविड, मनु और यावर ने जैसे ही गोलियाँ चलने की आवाज सुनी, वे तुरंत बाहर आकर देखने लगे कि क्या हुआ है ? आतंकवादियों के बारे में जानकारी लेना काफी मुश्किल भरा रहा होगा; क्योंकि वे पहले से ही मासूम लोगों पर गोलियाँ बरसा रहे थे। मनु, यावर और डेविड ने तीनों मंजिलों पर अलग-अलग होकर जाने का फैसला किया और आतंकवादियों को रोकने के लिए वे जो कुछ भी कर सकते थे, उन्होंने किया। यावर ने टॉप फ्लोर पर मोर्चा सँभाल लिया, डेविड दूसरे पर और मनु पहले फ्लोर पर डट गया। मनु और डेविड किसी तरह से दूसरे फ्लोर पर पहुँचने में सफल हो गए। मनु ने भूतल पर दो आतंकवादियों को देखा, जो गोलीबारी कर रहे थे। मनु ने तुरंत फैसला किया कि उन्हें गोलीबारी से रोकने का एक ही उपाय है कि उनके ऊपर कूदकर उन्हें काबू किया जाए।

मनु ने एकदम ऊपर से छलाँग लगा दी और इस प्रक्रिया में एक आतंकवादी मारा गया। दूसरे आतंकवादी ने मनु को देखते ही उसके सीने पर गोलियों की बौछार कर दी। इसके बावजूद मनु ने किसी तरह पहले आतंकवादी की बंदूक हासिल की और दूसरे आतंकवादी को मार दिया। दम तोड़ने से पहले मनु ने मुख्य गेट के करीब गोलीबारी कर रहे एक और आतंकवादी को मार गिराया। यावर और डेविड के पास आतंकवादियों से सीधे भिड़ने के सिवाय कोई रास्ता नहीं था। उन्होंने आतंकवादियों को मारने के साथ ही अपना भी बलिदान दे दिया।

डेविड और यावर के घरवाले उसी दिन दिल्ली पहुँच गए। वे सब लोग मेरे घर पर ठहरे। पिछले एक सप्ताह की तरह मैंने घर जाने से पहले बार में बैठकर चुपचाप ड्रिंक करने का फैसला किया और उसके बाद घर गया। आमतौर पर, मैं आधी रात के बाद 2 बजे से पहले घर नहीं पहुँचता था और उसके बाद सोने के लिए सीधे अपने कमरे में चला जाता। मैं उनके घरवालों का सामना नहीं कर सकता था। उनके ही जीवन का बलिदान क्यों, मेरा क्यों नहीं? इस सवाल का मेरे पास कोई जवाब नहीं था। अगर मैं उस समय उनके साथ होता तो हो सकता है कि नतीजा कुछ और होता। कौन जानता है? हो सकता है कि मैं मॉल के लिए पहले निकल जाता।···

मीडिया पूरी तरह पगला गया था। हर न्यूज चैनल पर एक ही खबर थी। हर कोई यह बताने की कोशिश कर रहा था कि क्या हुआ था?

उन्हें इस बात की कतई कोई चिंता नहीं थी कि जानकारी कितनी सही थी या कितनी गलत। हर कोई—पत्रकार से लेकर राजनेता और सेवानिवृत्त सैन्य अधिकारी होने का दावा करनेवाले लोग—सबकी इस हमले को लेकर अपनी-अपनी राय थी। एक सज्जन चाहते थे कि भारत को तुरंत पड़ोसी देश पर हमला कर देना चाहिए और किसी ने कहा कि मॉल को सुरक्षा मुहैया करानेवाली कंपनी के खिलाफ कारवाई करनी चाहिए। विपक्ष इसे पूर्ण रूप से खुफिया सेवाओं की विफलता करार दे रहा था और गृह मंत्रालय के सिर पर आरोप मढ़ रहा था। फेसबुक पर लोगों ने एक अलग मुहिम छेड़ी हुई थी। वे लोग चाहते थे कि प्रधानमंत्री तुरंत कारवाई करें। विदेशी मीडिया ने भी हमले को प्रमुखता से छापा था। धरती पर मौजूद लगभग हर देश ने इस हमले की निंदा की थी।

मुझे अपनी किस्मत पर भरोसा नहीं हो रहा था। सात साल के लंबे निर्वासन के बाद, अपने देश के लिए लड़ने के बाद, मुझे यह देखने को मिला! मेरे शरीर में जो गोलियाँ धँसी हुई थीं, उनका दर्द इस दर्द के मुकाबले कहीं कम था। 'अब मुझे क्या करना चाहिए?' मैंने अपने आप से सवाल किया था। कोई सूरत ही नहीं बची थी कि मैं सामान्य जिंदगी जी पाऊँ। अपने दोस्तों की रह-रहकर मुझे कितनी याद सताती थी, बता नहीं सकता। ऐसा महसूस होता था कि वे लोग अभी आएँगे और बार में मेरे साथ बैठेंगे। हम मिलकर ड्रिंक करेंगे···हम फिर से एकेडमी से लेकर गोवा तक की बातें करेंगे।

मुझे तो उन्हें 'गुडबाय' कहने तक का मौका नहीं मिला। कितनी बातें

उनके साथ करनी थीं। यावर से माफी माँगना चाहता था। उसके पिता का देहांत हुआ, तब भी उसे दिलासा देने नहीं जा सका था और न ही उसकी शादी के समय उसकी खुशियों में शामिल हो पाया था। कभी उसकी बेटी शैरा से भी नहीं मिल पाया। देखना चाहता था कि बेटी को गोदी में लेकर यावर के चेहरे पर कैसे चमक आती है! मैं उनमें से हर एक के साथ छुट्टी पर जाना चाहता था। शायद हम सब एक बड़ी सी बस करके जाते। चारों परिवार एक साथ किसी खूबसूरत-सी शांत जगह पर जाते! काश, कितना मजा आता शैरा और एम. एंड एम. को एक साथ खेलते देखकर!

कितनी तमन्ना थी डेविड और उसकी पत्नी के साथ डिनर करने की! इससे बुरा और क्या हो सकता था कि मैं कभी उससे मिल तक नहीं पाया। कितना कुछ जानना चाहता था। मिलकर बातें करते तो उसकी बीवी के सामने गोवा का जरा सा जिक्र छेड़ता और फिर डेविड के चेहरे पर हवाइयाँ उड़ती देख कितना मजा आता! उन्हें यह भी तो बताना बाकी था कि मैंने उनके रेस्तराँ के लिए एक बहुत ही बढ़िया जगह देख ली है—सिंगापुर। हो सकता है कि हम सब वहाँ बस जाते। हिंदुस्तान से यह कोई ज्यादा दूर भी नहीं है और फिर, दुनिया की कौन सी ऐसी सुख-सुविधा है, जो वहाँ नहीं हो।

आधी रात कब की बीत चुकी थी। घड़ी में 2 बज गए थे। घर लौटने का समय भी हो चला था। बार मेरे घर से लगभग 15 मिनट की दूरी पर था। मैं दबे पाँव घर में घुसा, ताकि किसी की नींद खराब न हो। लेकिन मैंने घर में पैर रखा ही था कि लाइटें जल उठीं। सब लोग वहाँ बैठे थे—मॉम, पापा, करण, एम. एंड एम., शैरा, यावर की पत्नी और बहन, डेविड की पत्नी और उसके मम्मी-पापा। मम्मी ने मुझसे बैठने को कहा। मैं उनकी आँखों में देखने की हिम्मत नहीं जुटा पा रहा था। शैरा मेरी गोदी में आ गई। मैं अपने आप को रोक नहीं सका और उसे कसकर गले से लगाकर रो पड़ा। एम. एंड एम. मेरे करीब आईं और अपने हाथ मेरे ऊपर रख दिए।

"मुझे माफ कर दो, मैं कुछ नहीं कर सका। जब तक मैं वहाँ पहुँचा, सबकुछ खत्म हो चुका था। समझ नहीं आता, आप लोगों से क्या कहूँ! काश, मैं उनसे लड़ने के लिए उस समय वहाँ होता! हो सकता है, तब शायद हालात कुछ और होते!" मैं रोए जा रहा था और बोले जा रहा था।

"अर्जुन, नहीं लगता कि हमारे दिमागों में भी अजीबोगरीब खयाल आते

होंगे? जैसे कि मैंने बचपन से ही उसके मन में देशभक्ति का जज्बा क्यों भरा? मैंने उसे आर्मी में क्यों जाने दिया? हम सब भी इसी दर्द से गुजर रहे हैं। लेकिन जो कुछ हो चुका है, उसके लिए हमें खुद को दोष देना बंद करना चाहिए और उन लोगों को दोष देना चाहिए, जो इसके लिए जिम्मेदार हैं।" डेविड के पापा ने कहा।

"अंकल सही कह रहे हैं। यहाँ अगर दोष किसी का है तो वह उन आतंकवादियों का है और उन लोगों का है, जिन्होंने उनकी मदद की। यह सही है कि हमें अपनी खुफिया एजेंसियों पर भी सवाल उठाने की जरूरत है। क्या उन्हें इस हमले की कोई जानकारी नहीं थी? अगर जानकारी थी तो उन्होंने इसे रोकने के लिए क्या किया? और उन लोगों का क्या, जिन्होंने उन हरामियों को देश के भीतर घुसने में मदद की? अगर उन्हें पता है कि क्या चल रहा है तो उन्हें भी सजा दिए जाने की जरूरत है। क्या प्रधानमंत्री हमारे पड़ोसी देश के खिलाफ कोई काररवाई करेंगे?" यावर की बहन आलिया के स्वर में गहरा दु:ख और शिकायत थी।

"तुम अपने ऊपर इसका दोष मत लो और यह देखो कि इस हमले में जो भी शामिल हैं, हर एक को सजा मिले। डेविड, यावर और मनु भी यही चाहते। तुमने कुछ खाया?" मॉम ने पूछा।

"नहीं।" मैंने संक्षिप्त-सा जवाब दिया।

"मुझे भी भूख लगी है। चलिए, सब लोग थोड़ा-बहुत कुछ खा लें।" पापा ने कहा।

अगले आधे घंटे तक हम लोगों ने खाना खाया और बातें करते रहे। सबको अपने आँसुओं को रोकने में कितनी कोशिश करनी पड़ रही थी, यह सबके चेहरे से समझ आ रहा था। हम लोगों ने इधर-उधर की बातें करने की कोशिश की, जैसे—फिल्में और खाना-पीना। हाँ, साथ ही इस पर भी चर्चा हुई कि आगे ऐसा क्या कदम उठाना चाहिए, जिससे कि इस तरह के हमले भविष्य में नहीं हों। एम. एंड एम. एवं शैरा अच्छी सहेलियाँ बन गई थीं और तीनों साथ मिलकर फिल्म देखना चाहती थीं।

मैंने वादा किया कि मैं उन्हें फिल्म दिखाने ले जाऊँगा।

अगले दिन मैंने फैसला किया कि हर चीज को भुलाकर कुछ समय उन सबके साथ बिताऊँगा। लंच के बाद मैं एम. एंड एम. और शैरा को वादे के

मुताबिक फिल्म दिखाने ले गया। लौटते समय एक न्यूज चैनल से मुझे फोन आया। चैनल का नाम था—न्यूज ऑफ इंडिया या 'एन.ओ.आई.'। उसे इसी नाम से ज्यादा जाना जाता था। फोन चैनल की एक लोकप्रिय एंकर का था, जो डिबेट प्रोग्राम की एंकरिंग करती थी। शिवानी था उसका नाम। न्यूज के कारण मैंने उसकी आवाज को पहचान लिया। वह काफी आत्मविश्वास से भरी, दृढ़ और दबंग स्वभाव की लग रही थी। उसके बारे में यह मशहूर था कि वह अपने डिबेट शो को सख्त अनुशासन के साथ चलाती है।

"हैलो, मेजर अर्जुन! आपसे बात करना मेरे लिए सौभाग्य की बात है। आपके और आपके दोस्तों के साथ जो हुआ, उसके बारे में जानकर काफी दुःख हुआ है। उम्मीद करती हूँ कि अब आप कुछ सँभल गए होंगे।"

"हैलो, शिवानी! मैं ठीक हूँ। मैंने कई बार आपका शो देखा है। आप बहुत कमांड के साथ प्रोग्राम पेश करती हैं। मैं आपके लिए क्या कर सकता हूँ?"

"देखिए, कल की डिबेट का टॉपिक सुपरनोवा हमला है। हम आपके दोस्तों की बहादुरी को सलाम करना चाहते हैं और साथ ही खुफिया विभाग की भूमिका जैसे महत्त्वपूर्ण मुद्दों पर चर्चा भी होगी। आपको क्या लगता है, मॉल की सुरक्षा चाक-चौबंद थी या नहीं? क्या मौजूदा सरकार हालात से उचित तरीके से निपट पाई या नहीं? और भी ऐसे ही कई सवाल।" वह अपनी बात कहे जा रही थी।

"वॉव! मिस शिवानी, एक घंटे के लिए तो ये काफी ज्यादा मुद्दे हैं। मुझे इस तरह के शो पसंद नहीं हैं। इतने सारे विषय और दस अलग-अलग वक्ता एक-दूसरे से आगे निकलने की होड़ में। आप किसी नतीजे पर कैसे पहुँचेंगे?" मैंने सवाल किया।

"मैं आपकी बात पूरी तरह समझती हूँ, सर; लेकिन प्रोग्राम का फॉरमेट और समय तो मैं तैयार नहीं करती। मैं सिर्फ अपना काम करती हूँ। अगर आप इस प्रोग्राम में शामिल होते हैं तो बहुत अच्छा रहेगा। लोगों को आपके दोस्तों के बारे में काफी कुछ जानने का मौका मिलेगा, यह पता चलेगा कि उनके परिवार में कौन-कौन हैं, वगैरह-वगैरह। आपको पूरे समय प्रोग्राम में बैठने की जरूरत नहीं है। मैं आपसे उनके बारे में कुछ सवाल करूँगी और आप उसके बाद निकल सकते हैं। प्लीज, सर!" उसके स्वर में काफी याचना का भाव था।

"ओ.के.! मैं आऊँगा, लेकिन केवल अपने दोस्तों के बारे में बात करूँगा, उसके अलावा कुछ नहीं। मैं राजनीतिक बहस में नहीं पड़ना चाहता हूँ। मुझे

विश्वास है कि मौजूदा प्रशासन जो कुछ भी कर सकता है, वह कर रहा है।" मैंने जवाब दिया।

"बहुत अच्छा। आप मुझे अपना पता बता दें और हमारे लोग कैमरा व माइक लेकर पहुँच जाएँगे। आपको इतनी दूर आने की जरूरत नहीं होगी। गुडबाय! कल बात करते हैं।" इतना कहकर उसने फोन रख दिया।

मैंने भी अपना फोन जेब में रखा और घर आ गया।

अगले दिन एन.ओ.आई. के लोग शो से एक घंटा पहले मेरे घर पहुँच गए। उन्होंने मुझसे घर में एक कमरा चुनने को कहा, जहाँ शोर-शराबा न हो और किसी तरह की कोई रुकावट न पैदा हो। घर में हर किसी को बता दिया गया था कि शो के दौरान क्या-क्या नहीं करना है।

बड़ों को कहा गया था कि वे बच्चों पर नजर रखें। करीब 30 मिनट में लाइव शो शुरू होने वाला था। मैंने सोचना शुरू कर दिया कि मैं अपने दोस्तों के बारे में क्या-क्या बातें साझा कर सकता हूँ! उन सबके कितने प्यारे-प्यारे परिवार हैं और उनके माँ-बाप ने कितने अच्छे तरीके से उन्हें पाला-पोसा था! या मैं उन सब बातों के बारे में बात कर सकता हूँ, जो हम लोगों ने एकेडमी में एक साथ मस्ती की थी। या जब हम साल में एक बार घूमने जाते थे और अलग-अलग शहरों में क्या-क्या मजे करते थे। एक हफ्ते बाद मेरे चेहरे पर मुसकराहट थी।

शो शुरू हो गया। छह लोगों को इसमें बुलाया गया था। अलग-अलग राजनीतिक दलों के तीन नेता थे, एक प्रोफेसर थे, जो पिछले एक दशक से आतंकवादियों के बारे में अध्ययन कर रहे थे। इनके अलावा, एक मीडियाकर्मी थे। मैं सेना का प्रतिनिधित्व कर रहा था। शिवानी ने सभी लोगों का परिचय कराया और डिबेट शुरू हो गई। शिवानी का सबसे पहला सवाल मुझसे था, "मेजर अर्जुन, शो में आपका स्वागत है। मैं मानती हूँ कि सुपरनोवा हमले में शहीद हुए आर्मी ऑफिसर्स न केवल आपके बैचमेट थे, बल्कि आपके बहुत ही करीबी दोस्त भी थे। और उस दिन आप सब लोगों को मॉल में मिलना था। क्या आप बताएँगे कि उस दिन क्या हुआ था?"

मैं तो अवाक् रह गया। क्योंकि एक दिन पहले ही उसने फोन पर मुझे बताया था कि वह मुझसे मेरे दोस्तों के बारे में बात करेगी, उनकी निजी जिंदगी के बारे में सवाल करेगी। शायद हो सकता है कि वह शो की शुरुआत के लिए ऐसा कर रही है और बाद में मुख्य बात पर आएगी। मैंने सबकुछ बताना शुरू कर दिया।

मैंने अपनी बात अभी आधी भी नहीं रखी थी कि उसने मुझे बीच में ही काट दिया और बोली, "मेजर अर्जुन, क्या आर्मी इस मामले में कुछ छुपा रही है?"

"क्या कहना चाहती हैं आप?" मैंने कहा। मुझे एकदम सदमा सा लगा।

"हमारे पास इस बात की पक्की खबर है कि यावर, इस हमले में मारे गए सेना के ऑफिसर, एक आतंकवादी को जानते थे।" उसने अपनी बात जारी रखी, "एक आतंकवादी को जानते थे।"

"मुझे इस तरह की कोई जानकारी नहीं है। आपको यह खबर कहाँ से मिली?" मैंने गुस्से में कहा।

"यह बात मायने नहीं रखती, मेजर अर्जुन। मायने यह बात रखती है कि यह भीतर का काम हो सकता है। यावर इस मामले में छठा आतंकवादी हो सकता है।" उसने लगभग चिल्लाते हुए कहा।

मैं अपना आपा खो बैठा, "आपकी हिम्मत कैसे हुई यह कहने की? आप इस तरह के आरोप कैसे लगा सकती हो? क्या सबूत है आपके पास? क्या आपने पुलिस या सेना से इसकी पुष्टि की? अगर आपकी सूचना गलत हुई तो?"

"मेजर अर्जुन, तसवीरें हजारों शब्दों के बराबर होती हैं और वे झूठ नहीं बोलतीं। हमारी टीम के हाथों ऐसी तसवीरें लगी हैं, जिन्हें देखने के बाद जलजला आ जाएगा। हम अपने दर्शकों को वे तसवीरें दिखाना चाहते हैं। हम अपने दर्शकों को यह बता देना चाहेंगे कि यह खबर इतनी अधिक संवेदनशील है कि इसके आपके साथ साझा करने के लिए मेरी टीम और मुझे जेल भी हो सकती है। लेकिन हम डरते नहीं हैं और हम सच दिखाना चाहते हैं।" शिवानी बोलती जा रही थी। उसकी आवाज भी तेज होती जा रही थी।

अचानक स्क्रीन पर एक तसवीर नजर आई। यावर और एक आतंकवादी हाथ मिला रहे हैं, कैमरे की ओर देख रहे हैं। संभवतः वे एक साथ फोटो खिंचवाते दिख रहे हैं।

"जैसाकि आप देख सकते हैं, दोनों ने एथलीटों वाले कपड़े पहन रखे हैं। ये तसवीरें उनके स्कूल के दिनों की लगती हैं। तो वे एक ही स्कूल में थे। अब हमें यह कैसे पता कि वे दोस्त नहीं थे और उन्होंने मिलकर इसकी साजिश नहीं रची?" शिवानी ने सवाल किया। वह काफी उत्तेजित नजर आ रही थी।

"यह तसवीर किसने ली? कहाँ से आई? शिवानी, मैं आपके साथ फोटो खिंचवा सकता हूँ, लेकिन इससे हम दोस्त नहीं बन जाते। और मैं फिर से कह

रहा हूँ, क्या आपने इस सूचना की किसी से पुष्टि की?" मैं बहुत गुस्से में था।

"मेजर, यह हमारी ड्यूटी है कि अगर हमें कोई जानकारी मिलती है तो हम अपने दर्शकों के साथ उसे साझा करें और सही-गलत का फैसला दर्शकों पर छोड़ दें।" शिवानी ने फिर से चिल्लाते हुए जवाब दिया।

"आप कोई भी ऐसी जानकारी साझा नहीं कर सकतीं, जिसकी पुष्टि नहीं की गई हो; क्योंकि इस तरह की अपुष्ट सूचना किसी की प्रतिष्ठा और जिंदगी को तबाह कर सकती है!"

"हम अपना काम करना बखूबी जानते हैं, मेजर। क्या सेना और पुलिस इस मामले पर इसलिए परदा डालने की कोशिश कर रही है, क्योंकि इससे सेना की प्रतिष्ठा आहत होगी?"

"मैं पहली बार इस तसवीर को देख रहा हूँ। यह आरोप बेबुनियाद और बोगस है। आपने इस तसवीर या इसके पीछे की कहानी की किसी से जाँच नहीं करवाई है और आप एक निर्दोष ऑफिसर पर आरोप लगाए जा रही हैं, जिसने देश के लिए अपना बलिदान दे दिया। यह कतई भरोसे लायक नहीं है!" मैं फिर से चिल्लाया। मैंने अपनी बात खत्म भी नहीं की थी कि किशोर नाम के नेता अचानक बीच में बोल पड़े, "हम हिंदुओं के साथ यही समस्या है। यह बेचारा मेजर यावर को इसलिए बचाने की कोशिश कर रहा है, क्योंकि वे दोस्त थे। लेकिन यावर ने पूरे देश को मूर्ख बनाया। मैं समझता हूँ कि हमें इनके सेना में भरती होने पर रोक लगा देनी चाहिए।" उसने नफरत भरे स्वर में कहा।

"किस पर रोक लगा देनी चाहिए?" मैं अपनी पूरी ताकत लगाकर चिल्लाया।

"आप एकदम सही समझ रहे हैं कि मैं किसके बारे में बात कर रहा हूँ। ये मुसलमान अब और भरोसा करने लायक नहीं रह गए हैं।"

"आपका दिमाग खराब हो गया है? क्या बक रहे हैं आप? सैकड़ों सालों से वे भारतीय सेना में अपनी सेवाएँ देते आए हैं और उन्होंने कभी निराश नहीं किया। आप किस आधार पर यह बात कह रहे हैं? केवल एक तसवीर, जिसमें वह किसी से हाथ मिला रहे हैं। यह पागलपन है। आप सब पागल हैं। शिवानी, आपने मुझे यहाँ किसी और चीज पर चर्चा के लिए बुलाया था, यह सब करने के लिए नहीं। आप वे सवाल क्यों नहीं पूछ रही हैं, जिनके बारे में हमारी बात हुई थी?" मैं फिर चिल्लाया।

"मेजर, मैं बहुत सम्मान के साथ कह रही हूँ, आप मेरे शो में इस तरह

चिल्ला नहीं सकते। अगर आप इस तरह चिल्लाते रहेंगे तो मैं आपका माइक बंद कर दूँगी!" शिवानी ने बड़ी ही ढिठाई से कहा।

"आप इन्हें क्यों नहीं रोक रही हैं, जब वे यावर पर इस तरह के आरोप लगा रहे हैं...जो एक पूरे धर्म को सेना से बाहर कर देना चाहते हैं! बताइए?" मैं चिल्लाता रहा।

"मेजर अर्जुन, आप लगातार चिल्लाए जा रहे हैं और मुझे बोलने नहीं दे रहे हैं, तो मैं आपका माइक बंद कर रही हूँ। प्लीज, इनका माइक बंद कर दीजिए।" शिवानी ने अपने कैमरामैन को आदेश दिया। मैं अब भी पूरी ताकत के साथ चिल्ला रहा था, लेकिन उन्होंने मेरा माइक बंद कर दिया। मैं अभी भी उनकी बात सुन सकता था।

"देखिए, यह एकदम सही समय है कि हम हिंदू जाग जाएँ और समझ जाएँ कि क्या हो रहा है! हम गंभीर खतरे में हैं।" किशोर बोले जा रहे थे।

मैं इस बात से इतना परेशान हो गया कि मैंने अपना माइक उठाकर फेंक दिया और कमरे से बाहर निकल गया। शो लाइव था और खबर आग की तरह फैल गई।

आतंकवादी के साथ हाथ मिलाते यावर की तसवीर पूरे इंटरनेट और टी.वी. पर चल रही थी। इस खबर ने हर घर, कॉलेज, ऑफिस, बार, ट्रेन, बसों, प्लेन—यूँ कहिए कि हर जगह तहलका मचा रखा था। सोशल मीडिया कहाँ इससे पीछे रहता! आतंकवादियों के किसी संगठन ने यावर की तारीफ कर दी। उनका मकसद एकदम साफ था—ज्यादा-से-ज्यादा नुकसान पहुँचाना। मेरे जैसे भी बहुत लोग थे, जो यावर के बचाव में खड़े थे। एक तसवीर से कुछ साबित नहीं होता। वह तसवीर काफी पुरानी दिख रही थी। हो सकता है कि दोनों एक ही स्कूल में पढ़े हों। यह मात्र संयोग ही हो सकता था। कुछ लोग तसवीर की प्रामाणिकता पर सवाल उठा रहे थे। 'क्या पता, यह तसवीर से छेड़छाड़ करने का मामला हो?' कुछ विशेषज्ञों ने यह सवाल भी उठाया था।

लेकिन जाहिर-सी बात है कि बहुत बड़ी संख्या ऐसे लोगों की थी, जो उसे पहले ही देशद्रोही घोषित कर चुके थे। उन्हें एकदम पक्का यकीन था कि यावर ने साजिश रची थी। वे इंटरनेट पर अपनी-अपनी थ्योरी डाल रहे थे और अलग-अलग बातों से यावर के तार जोड़ने की कोशिश कर रहे थे। वह टॉप फ्लोर पर ही क्यों रुका? हो सकता है कि आतंकवादियों ने उससे वादा किया हो

कि केवल लोगों को बंधक बनाया जाएगा, किसी को मारा नहीं जाएगा; लेकिन उन्होंने गोलीबारी शुरू कर दी, जिससे यावर को आतंकवादियों के खिलाफ खड़ा होना पड़ा। ये सब लोग, जो इस तरह की थ्योरियाँ चला रहे थे, उन्हें घटना की सीधे तौर पर कोई जानकारी नहीं थी। वे यावर को निजी तौर पर जानते तक नहीं थे, न वे जाँच का हिस्सा थे और एक बात तो पक्की थी कि उन्हें यही नहीं पता था कि वह तसवीर आई कहाँ से?

□

18

हमेशा के लिए चले जाना

हिंदुस्तान बँट चुका था। यावर का समर्थन करनेवाले लोग हर बड़े शहर में रैलियाँ निकाल रहे थे। उनके हाथों में बैनर थे, जिन पर यावर की तसवीर बनी थी। उन लोगों की ऐसे लोगों से झड़प हो रही थी, जो यावर को देशद्रोही मान रहे थे।

दोनों ओर के लोगों के बीच गरमागरमी थी और दोनों अपने आप को सही साबित करने में जी–जान लगाए हुए थे। दोनों पक्षों के बीच होड़ मची थी कि अपनी रैलियों में कितनी ज्यादा–से–ज्यादा भीड़ जुटाई जाए। इसके लिए कोई ज्यादा मेहनत नहीं करनी थी। बस, एक एस.एम.एस. या फेसबुक पर एक पोस्ट डालो और कुछ ही देर में हजारों लोग जुट जा रहे थे। जल्द ही नेता, अभिनेता, गायक, बिजनेसमैन और हर दूसरा आदमी बहस में कूद चुका था। हर घंटे एक नया बयान आ रहा था। इसके जवाब में दूसरे पक्ष का बयान तैयार रहता था। हर तरह के बयान थे और हर रंग के बयान थे। हर नए बयान के साथ तनाव बढ़ रहा था। स्कूल और कॉलेजों में केवल एक ही मुद्दे पर चर्चा हो रही थी। चारों ओर भावनाओं का ज्वार उबाल पर था। जल्द ही स्कूलों व कॉलेजों को आदेश जारी करना पड़ा कि छात्र और अध्यापक इस प्रकार की बहस से दूर रहें। सभी सरकारी विभागों और संस्थानों में भी इसी प्रकार के आदेश जारी हो चुके थे। लोगों को सरकारी बसों, ट्रेनों और मेट्रो आदि में इस मुद्दे पर चर्चा करने से बचने की सलाह दी जा रही थी। लोगों को ऐसी रैलियों से दूर रहने को भी कहा जा रहा था, क्योंकि उनमें हिंसा फैल रही थी। इससे भी खराब बात यह थी कि एक राष्ट्र के रूप में हम मुद्दों को सुलझाने के लिए कुछ नहीं कर रहे थे। हम यह बताने में लगे थे कि दूसरा पक्ष क्यों गलत है! दूसरे पक्ष की गतिविधियाँ कैसे देशभक्ति के खिलाफ हैं और कैसे केवल हमारा

पक्ष सही है। यहाँ तक कि शीर्ष धार्मिक नेता, जिन्हें जनता के सामने उदाहरण पेश करना चाहिए था, वे नागरिकों को बाँटने में लगे थे। वे लोग, जिन्होंने हमेशा एकता की बातें की थीं, हमेशा अपनी आवाज को तटस्थ रखा था, वे अचानक से गोलबंद हो गए थे। ऐसा लग रहा था कि उनकी सोच हमेशा से ऐसी ही रही थी; लेकिन वे अभी तक इसलिए चुप बैठे हुए थे, क्योंकि गोलबंदी मुख्यधारा की चीज नहीं बनी थी। अब वे पूरे मीडिया में घूम-घूमकर ऐसी बातें कर रहे थे, जो कुछ साल पहले तक देश की भावनाओं के विरुद्ध मानी जाती थीं।

किसी को यह अहसास ही नहीं हुआ कि कब मुद्दा यावर से हटकर मुसलिमों और देश के प्रति उनकी निष्ठा पर चला गया। मुसलमानों की वफादारी पर पहले ही काफी सवाल उठ चुके थे। वे यावर की गतिविधियों को और सही नहीं ठहराना चाहते थे। उनके लिए वह हीरो था, जिसने मादरे-वतन की सेवा करते हुए जिंदगी बलिदान कर दी थी। वे जानना चाहते थे कि और कितने यावरों को अपना खून बहाना पड़ेगा, ताकि मुसलमानों के खून को शुद्ध माना जाए और हमेशा-हमेशा के लिए उनकी नीयत पर सवाल खड़े करने बंद किए जाएँ? वे लोगों से सवाल कर रहे थे कि अगर आतंकवादी के साथ तसवीर डेविड या मनु की होती तो क्या लोगों ने उनकी वफादारी पर भी सवाल खड़े किए होते? क्या वे उन्हें देशद्रोही बुलाते? क्या वे तब भी उसके घर पर पत्थर फेंकते और उसे वीरता पुरस्कार दिए जाने का विरोध करते? क्या सभी मुसलमान बुरे हैं? हिंदुओं का क्या? हमने कभी भी उनकी निष्ठा और वफादारी पर सवाल नहीं उठाए। क्या वे सब देशभक्त थे? क्या उन्हें उन हिंदू नेताओं के नाम एक-एक करके नहीं गिनाने चाहिए, जो अरबों-खरबों के घोटाले में दोषी पाए गए हैं? उन लोगों का क्या, जो यौन उत्पीड़न और सामूहिक बलात्कार के दोषी पाए गए? उन हिंदुओं का क्या, जिन्होंने सरकार की चोरी की और आय कर अदा नहीं किया? वे लोग, जो पोंजी स्कीम लेकर आए और लोगों से उनकी रोजी-रोटी छीन ली। वे लोग, जिन्होंने बेटी का गला घोंटकर बेटे को गले लगाया और दहेज माँगा। वे हिंदू अपने गिरेबान में झाँकें, जिन्होंने अपने आसपास गलत होता देखकर भी चुप्पी साधे रखी, अपनी आँखें बंद किए रखीं। उनके बारे में क्या कहेंगे? बहुत से शहर और सरकारी विभाग ऐसे हैं, जहाँ मुख्य रूप से बहुसंख्यक हिंदुओं का कब्जा है। तो क्या वे मुसलिम आबादी वाले इलाकों से कहीं बेहतर कर रहे हैं? इन सबका जवाब था—नहीं। इसका मतलब यह हुआ कि कोई भी एक ग्रुप दूसरे ग्रुप से अधिक देशभक्त नहीं था। जब आतंकवादियों और देश

पर हमलों की बात आती है, तभी देशभक्ति पर बातें क्यों होती हैं? दूसरों पर आरोप लगाने से पहले हिंदुओं को अच्छे उदाहरण स्थापित करने होंगे। क्या हिंदू कोई ऐसा क्षेत्र बता सकते हैं, जहाँ उन्होंने देश के लिए औरों के मुकाबले अधिक काम किया हो? राजनीति से लेकर गायकों तक, अभिनेता से लेकर सामाजिक कार्यकर्ताओं तक, वैज्ञानिकों से लेकर सेना तक—कोई भी एक ऐसा क्षेत्र नहीं है, जहाँ वे अपना दबदबा साबित कर सकते हैं। तो फिर, हिंदू अपने आप को हम लोगों के मुकाबले अधिक देशभक्त कैसे कह सकते हैं?

हिंदुओं के अपने तर्क थे—हमेशा मुसलमान ही इस तरह की हरकतों में शामिल क्यों पाए जाते हैं? यावर ने उस आदमी से हाथ क्यों मिलाया था? हम अपने ही देश में मंदिर क्यों नहीं बना सकते? क्यों? क्या यह एक हिंदू धरती नहीं है? पड़ोसी देशों को भारत के मुसलमानों के साथ ऐसी सहानुभूति क्यों है? कश्मीरी पंडितों की कोई बात क्यों नहीं करता, जिन्हें अपने ही घरों को छोड़कर भागना पड़ा था? उनके लिए कोई रैली क्यों नहीं निकाली जाती? क्यों नहीं यह माँग की जाती कि उन्हें उनके घर-जमीन पर वापस बसाया जाए? दूसरों पर अपने धर्म को क्यों थोपा जाए, जब पूरी दुनिया में इसने नफरत और युद्ध के सिवाय कुछ नहीं दिया है? जब भी मुसलमानों पर कोई हमला होता है तो पूरा मुसलिम समुदाय उसकी निंदा करने लग जाता है, लेकिन जब वे किसी दूसरे पर अत्याचार करते हैं तो चुप्पी साध लेते हैं। अगर हिंदुस्तान और पश्चिम एशिया के मुसलमानों के बीच युद्ध हो जाए तो मुसलमान किसका साथ देंगे? क्या हम अपनी जिंदगियों को लेकर उन पर भरोसा कर सकते हैं? मुसलमान लोग अपने ही समुदाय के भीतर क्यों घुसे रहे? उन्होंने अपने समुदाय से बाहर निकलकर लोगों के साथ संबंध क्यों नहीं बनाए? या तो वे अपने बच्चों को स्कूल नहीं भेजते थे और अगर भेजते भी थे तो सिर्फ मदरसों में। अगर उन्हें अपने खुदा और देश के बीच में से किसी एक को चुनना हो तो वे किसे चुनेंगे? टकराव तुरंत हिंसक हो गया। शहरों को जला दिया गया। मासूम लोगों को प्रताड़ित किया गया। उनके साथ जानवरों से भी बदतर बरताव किया गया और फिर उन्हें गाजर-मूली की तरह काट दिया गया। दुकानों को लूट लिया गया, कारोबार ठप हो गए और पूरी अर्थव्यवस्था पर इसका बुरा असर पड़ा। सरकारी यातायात, चिकित्सा संस्थान—सबकुछ को तबाह कर दिया गया। न्यूज चैनल ऐसी खबरों से भरे पड़े थे, जहाँ जरूरतमंद लोग समय पर अस्पताल नहीं पहुँच सके। लोग देश के अलग-अलग हिस्सों में फँसे रह गए—लाचार लोग, जिनके पास जरूरी सामान

तक नहीं था। शांति की हर अपील नक्कारखाने में तूती की आवाज की तरह सुनाई दे रही थी। हालात को काबू करने के लिए सेना को बुलाना पड़ा। मैंने अपने देश में गुस्से को ऐसे उबाल पर पहले कभी नहीं देखा था। जब मैं टीम 'ए' में था तो इस तरह की खबरें पढ़ने को मिलती थीं, लेकिन कभी नहीं सोचा था कि चीजें इतनी खराब हो जाती हैं।

मीडिया के हाथ तो जैसे लॉटरी लग गई थी। न्यूज चैनल 24×7 यही सब खबरें चला रहे थे। चैनलों पर बहसें हो रही थीं। हर बहस का नतीजा यह होता कि लोगों का खून और जोर मारने लगता, और सवाल खड़े किए जाते। हर चैनल पर एक बहस खत्म होती तो दूसरी शुरू हो जाती। शो के एंकर उसमें भाग लेनेवाले लोगों से कहीं अधिक गुस्से में रहते। सोशल मीडिया की तो बस, पूछो ही मत—सबसे बदतर।

हर पक्ष हवा में हाथ लहरा-लहराकर अपनी ही बात को सही साबित करने में लगा था। और वे जो जबान बोल रहे थे, उससे गंदी जबान नहीं हो सकती थी। लोग एक-दूसरे के परिवारों को गालियाँ दे रहे थे। एक-दूसरे को मारने की धमकियाँ दी जा रही थीं।

□

दिन-रात और दो महीनों की कड़ी मशक्कत के बाद आखिरकार, मैंने उस आदमी को ढूँढ़ निकाला, जिसने वह तसवीर सबसे पहले पोस्ट की थी। उसने मुझे बताया कि वह यावर का बैचमेट था और उसकी याद में उसने वह तसवीर पोस्ट की थी। उसने यह भी बताया कि उसने यह पूरी तरह साफ कर दिया था कि जो जिंदगी यावर ने जी और जो जिंदगी आतंकवादी की थी, दोनों में जमीन-आसमान का अंतर था। एक सच्चा राष्ट्रभक्त था तो दूसरा एक देशद्रोही से अधिक कुछ नहीं था। साथ ही, उसने यह भी कहा कि कोई सूरत ही नहीं है कि यावर उस आतंकवादी को जानता हो। यावर 100 मीटर की स्प्रिंट में पहले नंबर पर आया था और वह आतंकवादी दूसरे नंबर पर आया था। एक स्थानीय अखबार में छपवाने के लिए दोनों की एक फोटो खींचे जाने की जरूरत थी। और वह तसवीर इसीलिए ली गई थी। वे दोनों एक-दूसरे को जानते तक नहीं थे। उनके स्कूल और घर एक-दूसरे से बहुत दूर थे। उस आतंकवादी को यावर के साथ उस फोटो से पहले और उसके बाद कभी नहीं देखा गया था।

मैंने शिवानी को कई बार फोन करने की कोशिश की, लेकिन कोई फायदा

नहीं हुआ। उसने न मेरे फोन कॉल्स का कोई जवाब दिया और न ही मेरे इ-मेल्स का। सभी मीडिया संस्थानों से यही निराशा मिली। उनकी अब इस मामले में और रुचि नहीं थी। सब लोग अब आगे बढ़ चुके थे। सुपरनोवा हमले की जगह लोगों के जेहन में क्रिकेट ने ले ली। एक बेहद दिलचस्प टूर्नामेंट होने वाला था। गुस्साई बहस के स्थान पर अब विशेषज्ञ खिलाड़ियों और पिचों के बारे में चर्चा करने में व्यस्त हो गए थे। उनकी बहस के बीच अजीबोगरीब किस्म के विज्ञापन चैनलों पर दिखाए जा रहे थे। डांस शोज की धूम मच गई और सुपरनोवा को लोगों ने भुला दिया।

हर कोई इस घटना को भूलकर आगे निकल गया, सिवाय मेरे। हमने सुपरनोवा हमले से क्या सबक सीखा और क्या काररवाई की? क्या हमें मॉल्स में सुरक्षा बढ़ाने की जरूरत थी या अपने खुफिया तंत्र को दुरुस्त करने की? बहादुर शहीद ऑफिसर्स के परिवारों का क्या हुआ? यावर का क्या फैसला हुआ, जो अभी भी देशभक्त और देशद्रोही के तमगे के बीच झूल रहा था?

उसके परिवार की क्या हालत हुई होगी, यह किसी ने नहीं सोचा। उसके घरवालों को हर रोज नफरत भरे सैकड़ों पत्र मिल रहे थे। रोज धमकियाँ मिल रही थीं। वे अपने घर जाने से डर रहे थे। मुंबई में उनके घर पर पथराव की पहले ही कई घटनाएँ हो चुकी थीं। मीडिया उस तसवीर के पीछे की असली तसवीर को क्यों नहीं देखना चाहता था?

शायद उनके लिए सारा मामला अब पुराना पड़ चुका था। नन्ही शैरा का क्या कसूर था, जिसके भविष्य को हमेशा-हमेशा के लिए बरबाद कर दिया गया? बेचारी बच्ची ने न सिर्फ अपना बाप खोया, बल्कि अपने परिवार की इज्जत भी गँवा दी। उसका क्या कुसूर था?

मुश्किल से एक महीना ही बीता था कि एक नया विवाद शुरू हो गया। दिल्ली में एक प्रतिष्ठित विश्वविद्यालय के कुछ छात्रों ने दूसरे छात्रों पर देश के खिलाफ साजिश रचने का आरोप लगा दिया। उन पर इस बात के लिए मुकदमा दायर किया गया कि वे सुपरनोवा हमले में मारे गए युवा आतंकवादियों के समर्थन में नारे लगा रहे थे। मीडिया में फिर से यह मुद्दा गरमा गया।

चैनल एक साथ आगे बढ़ते और नारे लगाते छात्रों की एक क्लिप दिखा रहे थे। कम-से-कम 50-60 छात्र थे, जो अपने हाथों में प्लेकार्ड लिये हुए थे। उनमें से कुछ छात्रों को पहचान लिया गया। शिकायत करनेवाले छात्रों के दूसरे समूह ने उन्हें सबक सिखाने की जिम्मेदारी खुद अपने कंधों पर उठा ली। वे सीधे प्रशासनिक

ब्लॉक में घुस गए और प्रॉपर्टी की तोड़-फोड़ की। वे दोषियों के खून के प्यासे थे। दोनों पक्षों के कुछ छात्रों को तुरंत गिरफ्तार कर लिया गया। राजनीतिक दलों को तो घर बैठे मौका हाथ लग गया। दोनों छात्र समूहों के साथ नेता भी बँट गए और अपने-अपने समूह का पक्ष लेने लगे।

देश की राजधानी में यह सब हो रहा था और कुछ लोगों को यह नागवार गुजरा। विश्वविद्यालय के सारे छात्र भी दो पक्षों में बँट गए। कुछ एक समूह का पक्ष ले रहे थे तो कुछ दूसरे समूह के पक्ष में थे। दोनों एक-दूसरे पर देश में धार्मिक भावनाओं को भड़काने के साथ देशद्रोह के आरोप लगा रहे थे।

अगले कुछ दिनों तक यही सब चलता रहा। जब भी छात्रों को मौका मिलता तो वे दूसरे समूह के किसी छात्र को घेरकर उसकी पिटाई कर देते। इस हिंसा में दो छात्र मारे गए। लेकिन दूसरे पक्ष को छात्रों की मौत पर कोई पछतावा नहीं था। एक बार फिर से सोशल मीडिया की दुकान चल निकली। लोग अपने-अपने तर्कों एवं आरोपों के साथ बहस कर रहे थे और आखिर में, वे एक-दूसरे को धमकियाँ देने पर उतर आए।

कुछ छात्रों ने सरकार पर पूर्वग्रह से पीड़ित होने और सबूतों से छेड़छाड़ करने का आरोप लगाया। कई सारे चैनलों ने मुझे अपने चैनलों में आकर बहस में शामिल होने का न्योता दिया। उनका कहना था, "इस पूरे मामले में सेना की क्या राय है, उसे देशवासियों के साथ साझा करिए।" दूध का जला छाछ को भी फूँक-फूँककर पीता है। मेरी भी यही हालत थी। मैंने तुरंत मना कर दिया। लेकिन ऐसे लोगों की कोई कमी नहीं थी, जो बोलने के लिए मुँह बाए खड़े थे। मैं पूरे प्रकरण पर नजर रख रहा था।

इतने लोग इस बारे में बात कर रहे थे और जो हुआ, उसका विश्लेषण करने में जुटे थे; लेकिन किसी के बीच में कोई आम राय नहीं थी। क्या हुआ? यह सब इस बात पर निर्भर करता था कि आप बात किससे कर रहे हैं। लोग अपनी राय को जाहिर करने का यह मौका एक बार फिर नहीं गँवाना चाहते थे। यह कैसे हो सकता है कि हमेशा वे ही सही हों और हमेशा दूसरा पक्ष ही गलत हो? देश एक बार फिर बँटा हुआ था।

जब भी सोचता कि अब इससे ज्यादा नफरत और क्या होगी, ये इंतेहाँ हो चुकी है, तो उसी समय नफरतों का और सैलाब न जाने कहाँ से बहकर आ जाता। हर कोई गुस्से में था; कोई भी नफरतों की इन खाइयों को पाटने की कोशिश नहीं कर रहा था।

अचानक एक नई फिल्म आ गई और हर किसी का ध्यान उस फिल्म की ओर चला गया। जो लोग एक-दूसरे पर आरोप लगाने में जुटे थे, अब वही लोग एक लाइन में लगकर फिल्म के लिए टिकट खरीद रहे थे। वे इस बात पर बहस कर रहे थे कि लीड ऐक्टर कितना खूबसूरत है और हीरोइन तो गजब है। फिल्म के आइटम सॉन्ग टी.वी. एवं रेडियो पर बजाए जा रहे थे।

जैसे ही आप सोचते हैं कि देश में गृह-युद्ध शुरू होने जा रहा है तो अचानक से कुछ नया ऐसा हो जाता, जिससे लोगों का ध्यान बँट जाता। हम उन मुद्दों पर बातचीत करना ही बंद कर देते, जो हमें इतनी बुरी तरह बाँट रहे थे। और इसके बाद दुनिया अपने-अपने रास्ते पर आगे बढ़ जाती। समय ऐसे ही चलता रहता। लेकिन बदकिस्मती से उन लोगों का वक्त वहीं ठहर गया था, जहाँ उन्होंने अपने किसी बहुत सगे को खोया था। बाकी लोगों को नित नए मुद्दे मिल जाते और वे उनमें मशगूल हो जाते। लेकिन कुछ लोगों को वक्त एक मोड़ पर ही जैसे भूल गया था और वे उस मोड़ पर खड़े-खड़े अपने जिगर के टुकड़ों से बिछड़ने का मातम मनाते रहते।

□

यकीन करना मुश्किल था कि सुपरनोवा हमले को छह महीने हो चुके थे। सरकार और सेना की ओर से सारी जाँच पूरी हो चुकी थी और मामले को बंद कर दिया गया था। लेकिन जब यावर की भूमिका की जाँच करनेवाली सरकारी जाँच समिति ने रिपोर्ट सौंपी तो पूरा मामला एक बार फिर से गरमा गया। जाँच समिति ने यावर को मामले से पूरी तरह बरी कर दिया था और कहा था कि उसने कुछ भी गलत नहीं किया था। वे मेरी इस बात से सहमत थे कि तसवीर में हाथ मिलाने से अधिक कुछ नहीं है। केवल इस तसवीर को छोड़कर यावर उस आतंकवादी के साथ जिंदगी में कहीं भी नजर नहीं आया था। जिन लोगों ने शुरुआत में उसे आतंकवादी घोषित कर दिया था, वे अब मुँह छुपाते घूम रहे थे। कुछ ने माफी भी माँग ली थी। लेकिन बहुत से लोग, जो हमले के बाद इस या उस ग्रुप का हिस्सा थे, उन्होंने चुप्पी साधे रखना ही ठीक समझा। यावर का परिवार मुंबई अपने घर लौट चुका था। यावर के निर्दोष साबित होने के बावजूद उसके परिवारवालों को अपनी सुरक्षा के लिए सिक्योरिटी गार्ड्स रखने पड़े थे—केवल अपनी जान बचाने के लिए।

मैं भी पापा-मम्मी का घर छोड़कर दिल्ली में सेना की डॉर्मेट्री में आ गया था।

मुझे अकेले रहना अच्छा लगता था। मेरा दिन भर में यही रुटीन रहता था—ऑफिस जाना, थोड़ा-बहुत काम करना और फिर डॉर्मेट्री में लौट आना।

मनु, यावर एवं डेविड के घर-परिवार के लोगों के साथ मैंने अपना संबंध हमेशा बनाए रखा है और वक्त-जरूरत पड़ने पर उनकी मदद की कोशिश भी की है।

जब दिन ढलने लगता और रात दबे पाँव आने को होती तो उस समय शराब ही मेरा साथ देती। कभी-कभार परिवार के लोगों या दोस्तों के साथ ड्रिंक करता; लेकिन ज्यादातर समय मुझे अकेले ही बैठकर पीना पसंद है। मैं ज्यादातर समय अपने ही खयालों में खोया रहता और कुछ-कुछ सोचता रहता।

यही सोचता रहता—क्या देश की खातिर लड़ने के लिए आई.आई.टी. को छोड़ना सही था? क्या हम इस लायक हैं कि युवा सैनिक अपना बलिदान दें? सैनिक सालों-साल अपने घर-परिवार से अलग रहते हैं और उनके अपने ही परिवार सुरक्षित नहीं हैं।

और रक्षा करें भी तो किसकी? इस देश की, जिसके लोग एक-दूसरे से नफरत करते हैं, जो एक-दूसरे को नीचा दिखाने या उसे जान से मारने का कोई मौका हाथ से नहीं जाने देना चाहते? यह कैसी विडंबना है कि एक ओर तो हम दिन-पर-दिन अमीर होते जा रहे हैं, हमारे पास ज्यादा आराम और सुविधाएँ हैं, लेकिन दूसरी ओर एक-दूसरे के प्रति हमारी नफरत बढ़ती ही जा रही है? मैं अपने आप से सवाल करता।

मुझे देश का इतिहास ज्यादा पसंद था, जहाँ हम लोगों के पास इतनी अधिक सुख-सुविधाएँ, धन-दौलत कुछ नहीं थी, लेकिन उसके बावजूद हम लोगों के पास एक-दूसरे को देने के लिए बहुत कुछ था। उस जमाने में भीड़ द्वारा किसी को पीट-पीटकर मार डालने को बहुत ही जघन्य अपराध समझा जाता था। उस जमाने में हम एक-दूसरे के चरित्र पर सवाल नहीं उठाते थे। लेकिन अब ये सब क्या हो गया?

'मुझे पक्का यकीन है कि अगर डेविड, यावर व मनु जिंदा होते और ये सब देख चुके होते तो कभी भी सेना में नहीं जाते।' मैंने खुद से कहा।

मैंने अमेरिका और यूरोप के बारे में बहुत सी अच्छी-अच्छी बातें सुन रखी थीं, जहाँ सब एक-दूसरे को प्यार करते हैं; जहाँ कोई नफरत नहीं है, सिर्फ प्यार है। शायद मुझे ऐसे ही किसी देश में पैदा होना चाहिए था।

कम-से-कम मैं अब वहाँ जाकर रह सकता हूँ। मेरे कुछ दोस्तों ने बताया था

कि इन देशों में कुछ काम मिल सकता है। वे मुझे यह भी बताते थे कि जिंदगी वहाँ कितनी सुकून भरी है!

अगले दिन मैंने अपने एक दोस्त को फोन मिलाया, जो पिछले दस सालों से न्यूयॉर्क में रह रहा है। उसकी जिंदगी वहाँ बहुत ही मजे से कट रही है। उसे यह जानकर बहुत खुशी हुई कि मैं वहाँ आना चाहता हूँ। वह अमेरिका के बारे में एक-से-एक अच्छी बात मुझे बताए जा रहा था। उसने साथ ही यह भी बताया कि मेरे काम का अनुभव वहाँ भी कुछ काम आ सकता है। उसने मुझसे वादा किया कि वह सबकुछ सँभाल लेगा और जल्द-से-जल्द मुझे इस बारे में आगे की काररवाई की जानकारी देगा।

एक महीने बाद उसका फोन आया। उसने बताया कि उसनें सबकुछ तैयार कर दिया है; उसे मेरी तरफ से बस, एक स्वीकृति पत्र की जरूरत थी, ताकि वह मामले को आगे बढ़ा सके।

एक बार वीजा मंजूर हो जाने के बाद मुझे सेना से इस्तीफा देना पड़ा। घर में हर कोई मेरे इस फैसले से निराश था; लेकिन उन्होंने मेरा साथ दिया। अब समय आ चुका था कि मुझे देश के बारे में सोचना बंद कर अपने आप के बारे में सोचना शुरू करना चाहिए।

'अभी भी मुझे कोई ठीक-ठाक लड़की शादी के लिए मिल जाएगी। मैं अभी इतना बूढ़ा नहीं हुआ हूँ।' मैंने खुद से कहा।

बस, कुछ ही हफ्तों की बात है और फिर, मैं हमेशा के लिए चला जाऊँगा। □

19

अपहरण

1 अगस्त, 2022

शनिवार का दिन था और दिल्ली में अच्छी तेज धूप निकली हुई थी। आज के दिन में कोई खास बात नहीं थी। हर शनिवार जैसा ही यह भी एक शनिवार था। हर कोई अपने हिसाब से छुट्टी का आनंद ले रहा था।

पिछले दो महीने में, जब से मैंने देश छोड़ने का फैसला कर लिया था, तब से मेरे स्वभाव में एक अलग-सा बदलाव आ गया था। मैंने देश में चल रही हर बुरी चीज को अनदेखा करना सीख लिया था। साथ ही, मैंने खुशी से जीने की आदत डाल ली थी। 'छोटी-छोटी चीजों का आनंद लो। कुछ अपने लिए करो।' मैं हमेशा अपने आप से कहता रहता।

शुक्रवार का दिन मेरे लिए काफी थकानेवाला रहा था। चूँकि मेरा वीजा मंजूर हो चुका था, तो मैंने सेना से इस्तीफा दे दिया था। लेकिन इस्तीफा देना इतना आसान नहीं रहा था। मैं एक ही वक्त में खुश भी हो रहा था और रो भी रहा था। मुझे समझ नहीं आ रहा था कि मुझे खुश होना चाहिए या दुःखी कि आखिरकार मुझे यहाँ से निकलने की मंजूरी मिल गई थी। मैं जिस भी रास्ते पर बढ़ा था, वह गलत साबित हुआ था। जिनसे भी मैं प्यार करता हूँ, वे पीछे छूट जाएँगे। कई बार मन में तरह-तरह के खयाल आते और मैं खुद को दुविधा में फँसा हुआ पाता। लेकिन मैंने अपने फैसले पर आगे बढ़ने का फैसला कर लिया था। कोई ऐसा तरीका बचा ही नहीं था कि मैं हिंदुस्तान में ही रहूँ और ऐसे ही चीजों को होते देखता रहूँ। और इतना ही नहीं, यहाँ रहकर मैं कुछ भी करता, उनकी यादें मेरा पीछा ही नहीं छोड़ती थीं।

करीब महीने भर में मुझे न्यूयॉर्क के लिए रवाना होना था। मैं हिंदुस्तान में अपना सबकुछ समेटने में लगा था। साथ ही, मैं अलग-अलग देशों की यात्रा करने

का भी मन बना चुका था। मुझे अमेरिका देखना था और उसके बाद यूरोप था। उधर, पापा-मम्मी मेरे लिए अपने सपनों की लड़की ढूँढ़ने में लगे थे।

वे चाहते थे कि जाने से पहले मेरी सगाई हो जाए। उन्हें दूर-दूर तक भी आभास नहीं था कि ऐसा नहीं होगा। इस समय मैं अपनी जिंदगी को जीना चाहता था, दुनिया घूमना चाहता था और सारी दुनिया की लड़कियों से मिलना चाहता था। अगले तीन साल शादी करने का तो कोई सवाल ही नहीं था। मैं अपने दौरे के बारे में सोच रहा था कि कैसे क्या होगा? उसी समय पापा ने चिल्लाकर मुझे ऊपर आने को कहा। टी.वी. पर समाचार चल रहा था और हर कोई परेशान नजर आ रहा था। एक भारतीय यात्री विमान लापता हो गया था। विमान दिल्ली से न्यूयॉर्क की उड़ान पर था और उड़ान भरने के तीन घंटे बाद लापता हुआ था। विमान को खोज निकालने की सारी कोशिशें बेकार साबित हुई थीं। कुछ ही मिनटों में खबर पूरी दुनिया में फैल गई। हर कोई टेलीविजन से चिपका बैठा था।

खबर इतनी भयंकर थी कि गैर-समाचार चैनल भी इसे दिखा रहे थे। हर किसी को सदमा लगा था। दुनिया भर में विमानों के लापता होने की पिछले कुछ सालों में कई घटनाएँ हो चुकी थीं और उनकी खोज का कोई नतीजा नहीं निकला था। इस बात को लेकर भी लोग काफी घबराए हुए थे।

विमान को लापता हुए दो घंटे बीत चुके थे और कहानी में कोई नया मोड़ नहीं आ रहा था। हम सबको केवल इतना पता था कि विमान का संपर्क एयर कंट्रोल से था और उसके बाद वह अचानक लापता हो गया। क्षेत्र के सभी देशों के एयर कंट्रोल यूनिटों से बातचीत करने की कोशिश की जा रही थी; लेकिन लगता था कि किसी के पास कोई रत्ती भर भी सुराग नहीं था। विमान के यात्रियों के परेशान घरवालों ने आई.जी.आई. एयरपोर्ट पर एकत्र होना शुरू कर दिया। लोगों के पास सैकड़ों सवाल थे, लेकिन उनका कोई जवाब नहीं था। प्रधानमंत्री ने राष्ट्र को संबोधित किया और सभी से शांति बनाए रखने की अपील की।

एयरलाइन ने अलग-अलग तरह के बयान जारी किए और उसके बाद उन्हें वापस भी ले लिया। विभिन्न टी.वी. शोज पर विशेषज्ञ विराजमान हो गए और अपनी-अपनी थ्योरी बताने लगे। सभी की बहस का केवल एक ही नतीजा था, 'कुछ भी हो सकता है।' विमान दुर्घटनाग्रस्त हो गया होगा, उसमें कोई तकनीकी खराबी आ गई होगी और हो सकता है कि पायलट ने कहीं पर उसे सुरक्षित उतार लिया हो।

हर 15 मिनट बाद एक नई थ्योरी हर चैनल पर चल रही थी; लेकिन वह थ्योरी उतनी ही तेजी से दम तोड़ देती, जितनी तेजी से वह सामने आती थी। विमान का पता लगाने के सभी दावों और प्रयासों का कोई नतीजा नहीं निकल रहा था। जिस इलाके में विमान लापता हुआ था, वह अपने आप में बहुत ही विशाल था। वहाँ समुद्र की गहराई सबसे अधिक थी और वहाँ ऊँचे-ऊँचे पहाड़ भी थे। हर देश मदद के लिए आगे आ रहा था। इलाके में तैनात सभी जहाजों और विमानों को लापता विमान की खोज में लगा दिया गया था। समय तेजी से भाग रहा था। अगर विमान कहीं सुरक्षित जगह उतर गया है तो फिर कोई ज्यादा घबराने की बात नहीं थी। सेना, नौसेना और वायुसेना को खुफिया एजेंसियों के साथ लापता विमान का पता लगाने के काम में लगाया गया था।

अब तक 12 घंटे बीत चुके थे और लापता विमान का रहस्य सुलझना बाकी था। कोई संकेत नहीं मिला था कि विमान के साथ क्या हुआ होगा! न्यूज चैनल यात्रियों के परिवारों के लोगों का इंटरव्यू लेने की कोशिश कर रहे थे। विमान में सवार यात्रियों के बारे में बहुत ही मार्मिक कहानियाँ सामने आ रही थीं।

एक छोटा बच्चा अमेरिका की यात्रा पर जा रहा था। उसकी आँख का ऑपरेशन होना था। आँखों का वह ऑपरेशन काफी पेचीदा था; लेकिन इससे वह फिर से देख सकता था। जन्म से ही उसकी आँखों में रोशनी नहीं थी और ऑपरेशन के लिए अमेरिका जाने की सारी प्रक्रिया पूरी करने में उसे तीन साल का समय लग गया था। उसकी माँ भी विमान में उसके साथ सवार थी। इस घटना से कुछ ही दिन पहले एक इंटरव्यू में उसकी माँ बहुत खुश और उत्साहित नजर आ रही थी। सर्जरी के बाद अपने बच्चे के सुनहरे भविष्य की कल्पना कर-करके उसकी आँखों से खुशी के आँसू निकल रहे थे। उसने अपने बच्चे को इलाज के लिए अमेरिका ले जाने की खातिर बहुत मेहनत की थी।

विमान में छात्रों का एक समूह भी था, जो वहाँ एक अंतरराष्ट्रीय विज्ञान प्रतिस्पर्धा में भाग लेने जा रहा था। सभी ने उनके सॉफ्टवेयर की सराहना की थी। यह सॉफ्टवेयर आर्टिफिशियल इंटेलिजेंस के जरिए ऑनलाइन बच्चों की तस्करी का पता लगा सकता था। ये छात्र पिछले तीन साल से रात-दिन एक करके मेहनत कर रहे थे। समूह के सभी छात्र काफी साधारण परिवारों से थे और उनमें पाँच छात्रों के बीच केवल एक ही लैपटॉप था। लेकिन इसके बावजूद वे बच्चे अपने सपने को साकार करने से चूके नहीं थे।

उनका एक दोस्त एक दिन अचानक लापता हो गया था। इसी से उन्हें इस सॉफ्टवेयर को बनाने की प्रेरणा मिली थी। उन्हें शक था कि उनका दोस्त बाल तस्करी का शिकार हुआ है।

एक माँ की कहानी भी कम मार्मिक नहीं थी, जो पाँच साल के बाद अपने बच्चे से मिलने जा रही थी। एक प्रतिष्ठित यूनिवर्सिटी में दाखिला मिलने के बाद उसका बेटा पढ़ने के लिए अमेरिका चला गया था। उसके पास अपनी माँ से मिलने के लिए देश लौटने के पैसे नहीं थे।

आखिर में, उसे अमेरिका में जब पहली नौकरी मिल गई तो उसे अपने वीजा की बहुत चिंता थी और इसीलिए उसने हिंदुस्तान नहीं जाने का फैसला किया। पहला वेतन मिलने के बाद उसने अपनी माँ से कहा था कि वे अमेरिका आकर उसके साथ रहें।

एक नव-विवाहित जोड़ा हनीमून पर जा रहा था। वे कॉलेज में मिले थे, प्यार हुआ और उसके बाद उन्होंने तमाम विरोधों के बावजूद शादी करने का फैसला कर लिया। लड़का हिंदू और लड़की मुसलमान थी। उनके माँ-बाप ने उन्हें लाख समझाने की कोशिशें कीं और आखिर में डराया-धमकाया भी। लेकिन एक-दूसरे के प्यार में बुरी तरह पागल दोनों ने सबकी बातों को अनसुना कर शादी करने का फैसला कर लिया था।

लड़के ने एक अमेरिकी यूनिवर्सिटी में उच्च शिक्षा के लिए आवेदन किया था। चंडीगढ़ में दोनों ने गुपचुप शादी कर ली। उनकी शादी में बहुत ही गिने-चुने करीबी दोस्त शामिल हुए थे। शादी के बाद हिंदुस्तान में रहना उनके लिए सुरक्षित नहीं था, इसलिए दोनों ने अमेरिका में जाकर बसने की योजना बनाई थी।

रात के करीब 11 बजे थे। घर के बाकी लोगों की तरह मैं भी न्यूज देख रहा था। उसी दौरान मेरा फोन बजा। मैंने उठाकर फोन को साइलेंट मोड में कर दिया और फिर से न्यूज देखने में लग गया। फोन बगल में ही रखा था, अतः मेरा ध्यान बार-बार इस बात की ओर जा रहा था कि मेरा फोन बार-बार बज रहा है। करीब पाँच मिनट बाद मैंने फोन रिसीव करने का फैसला कर ही लिया। मुझे पता नहीं कौन था, जो बार-बार फोन कर रहा था; क्योंकि कॉल किसी अज्ञात नंबर से थी।

"कौन है ?" मैंने थोड़ा झुंझलाते हुए कहा।

"मैं कर्नल चौधरी।" दूसरी ओर से आवाज आई।

मैं अचानक चौंक गया। लेकिन मुझे भीतर-ही-भीतर यह महसूस हो गया था

कि इस फोन कॉल का कुछ संबंध विमान के लापता होने की घटना से है। कमरे में सब कोई न्यूज देखने में लगे थे। मैं फोन उठाकर बाहर आ गया।

"आप कैसे हैं, सर? आदेश करिए, कैसे याद किया?"

"तुम कहाँ पर हो? हम तुम्हारी लोकेशन का पता नहीं लगा पा रहे हैं।"

"सर, वीकेंड है इसलिए मैं नोएडा में पापा-मम्मी से मिलने के लिए आया हुआ था।"

"बहुत अच्छे। पाँच मिनट में एक कार तुम्हारे घर के बाहर होगी। मैं यहाँ आर्मी कंट्रोल रूम में तुम्हारा इंतजार कर रहा हूँ।"

मैं जानता था कि इस समय कोई भी सवाल करना समय की बरबादी होगी, इसलिए मैं तुरंत राजी हो गया। पाँच मिनट बाद मुझसे एक काले रंग की बी.एम.डब्ल्यू. में बैठने को कहा गया। गाड़ी के आगे आर्मी के दो वाहन उसे एस्कॉर्ट कर रहे थे। आर्मी के ये दोनों वाहन रास्ता क्लीयर करते हुए आगे बढ़ रहे थे। चूँकि यह देर रात की बात है, अत: उस समय वैसे भी सड़कों पर कम ही ट्रैफिक होता है। लेकिन इसके बावजूद अगर हमारे रास्ते में कुछ आ रहा था तो एस्कॉर्ट वाहन हमारे पहुँचने से पहले ही उसे रास्ते से हटवा दे रहे थे। करीब एक घंटे बाद हम अपनी मंजिल पर पहुँच गए—सेना मुख्यालय, दिल्ली। आर्मी बेस में मेरा घर पास ही था तो यह तो तय था कि लौटते वक्त इतना समय नहीं लगेगा। मुझे जिस कमरे में ले जाया गया, वहाँ कर्नल चौधरी कुछ सीनियर आर्मी ऑफिसर्स के साथ मेरा इंतजार कर रहे थे।

"अर्जुन, पता है, तुम्हें यहाँ क्यों बुलाया गया है?" उन्होंने सवाल किया।

"सर, मुझे कुछ-कुछ आइडिया तो है।"

"पाँच मिनट बाद प्रधानमंत्री राष्ट्र को संबोधित करने वाले हैं और वे लोगों को सूचित करने वाले हैं कि यात्री विमान का अपहरण कर लिया गया है।" कर्नल ने अपनी बात जारी रखी।

मैं इसके लिए तैयार था। निश्चित रूप से, शुरू से ही इसी की आशंका लग रही थी।

मुझे उस समय थोड़ा झटका-सा लगा था, जब टी.वी. पर अपने आप को विशेषज्ञ कहनेवाले लोगों ने इसकी आशंका का कोई जिक्र तक नहीं किया था।

"अपहर्ताओं के बारे में हमारे पास क्या-क्या जानकारी है?" मैंने उत्सुकता से सवाल किया।

“अभी तक तो कुछ नहीं।” कर्नल ने कहा। मैं उनकी आवाज की झुँझलाहट को महसूस कर सकता था।

“वे विमान को कहाँ ले गए हैं?”

“हमें कोई आइडिया नहीं है।”

“बताइए, मैं क्या कर सकता हूँ?” मैंने उनसे पूछा।

“रक्षा मंत्रालय चाहता है कि हम हालात का आकलन करें और रेस्क्यू प्लान तैयार करें। जानता हूँ कि तुम इस्तीफा दे चुके हो, तुम अमेरिका जाने की योजना बना रहे हो; लेकिन इस समय हमें तुम्हारी जरूरत है, देश को तुम्हारी जरूरत है।”

“माफी चाहता हूँ, कर्नल। लेकिन मैं यह नहीं कर सकता।” मैंने साफ शब्दों में कह दिया। सभी सीनियर ऑफिसर्स मेरा जवाब सुनकर हैरान रह गए—और एक तो अपने गुस्से को रोक ही नहीं पाए।

“क्या मतलब है, तुम कर नहीं सकते? तुम एक भारतीय सैनिक हो, एक आर्मी ऑफिसर!” इससे पहले कि वह आगे कुछ बोलते, मैंने उनकी बात बीच में ही काटते हुए कहा, “जानता हूँ, जानता हूँ। सर, पूरी विनम्रता के साथ···मैं जानता हूँ कि आप क्या कहना चाहते हैं। आर्मी ऑफिसर से उम्मीद नहीं की जाती कि वे किसी बात पर सवाल करेंगे या शक जाहिर करेंगे और न ही मैंने पिछले दस सालों में ऐसा कभी किया। मैंने हमेशा बेहतर-से-बेहतर करने की कोशिश की। बाकी आर्मी ऑफिसर की तरह मैंने अपनी मातृभूमि के लिए और अपने लोगों की सेवा के लिए काम किया। लेकिन सर, मेरे तीन दोस्तों की मौत और उसके बाद जो कुछ हुआ, उसने मेरी आँखें खोल दी हैं।” मेरी आवाज में काफी मजबूती और दृढ़ता थी।

“अर्जुन, हमारे पास इन सब बातों के लिए समय नहीं है। तुम मदद करना चाहते हो या नहीं?” कर्नल चौधरी ने बीच में ही तुरंत कहा।

“मदद? किनकी? विमान में सवार लोग हिंदू हैं या मुसलमान? मुझे नहीं पता कि मुझे किनकी मदद करनी है, क्योंकि यह तो साफ सी बात है कि विमान में कोई भी भारतीय नहीं है। या तो वे हिंदू हैं या मुसलमान।”

“विमान में बच्चे हैं, मासूम बच्चे।” उन्होंने जवाब दिया। मेरे गुस्से और नाराजगी का जैसे उन पर कोई असर नहीं था।

“यावर भी निर्दोष और मासूम था, सर। उसने ऐसा क्या गलत किया था, जो उसके साथ इस तरह का बरताव किया गया?”

“सुनो अर्जुन, जानता हूँ कि तुम अपने दोस्तों के बहुत करीब थे। तुमने उनके

बारे में मुझे जो भी बातें बताई थीं, वे सब मुझे याद हैं। तुम लोग कैसे मिले, तुम्हारी ट्रेनिंग के बारे में और गोवा ट्रिप के बारे में। मैं समझता हूँ कि जिस तरह से सब हुआ, उससे तुम खुश नहीं हो, खासतौर से यावर और उसके परिवार के साथ जो कुछ हुआ, उसे लेकर। एक बार यह सब सुलझ जाए तो हम रक्षा मंत्रालय से बात कर सकते हैं या प्रधानमंत्री तक से भी बात कर सकते हैं कि क्या कुछ किया जा सकता है। लेकिन अभी यह वक्त इन सब बातों का नहीं है। हमें तुरंत कोई योजना तैयार करनी है।" कर्नल ने जल्दी से कहा।

"यह केवल यावर की बात नहीं है, सर। एक देश के रूप में यह हम सबकी बात है। हम क्यों नहीं एक-दूसरे को प्यार कर सकते? क्यों नहीं खुशी-खुशी रह सकते हैं? क्या हमारे पास पहले से समस्याएँ नहीं हैं? पिछले छह महीने में मैंने जो देखा है, यही पाया है कि एक-दूसरे में हमारा कतई भरोसा नहीं है। हम एक-दूसरे पर यकीन ही नहीं करते। मुझे ऐसा लगता है कि हम केवल इसलिए साथ रह रहे हैं, क्योंकि हम फँसे हुए हैं। मेरा तो यह मानना है कि अगर भारत में हिंदुओं और मुसलमानों—दोनों को छूट दे दी जाए तो वे एक-दूसरे को खत्म करने में बिल्कुल नहीं हिचकेंगे।

"और ये युवा छात्र कौन हैं, जो इन आतंकवादियों के समर्थन में नारे लगा रहे हैं और ये लोग इतने मूर्ख कैसे हो सकते हैं? क्या उन्हें इस बात की समझ है कि अगर भारत जम्मू व कश्मीर को हाथ से जाने देता है तो क्या होगा? इस बात की कितनी संभावना है कि जम्मू व कश्मीर के लोग शांति और खुशहाली के साथ जी पाएँगे?

"सर, किसी धर्म पर सवाल उठाने या चुनौती देने का मुझे कोई अधिकार नहीं है; लेकिन एक अंधा भी यह समझ सकता है कि इसलाम ने कई पड़ोसी देशों में क्या हालत कर दी है! मुझे गलत मत समझिए, मैं तो चाहता हूँ कि हर किसी को अपने-अपने धर्म का पालन करने की आजादी हो; लेकिन जब आपका धर्म आपके लिए लोगों की जिंदगी से अधिक जरूरी हो जाए तो मैं समझता हूँ कि यह एक बड़ी समस्या है। क्या आपको ऐसा नहीं लगता?

"भारत इन पड़ोसी मुसलमान देशों के मुकाबले कहीं अधिक सुखी और समृद्ध है। तो फिर ऐसे में कोई भारत क्यों छोड़ना चाहेगा? क्या ये छात्र इस बात की गारंटी दे सकते हैं कि भारत के पीछे हट जाने के बाद जम्मू व कश्मीर में मासूम जिंदगियाँ तबाह नहीं होंगी? आप मासूम जिंदगियों के मुकाबले धर्म को इतना बड़ा कैसे कर सकते हैं? आजादी मिलने के बाद से ही, देश ने उसकी जितनी ताकत थी,

उसके हिसाब से मुसलमानों को हिंदुस्तान में अपने घर-सा महसूस कराने के लिए हर संभव प्रयास किए हैं। मुसलिम देशों में देखिए कि अपने यहाँ अल्पसंख्यकों से कैसा बरताव करते हैं और फिर अपने देश के भीतर देखिए। बहुत से देश धर्मनिरपेक्षता की बातें करते हैं; लेकिन हिंदुस्तान ने एक नहीं, कई बार दिखाया है कि धर्मनिरपेक्षता असल में होती क्या है! हिंदुस्तान में हर किसी को आजादी है। वह जितने भी चाहे मंदिर और मसजिद बना ले। लोकतंत्र का मुख्य स्तंभ है—समानता। हमने मुसलमानों को अपने कानून बनाने की व्यवस्था देकर समानता के इस कानून को नुकसान पहुँचाया है। क्या मुसलमान कोई भी ऐसा क्षेत्र बता सकते हैं, जहाँ उन्हें किसी और के मुकाबले कम अधिकार हैं?

"सवाल यह है सर, इन मुसलमानों का विश्वास जीतने के लिए क्या करना होगा? क्या करना बाकी रह गया है? हम इन पत्थरबाजों को सैनिकों में बदलने के लिए क्या कर सकते हैं?" महीनों का गुस्सा, हताशा और निराशा और भीतर तक भरी हुई थी और मैं उसे बाहर निकलने से रोक नहीं सका। अभी भी मेरी बात पूरी नहीं हुई थी।

"और हिंदुओं को लेकर भी मेरा मुँह मत खुलवाइए, सर। उन्हें देशभक्ति तभी याद आती है, जब कोई आतंकवादी हमला होता है या कोई मौलवी कोई विवादास्पद बयान देता है। जब नन्ही बच्चियों से हिंदुओं द्वारा बलात्कार किया जाता है तो हमारी देशभक्ति कहाँ चली जाती है? जब लोग आपस में एक-दूसरे को परेशान करते हैं, तब देशभक्ति कहाँ चली जाती है? किसी को केवल अपनी मरजी से शादी करने के लिए जान से मार दिया जाता है, तब? ये लोग पत्थरबाजों या आजादी के नारे लगानेवालों से कैसे बेहतर हैं? हम ऐसे हिंदुओं को राष्ट्रद्रोही और गद्दार क्यों नहीं कहते?

"जवान बच्चे सेना में धर्म, जाति या आस्था देखकर भरती नहीं होते। बदतर-से-बदतर हालात में भी वे एक-दूसरे को अपने भाइयों की तरह प्यार करते हैं; उस समय भी, जब मौत उनके सिर पर नाच रही होती है। क्या आपको नहीं लगता कि जवान भी इन खबरों को देख रहे होंगे? आपके हिसाब से, वे क्या सोचेंगे, जब अपने देश के लोगों को इस तरह कुत्ते-बिल्ली की तरह लड़ता हुआ देखेंगे? इस वास्तविकता को समझना कितना मुश्किल है कि जब आपको मदद की जरूरत होती है तो कोई भगवान् आकर मदद नहीं करता। हमें ही एक-दूसरे की मदद करनी होती है।" मैं कहता जा रहा था।

मैंने कभी इतने कड़वे शब्दों का इस्तेमाल नहीं किया था और वह भी सीनियर आर्मी ऑफिसर्स के सामने। खामोशी सिर पर हथौड़े की तरह बज रही थी। लेकिन कर्नल चौधरी ने आखिरकार कहा, "काश, मेरे पास तुम्हारे कुछ सवालों का तो जवाब होता, लेकिन नहीं है। मैं केवल इतना जानता हूँ कि हम तुम्हारी मदद के बिना यह काम नहीं कर सकते। अगर तुम इसे नहीं करना चाहते हो तो मैं रक्षा मंत्री को सूचित कर दूँगा कि हम ये नहीं कर पाएँगे।" उन्होंने बड़े तटस्थ भाव से कहा।

"माफ कीजिए, सर। जिस दिन से मैंने सेना में भरती होने के लिए आवेदन दिया था और उस दिन तक, जिस दिन मेरे दोस्त मारे गए—मैं केवल अपने देश में अपनी आस्था को ही आगे रखकर चल रहा था। अब मुझ में वह आस्था बाकी नहीं रही है। मैं इस देश में अपनी जिंदगी का एक सेकंड भी बरबाद नहीं करना चाहता। ऐसा लगता है कि मैं यहाँ रहकर हर उस इनसान का अपमान कर रहा हूँ, जिन्होंने देश के लिए अपना जीवन बलिदान किया है।" मेरा यह आखिरी वाक्य था।

मैं कमरे से बाहर निकला और कैब करके आर्मी बेस में अपने घर आ गया। मैंने स्कॉच की एक पूरी बोतल उठाई और पीना शुरू कर दिया। इस बात से कोई फर्क नहीं पड़ता कि मैंने खुद को समझाने की कितनी कोशिश की, लेकिन मैं खुद को कर्नल की मदद करने के लिए राजी नहीं कर सका।

मुझे समय का कोई अंदाजा ही नहीं रहा। न जाने कब मैंने बोतल खत्म की और कब सोने चला गया। मुझे केवल इतना याद पड़ता है कि बिस्तर तक जाने के लिए मैंने दीवार का सहारा ले रखा था और धीरे-धीरे कदम आगे बढ़ा रहा था।

अचानक एक जोरदार तमाचा मेरे मुँह पर पड़ा। कोई आवाज थी, जो मुझे उठने के लिए कह रही थी। मैंने कंबल से अपना मुँह ढँकने की कोशिश की, लेकिन आवाज तेज होने के साथ ही थप्पड़ों की रफ्तार भी बढ़ गई। जब आखिरकार, किसी तरह मैंने अपनी आँखें खोलीं तो सामने एक जाना-पहचाना चेहरा था। मुझे अपनी आँखों पर भरोसा नहीं हुआ। मैं मर चुका हूँ? यह कैसे संभव हो सकता था?

'दादी, आप तो क्या पहले ही नहीं मर चुकी थीं?'

□

20

मुझे पता है

‘हाँ, मैं मर चुकी हूँ। ये सब नाटक करने की जरूरत नहीं है। मैं चाहती थी कि तुम मेरी चिता को मुखाग्नि देते, लेकिन तुमने तो शक्ल भी नहीं दिखाई। अब खड़े हो जाओ!’ दादी ने अपनी स्टाइल में कमांड देते हुए कहा।

‘माफ कर दो दादी, मैं एक मिशन में फँस गया था।’ मैंने जवाब दिया। हालाँकि मैं उस पछतावे की आग में आज भी जल रहा हूँ।

‘जानती हूँ, जानती हूँ। मेरे नन्हे अर्जुन, मुझे तुझ पर बहुत फख्र है। तू तो देश का श्रेष्ठ सैनिक है। लेकिन मैंने तुझे बहुत याद किया था। खासतौर से तब, जब मैं बीमार थी। मैंने तो दिल को समझा लिया था कि अब तुझे कभी नहीं देख पाऊँगी।’ मेरे चेहरे को अपने हाथों में लिये दादी ने कहा। उनकी आँखों में आँसू थे। अचानक से उन्होंने बात का विषय बदल दिया।

‘सबसे पहले तो तुम इस निगोड़े ए.सी. को ऑन करो। मुझे ठंडी हवा चाहिए। नरक में तो कितनी गरमी है। और तुम ये बिस्तर से उठो।’ उन्होंने मुझे धक्का देकर बिस्तर से नीचे गिराया और खुद बिस्तर पर चढ़कर बैठ गईं।

समझ नहीं आ रहा था कि यह सपना था या वे सच में यहाँ थीं; लेकिन मुझे उस समय उनकी बात पर यकीन करना पड़ा, जब उन्होंने कहा कि वह नरक में रह रही हैं। जिंदा रहते दादी ने इतने लोगों के कपड़े उतारे थे कि लोगों की बद्दुआओं का असर तो होना ही था। ए.सी. की ओर बढ़ा तो देखा कि वह बंद था। उस समय मुझे अहसास हुआ कि कमरा तो गरमी के मारे उबल रहा है। मैंने ए.सी. ऑन कर दिया। लेकिन अभी भी समझ नहीं पा रहा था कि सपने और हकीकत में से कौन सही है ?

‘दादी, ए.सी. चला दिया है।’ मैंने बड़ी ही विनम्रता के साथ कहा।

'बहुत बढ़िया! अब जाओ और मेरे लिए कुछ संतरे का जूस ले आओ।' उन्होंने इतना कहकर मेरी ओर तीन बार आँख मारी। इसका मतलब था कि संतरे के जूस में खूब सारी वोदका होनी चाहिए।

'दादी! आँख मारने की जरूरत नहीं है। यहाँ हम दोनों के सिवाय और कोई नहीं है।' मैंने उन्हें छेड़ने की कोशिश की।

तीन बार आँख मारकर उन्होंने ऊपर की ओर देखा। वे यह बताने की कोशिश कर रही थीं कि हो सकता है कि कोई हमारी बात सुन रहा हो। मेरी हालत खराब थी, लेकिन मैंने उनके लिए ड्रिंक लाने का फैसला किया। मैं उम्मीद कर रहा था कि यह सपना है और जब मैं ड्रिंक लेकर लौटूँगा, तब तक वे बिस्तर पर नहीं होंगी।

और लौटा तो पाया कि वे वाकई बिस्तर पर नहीं थीं।

मैंने चैन की साँस ली, लेकिन साथ ही उदास भी हो गया। मैं चाहता था कि वे अभी थोड़ी देर और रुकतीं। मैं उनसे बहुत सी बातें करना चाहता था। उनके बेकार पड़ोसी, पड़ोसियों की बहू तथा और भी न जाने क्या-क्या। मैं उनसे पूछना चाहता था कि उनके आखिरी दिन कैसे बीते? मैं उन्हें यह भी बताना चाहता था कि मैंने उन्हें कितना याद किया। मैं बिस्तर पर बैठ गया और चादर पर हाथ फिराने लगा। मैं उनकी गरमाहट महसूस करना चाहता था; लेकिन अचानक उनकी आवाज फिर से सुनकर मैं धड़ाम से बिस्तर से गिर पड़ा।

'अभी मेरे लिए आँसू बहाने की जरूरत नहीं है। अभी कहीं नहीं गई हूँ। जरा तुम्हारे बाथरूम तक गई थी। बड़ा साफ-सुथरा है। वहाँ बाथरूम का तो हाल पूछो ही मत, सड़ाँध मारती रहती है।' दादी ने छत की ओर देखते हुए कहा।

'दादी, मुझे डर लग रहा है। क्या मैं सपना देख रहा हूँ?'

'ना, ना, ना! यह कोई सपना नहीं है। वे चाहते थे कि मैं तुमसे बात करूँ, इसलिए मैंने तुमसे मिलने आने की परमिशन माँग ली। ऐसा बहुत बिरले ही होता है।' दादी ने कहा।

'किस बिरले की बात कर रही हो दादी?'

'अरे, वे ऊपर वाले लोग, जिन्होंने मुझे यहाँ भेजा है।' दादी ने जवाब दिया।

'वे कौन?' मैंने पूछा।

'तुझे सब बताऊँगी, लेकिन मुझे थोड़ा आराम करने दे और ड्रिंक का मजा लेने दे।' इतना कहकर वे बिस्तर पर आराम से बैठ गईं। उन्होंने गिलास उठाया और पूरा खाली कर दिया। 'जरा एक गिलास जूस और ले आ।' फिर से उन्होंने

तीन बार आँख मारी। इस बार ड्रिंक बनाते हुए मैंने अपना फोन चेक किया। सुबह के 3 बज रहे थे।

मैं ड्रिंक तैयार करके ले आया। इस बार दादी काफी फुरसत के साथ उसे घूँट-घूँट पीती रहीं। एक घूँट पीने के बाद उन्होंने गिलास साइड टेबल पर रख दिया। वह बिस्तर पर लेट गईं और अपनी आँखें बंद कर लीं। मैं उन्हें देखता रहा। उम्मीद कर रहा था कि वे अपना मुँह खोलेंगी और कुछ कहेंगी। करीब दस मिनट बाद मैंने उनसे बात करने की हिम्मत जुटाई।

'दादी? दादी?' मैंने उन्हें आवाज लगाई।

अचानक से वे ऐसे चौंककर जागीं, जैसे कोई बुरा सपना देख रही थीं। 'मुझे जेल में बंद मत करो! कसम खाती हूँ, आज के बाद कभी किसी का मजाक नहीं उड़ाऊँगी।' जब उन्होंने अपनी आँखें खोलीं तो सामने मुझे बैठे हुए पाया।

'माफ करना, इतने नरम-मुलायम बिस्तर पर सोने से खुद को रोक न सकी।' उन्होंने बिस्तर पर ठीक से बैठते हुए कहा।

'दादी, आप यहाँ क्यों आई हैं?'

'अरे, सॉरी, मैं तो अपने आने का मकसद ही भूल गई।' वे उठकर बिस्तर पर सीधी होकर बैठ गईं। 'मैं यहाँ तुम्हें एक कहानी सुनाने आई हूँ।'

'दादी, प्लीज, अब और कोई कहानी नहीं। मुझे पता है, आप यहाँ क्यों आई हैं। मैं यह नहीं करने वाला हूँ। आप शायद डेविड, यावर और मनु के बारे में जानती नहीं हैं।'

'जानती हूँ, उनके साथ क्या हुआ था। वे मेरे पड़ोस में ही रहते हैं। चूँकि वे अभी नए हैं, इसलिए उन्हें मेरे साथ यहाँ आने की परमिशन नहीं मिली।'

'क्या? वे नरक में हैं?' मैंने सवाल किया। यह जानकर मुझे बहुत बड़ा झटका लगा था।

'जानती हूँ, इस पर यकीन करना कितना मुश्किल है! मुझे बहुत खुशी है कि मनु वहाँ है। वह बहुत अच्छा खाना बनाता है। वे एक ही कमरे में रहते हैं। उन्होंने एक बिस्तर खाली रखा हुआ है—तुम्हारे लिए, जब भी तुम आओगे। खैर, मैं उनके बारे में जानती हूँ; लेकिन तुम्हें वह काम करना ही होगा, जिसकी जरूरत है।'

'मैं ये सब नहीं करूँगा।' मैंने भी जिद पकड़ ली थी। मुझे इस बात से नफरत होती थी, जब वे अपना आइडिया मेरे दिमाग में फिट करने की कोशिश करती थीं।

'पहले मुझे कहानी पूरी करने दो।' उन्होंने फिर से लहजे की सख्ती और

कमांड के स्वर में कहा। मेरे पास उनकी बात सुनने के अलावा कोई रास्ता नहीं था। कम-से-कम इस बहाने ही सही, मुझे उनके साथ समय बिताने का मौका तो मिल रहा है।

'हिंदुस्तान में कहीं एक छोटा सा गाँव था।' दादी ने शुरू कर दी कहानी, 'गाँव के लोग हर समय आपस में लड़ते रहते थे। वे हर छोटी-से-छोटी बात पर कुढ़ते रहते। भगवान् ये सब देख रहे थे और उन लोगों से तंग आ चुके थे, इसलिए सारे भगवानों ने गाँववालों को सजा देने की सोची।

'जल्द ही गाँव में अकाल पड़ गया। खेत सूखने लगे और मवेशी भी मरने लगे। लेकिन गाँववालों ने अपना रवैया नहीं बदला। पाँच साल बाद गाँव की हालत बहुत ही खराब हो चुकी थी। मुश्किल से ही कोई मवेशी जिंदा बचा था। जिंदा रहने के लिए भोजन-पानी भी नहीं बचा था।

'हर परिवार के पास बहुत थोड़ा दूध ही बचा था। वहाँ एक विधवा के साथ गाँव के लोग अच्छा बरताव नहीं करते थे। वे उसका मजाक उड़ाते और उसके ऊपर कुछ-कुछ फेंकते रहते। उस विधवा का नन्हा बेटा वह सब देख रहा था। वह अपनी माँ से कहता कि माँ, एक दिन सब ठीक हो जाएगा।

'एक दिन गाँव की इन समस्याओं से परेशान होकर पुजारी ने फैसला किया कि वह तब तक प्रार्थना करता रहेगा, जब तक कि वह मर नहीं जाता या भगवान् उसे बचाने नहीं आ जाते। छह महीने लगातार प्रार्थना करने के बाद भगवान् प्रकट हुए और उन्होंने उससे पूछा कि वह क्या चाहता है ? पुजारी ने कहा कि उसके गाँव ने बहुत मुसीबतें झेली हैं और वह उनके लिए केवल खुशहाली चाहता है।

'भगवान् ने उसकी बात बहुत धैर्य के साथ सुनी और फिर गुस्से में बोले, 'यह गाँव इस लायक नहीं है कि इसे बचाया जाए। तुम लोग हमेशा एक-दूसरे से लड़ते रहते हो। तुम्हारे लिए जिंदगी की कोई कीमत ही नहीं है। तुम तो भगवान् के भी शुक्रगुजार नहीं हो। हम इस गाँव को किसी भी हालत में नहीं बचाएँगे।' लेकिन जब पुजारी अपनी माँग से टस-से-मस नहीं हुआ तो भगवान् ने गाँव को एक मौका और देने का फैसला किया।

'भगवान् बोले, 'तुम अपने मंदिर में एक पूजा का आयोजन करवाओ, आज से एक सप्ताह बाद। तुम सारे गाँववालों से कहो कि वे अपना दूध हम भगवान् के ऊपर चढ़ाएँ। अगर यह गाँव कमरे को दूध से एक इंच भी भर देता है तो हम तुम्हारी इच्छा पूरी कर देंगे। एक और बात, जब वे हमें दूध चढ़ा रहे होंगे तो वह छत पर बने

एक छेद से डाला जाना चाहिए, ताकि वे यह न देख सकें कि कितना दूध पहले से चढ़ाया जा चुका है। केवल तुम ही दरवाजे के छेद से देख सकोगे।'

'इस खबर से खुश होकर पुजारी ने सारे गाँववालों को इकट्ठा कर लिया और उन्हें सारी घटना कह सुनाई। हर कोई दूध का चढ़ावा चढ़ाने को राजी हो गया। पूजा का दिन आ गया और गाँव के लोगों ने मंदिर के बाहर लाइन लगाना शुरू कर दिया। अब गाँव के सबसे पहले आदमी को दूध चढ़ाना था।

'केवल एक इंच दूध की ही तो जरूरत है, बाकी लोग तो भर ही देंगे। अपने घर का दूध बचा लेता हूँ। घर के लोगों के काम आएगा। उस आदमी ने इतना सोचा और बिना दूध चढ़ाए आगे बढ़ गया। ऐसा ही अगले ने किया। एक के बाद एक सभी गाँववालों ने ऐसा ही किया। पुजारी दरवाजे के छेद से सब देख रहा था। वह बड़ा निराश हुआ। पूरे गाँव के लोग अपनी-अपनी बारी से आकर चले गए, लेकिन मंदिर का कमरा सूखा ही रह गया। कमरे में दूध की एक बूँद तक नहीं थी।

'अब बारी आई उस विधवा औरत और उसके नन्हे बेटे की। उसकी माँ ने उसे रोकते हुए कहा कि इस गाँव के लोगों ने हमेशा उन्हें सताया है, तो क्यों हम उनकी खुशहाली के लिए बलिदान करें। छोटे बच्चे ने अपनी माँ की बात नहीं सुनी। चूँकि वह छोटी जाति का था, इसलिए उसे सबसे आखिरी में दूध चढ़ाने का मौका मिला।

'जब तक उसका नंबर आता, पुजारी को यह अहसास हो गया था कि उसकी कोशिश बेकार गई। पुजारी ने नन्हे बच्चे को रोका और उसे सारी बात बताई। पुजारी ने बच्चे से कहा कि अब, जब पूरा कमरा ही सूखा हुआ है तो उसके दूध चढ़ाने का कोई फायदा नहीं होगा। सारे लोग दूध चढ़ाते, तभी कोई फल मिल सकता था। पुजारी ने नन्हे बच्चे से कहा कि तुम भी अपना दूध बचा लो। लेकिन पुजारी को बच्चे का जवाब सुनकर हैरानी हुई। बच्चे ने कहा, 'मुझे इससे कोई फर्क नहीं पड़ता कि बाकी लोगों ने क्या किया! मुझे केवल अपना काम ईमानदारी से करना है।' पुजारी के समझाने के बावजूद बच्चे ने दूध चढ़ा दिया। और जैसे ही उसने दूध चढ़ाना शुरू किया, कमरा दूध से भरना शुरू हो गया। जब तक वह दूध चढ़ाकर हटा, पूरा कमरा दूध से लबालब भर चुका था। मंदिर के सारे भगवान् दूध में पूरे नहा गए थे।

'पुजारी ने गाँव में हर आदमी को यह बात बताई तो हर किसी को अपने व्यवहार पर लज्जा आई। वे बच्चे के निस्स्वार्थ कर्म के सामने अपने आप को बहुत

छोटा महसूस कर रहे थे। इस पर गाँव के लोगों ने अपने छोटे-छोटे मतभेदों को दूर रखकर शांति और एक-दूसरे के प्रति प्रेम-भाव से रहने का फैसला किया। छोटे बच्चे और उसकी विधवा माँ का गाँव में स्वागत किया गया। सभी देवतागण ये सब देखकर बहुत खुश हुए और उन्होंने गाँववालों को क्षमा करने का फैसला किया। जल्द ही गाँव में बारिश शुरू हो गई और जीवन में फिर से खुशहाली लौट आई।'

'क्या वे सब उसके बाद खुशी-खुशी से रहे?' मैंने सवाल किया।

'नहीं, सरकार ने एक नई कर व्यवस्था लागू कर दी और गाँववालों का सारा पैसा कर चुकाने में चला गया। अब वे फिर से अपनी पुरानी हालत में लौट आए... नहीं रे, मैं तो मजाक कर रही थी। वे उसके बाद खुशी-खुशी रहने लगे।' दादी ने अपनी आँखों को घुमाते हुए आखिरी वाक्य बोला।

दादी ने जो कहानी सुनाई थी, उसका मुझ पर बहुत असर हुआ। लेकिन अभी भी मैं निश्चिंत नहीं था। 'दादी, मुझे लगता है कि मैंने बहुत कुछ का बलिदान दिया है; दूसरे लोगों से कहीं ज्यादा। डेविड, मनु और यावर—वे सब अब इस दुनिया में नहीं हैं। सिर्फ मैं यहाँ फँसा रह गया हूँ।' मैंने कहा।

'हम इनसानों के साथ यही सबसे बड़ी समस्या है; हम सोचते हैं कि हमारा ही बलिदान सबसे बड़ा है। ऐसा इसलिए है, क्योंकि हम नहीं जानते कि बाकी लोगों ने क्या बलिदान दिया है।' दादी ने मुझे डाँटते हुए कहा।

'आपको क्या लगता है कि मुझसे भी ज्यादा बलिदान किसी ने दिया है?'

'अगर मैं तीन लोग ऐसे ढूँढ़ दूँ, जिन्होंने तुमसे भी ज्यादा कुरबानी दी है और अभी भी उन्होंने हिम्मत नहीं हारी है, तो क्या तुम वही काम करने को राजी हो जाओगे, जिसे करने में तुम माहिर हो?'

'हाँ।' मैंने जवाब दिया।

'तो फिर पक्का! मेरे जाने के बाद अपने दोस्तों के घरवालों को फोन करना। उनसे पूछना कि तुम्हारे दोस्तों के सामने सबसे बड़ी चुनौती क्या थी, जिसका उन्होंने सामना किया था? उनके लिए सबसे मुश्किल काम क्या था? अगर आखिरी में तुम्हें यह लगे कि तुमने बाकी लोगों के मुकाबले कहीं अधिक बलिदान किया है तो तुम हिंदुस्तान छोड़कर जा सकते हो। लेकिन अगर लगे कि नहीं, औरों का बलिदान कहीं ज्यादा था तो तुम्हें पता ही है कि क्या करना है। एक और बात, तुम्हें तीनों परिवारों से बात करनी पड़ेगी, चाहे कुछ भी हो जाए।'

मुझे समझ नहीं आ रहा था कि अपने दोस्तों के घरवालों से बात करने से

क्या कुछ बदलने वाला है! मुझे पहले से ही पता था कि उन्हें क्या बलिदान देना पड़ा था। समझ नहीं आ रहा था कि उन लोगों से बात करने से क्या फायदा होगा? लेकिन मैंने फिर भी उन्हें फोन करने का फैसला कर लिया।

'ठीक है, अब मुझे जाना होगा। जब भी तुम मिलो तो रश्मि को मेरी 'हाय' बोलना।'

'रश्मि कौन है?' मैंने उत्सुकता से पूछा।

'जान जाओगे।' दादी ने अपने ड्रिंक का आखिरी घूँट भरते हुए कहा।

मैं हैरान-परेशान-सा नींद से जागा। मैं उठा और अपनी घड़ी में देखा, सुबह के 6 बजे थे। दादी जा चुकी थीं। मैं अपने मन को समझा नहीं पा रहा था कि यह सपना था या हकीकत। ए.सी. चालू था और मेरी मेज पर ऑरेंज जूस एवं वोदका का खाली गिलास रखा हुआ था।

मैंने लंबी साँस ली, तरोताजा हुआ और उसके बाद डेविड के पापा को फोन मिलाया।

"गुड मॉर्निंग, अंकल। मुझे आपसे कुछ बात करनी है। मैं जानना चाहता हूँ कि जब डेविड जीवित था तो वह कौन सी ऐसी सबसे मुश्किल स्थिति थी, जिससे उसे मुकाबला करना पड़ा था?" मैं इंतजार में था कि वे कहेंगे—सुपरनोवा।

अंकल कुछ देर तो खामोश रहे और उसके बाद बोले, "पता नहीं, डेविड ने कभी तुम्हें अपनी बड़ी बहन के बारे में बताया था या नहीं। वह कॉलेज में थी और डेविड दसवीं क्लास में। कुछ लड़कों का एक ग्रुप था, जो हर रोज उसे परेशान करता था। कॉलेज से घर आना-जाना उसका मुहाल कर दिया था उन लड़कों ने। उसने कॉलेज में अपने दोस्तों और प्रोफेसरों को यह बात बताई, लेकिन कोई फायदा नहीं हुआ। हमने पड़ोसियों से बात करने की कोशिश की, लेकिन वे उन गुंडों से बहुत डरते थे।

"आखिरकार, एक दिन जब बहुत अति हो गई तो उसने पुलिस से संपर्क करने का फैसला किया। डेविड उसके साथ पुलिस स्टेशन गया। बहुत कोशिशों के बाद पुलिस एफ.आई.आर. लिखने पर राजी हुई।

"उन लड़कों ने हमें एफ.आई.आर. वापस नहीं लेने की सूरत में गंभीर परिणाम भुगतने की चेतावनी दी, डराया-धमकाया। उन्होंने स्कूल से लौटते समय डेविड तक को घेर लिया। एक दिन जब वह कॉलेज से घर लौट रही थी तो गुंडों ने उसे रोका और आखिरी चेतावनी दी; लेकिन मेरी बेटी उनके आगे नहीं झुकी। वे

सभी लड़के ऊँची पहुँच वाले थे, इसलिए हमारे परिवार के ऊपर राजनीतिक दबाव भी डाला गया।

"लेकिन एक दिन अचानक उन लड़कों ने मेरी बेटी को परेशान करना बंद कर दिया। हमने सोचा कि हमारी मुसीबत आखिरकार खत्म हो गई है। लेकिन हमारी सोच गलत निकली। एक दिन, जब मैं चर्च में था तो मुझे पुलिस स्टेशन से फोन आया। उन्होंने मुझे बताया कि मेरी बेटी अस्पताल में है। किसी ने उस पर एसिड डाल दिया था। डेविड और मैं अस्पताल के लिए भागे। किसी व्यक्ति के साथ इससे नारकीय कुछ नहीं हो सकता। उसका चेहरा एक तरह से पिघल गया था। सबकुछ खत्म हो चुका था—उसकी आँखें, उसकी नाक, कान—सबकुछ। उसके पूरे शरीर पर जलने के निशान थे। मेरी बेटी कितनी भयानक पीड़ा में थी, हम सोच भी नहीं सकते। गुंडों ने उसके मुँह में भी जबरन एसिड डाला था। वह ठीक से साँस भी नहीं ले पा रही थी। मैं और डेविड उसके लिए प्रार्थना के सिवाय कुछ नहीं कर सकते थे। डॉक्टरों ने अपनी ओर से पूरी कोशिश की, लेकिन उसके शरीर के महत्त्वपूर्ण अंगों को काफी नुकसान हो चुका था। उसका पूरा शरीर दर्द से काँप रहा था। वह कुछ कहना चाहती थी, लेकिन कह नहीं सकी; क्योंकि उसका गला बुरी तरह जल गया था। आखिरकर, दो घंटे तक जिंदगी और मौत से जूझने के बाद उसने हथियार डाल दिए।

"डेविड छह महीने तक सो नहीं पाया। जब भी वह आँखें बंद करता, उसकी आँखों के आगे अस्पताल के बिस्तर पर तड़पती बहन आ जाती, जिंदगी से उसकी आखिरी लड़ाई याद आ जाती। उसका दर्द डेविड की रग-रग में दौड़ने लगता। वह पूरा-पूरा दिन सिर्फ और सिर्फ रोता रहता था। उसने स्कूल जाना बंद कर दिया। यहाँ तक कि क्रिकेट तक को उसने हाथ नहीं लगाया, जिसे वह इतना प्यार करता था। वह घंटों दीवार को घूरता रहता था। हमें लगा कि वह पागल हो जाएगा। एक दिन वह घर लौटा और बोला कि वह आर्मी ज्वॉइन करेगा। उसे कुछ हो गया था। उसका इरादा बहुत मजबूत था और अब उसे जैसे लगन ही लग गई थी। अगले कुछ सालों में उसकी स्थिति काफी बेहतर हो गई। लेकिन अब वह हमेशा गंभीर रहने लगा था। तुम तीनों से मिलने के बाद उसने हँसना-बोलना शुरू किया था। उसके बाद हमें हमारा बेटा वापस मिल गया था।"

"उन गुंडों का क्या हुआ, जिन्होंने एसिड फेंका था?" मैंने गुस्से से पूछा।

मुझे कतई कोई आइडिया नहीं था कि डेविड ने जिंदगी में इतनी कम उम्र में इतना कुछ झेला था।

"उन्हें गिरफ्तार कर लिया गया और कई सालों तक वे जेल में बंद रहे। जेल में रहने के दौरान वे कई बार अलग-अलग बहाने बनाकर पैरोल पर बाहर आए। लोगों ने हमें बताया था कि उन्होंने उन गुंडों को कई बार पैरोल के दौरान बार में शराब पीते देखा था। अच्छे बरताव के चलते उन्हें सजा पूरी होने से दो साल पहले रिहा कर दिया गया।" अंकल ने बताया।

अंकल को 'बाय' बोलने के बाद मैंने फोन नीचे रख दिया और अपने आँसुओं को बहने दिया। मुझे केवल डेविड का मुसकराता हुआ चेहरा याद आ रहा था। कभी जान ही नहीं पाया कि अपने दिल में वह इतना दर्द छुपाए हुए है। अचानक मुझे खयाल आया कि डेविड—यावर की बहन से बहुत स्नेह करता था। जब भी हम मुंबई जाते, वह आलिया से बड़े ही प्यार से मिलता और काफी समय उससे बातें करता रहता। मुझे कभी समझ नहीं आया था, लेकिन आज पूरी तसवीर साफ हो गई थी।

अब मुझे मनु के मम्मी-पापा को फोन करना था। जितने भी लोगों से मैं आज तक मिला हूँ, उनमें मनु सबसे खुशमिजाज बंदा था। मुझे उसके पापा-मम्मी की ओर से ऐसी कोई सकते में डालनेवाली कहानी की कोई उम्मीद नहीं थी। लेकिन दादी से किए गए वादे के मुताबिक मुझे उसके मम्मी-पापा से बात तो करनी ही थी। मैंने मनु के पापा को फोन लगाया।

"और कैसे हो, अर्जुन? अमेरिका कब जा रहे हो?" उन्होंने सवाल किया।

"बस, अंकल, महीने भर की बात है। अंकल, मैं आपसे एक बहुत ही निजी सवाल करना चाहता हूँ।" मैंने कहा।

"अर्जुन, तुम हमारे लिए बेटे की तरह हो। जो भी पूछना चाहो, पूछ सकते हो।"

मैं कुछ क्षण रुका और फिर पूछा, "मनु की जिंदगी में सबसे बुरा समय कौन सा था? सुपरनोवा?" मैं अपने मन की बात उनके मुँह से कहलवाना चाहता था।

"बेटा, सुपरनोवा कहना मुझे अच्छा लगता; लेकिन उससे भी गहरा कुछ था, जो मनु को सुपरनोवा से ज्यादा परेशान करता था। उसके चाचा, यानी कि मेरे भाई मनिंदर की मौत मनु के लिए शायद सबसे बड़ा सदमा थी।

"मनु का चचेरा भाई और मनिंदर का बेटा नवजोत उस समय दस साल का था। नवजोत को अपने दादाजी से बड़ा प्यार था। इमरजेंसी के समय में हिंदुस्तान में बड़ी टेंशन थी। इंदिरा गांधी की हत्या हो गई थी और हिंदू खून के प्यासे थे। सिख

बिरादरी के लोग मुसीबत से दूर रहने की पूरी कोशिश कर रहे थे।

"नवजोत के दादाजी की तबीयत कुछ ठीक नहीं चल रही थी, इसलिए एक दिन वह अपने पापा के साथ दादाजी के घर पर ही था। अचानक भीड़ ने उनके घर पर हमला कर दिया। भीड़ ने चारों ओर से इमारत को घेर लिया और खिड़कियों पर पत्थर बरसाने लगे।

"दादाजी की हालत ऐसी नहीं थी कि वे बिस्तर से उठ पाते। उन्होंने मनिंदर से कहा कि वह नवजोत को लेकर किसी तरह वहाँ से जान बचाकर भाग जाए। मनिंदर ने नवजोत को गोद में उठाया और टैरेस की ओर भागा। उस समय घरों की सब छतें आपस में जुड़ी हुई होती थीं। किस्मत बुरी थी कि किसी ने उनको भागते हुए देख लिया। और तुरंत दंगाई इमारत पर चढ़ने लगे। मनिंदर ने एक कपड़ा कहीं से उठाया और उसे नवजोत के मुँह पर बाँध दिया, ताकि वह चिल्ला न सके। इसके बाद उसने नवजोत को पानी के एक टैंक के नीचे छुपा दिया, जहाँ कोई उसे देख नहीं सकता था।

"इसके बाद मनिंदर ने फिर से भागना शुरू कर दिया; लेकिन जल्द ही पकड़ा गया। दंगाइयों ने उसकी गरदन में एक टायर डालकर उसे जिंदा जला दिया। बदकिस्मती से नवजोत ने पानी की टंकी के नीचे छुपे-छुपे वह सारा मंजर अपनी आँखों से देखा। वह चिल्ला नहीं सकता था, क्योंकि उसका मुँह बंद था। जब दंगाइयों ने मनिंदर के गले में टायर बाँधा और उस पर पेट्रोल छिड़का तो उसने नवजोत की ओर देखा और अपने होंठों पर उँगली रखकर चुप रहने का इशारा किया।

"मनिंदर की आँखों में आँसू थे, लेकिन चेहरे पर मुसकराहट थी। नवजोत के शब्दों में, 'मनिंदर दंगाइयों से नहीं डरे थे। वह तो उनकी तरफ देख भी नहीं रहे थे। वह मुझे देख रहे थे और उन्हें केवल इस बात की चिंता थी कि मैं कहीं शोर न मचा दूँ। जब उन्हें आग लगा दी गई तो जब तक दर्द बरदाश्त हुआ, वह चुप रहे। मैं कभी उनका चेहरा नहीं भूल सकता—शरीर से शोले उठ रहे थे; लेकिन वह लगातार मुझे देखकर मुसकराते रहे।' जब मनु बड़ा हुआ तो नवजोत ने यह सारी बात बताई और मनु बहुत लंबे वक्त तक इससे निकल नहीं पाया।"

मैंने उन्हें 'नमस्ते' कहा और फोन रख दिया। यावर की बहन को फोन करने की कोई जरूरत ही नहीं थी। एक बार फिर से मेरा विश्वास मजबूत हुआ। मैं जो करता, पूरे मन से करता। मेरी जिंदगी चाहे कितनी भी मुश्किल भरी क्यों न रही हो,

चाहे हालात कितने ही खराब क्यों न रहे हों, मुझे अपना भरोसा बनाए रखना पड़ा, आगे बढ़ते रहना पड़ा। आप जिंदगी में जो भी करते हैं, वह इससे बँधा नहीं हुआ होना चाहिए कि दूसरे क्या करते हैं और न ही हालात को इतनी छूट देनी चाहिए कि वह आप पर काबू पा ले। रगों में खून दौड़ रहा था और मैं उसकी रफ्तार महसूस कर सकता था। मैं अपने दिल की धड़कनें सुन सकता था। अचानक मुझे दादी माँ के कहे शब्द याद हो आए। मुझे तीनों परिवारों को फोन करना है, चाहे कुछ भी हो जाए। इसलिए मैंने अपना फोन उठाया और आलिया का नंबर मिलाया।

"हाय अर्जुन, कैसे हो तुम?" आलिया की आवाज थी।

"मैं तुमसे कुछ पूछना चाहता हूँ। यावर की जिंदगी में ऐसी कौन सी घटना थी, जिसने उसकी सबसे बड़ी परीक्षा ली?" मैंने सवाल किया।

"जब अब्बा का इंतकाल हुआ था।" उसने जवाब दिया।

"इसके लिए मुझे माफ करना; लेकिन उस वक्त मैं बहुत से कामों में उलझा हुआ था, इसलिए मुझे कभी यह जानने का मौका ही नहीं मिला कि अंकल को क्या हुआ था।"

"हमारा ट्रांसपोर्ट का कारोबार है। हमारे पास कई ट्रक हैं और लोग सामान की ढुलाई के लिए इन ट्रकों को किराए पर लेते हैं। एक दिन अब्बा को एक ड्राइवर का फोन आया कि पुलिस ने उनके ट्रक को रोक लिया है और उसे जान से मारने की धमकी दे रहे हैं। चूँकि मामला मुंबई के पास का ही था, इसलिए अब्बा ने खुद ही वहाँ जाने का फैसला किया। उन्हें ड्राइवर की सुरक्षा की चिंता सता रही थी। जैसे ही वे वहाँ पहुँचे, भीड़ ने उन्हें कार से खींचकर बाहर निकाल लिया। माजरा समझ में आ गया था। जिस आदमी ने ट्रक किराए पर लिया था, वह उसमें गायों की ढुलाई कर रहा था। वह एक हिंदू था और ड्राइवर भी हिंदू था। इसलिए उन दोनों को तो छोड़ दिया गया, लेकिन भीड़ ने अब्बा को पीट-पीटकर मार डाला। यावर को अपनी पोस्टिंग से लौटना पड़ा। जब उससे यह पूछा गया कि इस घटना को लेकर वह क्या सोचता है, तो उसने कहा था, 'सारे जहाँ से अच्छा हिंदुस्तान हमारा, मजहब नहीं सिखाता आपस में बैर रखना।'

"अब्बा के अंतिम संस्कार के बाद यावर को अपनी पोस्टिंग पर लौटना था। हमने उसे इतना समझाने की कोशिश की कि आर्मी छोड़कर वापस आ जाओ। हमने उससे यही सवाल किया था, जिन लोगों ने हमारे अब्बू को इतने खौफनाक तरीके से मार डाला, तुम उन लोगों की रक्षा के लिए क्यों जाना चाहते हो? लेकिन

उसने कभी किसी की नहीं सुनी और आर्मी में लौट गया।" आलिया यह सब बताकर चुप हो गई।

मैंने उसे 'बाय' कहा और फोन रख दिया। मैंने यावर की कही लाइनें दोहराईं, "सारे जहाँ से अच्छा हिंदुस्तान हमारा, मजहब नहीं सिखाता आपस में बैर रखना।"

मैं तुरंत दरवाजे से बाहर निकला और आर्मी हेडक्वार्टर में कर्नल चौधरी से मिलने के लिए दौड़ता चला गया। वे अभी वहीं थे और रक्षा मंत्री से मुलाकात का इंतजार कर रहे थे, ताकि बता सकें कि उनसे यह काम नहीं हो पाएगा। वे कमरे में घुसने ही वाले थे कि मैंने उन्हें रोक लिया।

"कर्नल।" मैंने साँसों पर काबू पाते हुए कहा, "मैं तैयार हूँ। यह मत कहिए कि हम यह कर नहीं सकते।

"आप पहले मुझे हालात का अंदाजा लगा लेने दें और उसके बाद ही उन्हें कुछ बताएँ।" मैंने जल्दी-जल्दी कहा।

कर्नल मेरी ओर देखकर मुसकराए, "तो फिर कमरे में एक साथ ही चलेंगे।"

जब हम कमरे में पहुँचे, वहाँ रक्षा मंत्री नहीं थे, केवल मेरी टीम थी।

कर्नल चौधरी के चेहरे पर आत्म-संतुष्टि के भाव थे, "मैं जानता था कि तुम होश में आ जाओगे। चलो, अब शुरू करते हैं।"

□

21

यही वक्त है

"गुड आफ्टरनून, टीम।" मेरे चेहरे पर एक बड़ी सी मुसकराहट थी। उन्हें सामने देखकर अच्छा लगा था। इससे पहले भी हमारी टीम ने कई जानलेवा और खतरनाक मिशनों को अंजाम दिया था और उन सबकी यादें दिमाग में एकदम से ताजा हो गईं। टीम 'ए' ने काफी कुछ एक साथ हासिल किया था। न जाने कितने ही ऐसे मौके आए थे, जब लगा था कि बस, आज आखिरी दिन है। लेकिन किसी-न-किसी तरह से हम लोग सारी मुश्किलों को पार करते हुए आगे बढ़ते रहे। सौवें मिशन को पूरा करते-करते हमारी टीम अब पहले से कहीं ज्यादा व्यवस्थित और बेहतर तालमेल कायम कर चुकी थी, जो कि किसी भी मिशन में जिंदा रहने के लिए जरूरी होता है। हालाँकि, हम सभी को बराबर-बराबर ट्रेनिंग मिली थी, लेकिन इसके बावजूद सभी की अपनी-अपनी एक विशेष शैली बन चुकी थी। जब बात रणनीति बनाने और एक-दूसरे के साथ तालमेल कायम करने की आती थी तो मैं अपने आप को साबित कर चुका था। मेरी हमेशा यही कोशिश होती थी कि सब फैसले मिलकर लिये जाएँ; लेकिन कई बार लोगों की राय के खिलाफ जाना भी जरूरी हो जाता था। ऐसी स्थिति में मुझे वह फैसला लेना होता था, जो पूरे मिशन और टीम के हित में होता। अपनी टीम के साथियों से मैंने काफी कुछ सीखा था। एक लीडर की असली ताकत होती है—अपनी टीम के लोगों को बेहतर तरीके से समझना और उनके उन गुण को निखारने में मदद करना, जिनमें वे श्रेष्ठ हों।

मेरी गैर-मौजूदगी में इस टीम की कमान सिंथिया के हाथों में थी। वह हमारी डिवीजन की अकेली महिला ऑफिसर थी। हमारे पहले बैच की सिंथिया को लेकर शुरुआत में बहुत से लोगों को शक था कि वह इतनी सख्त ट्रेनिंग कर भी पाएगी या नहीं; लेकिन उसने सभी को गलत साबित कर दिया और न केवल ट्रेनिंग पूरी की, बल्कि बेहतर अंकों के साथ पूरी की।

यह बात सही है कि लड़की होने के नाते वह शारीरिक क्षमता के मामले में लड़कों का मुकाबला नहीं कर सकती थी; लेकिन इस कमी को उसने बाकी विषयों में आगे निकलकर पूरा कर लिया था। हालात के बारे में पूर्वानुमान लगाने का सिंथिया जैसा दिमाग किसी के पास नहीं था। बारीक-से-बारीक चीजों पर नजर, अलग-अलग लड़ाकू शैलियों की गहरी जानकारी—ऐसी ही न जाने कितनी विशेषताएँ सिंथिया में थीं। देखने में वह बला की खूबसूरत थी, जो उसके जखीरे के हथियारों में और इजाफा करता था। कई बार यह साबित हो चुका था कि दुश्मनों को लुभाकर उन्हें अपने जाल में आसानी से फँसाया जा सकता है। बेचारों को मरने के बाद भी यह पता नहीं चलता होगा कि मौत इतनी खूबसूरत भी हो सकती है।

सिंथिया के बगल में गुरमीत खड़ा था। मुझे आज भी अपनी पहली मुलाकात याद है। न जाने कितने मौकों पर उसने बिना बताए मेरी जान बचाई थी। उसमें नागालैंड का हमारा पहला मिशन भी शामिल था। लेकिन उससे पहली बार आमने-सामने मेरी मुलाकात बार में ही हुई थी। वह ऑलराउंडर था और देश का सर्वश्रेष्ठ शूटर माना जाता था। अगर वह हमारी टीम में नहीं होता तो निश्चित था कि वह ओलंपिक में भारत की नुमाइंदगी करता। उसकी एक और खूबी थी—आँखों को धोखा देना। वह वेश बदलने में माहिर था। भीड़ में वह सेकंड के सौवें हिस्से में ऐसे गायब हो जाता था कि सी.सी.टी.वी. कैमरे भी नहीं ढूँढ़ सकते थे।

सैयद हमारी टीम का हथियार और गोला-बारूद विशेषज्ञ था। उसे इन क्षेत्रों में बेहद आधुनिक किस्म की ट्रेनिंग मिली हुई थी। वह चुटकियों में बमों को फुस्स कर देता था और उतनी ही तेजी से बम बना भी सकता था। उसे जब भी देखोगे, वह खाली नहीं मिलेगा। हमेशा हथियारों और गोला-बारूद के बारे में कुछ-न-कुछ पढ़ता ही मिलेगा। वह हमारी टीम द्वारा बनाए गए नए हथियारों की जाँच करता और उन्हें मंजूरी देता था। उसे इस काम की महत्त्वपूर्ण जिम्मेदारी सौंपी गई थी।

कृष्णन हमारा कंप्यूटर एक्सपर्ट था। हैकिंग उसका शौक नहीं था, बल्कि उसकी रगों में दौड़ता खून था। वह किसी के भी फोन को एक मिनट में हैक कर लेता था। लैपटॉप, कंप्यूटर, टैबलेट, कैमरा—आप बस, नाम लो और वह तुरंत उसमें सेंध लगा सकता था। उसे ड्राइविंग और फ्लाइंग में भी महारत हासिल थी। वह किसी भी कार का लॉक एक सेकंड में खोलकर उसे ले उड़ता था। उसका रिकॉर्ड था कि उसने सबसे ज्यादा घंटों तक अलग-अलग तरह के विमान उड़ा रखे थे।

और हमारी टीम के उत्तम का तो कोई मुकाबला ही नहीं था। धरती पर कौन सा ऐसा काम था, जो उत्तम को नहीं आता हो! हथियारों से लेकर कंप्यूटर हैकिंग से लेकर लड़कियाँ पटाने तक, वह कुछ भी कर सकता था। उसे टीम का जोकर भी कहा जाता था। पट्ठे में ऐसी अदा थी कि कैसे भी हालात हों, कैसी भी जान पर बनी हो, लेकिन वह अचानक से ऐसी बात कहता कि हँसते-हँसते पेट में बल पड़ जाते। कुल मिलाकर, हमारी टीम बहुत ही खतरनाक थी।

कमरे में कुछ और ऑफिसर भी बैठे थे। वे सभी अलग-अलग टीमों के एक्सपर्ट थे। चाहे भूगोल हो, राजनीति हो, भाषा विशेषज्ञ हो—कहने का मतलब यह कि हर क्षेत्र के एक्सपर्ट वहाँ मौजूद थे। हमारा सबसे पहला लक्ष्य था—मिशन को अंजाम देने की संभावना का पता लगाना। इस ऑपरेशन को कैसे चलाना था, इसकी सफलता की कितनी संभावना थी और कितना कुछ फायदा-नुकसान हो सकता था?

इस तरह के ऑपरेशन के लिए सरकार को समीक्षा और विश्लेषण करना होता है, तो हमें भी हर छोटी-से-छोटी जानकारी की जरूरत थी। मैंने कर्नल चौधरी की ओर देखा और उन्होंने बताना शुरू कर दिया—

"ऑल राइट, एवरीवन। हम सब लोग अलग-अलग टीमों, अलग-अलग विशेषज्ञता वाले क्षेत्रों से आए हैं; लेकिन अब हम एक टीम हैं। हम इस मिशन में एक साथ हैं। हमारे प्रधानमंत्री जानना चाहते हैं कि क्या हम बचाव ऑपरेशन चला सकते हैं और यदि चला सकते हैं तो सफलता की गुंजाइश कितनी है? मैं यहाँ कमांड सेंटर से ऑपरेशन की कमान सँभालूँगा और अर्जुन मौके पर टीम की अगुवाई करेंगे। अभी तक हमारे पास जो जानकारी है, उसके मुताबिक विमान दिल्ली से तड़के 3 बजे रवाना हुआ था और उसके तीन घंटे बाद करीब 6 बजे लापता हो गया। सुबह 8 बजे तक पूरी दुनिया में खबर फैल गई। अगले 14 घंटों तक हम विमान की तलाश करते रहे, लेकिन जैसा कि आप सब जानते ही हैं, उसके लापता होने के बारे में अभी तक कोई सुराग हाथ नहीं लगा है। रात 10 बजे के आसपास प्रधानमंत्री कार्यालय ने सेना से संपर्क किया और बताया कि उन्हें एक वीडियो क्लिप के साथ एक इ-मेल मिली है। वह क्लिप विमान का अपहरण करनेवालों की ओर से भेजी गई है।

"अपहरणकर्ता आतंकवादी संगठन 'अल जिहाद' से ताल्लुक रखते हैं। क्लिप में आतंकवादियों ने विमान के अपहरण का दावा किया है। उन्होंने हमें तसल्ली दी

है कि सभी यात्री सुरक्षित हैं। उन्होंने अपनी लोकेशन नहीं बताई है; लेकिन हमारे सैटेलाइटों ने एक ऐसे विमान की तसवीरें ली हैं, जो अपहरण किए गए विमान के जैसी हैं। लेकिन जहाँ वह विमान पाया गया है, वहाँ उसके होने की उम्मीद भी नहीं की जा सकती—सीरिया।" कर्नल ने बताया।

कमरे में खामोशी छा गई। कर्नल चौधरी ने अभी-अभी जो सूचना दी थी, हर किसी के दिमाग में उसकी तसवीरें चल रही थीं। सीरिया में गृह युद्ध चल रहा है। वहाँ पूरी तरह से अराजकता है। वहाँ जाकर विमान को अपहरणकर्ताओं के कब्जे से छुड़ाना और सुरक्षित निकल आना एक तरह से असंभव ही होगा। 'मामला थोड़ा मुश्किल हो गया है।' मैंने मन-ही-मन सोचा।

कर्नल चौधरी ने फिर से अपनी बात शुरू की, "इस समय, जब हम यहाँ बात कर रहे हैं, एक ड्रोन विमान इलाके की तसवीरें ले रहा है। अभी यह नहीं पता है कि विमान के भीतर कितने आतंकवादी हैं। लेकिन हमारी समस्या केवल इतनी ही नहीं है। कोई-न-कोई कारण है कि आतंकवादियों ने उस विशेष हवाई अड्डे को चुना है। सीरिया का यह हवाई अड्डा आई.एस.आई.एस. के कब्जे में है। कुछ ही मिनट पहले आई.एस.आई.एस. के एक बड़े सरगना ने जम्मू व कश्मीर में 'अल जिहाद' की भूमिका की तारीफ की थी। और आई.एस.आई.एस. ने इस आतंकवादी संगठन को पूरा समर्थन देने का वादा भी किया था। विमान को 20 लोगों ने घेरा हुआ था। हमारा मानना था कि वे आई.एस.आई.एस. के लोग हैं और उनका मकसद किसी भी बचाव अभियान को रोकना है। इसीलिए उन्होंने विमान को चारों ओर से घेर रखा है। इतना ही नहीं, दुनिया भर में सक्रिय कई आतंकवादी संगठनों ने 'अल जिहाद' को बिना शर्त समर्थन देने का ऐलान भी किया है। लगता है कि दुनिया भर के आतंकवादी एक साथ मिलकर कोई मुद्दा सामने लाना चाहते हैं।"

दूसरी ओर, दुनिया के तमाम देशों के नेता फोन करके घटना पर अपनी चिंता जताने के साथ ही हर संभव मदद का भरोसा दिला चुके थे। अमेरिका, ब्रिटेन, रूस और कई अन्य प्रमुख देश इनमें शामिल थे। आतंकवादी जहाँ अपने आप को सही साबित करने में लगे थे, वहीं विश्व भर के नेता इसकी निंदा कर रहे थे।

"हमें अभी तक उनकी माँगों के बारे में कोई जानकारी नहीं है।" सिंथिया ने कहा।

"उनकी एक ही माँग है—बुरहान की रिहाई।"

हर किसी ने मुड़कर मेरी ओर देखा। 'मैं उसे किसी भी सूरत में जाने नहीं

दूँगा।' मैंने खुद से कहा। मुझे अच्छी तरह से याद है, जब मैं उससे मिला था तो उसने मुझसे क्या कहा था, 'तुम मुझे छह महीने से ज्यादा नहीं रख पाओगे।' शायद वह जानता था कि अगर वह पकड़ा गया तो वे लोग उसे छुड़ाने के लिए आ जाएँगे। मैं अपने ही खयालों में खोया हुआ था कि कर्नल चौधरी ने एक व्यक्ति की ओर इशारा करते हुए कहा, "मैं किसी से आपको मिलवाना चाहता हूँ। ये हैं बशर महमूद। ये सीरिया से हैं और इलाके को अच्छी तरह से जानते हैं। ये आई.एस.आई.एस. खेमे के भीतर सीरियाई आर्मी के मुखबिर के रूप में काम करते थे। लेकिन आई.एस.आई.एस. को जब इनकी असलियत पता चली तो ये किसी तरह वहाँ से भाग निकले और उसके बाद से ही अमेरिकी सरकार की मदद से छुपकर रह रहे हैं। अमेरिकी राष्ट्रपति द्वारा हमारी मदद के लिए इनकी सेवाएँ लेने की पेशकश की गई, जिसे हमने तुरंत स्वीकार कर लिया।

"बशर, क्या आप इन सब लोगों को बता सकते हैं कि इलाका कैसा है और वह हवाई अड्डा कहाँ पर स्थित है?" कर्नल ने कहा।

बशर ने अपना गला साफ किया और बोले, "हैलो एवरीवन। उन्होंने दायर एज जोर हवाई अड्डे को चुना है और इसकी एक खास वजह है। सीरिया में यह उन हवाई अड्डों में से एक है, जहाँ पहुँचना सबसे मुश्किल काम है। यह चारों ओर से पहाड़ों से घिरा है। उन पहाड़ों से होकर हवाई अड्डे तक का रास्ता जाता है; लेकिन ये सब रास्ते आई.एस.आई.एस. के कब्जे में हैं। थोड़े-थोड़े फासले पर जाँच चौकियाँ हैं और सुरक्षा बहुत ही चाक-चौबंद है। सड़क के रास्ते हवाई अड्डे तक पहुँचना कतई संभव नहीं है। और वैसे भी, यह इलाका आई.एस.आई.एस. का गढ़ है। वे कुछ ही मिनटों में हजारों लड़ाकों को खड़ा कर सकते हैं। अगर आप हवाई मार्ग से पहुँचने के बारे में कुछ सोच रहे हैं तो इतना जान लीजिए कि उन्होंने हवाई अड्डे के चारों ओर विमानभेदी तोपें लगा रखी हैं। तसवीरों से यह साफ है कि उन्होंने विमान को रन-वे से उतार लिया है और विमान एक हैंगर के पास खड़ा है। हैंगर के भीतर विमान को नहीं रखने का भी एक कारण है। वे चाहेंगे कि पहाड़ों के ऊपर से विमान और उसके आसपास की गतिविधियों पर नजर रखी जा सके। मुझे पूरा यकीन है कि वे कम-से-कम दो दिशाओं से विमान पर नजर रख रहे होंगे।

"पहाड़ों और रन-वे के बीच का इलाका पूरी तरह समतल जमीन है। वहाँ कोई भी ऐसी चीज नहीं है, जिसकी आड़ ली जा सके। इस इलाके में कोई भी चीज जरा भी हिलती-डुलती है तो तुरंत नजर आ जाती है।"

"हवाई अड्डे और पहाड़ों के अलावा बाकी शहर में जन-जीवन कैसा है? मैं यह इसलिए जानना चाहता हूँ, क्योंकि यह इलाका आई.एस.आई.एस. के कब्जे में है।" मैंने कहा।

"जब तक आप उनके नियम व कायदे-कानून मानो तो जिंदगी आम-सी है। लोग रोजाना काम पर जाते हैं, बच्चे स्कूल जाते हैं और सब ऐसे ही चलता रहता है। समस्या तब खड़ी होती है, जब तुम उनके आदेशों को न मानते हो या उन्हें तुम पर शक हो जाए कि तुम गद्दारी कर रहे हो।" बशर ने कहा।

हम अभी इस मिशन की योजना बनाने में लगे ही थे कि कर्नल के फोन पर कॉल आई। उन्होंने थोड़ी सी बातचीत की और उसके बाद सबसे टेबल के एक सिरे पर लगे बड़े से मॉनिटर को देखने को कहा। उन्होंने एक ऑपरेटर से कहा कि वह 'न्यूज ऑफ इंडिया' चैनल लगा दे। यह शिवानी थी। किसी ब्रेकिंग न्यूज का दावा कर रही थी। स्क्रीन पर कोई बुरहान जैसा दिख रहा था। हाई कोर्ट में उसके मामले की सुनवाई थी और वह पत्रकारों से बात कर रहा था। बुरहान ने ऐलान किया था कि वह अपने संगठन से बात करेगा और विमान में सवार मुसलमानों को छोड़े जाने को कहेगा।

"मुसलमान हमारे अपने हैं। उन्हें परेशान करने का कोई मतलब नहीं है।" उसने कहा। एक और क्लिप थी 'अल जिहाद' की, जिसमें सभी मुसलमानों की बिना शर्त रिहाई की पेशकश की जा रही थी। उन्होंने दरियादिली दिखाने के लिए बुरहान की भी तारीफ की। तथाकथित विशेषज्ञों ने बिना कोई समय गँवाए इस मुद्दे पर बहस करना शुरू कर दिया कि इसके भारत के लिए क्या मायने हैं।

मुझे तुरंत समझ में आ गया था कि वह क्या करने की कोशिश कर रहा है। यह उसका मास्टर स्ट्रोक था। कुछ मुसलिम नेताओं ने उनके फैसले का स्वागत किया। देश में हर कोई बहस कर रहा था। कुछ लोग थे, जो यह कह रहे थे कि हमें इस पेशकश को स्वीकर कर लेना चाहिए और जो भी बचाया जा सकता है, उसे बचा लेना चाहिए। उसके बाद बाकी बचे लोगों के लिए बातचीत करनी चाहिए। दूसरी ओर, कुछ लोग थे, जो इस पेशकश को सुनते ही आगबबूला हो गए। उन्हें इस पेशकश के साथ ही इसका समर्थन करनेवालों पर भी गुस्सा आ रहा था।

साफ था कि दोनों ही पक्षों को सड़कों पर एक-दूसरे के सामने आने में ज्यादा देर नहीं लगेगी। हमेशा की तरह वे एक-दूसरे से लड़ेंगे और गालियाँ देंगे।

मैंने अब इनकी परवाह करना छोड़ दिया था। मैं केवल एक बात जानता था—जब तक यह मामला मेरे हाथ में है, मैं बुरहान को निकलने नहीं दूँगा। हम फिर से मिशन को लेकर चर्चा करने लगे। अभी 20 मिनट भी नहीं हुए थे कि हमें फिर से टी.वी. चालू करने को कहा गया। देश भर में बड़े पैमाने पर संघर्ष होने लगे थे।

'लो, फिर से शुरू हो गया।' मैंने मन-ही-मन सोचा। ये लोग इतने बचकाने क्यों हैं? बुरहान अपनी कोठरी में हँस-हँसकर लोट-पोट हो रहा होगा। बस, एक बयान देने की देर थी कि वे लोग एक-दूसरे का खून करने के लिए तैयार थे।

"ऑल राइट गाइज, काम करते हैं। हमें यह देखना है कि कैसे वहाँ तक पहुँचा जा सकता है।" कर्नल ने कहा।

"इसकी संभावना जीरो है। आप इसे नहीं कर सकते। मैंने अभी आपको बताया था कि उस विमान के पास पहुँचने का कोई रास्ता ही नहीं है। विमान एक खुले मैदान में खड़ा है और वे हर कोण से उस पर नजर रख रहे हैं। वहाँ छुपने की भी कोई जगह नहीं है।" बशर ने कहा।

"शायद तुम इस टीम को ठीक से जानते नहीं हो, मि. बशर।" कर्नल ने कहा। उनके चेहरे पर एक बड़ी सी मुसकराहट थी।

"हम विमान को बचाएँगे, उससे पहले भी कई चरणों का अभियान होगा।" मैंने कहा।

"पहला, सीरिया पहुँचना; दूसरा, पहाड़ों तक पहुँचना; तीसरा, विमान तक पहुँचना। कर्नल, इस लोकेशन से इराक में अमेरिकी बेस कितनी दूर है? और क्या हमारे विमानों को वहाँ उतारने की मंजूरी मिल सकती है? क्या अमेरिकी सेना इस मिशन में हमारी मदद करेगी?"

"मैं अभी बात करता हूँ।" इतना कहकर कर्नल ने अपना फोन निकाला और कमरे से बाहर चले गए।

"एक बार हम सीरिया पहुँच जाएँ और अमेरिकी हेलीकॉप्टर हमें उन पहाड़ों के जितना संभव हो, उतना पास उतार दें तो उसके बाद हम पहाड़ों पर चढ़ सकते हैं और..."

"और उसके बाद क्या? मारे जाओगे!" बशर ने मेरी बात को बीच में काटते हुए कहा, "तुम लोगों का पहाड़ों तक पहुँचना संभव है, क्योंकि वहाँ चट्टानें हैं और छुपने के लिए पेड़ आदि हैं; लेकिन उसके बाद क्या होगा? जैसे ही तुम लोग समतल जमीन पर उतरोगे, तुरंत पकड़ लिये जाओगे और मिशन खत्म हो जाएगा।"

"यह वहाँ क्या है ?" कृष्णन मेरे कुछ जवाब देने से पहले ही बोल उठा। वह पहाड़ी पर बने एक छोटे से कमरेनुमा ढाँचे की ओर इशारा कर रहा था।

"पता नहीं। यह वाटर सप्लाई कंट्रोल रूम भी हो सकता है। इन कमरों का इस्तेमाल आमतौर पर हैंगर में वाटर सप्लाई को नियंत्रित करने के लिए किया जाता है। हैंगर्स के नीचे सामान्य तौर पर वाटर टैंक होते हैं।"

"सारा पानी पाइपों के जरिए ही भेजा जाता होगा, है कि नहीं ?" कृष्णन ने सवाल किया।

"मुझे तो ऐसा ही लगता है।" बशर ने जवाब दिया।

"वे पाइप इतने बड़े तो होंगे ही कि उनमें से एक आदमी आराम से निकल सके ?" कृष्णन ने जानना चाहा।

"हाँ, हो सकता है; लेकिन बामुश्किल ही होगा।"

"अगर ऐसा है तो हम हैंगर तक पहुँचने के लिए उन पाइपों का इस्तेमाल कर सकते हैं और किसी को पता भी नहीं चलेगा।"

कृष्णन की बात में दम था। भूमिगत पाइपों का इस्तेमाल कर हैंगर तक पहुँचा जा सकता है और वह भी किसी की नजरों में आए बिना। यह कोई पक्का समाधान नहीं था, क्योंकि पाइप इतने छोटे भी हो सकते हैं कि उनमें आदमी आ ही न पाए और यह भी संभव है कि बीच में जाकर कहीं पाइप सँकरा हो जाए या बीच में कहीं मेटल फिल्टर लगाए गए हों, जिसमें से पानी के सिवाय और कुछ भी न जा सके। लेकिन अगर विमान तक पहुँचने का कोई रास्ता हो सकता था तो वह यही था। अभी हमें यह भी देखना था कि हैंगर तक पहुँचने के बाद विमान तक कैसे पहुँचा जाए ? 20 लोगों की जान ले लेना कोई विकल्प नहीं था, क्योंकि किसी-न-किसी की उन पर नजर होगी। यह भी कि वे एक-दूसरे से बात जरूर कर रहे होंगे। एक के भी मारे जाने से बाकी सभी चौकन्ने हो सकते हैं और उससे हमारा पूरा प्लान चौपट होने की आशंका है।

"इस बात की तो संभावना कम ही है कि आई.एस.आई.एस. और विमान के अपहरणकर्ता एक-दूसरे के संपर्क में होंगे; क्योंकि दोनों अलग-अलग समूहों से संबंध रखते हैं। ज्यादा-से-ज्यादा यह हो सकता है कि वे एक-दूसरे पर नजर रखे हुए हों और इशारों की भाषा में ही बात कर रहे हों।" मैंने कहा।

"पाइप की लंबाई आराम से दो किलोमीटर होगी। हमें काफी ऑक्सीजन की जरूरत पड़ेगी। और ऑक्सीजन का मतलब है—काफी वजन। हम वाटर सप्लाई

रूम में इतनी मात्रा में ऑक्सीजन ले जाने की योजना कैसे बनाएँ?" सिंथिया ने कहा।

"अगर हम किसी तरह से हैंगर के भीतर टैंकर तक पहुँचने में कामयाब हो भी गए, तब भी हमें विमान तक पहुँचने का रास्ता तलाशना होगा।'' कर्नल चौधरी ने कमरे के भीतर घुसते हुए यह बात कही। वे अपना फोन जेब में रखकर भीतर आ गए। उनके चेहरे के हाव-भाव देखकर लग रहा था कि अमेरिकी हमारी मदद के लिए तैयार थे।

"कुछ महीने पहले मुझे एक डिवाइस का परीक्षण करने को कहा गया था, जो बहुत तेजी के साथ सुरंग खोद सकता है। अभी यह परीक्षण के चरण में ही है, लेकिन यह काफी अच्छा काम कर रहा है। हमें वहाँ तक पहुँचने के लिए समतल फर्श को काटने के लिए किसी चीज की जरूरत होगी। हम काँच को काटने के लिए हाई इंटेसिटी लेजर का भी इस्तेमाल कर सकते हैं।" सैयद ने सुझाव दिया।

"मैं एक बार ट्रेनिंग सेंटर में बात कर लेता हूँ कि क्या डिवाइस इस्तेमाल के लिए तैयार है?'' कर्नल ने कहा।

"मुझे पक्का यकीन है कि विमान में कॉकपिट के भीतर कम-से-कम एक आतंकवादी जरूर होगा। हो सकता है कि उन्होंने कॉकपिट का दरवाजा भी बंद कर रखा हो। हम भीतर कैसे घुसेंगे?" सिंथिया ने कहा।

"हूँ...मैंने सुना है कि 9/11 के बाद कॉकपिट दरवाजे को खोलना काफी मुश्किल हो गया है और ऐसा इसलिए किया गया है, ताकि किसी को भी बिना अनुमति के भीतर आने से रोका जा सके। लेकिन मैंने यह भी सुना है कि विमान के सॉफ्टवेयर में सेंध लगाना मुश्किल नहीं है और ऐसा करके भीतर से ही दरवाजे को खोला जा सकता है।'' उत्तम ने कहा। उसके चेहरे पर मुसकराहट थी। "मैं समझता हूँ कि विशेषज्ञों की मदद से मैं इस मामले को सँभाल सकता हूँ।"

योजना बनाने में और तीन घंटे का समय निकल गया। यह हमारी जिंदगी का अब तक का सबसे मुश्किल और बेहद महत्त्वपूर्ण मिशन था। हम कर्नल चौधरी को अपनी अंतिम योजना पेश करने ही वाले थे कि कमरे में बैठे एक सीनियर ऑफिसर ने सभी लोगों से टी.वी. स्क्रीन पर ध्यान लगाने को कहा।

24 घंटे से भी ज्यादा समय में पहली बार अपहरणकर्ताओं की ओर से एक संदेश सीधा प्रसारित हो रहा था। उनका संदेश हर भारतीय के लिए था। एक आदमी ने अपने चेहरे को काले स्कार्फ से ढँक रखा था और उसने अपना परिचय ग्रुप के लीडर के तौर पर दिया।

जब वह बोल रहा था तो उसकी आवाज कट रही थी।

"हैलो, यह संदेश फ्लाइट नंबर 101 के अपहरणकर्ताओं की ओर से है, जो कल दिल्ली से न्यूयॉर्क की उड़ान पर थी। अभी तक आप जान ही गए हैं कि यह विमान अपनी मंजिल पर नहीं पहुँचा है। अल्लाह के फ़रमान और हमारे बहादुर लड़ाकों की बदौलत हम विमान को इस गुप्त जगह पर ले आए हैं। इस जगह का आप पता नहीं लगा पाएँगे, इसलिए कोशिश में अपनी एनर्जी बरबाद नहीं करें।

"विमान अपहरण की यह घटना मुसलमानों की जिंदगी में बेहद महत्त्वपूर्ण समय में हुई है। पिछले 60 सालों से हिंदुस्तान में मुसलमानों को परेशान किया जा रहा है। उन्हें उनके मौलिक अधिकारों से वंचित रखा जा रहा है। लेकिन पिछले पाँच सालों में ये अत्याचार सारी हदें पार कर गए हैं। भीड़ के हाथों उन्हें मारा जा रहा है, दंगे हो रहे हैं, मसजिदों को गिराया जा रहा है और यह सब हमारी जिंदगियों का हिस्सा बन चुका है। लेकिन अब और नहीं। यह अपहरण बदलाव की शुरुआत है। हम अब केवल जम्मू व कश्मीर के मुसलमानों के लिए नहीं लड़ रहे हैं, बल्कि पूरे हिंदुस्तान के मुसलमानों के लिए लड़ रहे हैं। यह उनकी आजादी के लिए संघर्ष का समय है।

"यह हिंदुओं को सबक सिखाने का समय है। जल्द ही आप लोगों के खड़े होने और फैसला लेने का समय आएगा। मुझे उम्मीद है कि जब वक्त आएगा और हम हमला करेंगे तो आप उन लोगों का पक्ष लेंगे, जो आपके खिलाफ नहीं, बल्कि आपके लिए लड़ रहे होंगे। हम आपको बताना चाहते हैं कि हम आपके अपने हैं, हमें आपकी परवाह है। आपके प्रति अपने प्रेम और वफादारी को साबित करने के लिए हमने विमान में सवार सभी मुसलमानों को छोड़ने का फैसला किया है। हम जल्द ही उन्हें रिहा करना शुरू कर देंगे। जहाँ तक हिंदुओं का सवाल है, तुम्हारी बरबादी की उलटी गिनती शुरू हो चुकी है। अब कोई बातचीत नहीं होगी, कोई वार्त्ता नहीं होगी, कोई तमाशा नहीं होगा। आपके पास बुरहान को रिहा करने के लिए ठीक 12 घंटे का समय है। तुम उसे कश्मीर लेकर आओ और हम तुम्हें बताएँगे कि उसे कहाँ छोड़ना है। यह बताने की जरूरत नहीं है कि अगर तुमने हमारी माँगें नहीं मानीं तो उसका अंजाम क्या होगा।" इन शब्दों के साथ ही स्क्रीन खाली हो गया।

यह संदेश मुझे बहुत बुरा लगा; कमरे में बैठे सभी लोगों को बुरा लगा और मैं जानता हूँ कि भारत में बहुत से लोगों को यह बुरा लगा होगा। जैसे ही संदेश समाप्त हुआ, बहस, तर्क-कुतर्क का माहौल गरमा गया। कुछ मुसलमानों द्वारा 'अल

जिहाद' के समर्थन में नारे लगाते हुए की खबरें आनी शुरू हो गईं। जाहिर-सी बात है कि बाकी देश में इसका अच्छा असर नहीं हुआ। हिंदुस्तान इतने तनाव में कभी नहीं रहा था। लग रहा था, यह ऐसा समय है, जब कोई बम फटने का इंतजार कर रहा है। समाज की जानी-मानी हस्तियाँ शांति बनाए रखने की अपील कर रही थीं; लेकिन उनका कोई खास असर हुआ नहीं।

अचानक कर्नल चौधरी कमरे में अंदर आए और बोले, "अर्जुन, हमें चलना होगा। मेरे साथ आओ।" उन्होंने कहा। वे तेज कदमों से कमरे से बाहर निकल गए। मैं भी उनके पीछे-पीछे हो लिया।

"हम लोग कहाँ जा रहे हैं?" मैंने सवाल किया।

"जान जाओगे, चलो।"

हम एक कार में बैठे। कर्नल चौधरी कुछ परेशान नजर आ रहे थे और पूरे रास्ते उन्होंने कोई बात नहीं की। ड्राइवर ने जब कार रोकी तो किसी ऐसे व्यक्ति ने आकर हमें नमस्ते किया, जिसे मैं नहीं जानता था। हम उसके पीछे-पीछे इमारत के भीतर चले गए। यह कोई सचिवालय जैसी इमारत लग रही थी। नहीं जानता था कि हम वहाँ क्या कर रहे हैं। हमें एक कमरे के बाहर इंतजार करने को कहा गया। उस कमरे के बाहर दस कमांडो तैनात थे। इसका मतलब था कि कमरे के भीतर कोई बेहद खास व्यक्ति बैठा है। करीब 10 मिनट बाद हम लोगों से कमरे में आने को कहा गया।

यह काफी बड़ा कमरा था। कमरे के बीचोबीच एक बड़ी सी वर्गाकार टेबल थी, जिसके चारों ओर कुरसियाँ लगी हुई थीं। कमरे में इसके अलावा केवल एक टी.वी. था, जो कि उस समय बंद था। कमरे में कम-से-कम दस जांबाज लोग आपस में बहस कर रहे थे। कमरे में इतनी अफरा-तफरी और शोर था कि यह समझ पाना मुश्किल था कि कौन क्या कह रहा है। मैंने हर एक को ध्यान से देखना शुरू किया और समझ गया कि वे देश के सर्वाधिक प्रभावशाली लोग हैं। सेना के प्रमुख, नौसेना के प्रमुख एवं वायुसेना के प्रमुख, गृह मंत्री और रक्षा मंत्री वहाँ मौजूद थे। सत्तारूढ़ पार्टी के कुछ शीर्ष नेता भी उस बैठक में थे।

उसके बाद मेरी नजरें कमरे में बैठे एक आदमी पर जाकर टिक गईं। वह उस कुरसी पर बैठा था, जिस पर सामान्य तौर पर वह व्यक्ति बैठता है, जो बैठक की निगरानी करता है। उसने अपनी एक कुहनी सामने टेबल पर टिका रखी थी और ठुड्डी हाथ के ऊपर टिकी हुई थी। उसकी आँखें बंद थीं, जैसे वह किसी सोच में

डूबा हो। वह व्यक्ति कमरे में मचे हंगामे से पूरी तरह बेखबर था।

मुझे इस बात का अहसास होने में ज्यादा देर नहीं लगी कि यह तो भारत के प्रधानमंत्री थे।

"खामोश!" उन्होंने कड़कती आवाज में कहा।

हर आदमी तुरंत चुप हो गया। उन्हें अहसास हुआ कि कर्नल और मैं कमरे में पहुँच चुके हैं।

"आखिरकार, आपसे मिलकर अच्छा लगा, अर्जुन। मुझे आपके दोस्तों के बारे में बहुत अफसोस है।" प्रधानमंत्री ने कहा। मुझे थोड़ी हैरानी हुई कि उन्हें मेरा नाम पता था।

"आपसे मिलना मेरे लिए बड़े सम्मान की बात है, सर।" मैंने जवाब दिया। मैं थोड़ा नर्वस था।

"क्या संभावना है?" उन्होंने सवाल किया। वह सीधे '60 प्रतिशत' वाली बात पर आ गए थे।

"इतनी जिंदगियाँ दाँव पर लगी हैं। '60 प्रतिशत' पर्याप्त नहीं है।" उन्होंने टेबल पर अपना मुक्का मारते हुए कहा।

"बहुत कुछ के बारे में तो पता ही नहीं है। हम जो कुछ कर सकते हैं, उसमें यह सबसे बेहतर है।" मैंने कहा।

उन्होंने फिर से अपनी आँखें बंद कर लीं और सोच में पड़ गए।

"अर्जुन, मुझे एक बात बताओ। जब तुमने अपने दोस्त खोए तो तुम बरबाद हो गए थे। जब यावर पर झूठे आरोप लगाए गए तो तुम्हें बहुत गुस्सा आया था। लेकिन इसके बावजूद आज तुम यहाँ हो। तुम जो भी बेहतर कर सकते हो, कर रहे हो। क्या चीज है, जो तुम्हें हर बार खड़ा कर देती है?" प्रधानमंत्री ने कहा।

मैंने इस सवाल का जवाब सोचने की काफी कोशिश की। क्या है, जो मुझे बार-बार खड़ा कर देता है? मैंने इसका जवाब सोचने में पूरा एक मिनट का समय लिया। मुझे जवाब मिल गया था।

"आस्था! सर, यह आस्था है, जो मुझे जिंदा रखे हुए है।"

प्रधानमंत्री ने 'हाँ' में सिर हिलाया और फिर से सोच में डूब गए।

कुछ क्षण बाद उन्होंने आँखें खोलीं। उन्होंने कमरे में मौजूद हर व्यक्ति को देखा और एक सवाल किया।

"आप सब लोगों का क्या सोचना है, हमें क्या करना चाहिए?" उनके यह

सवाल करते ही कमरे में फिर से वही अफरा-तफरी फैल गई, जो थोड़ी देर पहले हम देख चुके थे। कुछ देर हंगामा ऐसे ही जारी रहा। इसके बाद प्रधानमंत्री ने किसी से कहा कि आतंकवादियों का संदेश फिर से चलाएँ। क्लिप शुरू होते ही कमरे में खामोशी छा गई। प्रधानमंत्री उसे बहुत ध्यान से देख रहे थे। उनके देखने में किसी प्रकार का भाव नहीं था। क्लिप खत्म होने के बाद वे खड़े हुए और खिड़की के बाहर देखने लगे। जल्द ही हम लोगों को बाहर से अजान की आवाज सुनाई दी। यह प्रार्थना का समय हो गया था। प्रधानमंत्री बाहर देखते रहे। वे एकदम शांत थे।

जैसे ही अजान खत्म हुई, उन्होंने सीधे मेरी आँखों में देखा और बोले, "अब चलना है।" इतना कहकर वे मुड़कर फिर से खिड़की के पास चले गए। कमरे की खामोशी इतनी गहरी थी कि कानों में चुभ रही थी। मैं और कर्नल कमरे से बाहर निकल आए। डेडलाइन में 12 घंटे का समय था। हमें काम शुरू करना था।

□

22

मिशन

सुबह के 7 बजे का समय था। विमान का अपहरण 28 घंटे पहले किया गया था। आतंकवादियों के नेता ने एक घंटा पहले नफरत भरा भाषण दिया था। 'डेडलाइन से हम केवल 11 घंटे दूर हैं।' मैंने अपनी घड़ी में टाइमर सेट करते हुए सोचा। हमें जल्द काम करना होगा।

"यह हेलीकॉप्टर कहाँ रह गया?" मैं गुस्से से चिल्लाया। एक-एक सेकंड बेहद कीमती था।

इतने में हेलीकॉप्टर को देखकर बहुत बड़ी राहत मिली। टीम 'ए' विमान में सवार हो गई और हम लोग गाजियाबाद में एयरबेस के लिए रवाना हो गए। वहाँ पहुँचने में हमें करीब 15 मिनट का समय लगा। प्रधानमंत्री इस मिशन को अंजाम देने में मदद करने के लिए अमेरिकी राष्ट्रपति को राजी कर चुके थे। भारतीय वायुसेना का एक विमान तैयार खड़ा था। वह विमान हमें लेकर इराक में अल असद एयरबेस पर जाएगा। इस एयरबेस का इस्तेमाल अमेरिकी और इराकी सेना दोनों करती हैं। हमारा विमान वहाँ उतरेगा, लेकिन यह दिखाया जाएगा कि हम अमेरिकी सेना के लिए सैन्य उपकरणों की सप्लाई करने के लिए आए हैं। भारतीय और अमेरिकी सेना में बहुत कम ही लोगों को हमारे वहाँ पहुँचने का असली मकसद पता होगा। बेस पर पहुंचने में हमें करीब तीन घंटे का समय लगा। मैंने अपनी घड़ी में देखा। '8 घंटे बचे हैं।' मैंने सोचा।

बेस पर अमेरिकी आर्मी के ऑफिसर ने हमारा स्वागत किया। उनके पास उस इलाके के बारे में जो भी खुफिया जानकारी थी, उन्होंने वह हमारे साथ साझा की। उसके बाद, हमें अमेरिकी वायुसेना के हेलीकॉप्टर तक ले जाया गया। यही हेलीकॉप्टर हमें दायेर एज जोर हवाई अड्डे के पास छोड़ने वाला था। उनकी

कोशिश थी कि वे हमें हवाई अड्डे के जितना पास संभव हो, वहाँ तक छोड़ सकें। हमने पायलट और सह-पायलट का अभिवादन किया और हेलीकॉप्टर में सवार हो गए।

"हम कोशिश करेंगे कि जितना पास जाया जा सके, जाएँ। चूँकि दायेर एज जोर और यह इलाका आई.एस.आई.एस. के नियंत्रण में है, अतः इस बात की काफी संभावना है कि आप लोगों को काफी रास्ता पैदल ही तय करना पड़ेगा। हम एक बार जब आप लोगों को वहाँ छोड़ देंगे तो उसके बाद आपको केवल और केवल अपना खुद का ही सहारा होगा। जमीनी स्तर पर किसी तरह की कोई मदद वहाँ नहीं है।" पायलट ने इतना कहकर इंजन चालू कर दिया।

हम लोगों से पूरी तरह चौकस होकर बैठने को कहा गया, क्योंकि यह युद्धक्षेत्र था, हमले की आशंका थी। हम कुछ आई.एस.आई.एस. ठिकानों को नेस्तनाबूद करने की आड़ में सीरिया में प्रवेश कर रहे थे। हेलीकॉप्टर ध्यान बँटाने के लिए कुछ गोले दागेगा और उसी आड़ में हम लोगों को एक सुरक्षित प्वाइंट पर उतार देगा।

शुरुआती सफर आराम से कट गया। हालाँकि, हमें जमीन पर लड़ाई होती नजर आ रही थी। किसी ने हम लोगों से पंगा नहीं लिया, जिससे हमें बड़ी राहत मिली, क्योंकि हमारे पास ज्यादा समय नहीं था। हेलीकॉप्टर को इस तरह से डिजाइन किया गया था कि आधुनिक-से-आधुनिक राडार भी उसकी आवा-जाही को पकड़ नहीं सकता था। इसके लिए हेलीकॉप्टर को थोड़ा नीचे उड़ना पड़ा, जिससे उसकी गति धीमी हो गई थी।

जल्द ही हमें चारों ओर से भारी गोलीबारी की आवाजें सुनाई देने लगीं। हेलीकॉप्टर को उस इलाके से तेजी से निकालना पड़ा। नुकसान से बचने के लिए पायलट को हेलीकॉप्टर को ऊँचाई पर ले जाना पड़ा। अब साफ समझ में आ गया था कि आगे बढ़ना संभव नहीं है। पायलट ने एक सुरक्षित लोकेशन पर हेलीकॉप्टर उतारा और हम लोग उसमें से उतर गए।

मैंने अपना जी.पी.एस. चेक किया—हम विमान से करीब 80 किलोमीटर दूर थे। इसमें से अधिकतर रास्ता समतल था और उसके बाद करीब 3 किलोमीटर का आखिरी छोर पहाड़ी रास्ता था। हमें यह दूरी तेजी से दौड़ते हुए पूरी करनी थी। इसके सिवाय कोई रास्ता नहीं था। उस वीराने में हम अकेले थे; साथ ही रक्षा उपकरणों का भारी बोझ भी साथ में था।

जिस पाइप के जरिए हमें पहाड़ों से हैंगर तक जाना था, वह कम-से-कम 5 किलोमीटर लंबा था। इसके लिए हमें बहुत सारी ऑक्सीजन की जरूरत पड़ने वाली थी। ड्रिलिंग मशीन भी काफी भारी थी। इससे भी ऊपर, हम सब लोगों ने कई-कई कपड़े पहन रखे थे।

हमने जल्दी से अपने सबसे ऊपर वाले कपड़े उतारे और नीचे हमारे विशेष किस्म के सूट थे। इस खास किस्म के सूट की खास बात यह थी कि यह हमारे पूरे शरीर को ढँक रहा था, सिवाय हमारी आँखों के। हमारी आँखों को एक खास किस्म के चश्मे ने ढँक रखा था। हालाँकि, देखने में ये साधारण कपड़ों की तरह लग रहे थे। कहीं कोई खास बात नजर नहीं आ रही थी, लेकिन ये सामान्य नहीं थे। इस सूट की बाहरी लेयर बेहद बारीक फाइबर के लाखों धागों से बनी थी। हर धागा अपने आप में अपना रंग बदलने में सक्षम था।

इस सूट को गिरगिट से प्रेरणा लेकर डिजाइन किया गया था। यह जैसे भी वातावरण के संपर्क में आता था, उसी के अनुसार अपना डिजाइन, रंग और बनावट बदल लेता था। इसमें चार कैमरे लगे थे—एक हेलमेट में, एक सीने पर, एक पीठ पर और दोनों जूतों में। कैमरा रियल टाइम में आसपास के फोटो ले रहा था। इन तसवीरों को अल्ट्रा फास्ट प्रोसेसर में भेजा जा रहा था, जो फाइबर के हर धागे को संदेश भेज रहा था और हमारे आसपास के इलाके को जितना करीब से संभव हो सके, कैप्चर कर रहा था। इसी प्रकार की सामग्री का इस्तेमाल चश्मों के लिए भी किया गया था। इसमें यह सुनिश्चित किया गया था कि कोई भी चीज हमारी नजरों से बचकर न निकल पाए। चश्मे की बाहरी सतह सूट की तरह ही अपने आसपास के वातावरण के हिसाब से अपने आप को ढालने में सक्षम थी। चश्मे की बाहरी सतह पर इतने फाइबर थे कि उनके जरिए देख पाना असंभव था। इसलिए उनके भीतर छोटे-छोटे प्रोजेक्टर लगाए गए थे। हेलमेट में लगा कैमरा प्रोजेक्टर को सीधे इमेज भेजता और इससे हम अपने सामने की चीज को देख पा रहे थे।

हमारी योजना चारों ओर फैल जाने की थी; हम सब अकेले-अकेले आगे बढ़ेंगे। इसके दो कारण थे। पहला तो यह कि हम जितने ज्यादा एक साथ रहेंगे, हमारे पकड़े जाने की आशंका उतनी ही अधिक होगी। दूसरा यह कि अकेले-अकेले बढ़ने से अगर हम में से कोई पकड़ा भी जाता है तो बाकी लोग योजना के मुताबिक आगे बढ़ते रह सकते हैं। मिशन के आखिरी चरण को अंजाम देने

के लिए विमान में पहुँचने के लिए हमें कम-से-कम तीन लोगों की जरूरत थी। सबकुछ योजना के मुताबिक रहता है तो हम चाहते थे कि चार लोग विमान में पहुँचें और बाकी दो किसी ऊँची जगह पर मोरचा सँभाल लें तथा हालात पर नजर रखें। साथ ही, हैंगर पर पहुँचने के बाद हमें गाइड करें।

उत्तम, सैयद, सिंथिया और मुझे वाटर सप्लाई टैंक पर मिलना था। कृष्णन और गुरमीत पहाड़ों के ऊपर मोर्चा सँभालेंगे, ताकि विमान और उसके आसपास के इलाके को बेहतर तरीके से देखा जा सके। हमें जल्द-से-जल्द 80 किलोमीटर का रास्ता तय करना था। लेकिन साथ ही हमें नजरों में आने से भी बचना था। हमारे सूट कुछ इस तरह से डिजाइन किए गए थे कि कोई हमें देख नहीं सकता था; लेकिन इसका मतलब यह भी नहीं था कि हमें कोई खतरा नहीं था। हम एक-दूसरे के साथ ईयरपीस के जरिए बातचीत कर रहे थे। इसकी मदद से हम ऑडियो सिग्नल रिसीव करने के साथ ही भेज भी सकते थे। यह इतना छोटा था कि कान के भीतर आराम से आ सकता था। यह समुद्र-तल से 50 मीटर नीचे तक काम करने में सक्षम था।

हम जो कुछ भी देख रहे थे, उसके बारे में एक-दूसरे को सूचित करते जा रहे थे। आई.एस.आई.एस. से टकराव से बचने के लिए यह जरूरी भी था। जब कोई नहीं होता तो हम भागकर रास्ता तय करते और जब आसपास लोग होते तो हम खामोशी के साथ आगे बढ़ते। कुछ एक किलोमीटर के बाद आई.एस.आई.एस. एजेंट तैनात थे। और उनकी मौजूदगी के कारण हमारी रफ्तार धीमी पड़ जा रही थी। जैसे-जैसे हम विमान के नजदीक पहुँच रहे थे, वैसे-वैसे ही आतंकवादियों की संख्या भी बढ़ती जा रही थी। तीन घंटे बीत चुके थे और अभी 10 किलोमीटर का रास्ता और तीन पहाड़ों को पार करना बाकी था।

अचानक, मैंने आई.एस.आई.एस. की दस जीपों को देखा। उनमें कम-से-कम 40 लोग सवार थे और वे हमारी ओर ही आ रही थीं। उन्होंने इतना रास्ता घेर रखा था कि मेरे लिए भागकर एक ओर होना और बिना नजरों में आए छुपना असंभव था। अपनी जगह पर एकदम चुपचाप खड़े रहने के सिवाय मेरे पास कोई रास्ता नहीं था। जीपें तेजी से बढ़ रही थीं। मैं उम्मीद कर रहा था कि उनमें से कोई भी जीप सीधे मेरी ओर नहीं आएगी।

जैसे-जैसे वे मेरे करीब आते जा रहे थे, मेरे लिए यह फैसला करना बहुत मुश्किल होता जा रहा था कि मैं भाग जाऊँ या डटा रहूँ। मैंने वहीं पर डटे रहने

का फैसला किया। मेरे पास हथियारों के नाम पर केवल कुछ चाकू थे। अगर उन्होंने मुझे देख लिया तो बचकर निकलना मुश्किल हो जाएगा। वे सिर्फ 50 मीटर ही दूर थे कि एक जीप सीधे मेरी ओर आने लगी। मैं हिलने-डुलने का खतरा मोल नहीं लेना चाहता था। जीप अब मुझसे केवल 10 मीटर की दूरी पर थी। अब वहाँ से हटने के अलावा और कोई रास्ता नहीं बचा था। मैंने अपने पैर जमीन पर टिकाए रखते हुए अपने शरीर के ऊपरी हिस्से को आगे की ओर झुकाया, जैसे कि हम गिरते वक्त होते हैं। जमीन पर गिरने के बाद मैं अपनी बाईं ओर पलट गया और जीप की चपेट में आने से बाल-बाल बचा। मेरी जान में जान आई, लेकिन दिल की धड़कनें जीप के रुकने की आवाज के साथ रुकती-सी महसूस हुईं। जिस ड्राइवर को अभी मैंने चकमा दिया था, वह जीप से उतरा और जमीन पर घूर-घूरकर देखने लगा। वह मुझसे 10 मीटर की दूरी पर था। उसने अपने दाएँ-बाएँ देखा, जैसे कि कुछ खोजने की कोशिश कर रहा हो। जब वह तेजी से जीप को दौड़ाता हुआ निकला था तो हो सकता है कि उसने मुझे देख लिया हो; लेकिन उसके हाव-भाव से यह भी साफ था कि उसने मुझे साफ-साफ नहीं देखा था।

अचानक उसका सिर इधर-उधर की तलाश में घूमना बंद हो गया और उसकी नजरें सीधे मुझ पर आ टिकीं। चूँकि मैं जमीन पर लेटा हुआ था, इसलिए मेरे सूट का रंग बदलकर रेत जैसा हो चुका था, जिससे कि मुझे देख पाना संभव नहीं था। लेकिन उसे अभी भी कुछ शक हो रहा था। उसने अपनी बंदूक निकाली और मेरी ओर बढ़ना शुरू कर दिया। मैंने बहुत धीरे से अपना चाकू निकाला। अब कोई रास्ता नहीं बचा था।

‘अगर यह और दस कदम मेरे करीब आया तो मुझे इसे मारना ही होगा।’ मैं फैसला कर चुका था। मैंने दस तक की उलटी गिनती गिननी शुरू कर दी। तभी अचानक उसने आसमान की ओर देखा। भारी शोर उठा और अगले ही क्षण उसकी लाश जमीन पर पड़ी थी। अमेरिकी एयरफोर्स ने समूह पर हमला कर दिया था। उनमें से कुछ ने आसमान की ओर गोलीबारी शुरू कर दी, जबकि बाकियों ने अपनी जीपें स्टार्ट कीं और भाग गए। मैं उठा और जितनी तेजी से भाग सकता था, भागने लगा। मैं केवल तभी रुका, जब मैं ऐसी जगह पहुँच गया, जहाँ पीछे मुड़ने पर केवल रेत-ही-रेत नजर आ रही थी। मैंने आसमान की ओर अपने हाथ उठाए, परमात्मा का आभार जताया और आगे बढ़ चला। वाटर सप्लाई रूम तक

पहुँचने में मुझे और 15 मिनट का समय लग गया।

सिंथिया, उत्तम और सैयद कुछ ही देर बाद मेरे पास पहुँच गए। कृष्णन और गुरमीत ने अपना-अपना मोरचा सँभाल लिया था। मैंने अपनी घड़ी में देखा, चार घंटे बचे थे। इस बीच, उधर भारत में सरकार ने बुरहान को जम्मू व कश्मीर भेजने की तैयारी शुरू कर दी। आपात स्थिति के लिए एक योजना यह भी बनाई गई थी कि यदि हम अपने मिशन में सफल नहीं होते हैं तो सरकार के पास उसकी रिहाई के सिवाय और कोई रास्ता नहीं बचेगा। सरकार की ओर से वार्त्ताकारों ने रिहाई को रुकवाने की काफी कोशिशें कीं, लेकिन आतंकवादी कुछ सुनने को तैयार ही नहीं थे। हमने अपने गिरगिट की तरह रंग बदलनेवाले सूट उतार दिए और उसके बाद हम अब अपने तैराकी सूटों में थे। इन सूटों को हमारे शरीर के तापमान को सामान्य स्तर पर बनाए रखने के लिए तैयार किया गया था।

इन सूटों की खास बात यह थी कि ठंडे पानी में ये अपने आप तापमान में बढ़ोतरी कर लेते और ज्यादा गरमी होने पर ठंडक पैदा करते। इन सूटों में विशेष किस्म की लाइटें भी लगी हुई थीं, जिससे पानी में साफ-साफ देखा जा सकता था।

हमने कमरे का मुआयना किया। वहाँ दो बड़े-बड़े पाइप थे—एक से पानी भीतर आता था और दूसरे से पानी हैंगर में पहुँचाया जाता था। दोनों के बीच में एक टैंक था। जिस पाइप के जरिए पानी भीतर आ रहा था, उसमें एक मोटर लगी हुई थी, ताकि पानी को पहाड़ तक ले जाया जा सके। चूँकि यह कमरा एक खास ऊँचाई पर था, इसलिए हैंगर तक पानी पहुँचाने के लिए कुछ खास करने की जरूरत नहीं थी। केवल पानी को अपने आप बहने दो। हैंगर में पानी की आपूर्ति रोकने के लिए वॉल्व लगे थे। योजना यह थी कि टैंक के भीतर जाकर पाइप के रास्ते दूसरे टैंक तक पहुँचा जाए, जो कि हैंगर के भीतर स्थित था।

यही समय था, जब हमारी सारी ऑक्सीजन खत्म होने वाली थी। हालाँकि टैंक छोटे थे, लेकिन उनमें खूब सारी ऑक्सीजन भरी हुई थी। ऑक्सीजन कंप्रेस्ड अवस्था में थी। हमारे पास 16 टैंक थे—हर एक के लिए 4-4। एक टैंक करीब 30 मिनट चलने वाला था। साँस लेने की कुछ खास तकनीकों का इस्तेमाल करते हुए हम इस अवधि को कुछ और बढ़ा सकते थे। पाइप के भीतर उत्तम को टीम की अगुवाई करनी थी, उसके बाद सिंथिया, सैयद और फिर मैं।

अब काम शुरू करने का वक्त हो गया था। यह योजना बनाई गई थी कि स्थिति के अनुसार जहाँ तक हम कर सकते हैं, वहाँ तक तैरेंगे और जहाँ रेंगते

हुए आगे बढ़ा जा सकता है, वहाँ रेंगकर काम चलाएँगे, जैसा कि हम एन.डी.ए. में अपने बीते दिनों में बहुत करते थे।

पाइप का मुँह काफी चौड़ा था और हम आराम से उसमें जा सकते थे। लेकिन मुहाने के बाद जल्द ही वह सँकरा होना शुरू हो गया। तैरने और रेंगने की तो बात भूल ही जाओ, उसमें खुद को फिट करना ही मुश्किल हो रहा था। पाइप अगर और सँकरा हो गया तो आगे बढ़ने का रास्ता बंद हो जाएगा। हमने फैसला किया कि जहाँ तक जा सकते हैं, वहाँ तक जाया जाए। सहारे के लिए हम जो पकड़ सकते थे, उसे पकड़ते हुए आगे बढ़ते रहे। जब पकड़ने के लिए कुछ नहीं बचा तो हम अपने हाथ का मुक्का बनाकर उसके सहारे से आगे बढ़ने लगे। हमारी स्पीड काफी कम थी, लेकिन हमारे पास कोई और रास्ता भी तो नहीं था।

डेढ़ घंटे बाद हम आधे रास्ते पहुँच गए। हम निशाने पर थे। हमारे पास जो ऑक्सीजन बची थी, उससे हम टैंकर तक पहुँच सकते थे, लेकिन बहुत मुश्किल से।

'एक बार हम हैंगर तक पहुँच जाएँ तो यह काफी आसान हो जाएगा। आतंकवादियों को मारना और लोगों को बचाना—यह कुछ ऐसा काम था, जो हम कई बार कर चुके थे। लेकिन इसके लिए हमें टैंक तक पहुँचना ही होगा।' मैंने सोचा।

हम लोगों को थकान होने लगी थी; लेकिन हम सुस्त पड़ जाने की सोच भी नहीं सकते थे। ज्यादा-से-ज्यादा यह कर सकते थे कि हम अपनी स्पीड को अगर बढ़ा नहीं सकते थे तो उसे यथावत् बनाए रखने की जरूरत थी। हम करीब 20 फीट दूर थे और ऑक्सीजन भी कोई बहुत ज्यादा नहीं बची थी। अचानक पाइप में तीखा मोड़ आ गया। हम उम्मीद लगा रहे थे कि यह मोड़ हमें सीधे टैंक में ले जाएगा। हम आगे बढ़ रहे थे कि उत्तम के सामने लोहे का एक विशाल ग्रिड आ गया। हमारे दिलों की धड़कनें रुक गईं।

"ग्रिड काफी मजबूत लगता है। इतना ही नहीं, हमारे और टैंक के बीच में दो और ग्रिल्स हैं।" उत्तम ने कहा। उसे फिल्टरों के जरिए टैंक का मुहाना नजर आ रहा था। सिंथिया ने उसे मेटल कटर पकड़ाया और उसने उसे काटना शुरू कर दिया। मेटल को काटना ऐसा काम है, जो बहुत धीरे होता है और वक्त बहुत लगता है। हमारे पास समय और ऑक्सीजन दोनों खत्म हो रहे थे। पहला ग्रिल काटने में उसे तीन मिनट का समय लगा। दूसरे में भी और तीन मिनट गए और उसी समय हमारे पास ऑक्सीजन खत्म हो गई।

हम चार से पाँच मिनट तक साँस रोककर रख सकते थे; लेकिन टैंक तक पहुँचने के लिए इतना काफी नहीं था। मिशन के जिस मोड़ पर हम खड़े थे, वहाँ कोशिश करने के सिवाय और कुछ नहीं किया जा सकता था। उत्तम ने तीसरा ग्रिल काटा। उसे शारीरिक मेहनत ज्यादा करनी पड़ रही थी, अतः हमारे मुकाबले उसकी ऑक्सीजन भी जल्दी खत्म हुई और इसका नतीजा यह हुआ कि वह आगे नहीं बढ़ पा रहा था। हम तीनों ने उसे पीछे से धक्का देकर आगे बढ़ाना शुरू कर दिया। इससे हमारी भी ऑक्सीजन जल्द खत्म हो गई।

हम इतने पास पहुँचकर भी इतने दूर थे। हम मुहाने से सिर्फ 3 फीट दूर थे। हम सबका दम घुटना शुरू हो गया था। हमारे शरीरों में ऐंठन होने लगी और फेफड़े ऑक्सीजन के लिए बुरी तरह तड़पने लगे। कुछ ही सेकंड के भीतर हमारे शरीर बुरी तरह काँपने लगे। मेरी आँखों के सामने टीम के तीन सदस्य किसी भी क्षण दम तोड़ सकते थे। और साँसों ने उनका साथ छोड़ दिया। पानी में उनकी लाशें तैर रही थीं और मैं उन्हें घूरने के सिवाय कुछ नहीं कर पा रहा था। मैं बुरी तरह सदमे की चपेट में आ गया। अचानक मेरे दिमाग में मनु, यावर और डेविड की याद कौंध गई।

'मैं उनकी मदद नहीं कर सका था, लेकिन मैं किसी भी सूरत में इन तीनों को इस तरह मरने नहीं दूँगा।' मैंने खुद से कहा और अपने शरीर की बची-खुची ताकत को समेटा तथा उन्हें धक्का देना शुरू कर दिया। मेरी आँखें बंद हो रही थीं, लेकिन मैंने अपने हाथों को नहीं रुकने दिया। और इससे पहले कि कुछ समझ पाता, मैं बेहोश हो गया।

और तभी अचानक मेरी साँसें फिर से चलने लगीं। मैंने गहरी साँस ली। यह मेरी जिंदगी की सबसे गहरी साँस थी। एक गहरी साँस, दूसरी गहरी साँस और फिर फेफड़ों में जैसे नई ताकत आ गई। मैंने अपनी आँखें खोलीं और खुद को जहाँ पाया, वह टैंक जैसा कुछ नजर आ रहा था। मैंने अपने चारों ओर देखा। मेरी खुशी का ठिकाना नहीं था। मेरे बाकी साथी भी साँस ले रहे थे। उत्तम ने मुझे थाम रखा था। जैसे ही शरीर में कुछ ताकत-सी आई, मैंने उससे मुझे छोड़ देने को कहा। मैंने उससे पूछा कि क्या हुआ था? मैंने उसे इतना धक्का दिया था कि वह टैंकर में गिर गया। एक बार भीतर घुसने के बाद वह सतह पर आया, कुछ लंबी-लंबी साँसें लीं और वापस हम लोगों के पास आ गया। वह एक-एक करके हमें खींचकर सतह पर लेकर आया।

मैंने अपनी घड़ी की ओर देखा—हमारा समय खत्म हो चुका था। 12 घंटे की डेडलाइन बीत चुकी थी।

"गुरमीत, कृष्णन! बुरहान की क्या खबर है?" मैंने पूछा।

"आर्मी की गाड़ी मीटिंग प्वाइंट से 10 मिनट की दूरी पर है। इस देरी को लेकर वे खुश नहीं हैं। उन्होंने हमें और दस मिनट का समय दिया है। उसके बाद वे यात्रियों को मारना शुरू कर देंगे।" गुरमीत ने जवाब दिया।

"और विमान को घेरे खड़े आतंकवादियों की क्या खबर है?" मैंने पूछा।

"उन्हें बेहोश कर दिया गया है। हमने रोबोटिक मधुमक्खियों के जरिए डंक मारकर उन्हें सुला दिया है। वे अभी भी अपनी-अपनी जगह पर खड़े हैं, लेकिन उन्हें होश नहीं है। बेहोशी का डंक इतना ताकतवर है कि वह उनके दिमाग को सुन्न कर देगा, लेकिन मरने नहीं देगा।" कृष्णन ने कहा।

"अब आगे बढ़ने का वक्त आ गया है।" मैंने अपनी टीम से कहा।

आमतौर पर विमान का यात्रियों वाला एरिया चार हिस्सों में बँटा होता है—कॉकपिट, जो कि आमतौर पर अंदर से बंद रहता है, फर्स्ट क्लास, बिजनेस क्लास और इकोनॉमी क्लास। हर इलाके की सुरक्षा के लिए कम-से-कम एक आदमी तो तैनात होगा ही। योजना यह बनाई गई थी कि टायरों के आसपास की जगह का इस्तेमाल कर विमान में चढ़ा जाए। इसके बाद हम चारों हाई इनटेंसिटी लेजर टॉर्च से विमान के फर्श में एक छोटा छेद बनाएँगे। उस छेद के जरिए हम कैमरा भीतर डालेंगे, जो हमें आतंकवादियों की स्थिति के बारे में बताएगा। एक बार उनकी स्थिति के बारे में सटीक जानकारी मिलने के बाद हम उन्हीं लेजर टॉर्चों से इतने बड़े छेद बनाएँगे कि हम उसमें आ सकें। हम जहर-बुझे चाकुओं से सारे आतंकवादियों को एक साथ मौत की नींद सुला देंगे—केवल एक को छोड़कर, जो कॉकपिट में होगा।

कॉकपिट के नीचे फिट होना मुश्किल होगा, इसलिए मैंने योजना बनाई कि पहले फर्स्ट क्लास के भीतर मौजूद आतंकवादियों को खत्म किया जाए, उसके बाद विमान में भीतर पहुँचकर वहाँ मौजूद आतंकवादियों से निपटा जाए। इस बीच सैयद को बहुत जरूरी काम करना था। उसे विमान के भीतर लगाए गए बमों को अपने उपकरणों की मदद से खोजना था। विमान खुले इलाके में खड़ा था। ऐसे में, विमान तक पहुँचने के दौरान पकड़े जाने से बचने की कोई सूरत ही नहीं थी। अब हमारे पास वे गिरगिट वाले सूट भी नहीं थे। अगर कोई विमान

पर नजर रख रहा होगा तो वह बड़ी ही आसानी से हमें देख सकता था। इसलिए छुपने का कोई रास्ता नहीं था। पकड़े जाने पर जान बचाने का केवल एक ही रास्ता था कि वहाँ से जितना जल्दी संभव हो, निकल लिया जाए। हम विमान की ओर दौड़ पड़े। एक बार विमान के नीचे पहुँचने पर हम दो टीमों में बँट गए। योजना यह थी कि मैं अगले टायर के नीचे से विमान के भीतर घुसूँगा और उस एरिया में आतंकवादी की स्थिति को देखूँगा और उसे खत्म कर दूँगा। इसके बाद मुझे कॉकपिट की ओर बढ़ना था। सिंथिया, सैयद एवं उत्तम अलग-अलग हिस्सों में रहेंगे और बाकी बचे आतंकवादियों का सफाया करेंगे।

"आर्मी की गाड़ी अपनी तय जगह पर पहुँच गई है। बुरहान को कुछ ही मिनटों के भीतर रिहा किया जाना है। तुम लोगों को बहुत जल्दी काम करना होगा।" गुरमीत ने हम लोगों को बताया।

हमने विमान के निचले हिस्से को तेजी के साथ, लेकिन बहुत ही सावधानी से काटना शुरू कर दिया। एक छोटा छेद काटने में हमें करीब 30 सेकंड का समय लगा। हम सबके पास एक लंबा पतला पाइप था, जिसके एक सिरे पर कैमरा लगा हुआ था। कैमरों से जो तसवीरें मिल रही थीं, वे हमारी स्मार्ट वॉच पर आ रही थीं। अब आतंकवादियों की गिनती करनी थी।

"फर्स्ट में एक।" उत्तम ने जवाब दिया।

"बिजनेस में एक।" मैंने कहा।

"इकोनॉमी में दो।" सिंथिया बोली।

सैयद विमान में लगाए गए बमों को खोजने में जुटा था।

"छेद बनाना शुरू करो। हमें उन लोगों को एक साथ ही निपटाना है।" मैंने उन लोगों से कहा।

"सरकार और ज्यादा इंतजार नहीं करना चाहती।" कृष्णन अचानक बीच में बोला, "अभी विमान पर हमारा कब्जा नहीं हुआ है, इसलिए सरकार को बुरहान को रिहा करना ही होगा। एक जीप में चार आतंकवादी हैं और वे उसकी रिहाई का इंतजार कर रहे हैं। हमें चेतावनी दी जा चुकी थी कि न तो उन पर हमला करना है और न ही उनका पीछा करना है। वह उनसे केवल 100 मीटर की दूरी पर है और वह तेजी से आगे बढ़ रहा है। यार, जल्दी करो।"

हम जितना जल्दी संभव हो सकता था, छेदों को काटने में लगे थे। हमारे कैमरे अभी भी भीतर लगे थे, जिससे हमें अपने लक्ष्यों पर नजर रखने में मदद

मिल रही थी। अचानक फर्स्ट क्लास में मौजूद आतंकवादी की नजर कैमरे पर पड़ गई। उसके चेहरे के हाव-भाव को देखकर लग रहा था कि वह अभी समझ नहीं पाया था कि यह क्या बला है। वह कैमरे की ओर आगे बढ़ा और जोर से बोला। सारे आतंकवादियों ने अचानक उसकी ओर पलटकर देखा। इस बीच सिंथिया और मैं छेद काटने का काम पूरा कर चुके थे। हमने खुद को ऊपर की ओर उछाला और अपने चाकू फेंक दिए।

□

23

बकवास

फर्स्ट क्लास और बिजनेस क्लास में हमारे चाकू सही निशाने पर लगे। बिजनेस क्लास में जो आतंकवादी कैमरे को देखने में लगा था, अपने साथी आतंकवादी के फर्श पर गिरते ही चौंक गया। उसने अपनी बंदूक मेरी ओर तान दी। मेरे पास अपना दूसरा चाकू निकालने का वक्त नहीं था। 'चेकमेट।' मैंने सोचा। मैंने इस मिशन को खुद ही खत्म करने की सोची थी, लेकिन अब मैं उम्मीद लगा रहा था कि मेरे साथी इसे अंजाम तक पहुँचाएँगे। वह मेरी ओर देखकर मुसकराया, मानो कहने की कोशिश कर रहा हो, 'खेल खत्म।'

वह ट्रिगर दबाने ही वाला था कि एक चाकू उसकी जाँघ और धड़ के जोड़ के बीचोबीच जाकर धँस गया। कृष्णन फर्श को काटकर ऊपर पहुँचने में कामयाब हो गया था और उसने इस आतंकवादी का काम तमाम कर दिया। हमारे पास वक्त बरबाद करने के लिए नहीं था। मैंने उछलकर अपने शरीर को विमान के भीतर खींच लिया और कॉकपिट की ओर दौड़ा।

इस बीच, उत्तम विमान के सॉफ्टवेयर में सेंध लगाकर कॉकपिट के दरवाजे को खोल चुका था। मैंने धीरे से दरवाजा खोला और देखा कि दो आतंकवादी वहाँ मौजूद थे। मैंने तुरंत अपने चाकू से एक को ढेर कर दिया; लेकिन इससे उसका साथी चौकन्ना हो गया। दूसरे ने अपनी बंदूक मेरी दिशा में तान दी और गोलियाँ बरसाने लगा। लेकिन इससे पहले कि मैं उसके पीछे जाकर उसे काबू कर पाता, तीन गोलियाँ मेरे भीतर उतर चुकी थीं। दो पेट में और एक बाईं जाँघ में।

भयानक दर्द हो रहा था, लेकिन मैं बिजली की तेजी के साथ उसके पीछे जा पहुँचा और अपने हाथ को उसकी गरदन के चारों ओर जितना कसकर लपेट सकता था, लपेट दिया। इस अचानक हुए हमले से उसके होश उड़ गए और उसने

खुद को मेरे चंगुल से छुड़ाने की पूरी कोशिश की। लेकिन जितना वह अपने को मेरी पकड़ से निकालने की कोशिश करता, मेरा शिकंजा उतना ही अधिक कसता जा रहा था। अपने आप को छुड़ाने के लिए वह चारों दिशाओं में हाथ-पैर मार रहा था, बुरी तरह छटपटा रहा था। कुछ ही सेकंड में उसकी हालत जल बिन मछली जैसी हो गई। इसी खींचा-तानी में उसने किसी तरह से अपनी बंदूक उठा ली और एक और गोली दाग दी। यह गोली मेरे दाएँ पैर में लगी। लेकिन मैंने उसकी गरदन पर अपनी पकड़ ढीली नहीं होने दी। वह एक-एक साँस के लिए छटपटा रहा था। उसकी आँखें कोटरों में से बाहर निकल आई थीं...ऑक्सीजन नहीं मिलने के कारण उसकी जीभ भी बाहर लटक गई थी, लेकिन उसकी छटपटाहट बेकार गई। उसकी गरदन मेरे शिकंजे में थी और उसका पूरा शरीर वहीं पर झूल गया।...उसकी देह ठंडी पड़ चुकी थी। लेकिन मैंने अपने हाथ की पकड़ ढीली नहीं होने दी। मैं पूरी तरह आश्वस्त हो लेना चाहता था कि वह मर चुका है। आखिरकार, मैंने उसकी गरदन पर अपनी पकड़ ढीली की और उसकी लाश फर्श पर किसी मांस के लोथड़े की तरह ढह गई।

"गुरमीत, कृष्णन, उन्हें बता दो, हम विमान में हैं और जल्द ही उड़ान भरेंगे।" मैंने कहा।

"पक्का, लेकिन एक समस्या है। ऐसा लगता है कि आई.एस.आई.एस. हमारे बारे में जान गया है। मैंने देखा था कि वे कई जीपों में अपने आदमियों को भरकर तुम्हारी ओर बढ़ रहे थे।" गुरमीत ने हालात की गंभीरता को समझते हुए कहा।

सिंथिया लाशों के ऊपर से कूदते हुए कॉकपिट की ओर दौड़ी। उसने तेजी से मरे पड़े पायलट को एक ओर धकेला और उसकी सीट पर बैठ गई, "हमारे पास लौटने के लिए काफी ईंधन है।"

"ओ.के., लेट्स गो।" मैंने आदेश दिया।

सिंथिया ने इंजन चालू किया और विमान को पीछे करना शुरू कर दिया। हमें उड़ान भरने के लिए रन-वे तक पहुँचने की जरूरत थी। उसने विमान को इतनी तेजी से रिवर्स गियर में चलाया कि मैं एक झटके के साथ गिरते-गिरते बचा था। मैंने सैयद और उत्तम से कहा कि वे विमान में अपना मोरचा सँभाल लें और ध्यान रखें कि कोई अपनी सीट से हिले नहीं। हमें नहीं पता था कि कौन बंधक है और कौन दुश्मन।

जल्द ही विमान आगे की ओर बढ़ने लगा। कुछ ही मिनटों में उसकी स्पीड

बढ़ गई। विमान की स्पीड इतनी ज्यादा थी कि वह इधर–उधर झूल रहा था। हम लोगों को अपने आप को इस तरह से सँभालना पड़ रहा था, मानो हम किसी रेसिंग कार में बैठे थे। हम रन–वे तक पहुँच चुके थे। आई.एस.आई.एस. की गाड़ियाँ हमारी ओर तेजी से बढ़ी चली आ रही थीं। उन्होंने विमान की ओर गोलीबारी शुरू कर दी। लेकिन वे काफी दूरी पर थे, लिहाजा हमें कोई नुकसान नहीं हुआ। सिंथिया ने मेरी ओर देखा और मैंने स्वीकृति में अपनी गरदन हिला दी।

हम रन–वे पर थे। शुरुआत में गति धीमी थी, लेकिन उसके तुरंत बाद स्पीड तेज हो गई। आई.एस.आई.एस. के लोग सीधे हमारी ओर बढ़े आ रहे थे। अब वे काफी करीब आ गए थे और खतरा बढ़ गया। लेकिन विमान ने कुछ ही देर में इतनी स्पीड पकड़ ली कि वह अब उड़ान भरने के लिए तैयार था। सिंथिया ने लीवर खींचा और विमान का अगला हिस्सा हवा में उठ गया। विमान जमीन छोड़ चुका था, लेकिन उससे पहले कुछ गोलियाँ उसके निचले हिस्से में लग चुकी थीं। किस्मत अच्छी थी कि विमान को कोई ज्यादा नुकसान नहीं हुआ। मैंने खिड़की से बाहर की ओर देखा—एक आतंकवादी विमान की ओर बजूका से निशाना लगा रहा था। 'अगर यह निशाने पर लगा तो हम सब मारे जाएँगे।' मैंने सोचा।

मैं अपनी जगह से हिल भी नहीं पाया था, कुछ करना और सोचना तो दूर की बात है। आतंकवादी ने बजूका दाग दिया, जो सीधा विमान की ओर उड़ गया… "बचो!" मैं जोर से चिल्लाया। सिंथिया ने उसे देख लिया और विमान को एक झटके से दाईं ओर मोड़ दिया। हालाँकि, अभी विमान ने इतनी स्पीड नहीं पकड़ी थी कि वह कोई तीखा मोड़ काट सकता। विमान का कंट्रोल हमारे हाथ से छूट गया। लेकिन इसे सौभाग्य ही कहा जाएगा कि केवल कुछ इंच की दूरी से बजूका विमान को हिट करने में चूक गया। विमान झटके से हिला, लेकिन तुरंत सिंथिया ने उसे सँभाल लिया।

अभी हमारा संघर्ष समाप्त नहीं हुआ था।

"वे एंटी एयरक्राफ्ट गन लगा रहे हैं!" गुरमीत के ये शब्द मेरे कानों को चीरते हुए निकल गए।

"कितनी?" सिंथिया ने सवाल किया। उसकी निगाहें हमारी ओर बढ़नेवाली मिसाइलों को ढूँढ़ रही थीं।

"बहुत सी।" कृष्णन ने कहा।

विमान काफी ऊँचाई पर आ चुका था और हम एंटी एयरक्राफ्ट गनों को देख

सकते थे। वे कोई दस से ज्यादा थीं। सिंथिया और मैंने एक-दूसरे की ओर देखा। दोनों की ही निगाहों में खतरे की चिंता थी।

"इन्हें चकमा देना असंभव है।" सिंथिया ने कहा। हर एक शब्द के साथ उसकी आवाज तेज थी।

'हाँ, इन गनों की आँखों में धूल झोंककर बच निकलने का कोई रास्ता नहीं है। अगर उन्होंने गोलीबारी शुरू कर दी तो विमान कुछ ही सेकंड में हवा में ही पूरी तरह नष्ट हो जाएगा। कोई तो उम्मीद हो।' मैंने नर्वस होते हुए सोचा। सिंथिया ने ऊपर की ओर देखा और अपनी आँखें बंद कर लीं, मानो किसी चमत्कार के लिए प्रार्थना कर रही हो। तभी एक जोर का धमाका हुआ और कॉकपिट थर्रा गया। सिंथिया ने अपनी आँखें खोलीं। हमने नीचे देखा तो चारों ओर आग-ही-आग लग रही थी, जैसे किसी ड्रैगन ने उन पर हमला बोल दिया था और वह चारों ओर आग-ही-आग उगल रहा था। अचानक दस भारतीय और अमेरिकी लड़ाकू जेट हमारे विमान के पास से गुजरते हुए आगे बढ़ गए।

सिंथिया ने तुरंत सारे कंट्रोल चालू कर दिए और कमांड सेंटर से विमान का संपर्क जोड़ दिया। कर्नल चौधरी ने हमें बताया कि जब तक विमान आसमान में है, तब तक हम खतरे में हैं।

"पहुँचने में काफी समय लगेगा। हमारा विमान बचा कैसे?" मैंने सवाल किया।

"दस मिनट इंतजार करो और उसके बाद अपने आसपास देखना।" उन्होंने जवाब दिया।

मैं बेसब्री से इंतजार करने लगा। वे दस मिनट काटे नहीं कट रहे थे। और उसके बाद मैंने खिड़की से बाहर झाँककर देखा। मैंने अपने मिशनों में बहुत सी चीजें देखी थीं, न जाने किन-किन हालात का सामना किया था; लेकिन जो कुछ मेरी आँखों के सामने था, मेरा मन उस पर यकीन करने को राजी नहीं हुआ। एक से बढ़कर एक लड़ाकू विमान—हर आकार का, हर किस्म का, एक-से-एक आधुनिक और अनेक रंगों के लड़ाकू जेट आसमान में तैर रहे थे। वे एक-दूसरे के इतने करीब-करीब उड़ रहे थे कि उनके बीच में कोई जगह ही नहीं बची थी। सिर्फ इतनी जगह थी, जिसमें से केवल हवा ही गुजर सकती थी। उन्होंने हमारे विमान के चारों ओर ऐसी ढाल बना ली थी कि उनको पार करते हुए कोई भी चीज हमारे पास नहीं पहुँच सकती थी। 'इनमें से बहुत सारे ऐसे विमान हैं, जो न तो भारतीय लग रहे

हैं और न ही अमेरिकी।' मैंने अपने आप से कहा।

अचानक मेरे घुटने में भीषण दर्द उठा। यह दर्द ऐसा लग रहा था, मानो पेट से होकर घुटने तक आ रहा है। अब मैं और खड़ा नहीं रह सकता था। मैंने सह-पायलट की सीट किसी तरह पकड़ी और अपने आप को एक तरह से घसीटते हुए उस पर बैठ गया। बैठने के बाद मैंने नीचे अपने पेट की ओर देखा, तब महसूस हुआ कि मेरा बहुत सा खून बह चुका है। अगर इसी स्पीड से खून बहता रहा तो बहुत जल्द मेरी साँसें खत्म हो जाएँगी।

हमारी रिसर्च टीम ने हम में से हर एक को दो-दो इंजेक्शन दिए थे। एक इंजेक्शन लगाने से ही खून का बहना काफी कम हो जाता है। मुझे इसी समय एक इंजेक्शन लगाना होगा। मैंने पैकेट निकाला और सीरिंज निकालने के लिए उसे फाड़ा। काँपते हाथों से मैंने सुई की कैप हटाई और अपनी गरदन में इंजेक्शन घुसा दिया।

उसी समय सिंथिया ने मेरी ओर देखा और फर्स्ट क्लास की ओर इशारा किया। मैंने देखा कि यात्री अपनी सीटों से चिपके हुए थे और उनके चेहरों पर हवाइयाँ उड़ रही थीं। उन्हें नहीं पता था कि हम कौन हैं और विमान क्यों उड़ रहा है ? कहाँ जा रहा है ? सैयद और उत्तम ने पूरे विमान का जायजा लिया और पाया कि सबकुछ ठीक-ठाक है। 'यह सही समय है। हमें इन लोगों को बता देना चाहिए कि हम कौन हैं।' मैंने सोचा।

मैंने हेडफोन लगाया और कहा, "हैलो एवरीवन! मैं आपका कैप्टन आयरन मैन। मैं आपको बताना चाहूँगा कि हम भारतीय सेना से हैं और हम यहाँ इस विमान को भारत वापस ले जाने के लिए आए हैं।"

अगले पाँच मिनट मैं न कुछ बोल सका और न ही सुन सका। यात्री अपनी सीटों से उछल-उछलकर खड़े हो गए और अपनी जिंदगियाँ बचने का जश्न मनाने लगे। जो एक-दूसरे को नहीं जानते थे, वे भी गले मिल रहे थे, एक-दूसरे को चूम रहे थे। कुछ लोग ऊपर की ओर देख रहे थे, अपने-अपने परमात्मा को धन्यवाद दे रहे थे। माँ-बाप ने अपने-अपने बच्चों को सीने से लगाकर कसकर भींच लिया था। आँखों से बहते खुशी के आँसू थमने का नाम नहीं ले रहे थे। यहाँ न कोई जाति थी, न धर्म, न एक-दूसरे को लेकर कोई शक था और न ही कोई डर—थे तो केवल प्यार और खुशी।

'क्या हम सब देशवासियों को हमेशा ऐसे नहीं रहना चाहिए ? हमें इस अहसास

को जीने के लिए कि हम सब एक हैं, ऐसे खौफनाक और खतरनाक हालात की ही जरूरत क्यों होती है? हमें यह समझ क्यों नहीं आता कि हम ही एक-दूसरे के लिए खड़े होंगे, कोई और नहीं आएगा? जब सबकुछ ठीक रहता है तो हम एक-दूसरे से इतनी नफरत क्यों करते हैं? क्या हमें जिंदगी का शुक्रगुजार होने के लिए मौत का इंतजार करना होगा?' ये सब सवाल मेरे मन में चल रहे थे।

कुछ यात्रियों ने आभार जताने के लिए हमारे पास आने की कोशिश की, लेकिन हमने उनसे दूर ही रहने के लिए कहा। हम यह खतरा मोल नहीं ले सकते थे। वे हमारी चिंता समझते थे और उन्होंने भीगी आँखों से दूर से ही धन्यवाद जताया। मैं उन्हें गले लगाना चाहता था और उन्हें बताना चाहता था कि अब सब ठीक है। मैं उन्हें बताना चाहता था कि हमेशा इसी तरह खुश रहना। मैं नहीं चाहता था कि वे एक-दूसरे से लड़ें या नफरत करें।

मैंने मन-ही-मन प्रार्थना की, 'काश, मेरा देश अपनी बेहतरी के लिए बदल जाए!' मैं सोच रहा था—काश, सड़क पर जाते समय लोगों की कारें एक-दूसरे से टकरा जाने पर हम उतरकर एक-दूसरे से लड़ने के बजाय एक-दूसरे से उसकी सलामती के बारे में पूछें। बजाय कि हम एक-दूसरे से गाली-गलौज करें, लड़ें-झगड़ें।

काश, लोग अपने-अपने पूजा-स्थलों से पूजा करके लौटते हुए एक-दूसरे की खैरियत पूछें, न कि एक-दूसरे को शक की निगाहों से देखें!

काश, हम बार में एक-दूसरे से मिलते तो एक साथ मिलकर ड्रिंक करते, एक-दूसरे पर धौंस न जमाते! काश, हम लड़कियों का पीछा न करते, बल्कि उनका सम्मान करते! हम एक लड़के-लड़की को साथ देखकर उन्हें अकेला छोड़ देते! काश, कितना अच्छा होता, हम एक-दूसरे के पूजा-स्थलों को गिराने की बजाय उन्हें बनाने में एक-दूसरे की मदद करते!

खुशी से उछल रहे लोगों से हमें अपनी-अपनी सीटों पर बैठ जाने के लिए कहना पड़ा। हमें अभी काफी लंबा रास्ता तय करना था। मैं अपने आसपास उड़ रहे अलग-अलग विमानों को लेकर काफी उत्सुक था और मैंने इसके बारे में कर्नल से पूछा।

"कई आतंकवादी संगठनों ने अल जिहाद और आई.एस.आई.एस. के बीच इस गठबंधन की सराहना की थी। उन सभी ने इनका समर्थन करने की कसम खाई थी। ये सभी संगठन इस घटना को पूरी दुनिया के आतंकवादियों की जीत मान रहे थे।

लेकिन हमारे बचाव मिशन ने सभी आतंकवादियों को हिलाकर रख दिया। उन्होंने इस विमान को भारत पहुँचने से पहले ही इसे मार गिराने की कसम खाई थी। इसे लेकर पूरी दुनिया में इतनी ही कड़ी प्रतिक्रिया हुई। हर देश, जिसने भी आतंकवाद का दंश झेला था, वे हमारे समर्थन में आगे आ गए। उन्होंने आतंकवादियों को चुनौती दी थी कि यह विमान हिंदुस्तान में सुरक्षित तरीके से उतरेगा। इस समय, तुम्हारे विमान के चारों ओर कम-से-कम 50 देशों के विमान उड़ रहे हैं। ईमानदारी से कहूँ तो हमें इतनों की जरूरत नहीं थी; 10 काफी रहते।

"लेकिन जो तुम अपने चारों ओर जेट का समुद्र देख रहे हो, यह आतंकवाद के खिलाफ हमारी एकजुटता का प्रतीक है; यह एक वादा है कि जब तक हम जिंदा हैं और हमारे हाथ-पाँव चल रहे हैं, आजाद दुनिया आजाद रहेगी और एकजुट भी। मेरे हिसाब से, अब तुम्हारे ऑफिसर्स बैठकर आराम कर सकते हैं। कोई तुम लोगों तक पहुँच भी नहीं पाएगा।" कर्नल ने गर्व के साथ कहा।

विमान को उड़ान भरे एक घंटे से ज्यादा हो गया था और अब किसी हमले की आशंका जीरो थी। हमें बाहर देखने पर अपने चारों ओर केवल लड़ाकू जेट ही नजर आ रहे थे। इस बीच मेरा खून लगातार बह रहा था। अपने इंजेक्शनों को मैं पहले ही इस्तेमाल कर चुका था और सिंथिया से उसके कोटे के चार इंजेक्शन माँगे। मेरी हालत देखकर उसने अपने दोनों इंजेक्शन मुझे थमा दिए। खून चूँकि काफी बह रहा था, इसलिए मैंने दोनों इंजेक्शन एक साथ ही लगा लिये। अभी चार घंटे का सफर और बाकी था। मुझे महसूस होना शुरू हो गया कि मैं विमान के उतरने तक बच नहीं पाऊँगा। मैं जब तक काम कर सकता था, मुझे करना था। मैंने उत्तम और सैयद से पूछा—सबकुछ कंट्रोल में है? गुरमीत और कृष्णन मीटिंग प्वाइंट की ओर थे। अचानक मैंने महसूस किया कि हमें यह तो पता ही नहीं कि बुरहान का क्या हुआ। मैंने रेडियो पर कर्नल से उसके बारे में जानना चाहा।

"कर्नल, मैं आखिरी सवाल यह पूछना चाहता हूँ कि बुरहान का क्या हुआ? मुझे इतना पता है कि वह अपने साथियों की ओर बढ़ रहा था। क्या हम उसे वापस कब्जे में ले पाए?"

"उसके बारे में तो एक दुःखद कहानी है। तुम सुनने को तैयार हो?"

"हाँ।" मैंने कहा। मैं अपने आसपास की घटनाओं से ध्यान हटाने के लिए कोई भी किस्सा सुनना चाहता था।

"हमने तुम लोगों की ओर से सिग्नल मिलने का काफी इंतजार किया। लेकिन

जब हमें सिग्नल नहीं मिला तो हमारे पास उसे जाने देने के अलावा कोई रास्ता नहीं था। वह दौड़कर जाना चाहता था; लेकिन हमने उसके पैरों में भारी-भारी जंजीरें डाल दीं, ताकि उसकी चाल को धीमा किया जा सके। लेकिन उसके बावजूद देर हो चुकी थी। वह जीप में बैठ गया और ड्राइवर ने जीप का इंजन चालू कर दिया। हम कुछ नहीं कर सकते थे।

"अचानक जीप रुकी और बुरहान ने हम लोगों की ओर हाथ किया, जैसे कि वह हमें चिढ़ाने की कोशिश कर रहा हो। उसी समय हमें तुम लोगों का संदेश मिला। 10 सेकंड के भीतर जीप में बुरहान को छोड़कर सबको ढेर कर दिया गया। हमारे स्नाइपर्स ने उनका कामतमाम कर दिया था।

"बेचारा बुरहान जीप में तो बैठा था, लेकिन उस जीप को चलाने के लिए कोई ड्राइवर नहीं था। वह जीप से उतरा और जैसे गया था, वैसे ही हमारे पास वापस आ गया।"

"वाकई बड़ी दुःखद कहानी है।" सिंथिया ने कहा और हम सब जोरों से हँसने लगे।

दो घंटे और बीत गए। मुझे पक्का यकीन हो गया था कि मैं मौत के दरवाजे पर पहुँच चुका हूँ। मेरी नजर धुँधला रही थी और मेरी साँसें भारी होती जा रही थीं। जोरों का पसीना भी आ रहा था। मुझे सैयद के इंजेक्शन भी इस्तेमाल करने पड़े। अब केवल दो ही बचे थे। नहीं जानता था कि कितनी देर साँसें मेरा साथ देंगी। पूरी दुनिया में जिस तरह से आतंकवादियों का खतरा है, उसको देखते हुए हम भारत के अलावा कहीं भी विमान को उतारने का खतरा मोल नहीं ले सकते थे। हम में से किसी की भी जान से कहीं अधिक कीमती मिशन था। अचानक मेरे दिमाग में एन.डी.ए. का सूत्र वाक्य गूँजा—'खुद से पहले दूसरों की सेवा'। बीत रहे एक-एक सेकंड के साथ मेरे अंदर मौत का अहसास बढ़ता ही जा रहा था।

मैंने हड़बड़ाकर आँखें खोलीं। सिंथिया मुझे झिंझोड़ रही थी, "सोओ मत! जोगे रहने की कोशिश करो।" उसने निर्देश दिया। मैं 30 सेकंड के लिए सो गया था। अब समय आ गया था कि मिशन की कमान सिंथिया को सौंप दी जाए। वे तैयार थे। मुझे भरोसा था कि मेरी गैर-मौजूदगी में वह मिशन की कमान सँभालने के लिए तैयार थी।

"सिंथिया अब इस मिशन की कमान सँभालेंगी। जहाँ भी मदद की जरूरत होगी, मैं मदद करने की कोशिश करूँगा।"

अचानक से ऐसा लगा कि मैं नोएडा में अपने घर पहुँच गया हूँ। पापा-मम्मी ने अब तक की सबसे शानदार पार्टी दी है। वे मिशन की सफलता के साथ ही मेरे घर लौटने की खुशी मना रहे थे। हर कोई पार्टी में मौजूद था। दादी अपने अगले शिकार को तलाश कर रही थीं। दोनों बदमाश भाई अंडरग्राउंड दारू पार्टी की योजना बना रहे थे। बच्चे घर में नंगे घूम रहे थे और पूरे घर को सिर पर उठा रखा था। औरतें अपना संतरे का जूस पीने में जुटी थीं। यावर, डेविड और मनु भी वहाँ थे। वे तीनों एक कोने में बैठे थे और मनु उन्हें कोई किस्सा सुना रहा था। डेविड और यावर मगन होकर सुन रहे थे। उनकी आँखों में जो खुमारी थी, उससे समझ आ रहा था कि मनु कैसा किस्सा सुना रहा है। लग रहा था कि वह अपनी कोई नई सेक्स स्टोरी सुना रहा है। मैं बैठक में बैठ गया। मम्मी का किट्टी गैंग भी वहाँ था। हर कोई रोए जा रहा था और मम्मी तो सबसे ज्यादा। उनकी सहेलियाँ उन्हें ऐसे दिलासा दे रही थीं, मानो चार गोलियाँ मुझे नहीं, उन्हें लगी हों। सहेलियाँ जो कहे जा रही थीं, मम्मा उनकी हाँ में हाँ मिलाती नजर आ रही थीं। पापा वही हर बार की तरह कैटरर से उलझे हुए थे। साल में यह तीसरी पार्टी थी, इसलिए वे भारी छूट लेने की जुगत में उसके साथ झैं-झैं कर रहे थे। मनु, यावर और डेविड के घरवाले भी पार्टी में आए हुए थे।

मेरे भैया और भाभी भी पार्टी में थे। माया, मीरा और शैरा कमरे के बीचोबीच 'रिंगा-रिंगा रोजेज' खेल रही थीं। स्कूल के दोस्तों की महफिल बाहर जमी थी। वे लोग अपनी कारों के पास अपना 'कार-ओ-बार' चला रहे थे।

मम्मी मेरे सामने आकर बैठ गईं। उनकी आँखें मेरे चेहरे पर टिकी हुई थीं, मानो मेरे भीतर के सारे राज उगलवा लेना चाहती हों। मैंने उनको समझाया कि अब मैं कहीं नहीं जाने वाला हूँ; लेकिन वह मेरी बात पर यकीन करने को ही राजी नहीं थीं, "तुमने पिछली बार भी ऐसा ही कहा था।" उत्तम मेरा नाम लेकर मुझे आवाजें लगा रहा था। रुको, उत्तम, यहाँ क्या कर रहा है ? उसे पार्टी में किसने बुलाया ? यह तो छोड़ो, उसे कैसे पता चला कि मैं यहाँ रहता हूँ।

उसकी आवाज तेज होती जा रही थी और इतनी तेज हो गई थी कि बरदाश्त से बाहर हो रही थी। मैंने अपनी आँखें खोलीं। मैं घर पर नहीं, सह-चालक की सीट पर बैठा था। मेरे आसपास तो कोई पार्टी नहीं चल रही थी।

उत्तम कुछ कह रहा था; लेकिन मैं उसकी बात सुन ही नहीं पा रहा था। उसकी आवाज और चेहरा दोनों मुझे धुँधले नजर आ रहे थे। उसके हाथ तेजी से चल रहे थे। और तभी मुझे अपनी गरदन में दो इंजेक्शन घुसते महसूस हुए। 'ये

आखिरी दो ही बचे होंगे।' मैंने सोचा। सही बात थी, और इंजेक्शन नहीं बचे थे।

पता नहीं कितने बजे थे, लेकिन मुझे इतना जरूर पता था कि अभी हम हिंदुस्तान से काफी दूर हैं।

तभी शरीर में झटका-सा लगा और मेरी चेतना फिर से लौट आई। अब मुझे सब सुनाई दे रहा था और दिखाई भी। उत्तम एकदम मेरे सामने खड़ा था। उसके चेहरे के हाव-भाव से लग रहा था कि वह मुझसे कुछ पूछ रहा है। यह समझने में कुछ सेकंड लगे कि वह मेरी हालत पूछ रहा था।

"बहुत अच्छी नहीं है।" मैंने जवाब दिया।

"अपनी आँखें खोले रखो। अब केवल दो घंटे का सफर बचा है।" उसने कहा।

मैं कमजोरी के साथ मुसकराया और बोला, "मैं अपनी ओर से पूरी कोशिश करूँगा।"

"विमान में एक डॉक्टर है।" उसने कहा।

"अब कोई फर्क नहीं पड़ता। बस, तुम लोग विमान को सही से उतारना। जल्द-से-जल्द सब लोगों को उतार देना।" मैंने कहा। मेरे शब्द आपस में गड्ड-मड्ड हो रहे थे।

"परेशान मत होओ और अपनी आँखें खुली रखो। मैं डॉक्टर को बुलाता हूँ।" उसने कहा और चला गया।

"मेरे घरवालों को कहना कि मैं उन्हें बहुत प्यार करता हूँ। उनके साथ ज्यादा समय नहीं बिता पाया, इसके लिए मुझे माफ कर दें। मुझे उम्मीद है, वे समझ जाएँगे।" मैंने सिंथिया से कहा।

सिंथिया आगे की ओर देख रही थी। वह पूरी तरह खामोश थी।

कितना कुछ कहना चाहता था, लेकिन अब मुझसे और बोला ही नहीं जा रहा था। मेरे मुँह से केवल उलटे-सीधे शब्द ही निकल रहे थे। मैंने देखा, दो लोग मेरी ओर चले आ रहे हैं। उनमें से एक कुछ कह रहा था, लेकिन मैं समझ नहीं सका। मुझे केवल कुछ अजीबोगरीब आवाजें ही सुनाई दे रही थीं। मुझे अब आँखों से नजर नहीं आ रहा था। सबके चेहरे धुँधले हो गए थे। आवाजें भी दूर जाती महसूस हो रही थीं और उसके साथ ही ऐसा लगा, मानो आसपास की रोशनी भी धीरे-धीरे कम हो रही है।

□

24

तुम देख लेना

मैं एक बार फिर उड़ रहा था; लेकिन इस बार मैं बादलों की ओर उड़ा जा रहा था। आसमान से दुनिया कितनी खूबसूरत नजर आ रही थी! जैसे ही बादलों पर पहुँचकर नीचे देखा, होश खो बैठा! नीचे कितना अद्‍भुत नजारा था! मैं आसमान में उड़ रहा था और मेरे कदमों के नीचे जैसे जन्नत थी। नीचे हरियाली-ही-हरियाली थी, मानो कुदरत ने हरे रंग की चूनर ओढ़ ली हो।

एक हरे-भरे बगीचे के बीचोबीच एक प्यारा-सा घर था। हर कदम पर पानी के फव्वारे चल रहे थे। उनमें से संगीत निकल रहा था और हर फव्वारे के पास कुछ औरतें खड़ी थीं। बहुत सी औरतें थीं—हर तरह की औरतें, हर रंग की, हर देश की और हर नस्ल की। वे एक-दूसरे के साथ बैठी बातें कर रही थीं। कुछ नाच रही थीं और कुछ एक-दूसरे के साथ खेल रही थीं। और उनमें से किसी के भी बदन पर रेशा मात्र भी कपड़े नहीं थे। उनका बदन किसी संगमरमर की मूरत-सा था—एकदम साँचे में ढला हुआ। जिस किसी को भी देख लो तो मन में बस, एक ही खयाल आए कि इससे खूबसूरत कोई दुनिया में नहीं हो सकती। लेकिन उसके बाद दूसरी को देखो तो वह पहले वाली से कहीं अधिक दिलकश लगे। उनका भीगा-भीगा बदन सूरज की रोशनी में चमक रहा था। देह ऐसी नरम मुलायम कि रेशम भी शरमा जाए। वे खिली धूप में एक-दूसरे से अठखेलियाँ करती इधर-उधर भाग रही थीं। जब वे भागतीं तो यौवन के भार से झुके उनके अंग भी उछल रहे थे। उनके उछलते अंगों को देखकर लग रहा था कि वे किसी संगीत की ताल पर थिरक रहे हैं। मैंने गिनना शुरू किया—वे कुल मिलाकर 70 थीं।

'हो सकता है कि कहावत सच ही हो।' मैंने सोचा।

जैसे ही उन्होंने मुझे देखा, हवा में हाथ हिलाना और उछलना शुरू कर दिया।

वे मुझे नीचे उतर आने और अपने साथ खेलने का निमंत्रण दे रही थीं। मैंने उनकी ओर बढ़ने की कोशिश की और धीरे-धीरे बीच वाले फव्वारे के पास पहुँच गया। सभी खुशी से चिल्लाने लगीं। वे मेरा नाम ले-लेकर पुकार रही थीं। वे मुझे रात भर प्रेम में भिगोने का वादा कर रही थीं। मुझसे अब और बरदाश्त नहीं हो रहा था। मन कर रहा था, नीचे उतरकर उन्हें अपनी बाँहों में कसकर भींच लूँ।

क्या मैं मर चुका था ? पर इससे क्या फर्क पड़ता है ! मैं तो केवल उनके साथ रँगरेलियाँ मनाना चाहता था।

मैं जमीन से करीब 6 से 8 फीट ऊपर था कि मेरा शरीर हिलना-डुलना बंद हो गया। उनकी ओर जाने के बजाय मेरा शरीर उस इलाके में दक्षिणी छोर की ओर बढ़ने लगा। इन लड़कियों को यकीन नहीं हुआ। जो कुछ हो रहा था, वह उन्हें हैरान कर रहा था। उन्होंने उछलना शुरू कर दिया।

वे मेरे शरीर को अपने हाथों से छू रही थीं और मेरे हाथ उनके नरम-मुलायम हाथों को। उस इलाके के चारों ओर एक दीवार थी। मेरी बदकिस्मती कहिए कि मैं दीवार के उस पार चला गया था। अब मैं उन्हें देख नहीं पा रहा था। जल्द ही उनकी खूबसूरत मखमली आवाजें भी कमजोर पड़ती चली गईं। मैं अपनी उदासी पर काबू पाने की कोशिश कर ही रहा था कि मैंने नीचे देखा। मैंने अपनी जिंदगी में इससे ज्यादा नारकीय जगह नहीं देखी थी। वहाँ लोग-ही-लोग थे। इतनी भीड़ जमा थी कि तिल भी डालो तो लोगों के सिरों पर जाकर गिरे। जमीन तो नजर ही नहीं आ रही थी। और अगर कहीं थोड़ी-बहुत जमीन थी भी तो उस पर पीली सूखी घास थी। चारों ओर झाड़-झंखाड़ उगा हुआ था। वहाँ इतनी ज्यादा गरमी थी कि मुझे जल्द ही पसीना आना शुरू हो गया।

बीचोबीच कीचड़ का एक विशाल तालाब था। चारों ओर से लोग उसको घेरे खड़े थे। इन लोगों में हर उम्र के लोग थे और सब नंगे। उनके शरीर की रंगत उड़ चुकी थी, त्वचा जली हुई लग रही थी और सूरज की रोशनी में उन्हें देखना बहुत ही खौफनाक लग रहा था।

जैसे ही उन्होंने मुझे देखा, उन्होंने मुझ पर पत्थर और कीचड़ फेंकना शुरू कर दिया। मैं समझ गया था कि वे गुस्से में हैं और उनका यह गुस्सा इस बात को लेकर है कि उन्हें इस नरक में एक और आत्मा के लिए जगह बनानी पड़ेगी, जहाँ वे पहले से ही कीड़े-मकोड़ों की तरह रह रहे थे।

'कहीं यह नरक तो नहीं ? क्या अभी मैं जहाँ से गुजरा था, वह स्वर्ग थी ?' मैं

सोच में पड़ गया। मैं अपने ही विचारों में खोया हुआ हवा में उड़ा चला जा रहा था कि एक झटके के साथ मैं जमीन पर आ गिरा। ऐसा लगा, जैसे किसी ताकत ने मुझे उठा रखा था और अचानक उसने मुझे छोड़ दिया। नरक की पगलाई हुई भीड़ मुझ पर हमला करने ही वाली थी कि एक कड़कती आवाज ने कहा, 'दूर हटो।' आवाज कुछ जानी-पहचानी-सी मालूम हुई।

"दादी?' मैं चिल्लाया।

'हाँ, अर्जुन, मैं ही हूँ। जरा एक सेकंड रुको। जाहिलो, मैं तुम्हें कितनी बार समझा चुकी हूँ कि मेरे लोगों से दूर रहा करो! तुम सब बहरे हो क्या? दिक्कत क्या है तुम्हें?' उन्होंने निराशा में कहा। लेकिन उनके कहने का कोई फायदा नहीं हुआ, क्योंकि लोगों की भीड़ मेरी ओर बढ़ी चली आ रही थी।

'तुम्हें सुनाई नहीं दे रहा? ठीक है, तो अब मेरे पास और कोई चारा नहीं है।' उन्होंने एक गहरी साँस ली और कड़कती आवाज में बोलीं, 'रिचर्ड, जब तुम जिंदा थे तो तुम एक नंबर के कायर और डरपोक थे। जिसकी बीवी उसे 20 साल तक पीटती रही हो, वह आदमी कितना बेगैरत होगा! और तुम स्वारोवस्की, तुम तो दूसरी औरतों के साथ रँगरेलियाँ मनाने में इतने मशगूल थे कि तुम्हें यही होश नहीं था कि तुम्हारी बीवी फुटबॉल मैच खेल रही है। सबसे अच्छी बात यह थी कि अपनी टीम में वह अकेली थी और विरोधी टीम में 11 पुरुष थे।' दादी चिल्लाईं।

दादी के मुँह से शब्द बाण इतनी तेजी से निकलते थे कि इतनी तेजी से तो मशीनगन से गोलियाँ भी नहीं निकलती होंगी। उनके मुँह से निकला हर वाक्य किसी रेजर के जैसे पैना था और घातक इतना, मानो कोबरा का जहर हो। मेरे आसपास के लोग चारों ओर भागने लगे। सबने कानों पर अपने हाथ रखे हुए थे, जिससे कि दादी की जहर-बुझी बातें उनके कानों तक न पहुँचें। कुछ ही सेकंड बाद वहाँ सिर्फ मैं और दादी बच गए। वे किसी कमांडो की तरह लग रही थीं, जिसने अभी-अभी दुश्मनों के गाँव को खाक में मिला दिया होगा।

दादी ने मेरी ओर देखा और अपने पीछे-पीछे आने के लिए कहा। हम कुछ देर चलते रहे और फिर एक छोटे से घर में पहुँच गए। वह घर नहीं, लेकिन घर जैसी जगह थी। उसके ऊपर एक बोर्ड पर लिखा था—'डेमीज रेस्टोरेंट'। हम रेस्टोरेंट में भीतर घुसे तो देखा कि सामने वे तीनों मौजूद थे—यावर, डेविड और मनु। मुझे अपनी आँखों पर यकीन नहीं हुआ। मैंने बारी-बारी से तीनों को गले लगाया।

रेस्टोरेंट में हलकी रोशनी थी। हर चीज पुरानी थी, लेकिन एकदम खूबसूरती के साथ सजाई हुई। वहाँ कई छोटी टेबल और एक बड़ी टेबल रखी थी। मनु ने सेंटर टेबल की ओर इशारा किया और हम पाँचों वहाँ अपनी-अपनी सीटों पर जाकर बैठ गए। मनु ने एक पुरानी गंदी-सी बोतल खोली और पाँच गंदे से गिलासों में कुछ उड़ेलना शुरू कर दिया। गिलासों में उसने जो डाला, वह कीचड़ के जैसा दिख रहा था।

'अर्जुन की सेहत के नाम! इतने लंबे अरसे बाद तुम्हें देखकर बहुत अच्छा लग रहा है।' उसने कहा। हमने खुशी से जाम टकराए और मैंने पहला घूँट भरा। इससे पहले मैंने जिंदगी में कभी इतनी बुरी गंदी चीज टेस्ट नहीं की थी। एक घूँट पीते ही मैंने फर्श पर उलटी कर दी।

'तुम्हें इसकी आदत हो जाएगी।' मनु ने बेपरवाह तरीके से कहा।

'क्या है यह?' मैंने खाँसते हुए पूछा।

'मेरे दोस्त, यह नरक की सबसे अच्छी शराब है। तुम किस्मतवाले हो कि तुम्हें यह मिल रही है। अब मुझसे यह मत पूछना कि यह किससे बनाई जाती है। अगर मैंने बता दिया तो तुम अपनी गरदन ही काट लोगे, ताकि फिर तुम्हें यह पीनी न पड़े।' डेविड ने कहा।

'क्या मैं मर चुका हूँ? यहाँ आने से पहले मैं जिस जगह के ऊपर से उड़ रहा था, वो क्या थी? अबे, ये सब हो क्या रहा है?'

'ईजी के.बी.सी.! हम तुम्हें सबकुछ बताएँगे। सबसे पहले मुझे ये घोड़े का मूत पी लेने दो।' दादी ने कहा।

मैं बहुत जोर से हँसा, 'ये घोड़े के मूत जितना बुरा भी नहीं है।'

'देखो, अगर सही-सही बताऊँ तो यह घोड़े का ही मूत है। वे घोड़ों को दारू पिलाते हैं और हम फिर उन घोड़ों का मूत इकट्ठा कर उसे पीते हैं। यहाँ इससे बेहतर चीज नहीं मिल सकती।'

'हमें ऐसे मत देखो, यार।' मनु ने कहा।

मैंने गिलास नीचे रखा और अपनी उँगली अपने मुँह में डाली। मैं हलक में उँगली डालकर इस घोड़े के मूत की एक-एक बूँद अपने पेट से निकाल देना चाहता था। मैं जब अपने सिस्टम को साफ कर चुका तो यावर ने तालियाँ बजाकर हमारा ध्यान अपनी ओर खींचने की कोशिश की, 'ऑल राइट! अब वक्त आ गया है कि सब चीजों को ठीक-ठाक किया जाए। हाँ, तुम मर चुके हो। शुरुआत में तुम्हें

वह जगह दिखाई गई थी, जिसके ऊपर से तुम अभी उड़कर आए हो। उसे जन्नत कहा जाता है, मेरी जान! तुम जानते नहीं हो, तुम्हें यहाँ लाने के लिए हमें उनके कितने हाथ-पैर जोड़ने पड़े। हमें हाथ जोड़-जोड़कर उन्हें समझाना पड़ा कि वह हमारा दोस्त है और उसकी जगह यहीं पर है। आखिरकार, वे राजी हो गए।' यावर ने खुश होते हुए कहा। सभी ने अपने-अपने गिलास हवा में उठाए और गटागट गले से नीचे उतार गए।

'एक सेकंड! क्या मुझे जन्नत में जगह मिली थी? और सालो...तुमने मेरे साथ ये सब किया। क्यों? किस जन्म का बदला लिया तुम लोगों ने?' मैंने गुस्से में कहा।

'देखो, मुझे बहुत काम है। तुम लोग गप्पें लगाओ।' दादी ने इतना कहा और उठकर चली गईं। कमरे में सन्नाटा छा गया।

कुछ देर बाद डेविड ने खामोशी तोड़ते हुए कहा, ''क्यों' का क्या मतलब है तुम्हारा? हमें पता था कि तुम हमारे साथ रहना ही पसंद करोगे।' उसकी आवाज में आत्मविश्वास भरा था।

'तुम मजाक कर रहे हो? वहाँ जन्नत में ऐसी-ऐसी हूरों के साथ रहने का मौका जिसे मिल रहा हो, वह तुम्हारे साथ यहाँ नरक में अपनी ऐसी-तैसी क्यों करवाएगा?' मुझे गुस्सा आ रहा था।

'मुझे पता है, वे औरतें दूसरे लोगों के साथ भी हमबिस्तर होती होंगी। लेकिन किसे फर्क पड़ता है! क्या गजब का हुस्न था, यार! संगमरमरी महकते बदन! फिजाओं में फैली खुशबू और हूरों की गोद में सिर टिकाए लेटा हुआ मैं!' मैंने एक ठंडी आह भरी। उन सबने एक-दूसरे की ओर देखा। लग रहा था कि वे कुछ कहना चाहते हैं।

'क्या हुआ?' मैंने कहा।

'वहाँ जन्नत में कोई और आदमी नहीं होता। वह सिर्फ और सिर्फ तुम्हारी जन्नत थी। हर इनसान को उसकी अपनी जन्नत मिलती है। वह सारा फूलों से महकता इलाका तुम्हारा था। वे सभी हुस्न की मल्लिकाएँ भी सिर्फ और सिर्फ तुम्हारे लिए थीं।' मनु ने कहा।

मेरा चेहरा गुस्से से तमतमा गया। मैंने मेज से एक गिलास उठाया और मनु पर दे मारा। वह मेरे वार से बच गया। मैंने इस बार अपना गिलास उठाया और डेविड की ओर फेंका। एक सूत भर से उसका सिर बच गया। मेरा गुस्सा बढ़ता जा

रहा था। मैंने एक बरतन उठाकर यावर पर दे मारा।

'तुमने ये सब मेरे साथ क्यों किया? मेरा मतलब···मुझे तुम सब लोगों की याद आती थी। लेकिन यार, अगर उन परियों की गोद में लेटकर तुम लोगों को याद करता तो ज्यादा अच्छा रहता ना।' मैंने सुबकते हुए कहा, 'तुम लोगों को याद है, जब हम पहली बार मिले थे?'

'याद है, हम लोगों को कैसे ए.जी. के सामने क्रीम रोल्स करना पड़ा था?' मैंने ऐसे ही पूछा। पता नहीं उन्हें पिछले जन्म का कुछ याद भी था या नहीं।

'मनु की तो दस क्रीम रोल्स के बाद ही लग गई थी।' यावर ने तुरंत कहा।

'मुझे गोवा ट्रिप याद है।' डेविड ने थोड़ा गरदन अकड़ाते हुए कहा।

पता ही नहीं चला, कब हम लोग उन सुनहरे दिनों की यादों में खो गए। हमने एकेडमी, सुपरनोवा, गोवा···हर बीती बात को याद किया। हम सब टेबल पर खड़े होकर गाते रहे, डांस करते रहे···पता ही नहीं चला, कितना वक्त बीत गया।

'वैसे, नरक इतना भी बुरा नहीं है। मुझे तुम लोगों की बहुत याद आई, यारो! तुम ठीक ही कह रहे थे, जन्नत की 70 हूरों के मुकाबले यह जगह कहीं अधिक बेहतर है।'

हम लोगों ने कुछ सेकंड एक-दूसरे को देखा और उसके बाद ठहाके गूँज उठे।

अचानक रेस्टोरेंट के सामनेवाले दरवाजे के दूसरी ओर से दरवाजे को जोर-जोर से पीटने की आवाज होने लगी। हमने उसे खोलने की कोशिश की, लेकिन खुला नहीं। 'यार, ये दिन के समय रेस्टोरेंट का दरवाजा बंद करके क्यों रखते हैं? और यहाँ कोई रेस्टोरेंट का मालिक क्यों नहीं है?' मैंने खुद से सवाल किया।

'यार, यह हो क्या रहा है?' मुझे चिंता हो रही थी।

'सुनो, हमने तुम्हें सारी बातें ईमानदारी से नहीं बताई थीं। तुम अभी मरे नहीं हो। वह जन्नत तुम्हारे लिए नहीं थी, न ही यह नरक तुम्हारे लिए है।' मनु ने कहा।

मैंने उसे घूरकर देखा। समझ नहीं आ रहा था कि वह क्या कह रहा है। 'इसका क्या मतलब? अगर मैं मरा नहीं हूँ तो यहाँ क्या कर रहा हूँ?'

'हो सकता है कि तुम्हें यकीन न हो, लेकिन एक क्लाउड बेस्ड कंप्यूटर सिस्टम है, जो सभी जिंदों और मुर्दों का हिसाब रखता है।' डेविड ने बताया।

'यह सिस्टम आपको यह भी बताता है कि आप स्वर्ग में जा रहे हो या नरक में। हमने इस सिस्टम को हैक कर लिया और उसी से हमें पता चला कि तुम बुरी

तरह घायल हुए हो। हमने सिस्टम में थोड़ी छेड़छाड़ की, जिससे कि तुम्हें थोड़ी देर के लिए मरा हुआ दिखाया जा सके।'

'इसका क्या मतलब?' मैंने पूछा। मेरे सब्र का बाँध टूट रहा था।

अब मनु ने समझाया, 'इसका यह मतलब है कि यह थोड़ी देर का समय जैसे ही खत्म होगा, तुम धरती पर लौट जाओगे। लेकिन एक छोटी सी समस्या है।'

'मतलब…?' मुझे पता था कि उसका जवाब सुनकर मेरा दिमाग घूम जाएगा।

'मानो या न मानो, नरक का अपना पुलिस डिपार्टमेंट है, जो इस जगह को चलाता है। वही लोग यहाँ नरक में कानून-व्यवस्था बनाकर रखते हैं। अगर उन लोगों ने तुम्हें पकड़ लिया तो तुम कभी वापस नहीं जा सकोगे।' यावर ने कहा।

'तुम लोगों को यह बात पता थी, इसके बावजूद तुमने यह सब किया? एक तरह से तो तुम लोगों ने मुझे मार ही दिया है!'

'नहीं-नहीं, हमने खुद को ऐसी स्थिति के लिए पहले ही तैयार कर लिया था। इस कमरे के नीचे सीढ़ियाँ हैं, जो तुम्हें तुम्हारी दुनिया में ले जाएँगी। एक बार जब तुम वहाँ पहुँच जाओगे तो वह 'थोड़ी देर का समय' अपने आप खत्म हो जाएगा। अब तुम पूरी ताकत लगाकर भाग लो यहाँ से। जाओ!' डेविड ने इतना कहा और फर्श के नीचे की ओर एक दरवाजा खोल दिया।

उन्होंने जो मेरे साथ किया, उस पर मुझे गुस्सा आ रहा था; लेकिन शब्दों में बयाँ नहीं कर सकता। ये जो चंद लमहे उनके साथ मैंने बिताए! इन लोगों के पास लौटने के लिए तो अब मैं वास्तव में मरने का इंतजार करूँगा।

'किसको चाहिए 70 हूरें? यह पूरा सच नहीं था।' मैंने अपने आप से कहा।

मैंने एक-एक को कसकर सीने से लगा लिया और दरवाजे से नीचे कूद गया। मुझे अभी भी उनके चेहरे नजर आ रहे थे। हम लोगों ने आखिरी बार एक-दूसरे की ओर देखा और उन्होंने दरवाजा बंद कर दिया। मुझे सुनाई दे रहा था…कोई उनसे बात कर रहा था। मैं अपनी पूरी जान लगाकर दौड़ पड़ा। जल्द ही मेरे पीछे छूट गया दरवाजा खुला और सुनाई दिया कि कोई मेरा नाम लेकर बुला रहा है। मैं अँधेरे में दौड़ता चला जा रहा था…कुछ खबर नहीं थी कि रास्ते में क्या आ रहा है, क्या नहीं। अचानक मेरे पैरों की जमीन गायब हो गई और मैं रसातल में जा गिरा। मैं साँस नहीं ले पा रहा था। मैंने कई बार कोशिश की, लेकिन कोई फायदा नहीं हुआ। मैंने आखिरी बार कोशिश करने के लिए पूरा जोर लगाया और आखिरकार, हवा मेरे फेफड़ों तक पहुँच ही गई। मैंने अपनी आँखें खोल दीं।

रोशनी इतनी तेज थी कि मेरी आँखें चौंधिया गईं। मुझे कुछ नजर नहीं आ रहा था। मैंने फिर से अपनी आँखें बंद कीं और कुछ सेकंड बाद धीरे-धीरे खोलीं। केवल सफेद छत नजर आ रही थी। मैंने कनखियों से देखा, बिस्तर के दोनों ओर डॉक्टरों के औजार रखे थे।

मैं जिंदा था। मैंने अपना सिर दाईं ओर घुमाने की कोशिश की, लेकिन कर नहीं पाया। पूरी ताकत लगा दी, लेकिन शरीर का कोई भी अंग हिला नहीं सका। आखिरकार, मैंने कोशिश करनी छोड़ दी और बिस्तर पर आराम से लेट गया।

कुछ मिनट बाद मैंने फिर से कोशिश की, लेकिन नतीजा फिर वही जीरो। हो क्या रहा है ? कहीं मुझे लकवा तो नहीं मार गया है ?

यह सोचकर मैं डर गया। मैंने फिर से कोशिश करने की सोची। पूरी ताकत लगाकर अपना सिर बाईं तरफ घुमाने की कोशिश की। इस बार काम हो गया। अरे, ये कौन ?—मम्मा ! मुझे उनका चेहरा साफ नजर नहीं आया, लेकिन जानता था कि वही हैं। हम दोनों की नजरें मिलीं और उनकी आँखों में न जाने कब से ठहरा हुआ सैलाब सारे बाँध तोड़कर बह निकला। उनके पीछे से कोई भागकर गया और जोर से चिल्लाकर कुछ बोला, जो मैं समझ नहीं पाया। धुँधली नजर साफ हुई तो देखा, मम्मा मेरा हाथ पकड़े बैठी थीं। वे बहुत कमजोर और पीली नजर आ रही थीं। साफ नजर आ रहा था कि वे बहुत दिनों से सोई नहीं हैं।

वे मेरी ओर देख रही थीं—हमेशा की तरह मुझे जी भरकर देख लेने की चाहत आँखों में लिये। बात करने का मन हुआ, लेकिन गले में भयंकर दर्द था। कई बार कोशिश की, लेकिन मम्मा ने कहा, "आराम करो। बोलने की जरूरत नहीं है। तुम बहुत कमजोर हो गए हो।" उनकी आवाज काँप रही थी। उसी समय पापा कमरे में आए और मुझे होश में देखकर मेरी ओर दौड़े। उन्होंने मेरे हाथ के ऊपर रखे मम्मा के हाथ पर अपना हाथ रख दिया। मुझे गहरी शांति महसूस हुई और मैं फिर अंधकार में लौट गया।

न जाने कितनी देर बाद आँखें खुलीं। न जाने कितना समय बीत चुका था। अब कमरे में काफी लोग थे। मम्मा और पापा को छोड़कर बाकी सभी लोग मेडिकल टीम के लोग जान पड़ रहे थे। अब मुझे सब साफ सुनाई दे रहा था और साफ नजर आ रहा था। वे मेरे ब्लड प्रेशर को लेकर कुछ बातें कर रहे थे। काफी कोशिश करके मैंने मम्मा की ओर हाथ बढ़ाया। उन्होंने तुरंत लपककर मेरा हाथ थाम लिया। एक डॉक्टर मेरे पास आकर कुछ सवाल करने लगे। उनकी सारी बात

मेरी समझ में आ रही थी; लेकिन थकान इतनी थी कि कोई जवाब नहीं दिया जा रहा था। मैंने फिर से अपनी आँखें बंद कर लीं।

पता नहीं, इस तरह से कितना वक्त निकल गया। मैं अपनी आँखें खोलता, अपने घरवालों की ओर देखता, उनका हाथ पकड़ता और फिर से गहरी नींद मेरी चेतना पर छा जाती। लेकिन आँखें खोले रखने का समय धीरे-धीरे बढ़ने लगा था। अब पहले जैसी थकान भी महसूस नहीं हो रही थी।

इस बार आँखें खुलीं तो मैंने बैठने की कोशिश की। कुछ हद तक बैठ भी गया। लेकिन पेट में इतना दर्द था कि मैं फिर से लेट गया। जल्द ही नर्सों ने आकर मुझे सँभाला। उन्होंने मुझे उठाने और तकिए के सहारे बैठाने की कोशिश की, ताकि मैं थोड़ा सहारा लेकर बैठ सकूँ। लेकिन दर्द की ऐसी लहर उठी कि मेरे मुँह से चीख निकल गई।

अगले कुछ दिन और लगे। लेकिन डॉक्टरों की कोशिश रंग लाई और मैं अब सहारा लेकर बैठ सकता था। कुछ और दिन बीतने पर तो मैं खुद ही उठकर बैठने लगा। पेट का दर्द भी काफी हद तक कम हो गया था। मैं बोलने की कोशिश करता था, लेकिन मेरे गले में अभी भी दर्द था। अपनी ही आवाज सुनने में मुझे एक सप्ताह का समय लग गया।

"क्या हम..." मैंने बोलने की कोशिश की, लेकिन मम्मा ने बीच में ही रोक दिया।

"हाँ, विमान सुरक्षित उतर गया था। पायलटों के अलावा विमान में सवार सब लोग बिल्कुल ठीक और सुरक्षित थे।" उन्होंने मुझे बताया। मेरा हाथ अभी भी उनके हाथों में था।

"मैं..." मम्मा ने मुझे फिर से बीच में रोक दिया।

"तुम्हारी टीम एकदम ठीक है। केवल तुम ही घायल हुए थे।"

"वो कहाँ..."

"बुरहान हिरासत में है। उसे मौत की सजा सुनाई गई है।"

"और..."

"मैं ठीक हूँ। तुम्हारे पापा भी ठीक हैं। परिवार में सब लोग ठीक हैं। अब थोड़ा आराम करो। और सुनो, अस्पताल में तुम्हें 15 दिन हो गए हैं। तुम अजीब किस्म के कोमा में थे और अचानक एक दिन तुम होश में आ गए। डॉक्टर बेचारे बड़े परेशान हैं।"

मैं मुसकरा दिया। जानता था कि ये अजीबोगरीब कोमा क्या था। मन को थोड़ी राहत हुई। सब लोग सुरक्षित थे और मिशन कामयाब रहा।

अगले कुछ दिन फिजिकल थैरेपी चलती रही। शुरुआत में तो काफी दर्द होता था। मैं जब भी पैर जमीन पर रखने की कोशिश करता तो लगता, मानो सैकड़ों सुइयाँ मेरे पैरों में घोंप दी गई हैं। दिमाग शारीरिक संतुलन नहीं बना पा रहा था और इसी कारण मैं कई बार गिरा भी। वह बहुत ही हताश करनेवाला दौर था। सब ठीक हो रहा था, लेकिन रफ्तार बहुत धीमी थी।

आखिरकार, पाँच दिनों की कड़ी मशक्कत के बाद मैं अपने से चलने लगा। केवल कुछ ही कदम चल पाता था, लेकिन कम-से-कम इतना तो था कि चल पा रहा हूँ।

"मेरे हिसाब से, अब यह काफी ठीक हैं।" डॉक्टर ने खुशी से कहा।

मम्मा ने भी 'हाँ' में सिर हिलाया।

"घर जाने का वक्त हो गया है?" मैंने बच्चे की तरह बेसब्री से पूछा।

"नहीं, अभी घर नहीं। घर जाने में अभी बहुत वक्त लगेगा।" उन्होंने जवाब दिया।

"तो?"

"देखते जाओ।" मम्मा ने डॉक्टर की ओर देखते हुए कहा—और दोनों मुसकरा दिए।

मम्मा कमरे से बाहर जाकर किसी चीज के लिए किसी पर चिल्लाने लगीं। वे लौटीं तो उनके साथ पापा और करण थे।

"ओ.के., मैं उन्हें बता दूँगा कि अब वक्त हो गया है। उन्हें तैयारी शुरू कर देनी चाहिए।" करण उन्हें बता रहा था।

"तैयारी? किस बात की?" मैंने पूछा। अब मुझ से बरदाश्त नहीं हो रहा था।

"देखते जाओ।" सबने एक स्वर में कहा।

"यस, यस, देख लूँगा!" मैंने भी झुँझलाकर कहा। मेरी झुँझलाहट पर वे सारे हँस पड़े।

□

अगले दिन सोकर उठा तो देखता क्या हूँ कि कम-से-कम 20 चेहरे मेरी ओर देखकर मुसकरा रहे थे। उनमें मेरे परिवार के लोगों और मेडिकल स्टाफ के लोगों के चेहरे थे। मेरे बेड के बगल में एक व्हीलचेयर रखी थी। सभी ने मेरी ओर देखा

और उसके बाद व्हीलचेयर की ओर।

"अच्छा…लगता है, आप लोग मुझे किसी जगह ले जाकर कुछ दिखाना चाहते हैं।" मैंने कहा। मेरी बात सुनते ही सब लोग हँसने लगे।

मैं उठकर व्हीलचेयर पर बैठ गया। मम्मा और पापा व्हीलचेयर को धक्का देने लगे। बाकी सब लोग उनके पीछे-पीछे चल रहे थे। वे लोग इतने उत्साहित थे, मानो घर में बेटी की शादी हो रही हो।

"बस, पहुँच ही गए।" मम्मा ने कहा।

"कहाँ ?"

"ठीक तुम्हारे सामने।" उन्होंने जवाब दिया।

हमारे सामने एक बड़ा सा परदा टँगा था। परदे के चारों ओर कॉरिडोर में रोशनी आ रही थी। मैंने पलटकर मम्मा की ओर देखा। उन्होंने मेरे कंधे पर हाथ रखा और मुझसे चलने को कहा। एक बात तो साफ थी कि वे चाहती थीं कि मैं अकेला चलूँ। मैं खड़े होकर परदे की ओर बढ़ा। अब मैं भी उत्सुक था कि आखिर है क्या ? परदे के पास पहुँचकर मैं रुक गया। थोड़ा नर्वस भी था कि परदे के पीछे क्या है ? मैंने फिर से पलटकर पापा और मम्मा की ओर देखा।

"चलो, आगे बढ़ो।" माँ ने कहा। वे भी खुशी के मारे बेहद उतावली हुई जा रही थीं।

अचानक परदा एक ओर को सरक गया। पहले तो रोशनी से मेरी आँखें बंद हो गईं, लेकिन जल्द ही मुझे दिखाई देने लगा। मेरे सामने एक बालकनी थी। मैं बालकनी में जाकर खड़ा हो गया। जब मैंने नीचे देखा तो वहाँ लोग-ही-लोग थे—हजारों लोग। इतने लोग मैदान में जमा थे कि धरती नजर नहीं आ रही थी। समझ में नहीं आया, क्या बोलूँ!…मैं चुपचाप खड़ा रहा—खामोश। लोगों की नजरें मुझे देखने के लिए ऊपर की ओर उठी हुई थीं। अचानक खामोशी को तोड़ते हुए जोर का शोर उठा…ये तालियों का शोर था…लोग खुशी से उछल रहे थे, चिल्ला रहे थे, जश्न मना रहे थे।

□

25

एक राष्ट्र

लोगों की भीड़ के पीछे बहुत से कैमरे और न्यूज चैनलों की वैन्स खड़ी थीं। यकीन करना मुश्किल था···सबकुछ किसी सपने जैसा लग रहा था। मुझे एक पल को तो लगा कि हॉलीवुड की किसी मूवी का सीन देख रहा हूँ। मेरे घरवाले और डॉक्टर भी बालकनी में मेरे पास आकर खड़े हो गए। मैंने हाथ हिलाकर भीड़ का अभिवादन किया। इतना करते ही भीड़ का शोर कई गुना बढ़ गया। उनकी खुशी का शोर इतना ज्यादा था कि इनसान बहरा ही हो जाए। मैं कुछ देर तक हाथ हिलाता रहा और उसके बाद वे सब लोग मुझे वापस कमरे में ले आए।

मम्मा पिछले 15 दिनों की सारी कहानी बताने लगीं, जिसके बारे में मुझे कुछ नहीं पता था।

"15 दिन पहले, जनता के भारी दबाव के कारण, सरकार को तुम्हारी पहचान का खुलासा करना पड़ा।

"लोग तुम्हारी खैरियत को लेकर परेशान थे तो सरकार को अस्पताल का पता भी बताना पड़ा। यह भीड़ तभी से यहाँ जमी है।"

मुझे अपने कानों पर यकीन नहीं हुआ, "सच में?"

"हाँ, इनमें से ज्यादातर तो तब से ही यहीं रह रहे हैं। सारा-सारा दिन तुम्हारे लिए प्रार्थना करते रहे। बाकी दूसरे लोग थे, जो इन लोगों की देखभाल में लगे थे। इनके लिए खाना व पानी लाना, दवाइयाँ लाना और बिस्तरों का इंतजाम करना··· और भी न जाने क्या-क्या। सारी दुनिया से रिपोर्टर यहाँ इकट्ठा हैं। लेकिन इन लोगों ने कसम खाई हुई थी कि प्रार्थना मौन रहकर ही करेंगे। उन्होंने डॉक्टरों को या हमें—किसी को परेशान नहीं किया। हमारे कहने के बाद ही वे कोई सवाल पूछते थे। यहाँ की खबरें हर बड़े शहर और दुनिया भर के देशों में प्रसारित हो रही हैं। यह

दुनिया का पहला ऐसा कवरेज था, जिसे सबसे ज्यादा लोगों ने देखा···जाहिर सी बात है कि सबसे ज्यादा शांतिपूर्ण भी।"

'बाहर तो बहुत भीड़ है, यार।' मैंने खुद से कहा। कुछ देर बाद ही थकान महसूस होने लगी और मैंने कमरे में जाकर आराम करने का फैसला किया।

□

"अब तुम कैसे हो?" एक खनकती हुई आवाज कानों को सुनाई दी। ऐसी मुलायमियत थी आवाज में कि बस, क्या कहूँ। जिंदगी में पहली बार कोई इतनी मीठी बोली कानों में पड़ी थी।

मेरी नींद टूटी और मैंने उसकी ओर देखा। उसकी ओर नजरें उठ तो गईं, लेकिन अब हटाऊँ कैसे? ···वह मासूम चेहरा, ऐसी कयामत जो था।

"मैं निगाहें तेरे चेहरे से हटाऊँ कैसे,
लूट गए होश तो फिर होश में आऊँ कैसे!"

मेरे कानों में किसी पुरानी फिल्म का यह गाना बजने लगा। वह उन हूरों जैसी ही खूबसूरत थी, जो मुझे जन्नत में मिली थीं···सच कहूँ तो उनसे भी ज्यादा हसीन··· जैसे कोई देवी। अचानक मेरा ध्यान उसके सफेद कोट पर गया। ओह! यह जरूर डॉक्टर होगी।

"अब काफी ठीक हूँ।" मैंने किसी तरह से कहा।

"पक्का? आप कुछ खोए-खोए-से लग रहे हैं।"

"नहीं, मैं अब काफी ठीक हूँ।" मैंने सीधे बैठने की कोशिश करते हुए कहा।

उसने अपने पास खड़ी नर्स से बात की और यह ध्यान रखने को कहा कि सभी महत्त्वपूर्ण अंग ठीक से काम कर रहे हों।

"क्या हम पहले मिले हैं? मुझे ऐसा क्यों लग रहा है?" मैं उससे बात करना चाहता था···चाहता था, वह थोड़ी देर और मेरी नजरों के सामने रहे।

"ओह, हाँ, हम मिल चुके हैं। मैं वही डॉक्टर हूँ, जिसने विमान में आपका इलाज किया था। याद आया?"

"नहीं।" मैंने जवाब दिया। इतनी खास बात कोई कैसे भूल सकता है, यह सोचकर मुझे बड़ा अजीब लग रहा था।

"सच में? क्योंकि उस दिन आपने मुझसे मेरा नाम पूछा था और जब मैंने अपना नाम बताया था तो आप मुसकरा दिए थे!"

मैं कुछ कह पाता, उससे पहले ही मम्मा ने बीच में आकर टोक दिया।

"अरे, आप लौट आईं। कैसा रहा आपका ट्रिप? आपके पापा अब कैसे हैं?" मम्मा ने एक के बाद एक सवालों की बौछार कर दी।

"अब वे काफी ठीक हैं। थैंक्यू।"

"अर्जुन, मैं तुझे इनके बारे में बताना तो भूल ही गई थी। अगर उस दिन ये विमान में नहीं होतीं तो तुम आज मेरी नजरों के सामने नहीं होते, बेटा। इन्होंने ही तुम्हारे खून का बहना रोका था।" मम्मा की आँखों में आँसू आ गए।

"थैंक्यू, डॉक्टर। मेरी जिंदगी बचाने के लिए आपका शुक्रिया। अपना नाम बताएँगी फिर से?" मैंने कहा।

"जरूर, अर्जुन। मेरा नाम रश्मि है। यह मेरा सौभाग्य है कि मुझे आपकी जिंदगी बचाने का मौका मिला।" उसके चेहरे पर मुसकराहट थी।

"हैलो, रश्मि।" मैंने जवाब दिया। मुझे नाम कुछ सुना-सुना-सा लग रहा था।

अचानक दिमाग की बत्ती जली।

'तो क्या ये वही है, जिसके बारे में दादी बात कर रही थीं?' मैं हैरान था। उस समय यह सोचकर मैंने चैन की साँस ली कि मैं जन्नत से वापस लौट आया था।

वह उन सभी हूरों से कहीं अधिक खूबसूरत थी।

"हे, देखो। यह वही मुसकराहट है।" रश्मि ने शरमाते हुए कहा।

□□□